智慧法治文库

总主编　齐延平

个人信息处理原则研究

齐延平　主　编

法律出版社　LAW PRESS · CHINA
北京

图书在版编目(CIP)数据

个人信息处理原则研究 / 齐延平主编. -- 北京 : 法律出版社, 2025
(智慧法治文库)
ISBN 978-7-5197-7950-4

Ⅰ. ①个… Ⅱ. ①齐… Ⅲ. ①个人信息-法律保护-研究-中国 Ⅳ. ①D923.74

中国国家版本馆 CIP 数据核字(2023)第 087998 号

个人信息处理原则研究
GEREN XINXI CHULI YUANZE YANJIU

齐延平 主 编
彭双杰 副主编

策划编辑 陈 妮
责任编辑 陈 妮 张思婕
装帧设计 鲍龙卉

出版发行 法律出版社
编辑统筹 法治与经济出版分社
责任校对 王 丰 郭艳萍
责任印制 吕亚莉
经　　销 新华书店

开本 710 毫米×1000 毫米 1/16
印张 17.75 **字数** 387 千
版本 2025 年 3 月第 1 版
印次 2025 年 3 月第 1 次印刷
印刷 北京新生代彩印制版有限公司

地址:北京市丰台区莲花池西里 7 号(100073)
网址:www.lawpress.com.cn
投稿邮箱:info@lawpress.com.cn
举报盗版邮箱:jbwq@lawpress.com.cn

销售电话:010-83938349
客服电话:010-83938350
咨询电话:010-63939796

书号:ISBN 978-7-5197-7950-4
定价:96.00 元
凡购买本社图书,如有印装错误,我社负责退换。电话:010-83938349

总　序

数字化、网络化、智能化技术不断迭代，大数据、云计算、物联网、人工智能、区块链等应用不断创新，基于数据、网络、算法的经济与社会新形态初具规模。在此背景下，社会的生产、分配、交换、消费诸环节以及知识与观念、经验与文化、财富与权力正在被重塑，人们的行动组织样态、社会合作模式、人际互动关系以及认识、把握和干预世界的方式正在被重建，规范人们行为、调整社会关系的法律之架构形态、功能定位、规范构造亦须被重整。人类文明进入智慧时代，智慧时代需要智慧法治。

我们拥抱智慧时代，我们被智慧时代裹挟。数字化、网络化、智能化促进了人类文明形态的升级换代，同时将人类带入了前所未有的风险之中。数据泄露引致隐私裸奔，网络攻击引发安全风险，智能系统暗藏道德隐患，基于自动化算法决策的公共与商业领域歧视问题显现，基于集群协同、智能感知的无人作战模式伦理困境重重。智能科技风险的来源主要包含两个方面：一是以科学理论不确定、科技功能不确定、科学研究不确定和科技使用者主观不确定为内容的科学技术本身的不确定性；二是以科学技术风险向社会转化和社会将科技风险放大为主要特质的科学技术风险社会化。代码至上、算法黑箱、技术霸权使挑战倍增，信息茧房、数据垄断、平台强权使风险叠加。

数据安全风险与数据“要素化、市场化”进程相伴。数据是智慧时代的能源、资源和生产生活要素。数字经济急速发展，资本之逐利性与无序性暴露无遗。在数据的收集、存储、使用、加工、传输、提供和公开诸环节，数据泄露、数据篡改、数据滥用、违规传输、非法访问等数据安全风险无处不在。数据安全风险步步紧逼，传统治理逻辑已捉襟见肘。各类数据的全生命周期管理必须满足安全技术标准，其安全性、可信赖性、可追溯性与合法性目标之实现必须要以智慧法治为支撑。

网络安全风险与网络“超大规模化、超复杂化”趋势并存。网络是智慧时代生产生活赖以组织和开展的基础架构。以5G、物联网、工业互联网、卫星互联网为代表的通信网络基础设施，以大数据、云计算、人工智能、区块链为代表的新技术基础设施，以数据中心、智能计算中心为代表的计算基础设施，共同搭建起了我们赖以生存的人机互融、虚实同构、算法主导的新生境。伴随网络信息基础设施的日趋超大规模化和超复杂化，传统安全与非传统网络安全因素二元叠加，网络基础设施安全面临的挑战与日俱增。实现网络可信、身份可信、实体可信的网络基础设施安全的基本目标必须要以智慧法治为后盾。

智能系统安全风险与系统“物联化、智能化”发展同步。智能系统将机械化、电气化、信息化、智能化融为一体，将人类认识世界、改造世界、利用世界的能力提高到一个新的历史水平，推动生产方式、生活方式、社会治理路径乃至作战模式等发生颠覆性变革。智能系统存在自主性、难预测性、难解释性与因果关系脆弱性等特点，国家安全、公共安全、社会安全乃至人的自由与尊严面临前所未有的风险。在智能系统由“单点自动化”向“深度智能化”迈进过程中，“安全可控”的发展目标需要智慧法治来守护。

智慧时代需要技术之治与法律之治的同构。我们正在步入一个以数字化、网络化、智能化为特征的技术时代，但技术时代需要以法律为王，技术之治需要法律之治的统摄。技术手段是实现目的的工具，其在本质上是实现伦理和法律目的之工具，是伦理和法律治理策略的延伸。技术之治是智慧社会区别于传统社会的优势，但其强制性、合法性和正当性必须由法律赋予。在智慧时代，法律代码化和技术法律化，即法律之治与技术之治的一体化，是必要和必然的。

智慧时代需要伦理之治与法律之治的协同。智能科技本身并不必然包含“善”的价值，智能科技在赋能经济与社会的同时也在输出异化风险。为了增进善的效用并减少恶的可能，应当使智能科技得到“向善”的价值导引，得到“法治”的有效保障。在智慧时代，既要依靠法律保障智能科技的健康发展，通过法律设定其应用之硬边界，又要依靠科技社群自身的力量实现自我规制，通过伦理与道德规范赋予其向善之心。

智能科技开辟文明新形态，智慧法治引导文明新航向。“智慧法治文库”应智慧时代风险与挑战而生，亦为重建智慧时代法理与法治而生！

齐延平

2024年4月6日

目　录

导　论

信息、算法与算力正在成为人类生产与生活的核心要素，数字化、网络化与智能化正在塑造新的生产力基础，其推动人类认识世界、认识自我能力实现质的飞跃，引发生产关系和社会形态发生重大变革。但这一切归根结底都是围绕着信息的收集、存储、加工、传输和使用而展开的。个人信息蕴含巨大的商业价值，但个人信息与个人尊严和个人权益息息相关，随意收集、违规获取、过度使用、非法买卖、恶意使用个人信息已经成为数智化时代的最大公害，个人信息必须纳入法治化保障轨道。

我国于2021年11月1日起施行的《中华人民共和国个人信息保护法》（以下简称《个人信息保护法》）规定了合法、正当、必要、诚信以及目的明确、公开透明、信息质量、安全保障等原则。“穷尽法律规则，方得适用法律原则”是传统法理中的一条基本教义，但在传统权利本位和诉讼主义法律观向责任本位和规制主义法律观转型过程中，这一条教义需要认真检讨。从法律规范构造技术上看，传统法律规范是以司法为中心、以便利诉讼为基点设计的，其首要特点就是“权利化”，权利是诉讼的基础，“有权利就有救济”构成了诉讼制度的实践基础。数智化社会应奉行责任本位和规制主义法律观，因为数智化社会是互联网平台化的社会。互联网平台作为大数据时代的新型组织形态，是一种居中撮合、链接两个或多个群体的组织形态，其主要功能是促进不同群体之间的交互与匹配。凭借强大的连接能力和权力架构，互联网平台成为国家治理体系和治理能力现代化中不可忽视的关键变量。伴随超级互联网平台的兴起，国家与个人之间的权力与权利关系发生质的变化，这直接影响了国家治理的基础环境和底层逻辑。所以，笔者主张法律对社会的调控应由传统的“裁断行为后果”前移为“塑造行为逻辑”，由事后处置转向参与建设社会关系“架构”，由赋权与救济转向责任与义务的加载与规制。① 在责任本位和规制主义法学语境下，作为限制法官自由裁量权的“穷尽法律规则，方得适用法律原则”教义就不再适用，而应该代之以“原则”与“规则”并行、并重、并用。个人信息保护法作为以责任加载和规制为主要法律手段的领域法，并不同于传统上以权利保护和诉讼为主要法律技术的立法——其中的规则在司法适用上具有优先性，个人信息保护法中的原则就有领域统领性，是原则而非规则搭建了个人信息这一复杂多变领域法律制度的基本架构。不结合原则，规则体系就是支离破碎的；甚至不基于原则，规则体系还有可能导向立法目的的反面。原则而非规则是当下个人信息保护法治领域研究的重中之重。法学界同仁可能很难接受的一点是，《个人信息保护法》体现着较强的超越规则治理与基于原则治理的特征，在法学学术上要有超越传统法教义学的视野。

个人信息处理合法性原则在《个人信息保护法》原则体系中居于首要位置，其他原则是合法性原则的具体化。合法性原则与其他原则、规则一同编织成为信息处理领域的风险防御网，原则和规则作为其筋骨和框架，技术标准、企业内部管理制度构成了内部细密的网络。合法性原则的实现一方面依赖于个人信息处理者遵循法定的原则与规则，另一方面依赖于国家规制为信息处理过程所预设的结构性前提。个人信息处理合法性原则要求个人信息处理行为应当根据法律规定的原则、规则进行，不能违反法律强制性规定。现代社会正式步入规制国阶段，个人信息受保护权基本权利客观法秩序的“制度性保障”“组织程序保障”功能应作为建构个人信息处理者的义务体系的逻辑起点。在制度性保障功能之下，《个人信息保护法》具备以国家干预代替个人自治的实质法特征。在组织程序保障层面，以“命令控制规则”体系为内核的第二、第三章规则与“以原则为中心”的第五章个人信息处理者的义务共同构成个人信息处理义务体系。由于信息领域的特殊性，个人信息处理合法性原则的实现应重在基于事前风险预防的法律规制，而非事后的惩戒，具体包括技术规制、程序规制、过程规制。其一，在技术规制层面，主张将技术保护隐私作为个人信息处理者的法律义务，技术措施的具体规定仍需要通过技术标准进行细化落实。其二，在程序规制层面，要求个人信息处理者处理个人信息必须符合法定程序，使得个人信息主体能够参与个人信息处理行为。在监督层面，通过监督个人信息处理者实现强制性纠偏与制裁。其三，在过程规制层面，对个人信息处理的法律规制是事前、事中、事后的全过程与多元协同的规制。

个人信息处理必要原则的法律功能主要包括“利益冲突平衡”与“特定危险控制”，其目的是平衡多方利益、控制信息处理风险。个人信息处理必要原则的落实必须通过

---

① 参见齐延平:《数智化社会的法律调控》，载《中国法学》2022年第1期。

下位的规则体系来实现。该体系可以进一步细化为:场景化风险管理规则,即区分商业利益目的和公共利益目的适用必要原则;最小化处理规则,即处理频率最低、收集数量最少、识别程度最低,以避免个人信息被过度处理;限制个人信息的保存期限规则,即以立法形式明确各类信息处理场景下个人信息的保存期限。为明确落实个人信息处理必要原则,需要在辨明适用的一般情景与例外情景的基础上,由企业端与监管端共同发力。对个人信息处理者的规制是个人信息处理领域乱象治理的重中之重,一方面,在落实必要原则时应当以不损伤行业、市场的潜在活力为限度;另一方面,要在充分发挥行业自律作用的前提下,提升行政机关监管的穿透力,提升治理效能。同时,基于《中华人民共和国民法典》(以下简称《民法典》)及其他相关法律规范中的个人信息合理使用制度,明晰落实必要原则的例外情形。在合理使用场景下,个人信息处理者收集与处理个人信息可以突破知情—同意的传统框架。

个人信息处理诚信原则是我国个人信息处理领域独具特色的一项法律原则。诚信原则要求行为人主观上善意、诚实、忠诚、遵循公平标准、不追求不合理利益的心理状态;客观上不实施欺诈、忠实履行自己的义务。诚信原则在个人信息处理领域作为原则与合法、正当、必要原则动态互补,并统领公开透明、质量、安全等原则。首先,合法原则属于形式合法性范畴,诚信原则属于实质合法性范畴;其次,诚信原则与正当原则在制度宗旨、行为标准等方面存在诸多不同,可类比民法中的诚信原则与公序良俗原则的区分;再次,诚信原则与必要原则均具有利益衡平的法律功能,在具体适用上存在交叉重复,但二者又存在法律位阶之分;最后,诚信原则作为总体原则统领目的明确、公开透明、质量、安全等具体原则。诚信原则在个人信息处理领域的适用包括司法适用和规制适用,其中规制适用应采取"原则 + 规则"的模式,司法适用应遵循"规则优先于原则"和"禁止向一般条款逃逸"的理念。由于个人信息司法保护的乏力,《个人信息保护法》由部门法转向"领域法",由权利法转向"规制法"和"保护法",其适用方式也应当基于"场景化""过程化",注重信息处理者的自我规制与行政规制的协调。

个人信息处理目的特定原则是协调个人信息之社会经济资源和个人人格利益两种价值的重要手段之一。目的特定原则要求信息处理之目的在收集时就予以确定,且后续的信息处理活动不得逾越初始目的。随着大数据产业网络化、智能化、数字化的不断提高,社会对个人信息的利用需求达到空前高度,个人信息保护理念也从严格限制信息收集转向信息保护与信息利用的平衡。传统的目的特定原则极大压缩了信息利用的空间,制约了大数据的规模化使用,已经不符合信息多元利用的现实需求,有必要对其进行制度重构。目的特定原则的规范构成包括目的"明确、合理"、目的"直接相关"、方式"影响最小"、限于"最小范围"。但是,"没有目的"的数据分析使信息处理者难以在收集阶段即明确目的,告知同意规则的虚化会导致目的特定原则流于形式,而且严苛的目的特定原则制约了大数据的规模化使用,忽视了个人信息的利用价值,阻碍了数字创新。所以,目的特定原则需要基于类型化和场景化予以重构。基于类型化重构目的特定原则,就是要依据“两头强化”的个人信息保护理论,构建敏感个人信息原则上禁止目的外利用、一般个人信息允许目的外利用但要适度的保护格局。基于场景化重构目的特定原则,就是要在个人信息收集阶段,引入“合法利益豁免”规则作为个人信息合理使用的正当性基础,对传统同意范式下的目的特定原则进行补正;在信息使用阶段,个人信息的处理应当结合场景规则进行风险评估,破解二次利用被限制的尴尬局面;最后,将用户控制与透明机制后置于风险评估以提升信息利用效率。目的特定原则的落实可以着眼于技术嵌入和多元共治两种路径:第一,以技术嵌入信息处理全流程,形成“隐私友好型”技术架构从而延伸用户控制并提升个人信息处理的透明度,同时制定技术标准弥合法律与技术之间的鸿沟,实现“技术法律化”;第二,适用“行业主导、政府适度介入”的行业自律模式,贯彻包容审慎政府监管理念,保障公民参与,形成政府监管、行业自律、公众参与齐头并进的多元共治模式。

公开透明原则是个人信息处理的基本要求。但“告而不知”与“算法黑箱”问题作为原则落实过程中的两大主要问题致使公开透明原则面临着信息保护与流通价值冲突的两难境地。“公开”并不是要求个人信息处理者对处理环节的全部内容进行披露,而是以满足信息主体“知情权益”为底线标准。同时,也需要结合立法本意及个人信息处理者的自身性质进行讨论;个人信息处理环节“透明”状态的实现也不可能达到“绝对”的理想程度,只能以达到“相对状态”为实际目标。公开透明相对状态的难以实现同个人信息处理者在践行告知义务时不按照法定要求进行密切相关,从而造成“告而不知”之现象架空公开透明原则设计初衷;同时,因算法参与决策的广泛应用,黑箱问题的出现同样弱化了个人知情权的实现。在应对“告而不知”问题上,信息处理者在告知的实质内容上时需在用词、措辞上最大限度地避免采用晦涩、难懂的行业专业术语,转而使用平实且直白的语言进行表达,在真正意义上做到通俗易懂。同时,在告知形式上应当显著,避免沦为形式。在应对算法黑箱问题上,首先应为个人赋予算法解释权,并明确算法主体的说明与披露义务;在外部监督上,个人信息监管部门等公权力机关应当积极完善已有的算法备案、算法评估影响等相关制度,加大监管力度,严格执法。此外,在自我约束方面,算法企业应当主动树立社会责任意识,增强自身自觉。

个人信息处理质量原则与合法、正当、必要等基础性原则共同构成我国个人信息保护法治的梯级化原则体系。信息质量是一个内涵丰富的复合型概念,包括信息性质和信息数量两个方面的内容。个人信息处理质量的衡量维度主要有三,分别为准确性、完整性和时效性。准确性指向品质,完整性指向数量,而时效性是对前述两个维度的重要保障。质量原则的体系定位需要在信息领域规制从“规则中心主义”到“原则中心主义”转向以及“原则与规则”的双向流动中,在与合法、必要、诚信、目的限制、个人参与等原则的相互关联分析中予以确立。合法、必要、诚信原则是质量原则的基础和前提,质量原则是其发展和延伸。不同于目的限制和个人参与原则偏向信息处理者和信息主体的立场,质量原则更多从个人信息本身的性质和处理流程入手,更加注重结果导向,能够更好地实现个人信息保护与个人信息利用的双核目标。个人信息的质量应当结合各个处理环节而具体观之:收集聚合阶段,低正确性信息与高精度信息都将对信息主体产生损害;识别分析阶段,算法技术的嵌入将引发不确定的法律风险;迁移应用阶段,信息处理结果运用范围的辐散会强化第二阶段算法评价结果的负面效应,过度描摹会加速人类决策自主权的旁落。个人信息质量原则的落实首先需要扭转先前对质量原则的仅包括准确性衡量维度的错误认识,将算法模型和依据算法模型产生的评价结果纳入质量原则的规制范围之中;其次将个人信息处理质量原则的要求链接到信息主体更正权、拒绝权,廓清上述权能的行使条件及行权效果;最后需要审慎将高精度算法嵌入商业应用场景和公共应用场景之中,嵌入之前需要进行明确的准用评估,明确信息处理者对信息主体拒绝权的保障以及不过度描摹的责任。

我国个人信息处理安全保障原则不同于美国、欧盟等国家将安全保障义务及安全措施适当性作为信息安全的衡量要素,我国采取原则与义务交融的形式。个人信息处理安全保障原则的内容逻辑构造为"信息处理者义务 + 安全责任"模式,其一,通过"原则 + 规则"的体例形式将安全保障原则贯穿全文,完善了个人信息安全保障链条;其二,完整性、保密性和可用性为安全保障原则的三个关键构成要素,完整性事关人格尊严,是信息安全之基础,保密性事关人格尊严,是信息安全保障的关键,二者的实现方可实现信息之可用性即实现信息处理目的和价值,三要素间环环相扣,是保障信息处理安全的重要考量。个人信息处理安全保障原则的落实困境主要包括信息技术发展带来的安全风险、安全保障义务履行困难、个人信息负责人制度不健全和安全责任不明确等方面。安全保障义务履行存在信息分级分类不明、处理目的认定困难等问题,导致安全保障原则践行困难;个人信息负责人制度规定笼统、信息处理缺乏实质监管、安全责任未明确划分等问题均可能引起处理者规避安全保障措施的落实。包括权利人安全意识薄弱,处理者未恪守安全规则及现存的监管困境等多元成因均导致信息安全保障原则存在落实困难。安全保障原则落实机制应基于"三化"理念。第一,信息处理应基于类型化,对个人信息先分级后分类,根据"保护法益特性 + 信息高度关联的可识别性"进行分类,根据敏感程度分成极敏感信息、敏感信息和一般信息三级,并要着重保护敏感个人信息;第二,信息处理应基于过程化,对个人信息处理过程进行明确划分,通过安全影响评估制度的落实检验信息处理目的,设置具体安全保障措施并落实责任承担机制,全过程保障信息安全;第三,信息处理应基于分工化,明确网信部门的职权,设置独立的监督机构,发挥行业自律效力,对信息处理进行实质监督,进一步完善安全保障原则之配套机制。安全保障原则全过程的落实路径包括信息处理前明确信息分类分级标准,安全影响评估明确信息处理目的,针对性设定信息处理安全措施;在信息处理过程中,应分过程设置信息安全措施并引入独立的监管机构，发挥行业自治效力，充分保证安全保障原则的落实；在信息处理后期，处理者应落实通知义务，准确划分责任承担方式，落实安全保障责任。

个人信息保护领域的个人参与原则，是指个人有权依法参与相关信息处理活动，享有对其信息处理全过程的知情权、同意权、查阅权、复制权、更正权、拒绝权、撤回同意权、删除权等参与性权利。个人参与原则与个人信息保护领域的其他原则有着千丝万缕的联系，知情同意原则是个人参与原则落实的前提，公开透明原则是个人参与原则落实的必要条件，质量原则是个人参与原则落实的结果。个人参与原则的落实既面临客观层面的算法透明度不足难题，又存在法律规定层面参与性权利相关内容的模糊化、行使程序不明晰等挑战，落实效果堪忧。从客观层面而言，人工智能技术的“指数级”变化加剧了算法黑箱现象，算法透明度的有限效能弱化了个人知情，算法解释困境致使“个人参与”困难。从法律层面而言，作为专门性、基础性的《个人信息保护法》，在实体上对查阅复制权、删除权等参与性权利相关内容的规定过于原则化，在程序上对参与性权利行使程序规定尚不明晰，使得个人参与原则在实践层面落实困难。个人参与原则的落实应遵循利益平衡思想与“弱自决—强保护”理念，将法律融入技术设计，借助发挥连接法律与技术之间“桥梁”作用的标准，提升个人参与原则落实的现实效果。为切实保障个人参与原则的贯彻落实，首先，应将信息控制视角转向各方利益平衡视角，既要赋予信息主体以拒绝权，保障信息主体参与算法决策的权利，强化信息处理者相应的个人信息保护义务，又要明确信息处理者使用个人信息的合法性基础，为信息处理者划定清晰的合规边界。其次，应以技术手段助推法律价值的实现，基于“隐私设计理论”将个人参与权嵌入系统中，从源头上奠定信息处理全过程的“个人参与友好”属性基调。最后，面对法律规定的原则性与滞后性缺陷，可充分利用“软法之治”，发挥标准连接法律与技术的重要“桥梁”作用，进一步促进个人参与原则的落实。

第一章　个人信息处理的合法性原则

人类文明的发展史也是技术革命的变迁史，当下社会已然迈入以数据为重要生产要素，以人工智能、大数据、区块链等技术为“引擎”，以“人机互融、虚实同构、算法主导”为逻辑的“数智化社会”。[①] 个人信息的处理和利用已经成为数据产业发展的重要支撑。个人信息大规模采集行为也越发多见，个人信息保护问题逐渐引起广泛关注，个人信息处理行为的合法性则是法学界应当予以关注的首要问题。合法处理个人信息既是维护公民权益的必要手段，也是促进网络安全和数字经济发展的重要措施。

一、个人信息处理合法性原则的内涵

个人信息处理合法性原则与其他原则、规则一同构筑起高度复杂社会中的信息安全风险防御网。合法性原则经历了网络自治、网络主权、网络法治的进程。个人信息处理合法性原则具有实体和程序两个方面的重要价值，具体包括对信息主体的信息权利维护、对社会信息安全秩序构建的实体价值以及制度性保障面向的工具性程序保障价值和社会系统论面向的功能性/结构性程序保障价值。

（一）合法性原则的确立

1. 网络自治

在网络自治阶段，互联网刚刚兴起，新兴技术具有排斥法律介入的属性。如约翰·巴洛在1996年发表的《网络独立宣言》中所称：“工业世界政府在网络世界中不享有主权，网络世

---

① 参见齐延平：《数智化社会的法律调控》，载《中国法学》2022年第1期。

界的冲突与纠纷将由其自己的方式解决,其不成文的文化、伦理、编码将使得网络社会有序。”①其言论反映了网络社会早期对国家主权的排斥以及网络社会存在的自治倾向。在该阶段,国家尚未介入网络社会,尚未建立起网络法律规范体系和治理机制。网络空间缺乏法律制度与相应的监管机构,只能依靠网络自治维护网络安全和秩序。网络世界中出现了大量违法行为。由于无法可依,这些行为常常得不到处理。即使如此,网络自治时期所积淀的网络社会治理经验为网络法治奠定了良好的技术基础与行业基础,此时技术层面的自治包括自主设计网络协议和自主规范网络使用行为。例如,在早期的互联网中,各个服务器之间采用的协议是 TCP/IP 协议,这是一种由互联网工程任务组(IETF)制定的开放式协议,各个服务器可以自主选择采用。同时,在网络使用方面,各个用户需要自觉遵守网络使用规范,不得恶意攻击其他计算机、不得传播有害信息等。行业层面自治则主要是网络业务主体自主组织和成立行业协会或管理性机构,以实现自我管理的目的。以国际互联网管理机构互联网名称与数字地址分配机构(International Corporation for Assigned Names and Numbers,ICANN)为例,其负责管理互联网的域名和 IP 地址分配,确保互联网的公平、公正和安全。因此区别于传统领域,网络领域的治理具备技术治理、行业治理的多元治理基础,使之后的网络法治天然地包含了以技术为治理手段、多元主体协商互动的治理基因,为个人信息处理合法性原则实现技术规制、过程规制、程序规制积累了丰富的治理素材。自此,以多元主体参与、协商互动决策、分权导向和多中心为特征的网络法治环境雏形出现。

2. 网络主权

随着网络技术的不断发展和互联网的普及,网络自治已经难以维护网络的安全和秩序。网络犯罪、网络恐怖主义等新型威胁不断涌现,危及国家主权、国家安全。2007年,北约成员爱沙尼亚遭受大规模网络攻击事件,爱沙尼亚司法部和外交部网站彻底瘫痪,具体损失无法估计。在此事件的影响下,北约卓越网络合作防卫中心国际专家小组先后共同草拟《塔林手册 1.0 版》与《塔林手册 2.0 版》。其中,《塔林手册 2.0 版》旗帜鲜明地驳斥了将网络空间视为“全球公域”,否认国家主权适用于网络空间的论调,确认并详细阐述了国家对其领土内网络基础设施和特定网络活动所享有的主权。② 网络空间成为国家安全的新领域,网络安全成为国家安全的重要组成部分。各国政府开始加强对网络空间的监管,网络主权逐渐得到重视。各国开始推出一系列网络安全法律法规和技术措施,以确保网络空间的安全和稳定。如俄罗斯联邦委员会于 2019 年 4 月批准《〈俄罗斯联邦通信法〉及〈俄罗斯联邦关于信息、信息技术和信息保护法〉修正案》,这是俄罗斯以国家主权控制互联网的重要尝试。又如,我国于 2015 年颁布《中华

① 参见[美]约翰·P. 巴洛:《网络独立宣言》,李旭、李小武译,载《清华法治论衡》2004 年第 1 期。

② 参见黄志雄:《〈塔林手册 2.0 版〉:影响与启示》,载《中国信息安全》2018 年第 3 期。

人民共和国国家安全法》(以下简称《国家安全法》)以维护网络空间主权和国家安全，网络空间主权正式由法律采纳、确认。我国于2021年6月颁布的《中华人民共和国数据安全法》(以下简称《数据安全法》)则以维护国家主权、数据主权和发展利益为目标。

3.网络法治

我国网络主权的确立为网络法治建设奠定了基础与前提,同时网络空间规制的特性在于,必须结合已有的、内在的技术架构与行业模式进行规制治理。法治是现代国家治国理政的基本方式,延伸和发展至网络社会领域则表现为网络法治,即把基本的法治理论框架适用到网络社会当中。网络法治是指在网络空间中,以法律规范为基础,建立和实施一系列的法律制度、监管机制和执法措施,保护公民、企业和政府在网络空间中的合法权益,维护网络空间秩序。在个人信息处理领域,网络法治首先表现为个人信息处理合法性原则。个人信息处理合法性原则,是指个人信息处理行为应当根据法律规定的原则、规则进行,不能违反法律强制性规定。个人信息处理合法性原则,离不开健全的个人信息处理法律体系。《个人信息保护法》第5条,确立了个人信息处理的合法性原则。建设网络法治,落实个人信息处理的合法性原则,首先要做到科学立法,在遵循互联网发展规律的基础上,建立健全网络信息治理法律体系。其次要做到严格执法和公正司法,由于网络空间的跨境性、匿名性、可追溯性等特征,网络空间的规制需要依靠新的规制哲学、规制架构,需要协调事前风险控制与事后惩戒,技术规制、过程规制与程序规制。最后要形成全民守法的社会氛围,各类主体遵守国家法律和规定,不能超越法律的底线。

(二)合法性原则的概念

1.合法性原则的具体内容

《现代汉语词典》对“合法”一词的定义是“符合法律规定”,在《布莱克法律辞典》中为lawful,意为“not contrary to law; permitted by law”,译为“不违背法律;被法律允许”。严存生教授根据合法的主体不同,将合法区分为两类含义,其一是针对个人的行为而言,指的是它合乎法律的规定,主要是实在法,特别是国家的制定法;其二是针对某种公共权力或政治秩序而言,指的是它的正当性、权威性和实际有效性。① 由于本书探讨的是个人信息处理行为的合法性,因此采取“合乎法律的规定”这一狭义概念。我国法理学通常将“法”界定为由国家制定或者认可并由国家强制力保障实施的、通过规定社会关系参加者的权利义务确认、保护和发展一定社会关系的行为规范。② 所谓法律规范,指的就是法律要求某种事态应当存在或发生,尤其是人的行为应当以某种特定的

---

① 参见严存生:《法的合法性问题研究》,载《法律科学(西北政法学院学报)》2002年第3期。

② 参见孙国华主编:《法理学教程》,中国人民大学出版社1994年版,第49~51页。

方式作出。①

个人信息处理合法性原则的具体内容,包括遵守原则、义务性规定两个部分。首先,个人信息处理合法性原则的实现包括对其他原则的遵守。实现合法、必要、正当、诚信原则的体系化,应遵循原则之间的逻辑关系。合法性原则是底线,正当原则是定性分析,必要原则是定量分析。个人信息处理的正当原则,主要是指处理个人信息具备业务正当性、目的正当性和手段正当性。② 正当原则中着重强调的是个人信息处理目的应当合理,要求信息处理的目的是为业务所"需要"的,且符合社会惯例和公众认知。目的之合理性要求,是为了解决个人信息处理行为的"定性"问题。目的之合理性的实现,一方面需要通过"合法律性"加以证成,只有符合法定或约定的个人信息处理的特定目的,才可能是正当的;③另一方面,对法律没有规定的情形,需要运用"合理"标准,对个人信息处理的目的合理性进行实质判断。必要原则解决定量的问题,强调在合理的目的基础上,个人信息的处理是必要的,信息处理行为应在必要的限度之内。具体的法律依据是《个人信息保护法》第 6 条,即"处理个人信息应当具有明确、合理的目的,并应当与处理目的直接相关,采取对个人权益影响最小的方式"。

其次,关于义务性规定。龙卫球教授将之分为两个部分,包括处理个人信息需要满足合法性基础条件,以及处理个人信息应当满足法律、行政法规的规定。第一,个人信息处理者处理个人信息必须具备法律法规规定的合法性基础,合法的核心功能是规范指引。④ 合法性原则的形式化判断标准,也被称为合法性原则的基础性标准。⑤ 我国通过《个人信息保护法》第 13 条规定了个人信息处理多元的合法性基础,一方面,从保护信息主体权益的目标出发,个人信息处理的合法性来源为《个人信息保护法》第 13 条第 1 款,要求取得个人同意或为订立和履行个人合同所必需,其反映的是以"告知—同意"为内容的知情同意原则,保护用户的知情权与选择权。其法理在于对信息主体人格尊严的尊重。另一方面,从促进信息合理利用以及维护公共利益的目标出发,个人信息处理的合法性来源为《个人信息保护法》第 13 条第 1 款第 3 ~ 6 项的规定,包括为履行法定职责或者法定义务所必需、为应对突发及紧急事件所必需、为公共利益在合理范围内处理已公开的信息,这是作为知情同意原则的例外情形而存在的。第 3 ~ 6 项是法律基于公共利益对信息人格权益的限制,其处理目的主要是用以满足公益目的。⑥《个人信

---

① 参见张景涵、胡大武:《〈劳动合同法〉强制性规范研究——以"应当"语词为视角》,载《华侨大学学报(哲学社会科学版)》2021 年第 4 期。

② 参见龙卫球主编:《〈中华人民共和国个人信息保护法〉释义》,中国法制出版社 2021 年版,第 22 页。

③ 参见刘权:《论个人信息处理的合法、正当、必要原则》,载《法学家》2021 年第 5 期。

④ 参见张新宝:《个人信息处理的基本原则》,载《中国法律评论》2021 年第 5 期。

⑤ 参见张新宝、葛鑫:《个人信息保护法(专家建议稿)及立法理由书》,中国人民大学出版社 2021 年版,第 34 页。

⑥ 参见王丽洁:《个人信息处理中比例原则审查基准体系的建构》,载《法学》2022 年第 4 期。

息保护法》第 13 条所确立的合法性基础,反映了《个人信息保护法》保护自然人的个人信息权益、促进个人信息合理利用、维护公共利益的立法目的,构成了个人信息处理合法性基础的三重利益基石。第二,处理者在处理个人信息时必须履行法律法规为其设定的义务。义务规定集中体现在《个人信息保护法》第二章、第三章和第五章,这三章所涵盖的法律规则在法律功能、逻辑构成和法律理性方面承担着不同的角色。其一,规则承担的法律功能不同。第二章、第三章提供工具性程序保障功能,而第五章主要提供结构性程序性保障功能。其二,规则之逻辑构成不同。第二章、第三章主要以行为模式为核心构成,第五章主要以事件为核心构成。其三,规则展现的法律理性不同。第二章、第三章展现实质理性,体现出国家干预的规制模式,第五章展现反思理性,体现出保障国家的治理模式。

2. 合法性原则的首要地位

合法性原则为普遍确立的原则,在公法体系中居于首要地位。公法行为以管制为出发点,对法的突破受到严格的限制,此种法秩序建立之基石在于对义务的履行。正如迈耶所言,行政法这套体系并非围绕权利展开,也并不表现为个人的权利(请求权)体系,只是一整套行政客观守法秩序,个人权利也是通过行政守法义务的履行而获得实现。① 个人信息保护法作为一部以公法为主要特征的领域法,主要是通过义务履行达致对法秩序的维护。

合法性原则作为个人信息保护法的首要原则,其他原则与规则为合法性原则的具体化。《个人信息保护法》第 5 条明确规定了信息处理的合法性原则,即"处理个人信息应当遵循合法、正当、必要和诚信原则,不得通过误导、欺诈、胁迫等方式处理个人信息"。一方面,从广义上而言,合法性原则包括合法律原则、必要原则、正当原则、诚信原则。杨合庆教授认为,合法性原则是指个人信息处理行为应当根据法律规定的原则、规则进行,不能违反法律强制性规定。② 张新宝教授在《〈中华人民共和国个人信息保护法〉释义》中指出,在四项子原则中,合法是处理者处理个人信息最基本的要求。但是,法律不可能对个人信息处理的各个方面作出穷尽式规定,因此对法律法规未能予以规定的事项,还需要以正当、必要和诚信作为补充,为个人信息处理活动的规范化提供价值指引。③ 另一方面,随着个人信息保护法治建设的不断发展,法律可能会将正当、必要与诚信所具有的制度价值规则化,从而更有利于此等价值的实现。因此,应当从广义层面理解合法性原则,合法性原则所指向的法律规范不仅包括具体的法律规则,也包括《个人信息保护法》第 6 ~ 9 条规定的其他基本原则。在欧盟立法中,合法性原则也呈现

① 参见赵宏:《行政法学的主观法体系》,中国法制出版社 2021 年版,第 105 页。
② 参见杨合庆主编:《〈中华人民共和国个人信息保护法〉释义》,法律出版社 2022 年版,第 25 页。
③ 参见张新宝主编:《〈中华人民共和国个人信息保护法〉释义》,人民出版社 2021 年版,第 51 页。

出首要原则的地位。高富平教授通过梳理欧盟个人信息处理合法性原则的脉络指出，个人数据处理合法性原则应由以下四项子原则组成：目的必要性原则、正当处理原则、处理行为合法性原则和处理数据正确原则。① 虽然表述不尽相同，但主要也是从处理的目的、行为、数据正确性这些共性出发，并将其上升至子原则的高度。

（三）合法性原则的价值

1. 合法性原则的实体价值

有学者指出，个人信息处理规则是为应对大规模侵害风险而产生的一套公法上的强行性、预防性保护规则。② 此种信息领域的大规模侵害风险相较于物理世界具备无形性，因此更加难以观测与预防。失去法律的保护，恐惧将笼罩着世界的各个角落。在社会交往中，通过对个人信息的识别，可将信息指向某一自然人，个人信息成为数智社会交往和运行的必要工具，被识别也是人们进行诸多社会活动的前提条件，因此个人信息也被认为具有公共性和社会性。③ 另有学者指出，个人信息处理规则所预设的前提其实是，当信息处理者并未完全遵守信息处理合规义务时，处理过程对信息主体的"权利、自由或利益可能造成负面影响"。④ 只有当个人信息处理活动合乎法律之规定时，才具备法律上的正当性。一方面，个人信息保护法决定了何种个人信息处理行为是合法的。合法性原则的价值指向个人信息处理者对"其个人信息处理行为的合法与否"形成稳定的预期，而不必诚惶诚恐地担忧信息处理行为不小心触碰法律之禁止，从而进行稳定有序的个人信息处理活动；另一方面，合法性原则对个人信息主体的价值在于能够保护其人格利益。程啸教授也指出，对个人信息的任何处理活动，客观上都是对自然人的个人信息权益的干扰或破坏，故此，必须有法律的依据或正当化事由。⑤ 基于信息处理者和信息主体的不平等地位，大型商业平台往往未经个人同意收集和处理信息，并在不同场景对其进行深度挖掘、加工，导致个人信息大量累积，个人信息权益受损，个人身份利益、个人自治等诸多人格利益将遭受威胁，人的目的性和自主性将受到冲击。

2. 合法性原则的程序价值

合法性原则价值除因保护个人信息主体的人格利益而指向实体价值之外，也具备程序价值，具体包括制度性保障面向的工具性程序保障价值，也包括社会系统论面向的功能性/结构性程序保障价值。《个人信息保护法》第二章、第三章的告知义务规则以

---

① 参见高富平主编：《个人数据保护和利用国际规则、源流与趋势》，法律出版社2016年版，第206页。
② 参见王锡锌：《个人信息权益的三层构造及保护机制》，载《现代法学》2021年第5期。
③ 参见高富平：《个人信息保护：从个人控制到社会控制》，载《法学研究》2018年第3期。
④ 参见王锡锌：《个人信息权益的三层构造及保护机制》，载《现代法学》2021年第5期。
⑤ 参见程啸：《论我国个人信息保护法的基本原则》，载《国家检察官学院学报》2021年第5期。

“细密的数据处理形式或程序”为特征，被称为程序性保障。① 此种程序性保障实际上发挥着工具性的作用，程序性规则需要根据风险衡量，根据不同的场景而被选择或者不被选择。信息领域的合法/非法判断与传统的合法/非法判断不同，因为法律规则中的假设条件由于纷繁复杂的信息处理场景无法被具体规定。通过法律规定，将个人信息处理行为限定在一定的法律流程中，这些程序或制度设置的目的不是禁止数据处理，而是在不同场景进行利益衡量，在特定场景下的数据处理行为若遵守这些规则，将更加安全可控，此乃从风险控制维度保障数据处理的成本和收益更加均衡、稳定。②《个人信息保护法》第五章个人信息处理者的义务，则发挥着功能性/结构性程序保障的作用。法律系统论学者认为，反思法在法的外在社会功能层面具备回应社会控制问题的能力，而其程序性价值则指向通过塑造它们的内在话语程序和它们与其他社会系统相协调的办法，促进功能分化社会系统间的沟通与整合。③ 由于不实质性地干预社会，而是通过法律在组织、程序、权限等方面的设计，从而更有利于实现系统之间的结构耦合，实现法律对其他社会系统的规制目标。行政法学学者也指出，行政法开始向反思型法转变，行政法学以“行政正确”为法治原则、以“最适手段”为调控思路、以“关系纲要”为研究重心，从而适应实践变迁。④

二、个人信息处理合法性原则及于信息处理者的义务证成

个人信息处理合法性原则的实现依赖于个人信息处理者遵循《个人信息保护法》中的义务性规定，个人信息处理合法性原则及于信息处理者的义务规范包括两个部分，即第二章个人信息处理规则、第三章个人信息跨境提供的规则与第五章个人信息处理者的义务。在“功能分层社会向功能分化社会转型的高度复杂社会”⑤这一历史背景，《个人信息保护法》逐渐成为“指向个人信息处理者行为的实质法范式”与“指向社会系统间沟通的反思法范式”相混合的法律体系。具体而言，《个人信息保护法》第二章、第三章的规定直接约束个人信息处理者的处理行为，《个人信息保护法》第五章的规定指向个人信息处理者建立制度、组织等合规义务。

---

① 参见蔡培如：《欧盟法上的个人数据受保护权研究——兼议对我国个人信息权利构建的启示》，载《法学家》2021 年第 5 期。

② 参见蔡培如：《个人信息保护原理之辨：过程保护和结果保护》，载《行政法学研究》2021 年第 5 期。

③ 参见[德]图依布纳：《现代法中的实质要素和反思要素》，矫波、强世功译，载《北大法律评论》1999 年第 2 期。关于文章作者 Gunther Teubner 的翻译，本书采取译文作者的译法，以下不再说明。

④ 参见翟翌、罗实：《系统论视野下行政法的“反思性”——兼论我国行政法学之调适》，载《中南大学学报（社会科学版）》2022 年第 5 期。

⑤ 陆宇峰：《论高度复杂社会的反思型法》，载《华东政法大学学报》2021 年第 6 期。

(一)基于"实质法范式"的合法目标实现

1. 作为"实质法范式"的《个人信息保护法》

形式法与实质法在规则构造上都以法律行为为中心,二者最本质的区别在于立法目标是否存在国家的实质性干预。从西方语境来看,图依布纳指出实质理性通常与福利国家的成长和市场体制中的国家干预相关联。[①] 回顾西方经济发展史,18 世纪 60 年代,伴随着资本主义第一次工业革命,基于资本主义经济发展的需要,以亚当·斯密为代表的古典自由主义学派经济学家主张国家仅仅是作为守夜人存在,国家职能限于提供国防、军事、外交等公共产品,在法律层面表现为自由主义、理性主义的形式法盛行。20 世纪 30 年代后,随着资本主义经济危机的爆发,以凯恩斯为代表的经济学家主张通过国家干预的手段缓解资本主义周期性经济危机,国家干预主义盛行。同时,随着环境、消费者权益、网络社会等诸多领域社会关系趋于复杂,出现非对称的权力结构,形式法与社会发生无法调和的矛盾。基于"自由主义""理性主义"产生的形式法强调以法律划分个人行为边界,在行为边界内实行意思自治,但是在诸多非对称的权力结构之下,形式上的平等造就了实质上的不平等。由此,国家干预主义认为国家不能仅仅作为"守夜人"存在,而应将法律作为实现特定治理目标的治理工具,介入社会生活的方方面面,承担国家保护义务,此时法律展示出实质法的特征,即以国家干预代替个人自治。

就中国社会与经济的发展脉络而言,1992 年邓小平南方谈话时指出,计划与市场都是经济手段,而无关于社会性质。1992 年党的十四大正式确立"我国经济体制改革的目标是建立社会主义市场经济体制"。20 世纪 90 年代以来,伴随着社会主义市场经济体制的确立与发展,在消费者权益保护、环境保护、食品安全保护等诸多领域,经济法呈现出国家干预的重要特征。这主要是由于这些领域出现了不对称的权利义务关系,比如个人与大型企业之间的力量悬殊,而一些大型企业等理性经济人角色以追逐自我利益为目标,因而造成诸领域负外部性外溢、市场失灵等问题,国家以立法的方式介入调整,确定干预的目标、手段等,从而进行利益的重新分配,因此呈现出国家干预的特征。

随着信息技术的高速发展,不对称权力关系的悬殊对比在信息技术领域愈加突出。在个人信息保护领域,为了加强对信息主体人格尊严等权益的保护,应赋予个人信息权利以基本权利的地位。王锡锌教授认为:"个人信息保护法律体系建构的基础应是《宪法》第 38 条人格尊严条款内蕴的个人信息受保护权。"[②]国家有义务在一切可能的情况

---

① 参见[德]图依布纳:《现代法中的实质要素和反思要素》,矫波、强世功译,载《北大法律评论》1999 年第 2 期。

② 王锡锌、彭錞:《个人信息保护法律体系的宪法基础》,载《清华法学》2021 年第 3 期。

下促进基本权利的实现，将个人信息保护作为法治国家应当承担的基本任务，个人信息受保护权在客观法秩序的面向之下，具备了“制度性保障”“组织程序保障”“保护义务”等功能。① 在制度性保障和组织程序保障功能之下，立法机关出台《个人信息保护法》，通过国家介入对个人信息处理者施加法律义务的方式，建立起个人信息主体得以与个人信息处理者制衡的结构，从而保护个人信息基本权利，这也是国家用公权力规制个人信息处理行为之正当性的来源。若将图依布纳关于实质法的理论用来理解《个人信息保护法》，则《个人信息保护法》在法律的规范理性上是其对被规范者价值的确认，指的是“需要法律对经济活动和社会活动进行集体规制，从而弥补市场的不足”。“法律并不限于为自主的私人活动划定领域，而是通过明确实质性规定来直接规制社会行为”，并作为“对‘自发进行个人信息处理行为’的修正工具”；②在法律的内在理性上，法律的内在结构发生了变化，以至于形式法中占支配地位的规则导向由一种逐渐增强的有目的的导向来补充，③表现为以个人信息权益保护为目标导向，以原则、规制、标准等事项为客观参照；在法律的系统理性上，实质法通过它对福利——法制国提供政治干预的种种贡献来证明其“系统理性”。由于政治系统承担了确定目标、选择规范性手段、规定具体行为以及实施规划这些责任，实质法显得日趋重要。它是国家修正由市场决定的行为模式和行为结构的主要工具。《个人信息保护法》作为实质法表现为从任由个人信息处理者自行处理个人信息向对个人信息处理过程进行规制转变，以实质规定弥补市场缺陷，从而具备了实质法的属性和特征。

2. 命令控制规则于《个人信息保护法》中的体现

命令控制规制（command and control）是实现公共目标最为常见的规制手段，最早出现在环境保护法中。规制由命令、规制机构与监督体系、制裁三个要素构成。张宝副教授指出，通过制定普遍性的命令、禁止规范或设定环境标准，建立相应的规制机构和监督检查体系，对违反命令或者标准的行为进行制裁。

落实到个人信息保护领域，命令控制规制的重心是将个人信息处理行为作为直接的规制对象。首先，以法律明确规定，对个人信息处理行为作出“应为”或者“禁为”的具体规则，个人信息处理者尤其要遵守法律法规的义务性规则。义务性规则指的是规定人们必须为一定行为或不为一定行为的规则。根据个人信息处理者履行义务的方式，可以将义务划分为积极义务与消极义务。积极义务指的是，个人信息处理者必须根据权利的内容作出一定的行为，比如，《个人信息保护法》第 13 条第 1 款第 1 项规定，取

① 参见张翔：《基本权利的体系思维》，载《清华法学》2012 年第 4 期。

② ［德］图依布纳：《现代法中的实质要素和反思要素》，矫波、强世功译，载《北大法律评论》1999 年第 2 期。

③ 参见［德］图依布纳：《现代法中的实质要素和反思要素》，矫波、强世功译，载《北大法律评论》1999 年第 2 期。

得个人的同意的,个人信息处理者方可处理个人信息。消极义务则表现为,个人信息处理者不得作出一定行为的义务,这要求个人信息处理者不能违反禁止性的规定,否则即为违法,比如,《个人信息保护法》第10条规定:"任何组织、个人不得非法收集、使用、加工、传输他人个人信息,不得非法买卖、提供或者公开他人个人信息;不得从事危害国家安全、公共利益的个人信息处理活动。"《个人信息保护法》第七章则规定了违反法律义务应承担的法律责任。

命令控制规则主要集中体现在《个人信息保护法》第二章、第三章第13~43条规定,以保障知情权、落实"告知—同意"义务的具体规定为主。第二章根据个人信息处理主体(多主体)、处理行为的不同类型,明确规定了"告知—同意"义务在不同类别的个人信息处理行为中如何落实,比如是否需要履行单独告知、书面告知义务。第三章跨境提供个人信息,是对外提供个人信息的特殊类型,个人信息处理者的义务规定仍然以告知义务为中心,只不过附加了其他制度保障作为严格限制。

3. 超越"规则治理"与走向"原则治理"

从法社会学的观点来看,法律无非是对社会现实之反映。在信息领域,由于社会现实的变化,法律规则的逻辑结构与社会功能也应随之变化。传统法律规则论的逻辑结构是围绕行为及行为结果而设定的,法律规则"借由明确的逻辑结构能够为行动提供确定的理由"。[①] 从法律系统论的观点出发,数智化社会的基本单位并非行为,而是指向事件——社会系统之间进行沟通的耦合机制。泮伟江教授借由卢曼"信息—通知—理解"的沟通理念,将"法律事件"当作法律系统的基本单位,进而观察事件之间的条件化限制。[②] 据此,个人信息保护法中的诸多"干涉机制"——个人信息处理者、个人信息保护负责人、评估与认证机制、个人信息合规制度等都可以理解为作为法律系统基本单位的法律事件,发挥着系统间沟通的作用。

《个人信息保护法》第五章规定,要依据个人信息保护法的原则进行制度体系建设、组织体系建设,实质上类似于信息领域之宪法的作用,因此法律原则的功能并非针对个人信息处理行为提供建构个人信息处理体系的具体规则,而是以实现个人信息处理的合法性原则为目标,提供一系列干涉机制。从立法层面,第五章的法律规则由于无法对个人信息处理行为进行事无巨细的规定,因此不再产生针对个人信息处理行为的具体规则,而是指向提供个人信息处理的法律原则,作为个人信息处理合规体系建设的"某种标准、目标以及价值,用以对其所控制的环境中的进程进行衡量"。[③] 其次,提供法律系统与其他系统的耦合机制,借由沟通机制将合法/非法法律表达进行转译表达。

---

① 宋旭光:《论法律原则与法律规则的区分:从逻辑结构出发》,载《浙江社会科学》2022年第2期。

② 参见泮伟江:《法律是由规则组成的体系吗》,载《政治与法律》2018年第12期。

③ 泮伟江:《法律是由规则组成的体系吗》,载《政治与法律》2018年第12期。

在法律义务的落实层面,主要包括制度体系、组织体系等合规体系建设的义务。在法律责任的承担层面,并非以对行为施加惩罚性后果的事后惩戒方式为主,而是通过合规体系的建设进行事前预防,通过原则性质、纲领性质的框架对个人信息处理者施加所谓的"组织者责任",从而将个人信息处理带来的风险进行自我消化。同时,个人信息处理者有义务证明合规过程,此种证明义务是组织者责任的主要责任。

法律原则作为"干涉机制"的标准、目标、价值发挥着作用。《个人信息保护法》是"原则主导型法",丁晓东教授认为,《个人信息保护法》呈现出"原则主导型法""非规则型法"的特征,同时"非规则型的法"仅仅意味着规则适用需要在具体场景中结合法律的合理性标准与法律原则进行判断,而并非意味着规则不起作用。① 而检验原则落实与否的重任则部分落在认证、评估等机制上。"原则主导型法"在法律文本层面的表现在于,其一,以遵守法律原则作为问责的内容,《通用数据保护条例》(General Data Protection Regulation, GDPR)第5条规定的个人信息处理原则,包括合法性原则、目的限制原则、数据最小化原则、限期存储原则、准确性原则。GDPR第5(2)条规定,要遵守上述原则并对其负责。其二,以遵守法律原则作为具体法律义务的内容,《个人信息保护法》第58条第2项规定,提供重要互联网平台服务、用户数量巨大、业务类型复杂的个人信息处理者,应当遵循公开、公平、公正的原则,制定平台规则。其他规则内容虽没有呈现"原则"二字,但仍是以法律原则为指导,进行合规计划体系的建立。

总之,立法将"原则与规则"或者"以原则为主"作为个人信息处理者实施个人信息处理活动的义务,作为其进行合规体系建设的框架,实际上代替以"行为为中心"的命令控制式规则,反映了国家避免过度干预信息处理领域,在最大限度上尊重信息领域的运行规律,只是以法律义务的形式要求作为个人信息处理者的社会组织进行组织、程序层面的自我规制,可以窥见个人信息保护法中反思法的身影。

(二)基于"反思法范式"的合法目标实现

1."反思法范式"于个人信息处理者义务中的体现

反思法的反思指向包括自我指涉和涉他指涉两个层面,其中最主要的目的在于涉他层面通过法律引导其他社会系统自我反思,抑制其负外部性,从而遏制去界分化风险。功能分化与系统的自创生性使得社会系统在各自的领域迅速发展,陆宇峰教授指出,现代社会成为"由于功能分化和诸子系统实现自创生而造成复杂性急剧增长的风险社会"。② 风险社会的负外部性主要是由于封闭的系统内部急剧扩张而缺少自我抑制造成的。图依布纳指出,反思法具备规范理性、系统理性、内在理性这三重理性,其作用

---

① 参见丁晓东:《〈个人信息保护法〉的比较法重思:中国道路与解释原理》,载《华东政法大学学报》2022年第2期。

② 陆宇峰:《风险社会的民主理论》,载《清华法治论衡》2009年第1期。

在于增加社会系统的反思,从而重组出子系统区分结构,协调边界关系。[①] “反思法范式”在个人信息处理者义务中主要有三种体现形式:间接控制、程序主义和干涉机制。

其一,间接控制。提及间接控制,不得不先提及法律系统的有限理性与高度分散且复杂的社会系统之间的矛盾。一方面,功能高度分化社会背景之下,组织间由于具备不同的功能领域、进出规则以及对不同的沟通媒介产生依赖,造成系统间的沟通困难,[②]差异性使得社会系统分化成功能独立的子系统,不同社会子系统发展出独特的系统理性与沟通媒介。法律存在有限的理性,而被调整对象是一个存在纷繁复杂的理性与高度复杂的沟通媒介的社会,因此法律系统并不能充分了解其他社会子系统,不适合生产直接的、具体的实质性规范,进而转向一种间接控制的方式。卢曼认为,目前的法律危机源于现行的实在法系统不能胜任功能分化社会的复杂性,因而要求法律秩序的相应转变。另一方面,功能分化产生的学科分化加固了系统理性,加剧了法律系统与其他社会系统之间的矛盾。陆宇峰教授指出,不同学科围绕不同社会系统的运作进行知识生产,反映、巩固、强化并受制于特定的系统理性,因此基于一种系统理性的学科知识不能未经中介地作用于另一社会系统的结构塑造,否则可能导致后者运作失灵和功能紊乱,甚至破坏社会分工和功能分化原则本身。[③] 换言之,法律应避免直接干预社会系统,不同社会子系统有其运行的规律与逻辑,应尊重其发展的规律。由于功能分化形成系统之间各不相同的系统理性以及学科分化加固系统理性两方面原因,故法律系统的有限理性与高度分散且复杂的社会系统之间的矛盾,引导法律走向一种抽象的、间接的调控方式。

法律规范以间接控制的方式引导社会结构的发展,而间接控制作为一种法律实施的方式是法律系统内部自我指涉反思的产物,是法律系统内部对法律功能与法律实施之间的矛盾进行反思后得出来的结论,应对法律实施方式进行限制,即以间接控制的法律实施方式进行社会控制。托依布纳指出,法律系统内部包括法的功能即“为整个社会提供将各种不同的期待加以一般化而形成一致看法的能力”与法的实施即“解决那些生产于其他社会子系统中而又无力在那里解决的各种冲突”这两个层面。[④] 法的功能与法的实施之间发生冲突,指的是一致的、规范性的一般化看法的生产不足以提供解决具体冲突的恰当规则。[⑤] 卢曼指出,法为整个社会提供普遍性、一致性的规范性预期的

① 参见[德]图依布纳:《现代法中的实质要素和反思要素》,矫波、强世功译,载《北大法律评论》1999年第2期。

② 参见[德]贡塔·托依布纳:《法律:一个自创生系统》,张骐译,北京大学出版社2004年版,第249页。

③ 参见陆宇峰:《社会理论法学:定位、功能与前景》,载《清华法学》2017年第2期。

④ 参见[德]贡塔·托依布纳:《法律:一个自创生系统》,张骐译,北京大学出版社2004年版,第104页。

⑤ 参见[德]贡塔·托依布纳:《法律:一个自创生系统》,张骐译,北京大学出版社2004年版,第104页。

功能减弱,现代回应法再也不能宣称它们在性质上具有普遍的法律一致性。① 陈征楠教授也指出,在层级式分化的社会形态中建构的统一性、规范性标准在功能分化的现代社会已然不具有被视为普遍正当的可能。② 法律通过对自身的反思得出对法律实施进行限制的结论,采取间接控制的实施方式,这意味着法律不再致力于为多样的冲突提供具体的解决方案,而是采取更间接、更抽象的法律控制形式。因此,间接控制是法律系统内部为了调和功能与实施之间的冲突而采取的对法律实施方式的限制。

其二,程序主义。法律为其他社会子系统的自我规制提供了结构性前提,使得社会系统间的整合成为可能。上文提到,法律通过对实施方式加以限制,即以一种间接控制的方式进行社会控制。具体到涉他层面,图依布纳指出,间接调控的方式是对决定作出决定,对规制进行规制,并根据组织、程序和权能对未来的决定确立结构性前提,从而实现通过"对分散化的自我调整机制"进行调整,为半自主的社会系统塑造社会子系统的内在话语体系与外部协商关系。③ 此种"结构性前提"旨在为自我规制,诸如交涉、分权、计划和有组织的冲突,提供结构性的机制。④ 这就意味着,法律并不直接调解冲突,而是提供结构性的冲突解决机制的前提。从这个角度观察,结构性前提在反思结构中作为对既定子系统施加来自环境的限制因素,为系统与环境提供信息得以交换并相互影响的方式。法律的作用则是为系统之间的信息交互提供程序、组织层面的前提,并作为程序层面的保障,使得这一沟通过程成为可能,促进社会各系统之间的协调。此种实现社会子系统之间协调的过程,又被称为功能分化社会中的整合进程。⑤

如何理解程序所塑造的结构性前提,使系统之间的整合发生?法律调整社会是通过"对分散化的自我调整机制"进行调整的。法律对社会的调控方式应当是程序主义的。高秦伟教授指出,这是以提供程序性规范的方式,对社会其他系统的规制进行规制,此种规制指的是根据组织、程序和权能对未来的决定确立"结构性前提"。⑥ 被调控的社会系统在进行自我调整时将受到结构性前提的限制,从而促进社会子系统进行自我反思。这指的是法律规范"不对行为提供实质性的引导,而是进行组织、提供程序以

---

① 参见[德]贡塔·托依布纳:《法律:一个自创生系统》,张骐译,北京大学出版社 2004 年版,第 230 页。

② 参见陈征楠:《法律价值的系统论格局》,载《中国法学》2022 年第 2 期。

③ 参见[德]图依布纳:《现代法中的实质要素和反思要素》,矫波、强世功译,载《北大法律评论》1999 年第 2 期。

④ 参见[德]图依布纳:《现代法中的实质要素和反思要素》,矫波、强世功译,载《北大法律评论》1999 年第 2 期。

⑤ 参见[德]图依布纳:《现代法中的实质要素和反思要素》,矫波、强世功译,载《北大法律评论》1999 年第 2 期。

⑥ 参见高秦伟:《社会自我规制与行政法的任务》,载《中国法学》2015 年第 5 期。

及权能的规定""不对具体的社会后果负责,而是限于为自我规制"。[①] 翟翌教授指出,组织本身具备目标达成、信息沟通、决策取向等方面的功能。[②] 正式组织作为集体行动者以跨越系统边界的方式增进了社会系统之间的沟通。在这个过程中,一个人际关系的系统出现了,这包括讨论团体、集体谈判、质问程序以及相关的行动,而法律起的作用仅仅是促进谈判系统。[③]

从上述系统结构之间的关系以及结构性前提的观察,反思法所强调的程序主义似乎与传统程序法中程序主义的概念不同,我们需要立足于反思法的语境理解程序主义。托依布纳指出,法律在该过程中的作用限于为组织之内和之间的关系提供组织的形式、程序和能力。[④] 作为一种"辅助美德而非主要的美德",拉丢提出以"法律的程序主义理解","它并非立足于合意性、诚实等其他美德,而是特别立足于程序上的辅助美德,诸如保持选择的自由,保持对不同的观点的宽容,使各种各样的语言游戏为各方接受等"。[⑤] 高秦伟教授也有类似的表述,程序主义并不是建立在实质法律程序的目的手段逻辑之上,而是关乎抽象的程序、组织结构规制的后设层次、权利与决定权限的分配界定。[⑥]

其三,干涉机制。按照反思法的理论,法律系统和"信息—经济系统"是相辅相成、共生发展的两个系统,通过法律系统和"信息—经济系统"的结合,网络自治和法律规制结合,从而促进法律系统自身的反思和个人信息合规体系的反思。在个人信息处理领域,法律通过组织与程序上的规范,引导个人信息处理者进行自我规制。这种程序主义的引导,意在建设一种合乎法律规范的组织结构,从而塑造可控的社会秩序。通过法律规范的引导,建构有利于社会公共利益的组织与程序,如信息领域的基础设施建设。

法律的功能不再是生产一般的行为规范,而是在诸多"沟通"的过程中达成一致的期待。"沟通"过程,指的是通过个人信息保护法中的诸多程序设计,发挥结构耦合作用,比如通过程序层面的设计为法律系统与"信息—经济系统"创造结构关联点,通过结构关联点实现系统间的沟通,即将法律系统的信息转译为"信息—经济系统"的语言,从而增加个人信息处理者活动的反思性,实现其内部对自身无限度处理个人信息并实现商业价值之内在理性进行限制。施加内部限制非常重要,因为目前无限度个人信息处理活动都是由于缺少内部自我抑制导致的。正如学者所述,互联网、大数据、人工

① [德]图依布纳:《现代法中的实质要素和反思要素》,矫波、强世功译,载《北大法律评论》1999年第2期。

② 参见翟翌、罗实:《系统论视野下行政法的"反思性"——兼论我国行政法学之调适》,载《中南大学学报(社会科学版)》2022年第5期。

③ 参见[德]贡塔·托依布纳:《法律:一个自创生系统》,张骐译,北京大学出版社2004年版,第103页。

④ 参见[德]贡塔·托依布纳:《法律:一个自创生系统》,张骐译,北京大学出版社2004年版,第104页。

⑤ [德]贡塔·托依布纳:《法律:一个自创生系统》,张骐译,北京大学出版社2004年版,第80页。

⑥ 参见高秦伟:《社会自我规制与行政法的任务》,载《中国法学》2015年第5期。

智能时代的到来使得社会系统的复杂性增加，而反思性的不足甚至缺失，使其运作过程中的负外部性缺少内部的自我抑制。[①] 此种内部限制应当通过间接控制的方式实现。具体到实现系统间沟通的机制，主要包括事件干涉机制、角色干涉机制以及结构干涉机制。[②] 托依布纳指出，干涉存在包括事件干涉、结构干涉、角色干涉在内的三种机制。[③]

首先，在个人信息保护法中，个人信息保护负责人可以作为角色干涉较为典型的例子。角色干涉指的是人们"重叠的会员身份"，[④]一方面个人信息保护负责人与企业之间存在劳动合同，属于企业的员工；另一方面个人信息保护负责人承担了监督个人信息处理活动的法定义务，目的是实现公权力机关对个人信息处理活动的监管。龙卫球教授指出，德国的个人数据保护顾问制度有效地制造了深入企业内部的多系统连结点，从而使在公权力监管的前提下，最大限度地实现数据活动合规。其次，企业内部管理制度可以作为事件干涉的典型例证，企业内部管理制度作为企业生产体制的一部分，被托依布纳视为经济和法的双边结构耦合，甚至由于其涵盖技术标准化的制度，而具备多变耦合的特征。[⑤] 个人信息处理者通过建构企业内部管理制度能够将法律之要求转化为内部的规章制度从而形成合作性安排。

2. 个人信息处理者义务嵌入个人信息保护法的正当性

个人信息受保护权作为一项宪法权利，具有面向基本权利之客观法的属性。国家有义务通过个人信息处理者的组织机构的设计，对其予以保障。为实现基本权利的组织程序保障功能，《个人信息保护法》为国家保护义务之落实提供担保性和辅助性制度，以促进个人信息受保护权之实现。此种"组织程序功能"，在于国家和不同规模的个人信息处理者商谈：如何共同承担并落实个人信息保护这一公共任务。

首先，国家和企业共同承担公共任务的理论渊源是"保障国家"理论，即"国家及行政部门不再承担执行某一任务的责任，而承担了一个确保该任务被执行的责任"，[⑥]其具体指向国家除了保留在该领域内维护公共基本利益的责任外，负有"制定规则和框架的义务""在必要情形下对私人部门实施监督和规制的义务"。[⑦] 不同于干预国家范式，在保障国家范式下，由于国家将部分公共任务转移给社会组织承担，被规制者同时作为规制者的角色，承担自我规制的任务。有学者指出，自 20 世纪 90 年代以来，受治理理

---

① 参见王明敏、齐延平：《社会系统论视角下区块链应用的法律规制》，载《北京理工大学学报（社会科学版）》2020 年第 5 期。

② 参见［德］贡塔・托依布纳：《法律：一个自创生系统》，张骐译，北京大学出版社 2004 年版，第 98 页。

③ 参见［德］贡塔・托依布纳：《法律：一个自创生系统》，张骐译，北京大学出版社 2004 年版，第 90 页。

④ 参见［德］贡塔・托依布纳：《法律：一个自创生系统》，张骐译，北京大学出版社 2004 年版，第 90 页。

⑤ 参见［德］贡塔・托依布纳：《法律：一个自创生系统》，张骐译，北京大学出版社 2004 年版，第 249 页。

⑥ 参见高秦伟：《社会自我规制与行政法的任务》，载《中国法学》2015 年第 5 期。

⑦ 参见高秦伟：《社会自我规制与行政法的任务》，载《中国法学》2015 年第 5 期。

论的影响，公法上逐渐在国家任务之外发展出公共任务的概念，认为公共任务应当由国家、企业和社会共同完成，相应的规制手段上应当采取由政府、社会与市场共同塑造规制过程的规制治理模式。[①] 宋华琳教授指出，规制治理指的是强调利用多元的治理主体和多元的治理工具，通过更好、更公平、更有效率、更具参与性的治理体系，实现规制任务。[②]

其次，个人信息处理者承担公共任务的现实基础是对信息安全系统性风险的合理分配。个人信息处理活动关乎信息安全系统性风险，系统性风险是一种社会风险，关系社会公共利益。个人信息处理者履行《个人信息保护法》第五章的义务，在一定程度上，具有帮助政府承担公共任务、实现公共利益的属性。区别于个体风险，个人信息处理活动引发的系统性风险具有复杂性、突发性、传播性和扩散性的特征，因此是可能波及社会各个层面的系统性风险。个人信息处理侵害事件的发生往往伴随着海量数据的聚合，因此安全风险一旦成为现实，后果是不可计量的，如同多米诺骨牌效应影响整个社会系统。个体的行为主义法律模式面对系统性风险将束手无策。个人信息处理者承担的《个人信息保护法》第五章的义务具有公共性、社会性，关乎共同体基本价值秩序的宪法尊严法益，是对"系统性风险"处理活动的纠偏，本质上是对国家建构的"法秩序"之维护。[③] 有学者认为，基于风险利益对等因素的考量，个人信息处理者也有义务化解个人信息处理所带来的负外部性、引发的系统性风险。[④] 个人信息处理者从以个人信息处理为基础的商业活动中获得巨大利益，但是带来的个人信息安全风险不合理地转移给个人和其他社会系统承担，因此应当通过立法矫正负外部性，促使个人信息处理者承担更多的安全保障义务。

最后，基于对行为主义法律模式的反思。个人信息处理的系统性风险塑造了受强制的自我规制的法律模式。行为主义的法律构造模式面对系统性风险束手无策，应采取反思法中受强制的自我规制模式。"基于行为的规制模式""命令控制型的管制"立足于个人信息处理行为，难以真正保护个人信息权利。基于行为的规制路径，指的是应由法律决定个人信息使用的情形和条件，通过规范数据使用人的行为以避免对个人权益的侵害，通过对违法行为的惩治实现对个人权利的保护，通过对个人信息控制人（使用人）的行为（义务）规范实现法益保护，[⑤]同时应基于具体场景对个人信息处理行为实

---

① 参见张宝：《规制内涵变迁与现代环境法的演进》，载《中国人口·资源与环境》2020年第12期。

② 参见宋华琳：《迈向规制与治理的法律前沿——评科林·斯科特新著〈规制、治理与法律：前沿问题研究〉》，载《法治现代化研究》2017年第6期。

③ 参见王锡锌：《个人信息权益的三层构造及保护机制》，载《现代法学》2021年第5期。

④ 参见张涛：《探寻个人信息保护的风险控制路径之维》，载《法学》2022年第6期。

⑤ 参见高富平：《个人信息保护：从个人控制到社会控制》，载《法学研究》2018年第3期。

施差异化规制，[1]通过行为“识别—认定—惩戒”的思路实施自上而下的监管措施。[2] 但是由于个人信息处理行为难以被识别从而导致事后惩戒功能减弱，况且针对个人信息处理行为的规定集中于落实“告知—同意”义务，无法覆盖个人信息处理全流程的风险，个人信息处理的风险主要来源于塑造信息处理行为的企业组织内部和架构之中。

因此，化解个人信息处理的系统性安全风险，不仅仅在于规定个人信息处理者要遵循《个人信息保护法》第二章、第三章关于个人信息处理行为程序性的义务，更需要深入个人信息处理技术系统，深入互联网商业平台组织体系，深入个人信息处理所嵌入的商业环境中进行治理。这一治理过程与商业组织所追求的效率观相违背，绝不可能自发地实现。因此，应引导企业在受到法律义务强制性约束的条件下进行自我规制，兼顾经济利益和社会效益。

三、基于受强制自我规制的个人信息保护义务构成

通过施加个人信息处理者义务的方式，约束个人信息处理者进行自我规制，被称作受强制的自我规制。高秦伟教授指出，强制性自我规制（enforced self-regulation）又称为“受规制的自我规制”（regulated self-regulation），指的是被规制者制定自己的规则与标准，而规制者通过程序以及其他法律规范修正、监督其遵守自己设定的规则。此种规制方式有利于促进规制责任在规制者与被规制者之间分担，使自我规制得以制度化，切实提升私人主体的社会责任。[3] 具体到个人信息保护领域，通过强制性的法律义务约束个人信息处理者进行自我规制，塑造企业内部的组织、制度、文化，从而间接影响个人信息处理过程。受强制性体现为《个人信息保护法》规定的法律原则以及《个人信息保护法》第五章法律义务的强制要求。个人信息处理者作为个人信息保护的第一责任人，一方面在合规体系的建设中应落实法律原则的要求，法律原则作为合规体系的标准、目标、价值发挥着作用；另一方面，在合规体系的建设中通过对法律义务的履行，作出自我规制的反应——通过采取组织措施、管理措施、技术措施，间接影响个人信息处理行为，从而保护个人信息的安全。值得说明的是，《个人信息保护法》中的法律义务无法对塑造企业内部的组织制度的具体过程进行详细规定，转而通过施加概括性的义务对具体过程施加框架性约束。企业在个人信息处理原则与规则的双重指引下进行合规体系的建设。企业不遵守《个人信息保护法》第五章的法定义务，将承担《个人信息保护法》第七章的法律责任。这就是《个人信息保护法》第五章“个人信息处理者的义务”所包含

---

① 参见丁晓东：《个人信息的双重属性与行为主义规制》，载《法学家》2020 年第 1 期。

② 参见张继红：《经设计的个人信息保护机制研究》，载《法律科学（西北政法大学学报）》2022 年第 3 期。

③ 参见高秦伟：《社会自我规制与行政法的任务》，载《中国法学》2015 年第 5 期。

的立法要义。

(一)明确个人信息处理规范的立法目标

根据《个人信息保护法》的规定,《个人信息保护法》包括保护个人信息权益、规范个人信息处理活动、促进个人信息合理利用三大立法目标。规范个人信息处理活动既是立法目标,也是实现其他立法目标的过程路径。第五章个人信息处理者的义务旨在通过规范个人信息处理活动保障个人信息权益、促进信息的合理利用。王锡锌教授称,当信息处理者并未完全遵守信息处理合规义务时,处理过程对信息主体的权利、自由或利益可能造成负面影响。①

首先,从法律体系层面分析,个人信息规范处理之立法目标的实现过程,包括以下几个方面。其一,《个人信息保护法》第五章作为具体法律规定,落实的是《个人信息保护法》第9条的安全保障原则。其二,从法律义务和法律责任的承担上,通过可问责原则/制度将"安全保障义务条款"得以真正落实于个人信息处理者。其三,将风险预防的原则和理念落实于个人信息合规体系的全过程。我国《个人信息保护法》第11条规定了"风险预防原则",即"国家建立健全个人信息保护制度,预防和惩治侵害个人信息权益的行为"。风险评估成为贯穿个人信息处理过程的核心要素。个人信息影响评估、出境评估都是对信息处理风险进行评估,风险评估成为合法性评估的关键环节。

从法律发挥作用的层面,施加合规义务只是作为规制手段,强制性的义务体系并不直接规制个人信息处理者的行为,而是通过合规法律义务的施加,对个人信息处理者强加目标设定和价值引导,约束和引导个人信息处理者增加反思性,进行自我抑制和约束,②构建"可证明的内部合规体系",减少因个人信息处理活动对社会带来的外部负效应,从而以一种间接规制的方式使得个人信息处理行为合乎法律规定,最终引导系统发展合乎法律规定,落实个人信息处理的合法性原则,保障信息主体安全、信息安全秩序。

(二)落实个人信息处理者的组织责任

个人信息处理者承担合规体系的法律责任。《个人信息保护法》第五章规定了个人信息处理者的义务体系,通过可问责制度确保法律义务的强制性。可问责制度是落实个人信息处理者安全保障义务的重要基石。一方面,通过"法律义务体系—责任体系"指引个人信息处理者建立合规体系;另一方面,以可问责制度落实个人信息处理者的法律责任。可问责原则通过"积极主动"的履行义务与"可证明的组织责任"③贯彻落实个人信息处理者对个人信息处理活动负责的理念。可问责制使得个人信息处理者能

---

① 参见王锡锌:《个人信息权益的三层构造及保护机制》,载《现代法学》2021年第5期。

② 参见王明敏、齐延平:《社会系统论视角下区块链应用的法律规制》,载《北京理工大学学报(社会科学版)》2020年第5期。

③ See Christopher Kuner, Lee A. Bygrave, Christopher Docksey, Laura Drechsler, *The EU General Data Protection Regulation (GDPR): A Commentary*, Oxford University Press, 2020, p. 490.

够通过制定有效的政策、程序和措施，将处理个人数据的风险降至最低。这些措施必须与风险成比例，风险可能因处理或传输的数据量、其敏感性和使用的技术而异。欧盟一般数据保护条例(The EU General Data Protection Regulation，GDPR)第5条规定了个人数据处理的一系列原则，其中第1款(f)项规定了完整性和保密性原则，GDPR第5(2)条规定，个人信息处理者应对此负责并承担证明责任，这被称为可问责原则。GDPR第24条要求控制者评估并采取适当有效的措施，以确保遵守GDPR规定的原则和义务。这被欧盟第29条工作小组描述为“合规计划”。根据GDPR第5条和第24条的规定，可问责包括如下法定要素。首先，关于责任主体，根据GDPR第5(2)条的规定，问责制要求控制者和处理者对他们处理的个人数据负责。其次，采取适当有效措施。GDPR第24(1)条要求控制者应评估并采取适当有效的技术性措施和组织性措施，以确保遵守GDPR规定的原则和义务。最后，关于“可证明性”，GDPR第24(3)条要求控制者和处理者能够证明他们有适当的系统来确保合规性。有学者指出，执法者缺乏足够的知识和工具透析违法行为，因此要由个人信息处理者证明自己没有违法。《欧盟一般数据保护条例(GDPR)：评论》(*The EU General Data Protection Regulation (GDPR): A Commentary*)一书指出，将GDPR第24条规定的原则视为具有其特定含义的术语，这被称为“组织责任”，作为确保数据保护和公司履行国内法律义务的手段，也可以概括为“积极主动”和“可证明的组织责任”(demonstrable organisational responsibility)。[①]

我国《个人信息保护法》没有明确规定可问责原则，也没有明确规定个人信息处理者对合乎法律义务的证明责任，但是仍然出现了相似的原则和理念，GDPR的规定可以为完善我国《个人信息保护法》的规定提供可行的参考。

首先，关于责任主体。我国《个人信息保护法》将安全保障的责任义务分配给个人信息处理者，这符合问责制的第一个要素：问责制要求个人信息处理者对他们处理的个人数据负责。根据《个人信息保护法》第51条和第66条的规定，个人信息处理者应当对其个人信息处理活动负责，采取一定措施确保个人信息处理活动符合法律、行政法规的规定。由此，个人信息处理者有义务和责任建立个人信息保护的合规体系。

其次，关于采取有效适当的措施，即合规计划。根据我国《个人信息保护法》第51条的规定，应当根据个人信息处理的情况，结合对个人权益的影响以及可能存在的安全风险，采取技术措施、管理措施与组织措施。值得注意的是，根据安全风险的高低不同，《个人信息保护法》规定了不同水平的合规义务，以风险预防为目的的合规理念贯穿个人信息处理者义务的规定。其一，针对不同的数据体量，其合规义务不同，比如大型平台个人信息处理者和小型个人信息处理者的合规义务明显不同，《个人信息保护法》第

---

① See Christopher Kuner, Lee A. Bygrave, Christopher Docksey, Laura Drechsler, *The EU General Data Protection Regulation (GDPR): A Commentary*, Oxford University Press, 2020, p. 561.

58 条第 2 项规定,提供重要互联网平台服务、用户数量巨大、业务类型复杂的个人信息处理者应当遵循公开、公平、公正的原则,制定平台规则,明确平台内产品或者服务提供者处理个人信息的规范和保护个人信息的义务;根据《个人信息保护法》第 62 条第 2 项的规定,国家网信部门统筹协调有关部门依据本法针对小型个人信息处理者、处理敏感个人信息以及人脸识别、人工智能等新技术、新应用,制定专门的个人信息保护规则、标准。其二,对于普通风险的,要求采取技术措施如匿名化等;对于高风险的,则要进行个人影响评估;对于一些特定场景,应推定具备高风险。

再次,关于可证明性,《个人信息保护法》也有包含证明性理念的条款。其一,合规审计。我国《个人信息保护法》第 54 条规定,个人信息处理者应当定期对其处理个人信息遵守法律、行政法规的情况进行合规审计。合规审计最主要的目的是证明个人信息处理者履行合规义务,并通过合规审计识别信息处理活动与法律规定的差距,持续改进合规体系。虽然未明确规定合规审计的具体期限,但是规定了应当定期进行合规审计,个人信息处理者可以根据审查结果或情况的相关变化更新政策。同时,根据《个人信息保护法》第 64 条的规定,若是履行个人信息保护职责的部门在履行职责中,发现个人信息处理活动存在较大风险或者发生个人信息安全事件的,可以要求个人信息处理者委托专业机构对其个人信息处理活动进行合规审计。个人信息处理者应当按照要求采取措施,进行整改,消除隐患。值得注意的是,个人信息处理活动的记录是证明合规流程的重要机制。我国没有关于一般个人信息处理活动的记录要求,只是在《个人信息保护法》第 55 条规定“应当事前进行个人信息保护影响评估”的法定情形的处理情况记录义务。但是处理活动记录作为合规的重要证明文件,应作为制度之一。

最后,基于问责制的机制设立。《欧盟一般数据保护条例(GDPR):评论》(*The EU General Data Protection Regulation (GDPR):A Commentary*)一书从问责制这一新的视角理解 GDPR 第四章中的第 35 条数据保护影响评估制度(Data Protection Impact Assessment,DPIA)、第 37 ~ 39 条数据保护官制度(Data Protection Officer,DPO)、第 40 ~ 43 条行为与认证制度等诸多制度设计,将上述制度设计理解为“为数据控制者提供的用于数据保护的实用工具”“作为基于问责制的机制”。同时提出,若不是法律规定必须采取某种工具和机制,则工具和机制具有可选择性。关于工具和机制的选择性,以 DPIA 为例,其认为这主要指的是若不属于 GDPR 第 35(3)条规定的,诸如采取大规模方式系统性监控某个公众可访问的空间等必须进行数据保护影响评估的法定情形,个人信息处理者可以选择是否将 DPIA 列为合规计划之一,以增加其数据保护合规的可证明性,并进一步将 DPIA 视为可问责制度中“重要的问责工具”,因为它们可以帮助个人信息控制者遵守 GDPR 并证明其合规性。将 DPO 视为“问责制的基石”,因为 DPO 可以通过实施其他问责工具来促进合规,并可以作为内部和外部利益相关者之间的中介。将具有约束力的公司规则确定为“在问责原则的基础上实施数据保护原则的一种方式”。[①] 另外,GDPR 第 24(3)条规定了两种不同的机制,即行为准则和认证,可用作证明遵守控制者义务的要素。欧盟问责制的机制设计在我国《个人信息保护法》的实施过程中可以作为重要参考。

(三)建设个人信息处理合法合规体系

为了有效推动《个人信息保护法》的落实,应当构建完备的个人信息处理合法合规体系。其一,制定内部管理制度和操作规程。内部管理制度是个人信息处理者制定的,有关个人信息保护的组织架构、人员配备、行为规范、管理责任等的规则;操作规程是个人信息处理者制定的,有关人员在个人信息处理及相关业务活动中应当遵守的程序和步骤。[②] 就内部管理制度而言,应建立涵盖决策层、管理层和执行层的组织架构并配备相应人员,由高管、数据安全官组成决策层,由数据安全管理团队组成管理层,由数据安全运营、技术团队组成执行层,不同的组织层级承担各自的数据安全职责。在管理责任方面,确定个人信息保护负责人;对境外的个人信息处理者,设立专门机构或者指定代表,负责处理个人信息保护的相关事务;对提供重要互联网平台服务、用户数量巨大、业务类型复杂的个人信息处理者,成立主要由外部成员组成的独立机构对个人信息保护情况进行监督。

就建立操作规程而言。操作规程可以为员工提供信息安全合规的指导和支持,个人信息处理者拟定的政策和程序应为员工提供足够的指引,以了解他们在数据保护和信息治理方面的角色和责任。一是构建政策框架。政策框架源于数据保护和信息治理的战略业务规划,涵盖数据保护、记录管理和信息安全。二是随时提供操作程序、指导和手册,以支持数据保护政策并为操作人员提供指导。三是明确政策和程序所涉责任。操作规程应包括审查和批准的流程,以确保操作规程产生于正当程序。可以指定一名适当的高级工作人员审查和批准所有新的和现有的政策和程序;将审查日期记录在册并在操作规程需要更改时及时更新;所有的政策、程序和指南都显示文档信息,包括版本号、所有者、审查日期和更改历史记录。

其二,合理确定个人信息处理者的操作权限,定期对从业人员进行安全教育和培训。我国《信息安全技术　个人信息安全规范》(GB/T 35273—2020) 明确了合规建议。一是应通过保密协议等法律工具切实保护个人信息主体的信息安全。建立相应的内部制度和政策对员工提出个人信息保护的指引和要求;应与从事个人信息处理岗位上的相关人员签署保密协议,对大量接触个人敏感信息的人员进行背景审查,以了解其犯罪记录、诚信状况等;应要求个人信息处理岗位上的相关人员在调离岗位或终止劳动

---

① See Christopher Kuner, Lee A. Bygrave, Christopher Docksey, Laura Drechsler, *The EU General Data Protection Regulation (GDPR): A Commentary*, Oxford University Press, 2020, p. 575.

② 参见杨合庆主编:《〈中华人民共和国个人信息保护法〉释义》,法律出版社 2022 年版,第 131 页。

合同时,继续履行保密义务。二是以制度形式明确安全事件的惩罚机制。应明确内部涉及个人信息处理不同岗位的安全职责,建立发生安全事件的处罚机制。三是将定期的专业化培训考核作为检验。定期(至少每年一次)或在个人信息保护政策发生重大变化时,对个人信息处理岗位上的相关人员开展个人信息安全专业化培训和考核,确保相关人员熟练掌握个人信息保护政策和相关规程。

四、个人信息处理合法性原则的落实

《布莱克法律词典》将“规制”界定为“通过规则或限制的控制行为或控制过程”。个人信息处理领域的规制则是指行政机构对个人信息处理活动所进行的持续集中的控制。个人信息处理规制路径与个人信息处理合法性原则的实现密切相关。一方面,个人信息处理者实现信息处理合法性原则预设的环境前提是国家规制对数智化后设机制的设计;另一方面,因国家与市场的关系而产生的不同国家范式对个人信息处理合法性原则具有重要影响,个人信息处理合法性原则无法回避国家对信息处理行为的规制。对个人信息处理风险进行法律规制应当顺应数智化的发展进行转型。其一,个人信息保护模式应由权利主义向规制主义转变。《个人信息保护法》所面对的大规模持续性的、隐蔽的、自动化的个人信息处理行为,将导致传统的“事后”侵权救济模式收效甚微。其二,基于风险规制的需要,规制模式应由命令控制型向规制治理型转型。[①] 规制治理更强调规制机构的主动出击,进行针对性评估,通过事前事中的告诫方式解决风险。[②] 信息的无形性使传统的事后惩戒式监管模式收效甚微,为了破解传统监管困局,应将“穿透式监管”作为规制手段。具体而言,数智化背景下的个人信息处理规制模式应当包括技术(算法)规制、程序规制和过程规制。

(一)技术规制路径

1.技术规制的必要性

从技术角度规制个人信息处理行为具备必要性。其一,从技术角度对个人信息处理行为进行规制具有必然性。在数智化时代,平台往往借助以人工智能、大数据、云计算和移动通信为代表的智能化技术体系进行个人信息处理,实现其商业目的。个人信息的收集、使用、传输往往通过应用程序进行,个人信息处理行为伴随着算法决策等过程。鉴于个人信息处理行为是一种基于技术的处理行为,数据处理的条件从根本上说是由用于该任务的软硬件设备设定的,因此从技术角度对个人信息处理行为进行规制

---

① 参见宋华琳:《迈向规制与治理的法律前沿——评科林·斯科特新著〈规制、治理与法律:前沿问题研究〉》,载《法治现代化研究》2017 年第 6 期。

② 参见周易培:《“规制治理”下的律师职业规制改革——以英国的实践为例》,载《交大法学》2022 年第 5 期。

为当然之理。其二，通过技术赋能法律对个人信息处理进行技术规制，是实现个人信息处理合法性原则的有效治理模式。判断个人信息处理行为的合法性仅仅是简单地审查基于"个人信息控制理论—知情同意权"模式下的产品—用户协议、隐私政策，这对个人信息的保护力度是浮于表面的，个人信息保护会陷入形式主义的困境，从而加剧个人信息主体的弱势地位。因此有必要通过技术赋能行政权力，增强个人信息保护法的法律强制力。

虽然网络社会治理历经了从网络技术自治到网络法治的阶段，但网络的技术化治理与网络的法治化治理不是并行的，即不是"法律与技术共治"的治理方式，而是"法律与技术的一体化"的治理方式，是归结于网络法治一个命题之下的以法治容纳技术要素的治理方式。具体到个人信息处理领域合法性原则的实现，一方面，个人信息处理者可以通过编程将法律代码化，这个过程往往通过技术标准来展现，通过代码将法律要求内嵌于应用系统中，从实质层面切实落实并进一步细化《个人信息保护法》的规定，这是一个"法律算法化预嵌过程，即法律先于技术、法律融入技术的过程，数智化技术仅仅是法治的工具手段和载体"。[①] 另一方面，技术标准是对法律规则的细化，一切质量标准、技术标准、技术规程都在承担着落实规则要求和细化法律标准的功能。将法律和与之对应的具有法律意义的技术标准区分为两种治理工具，要么会使法律空心化，要么会使技术标准失去法律意义和法律支撑。[②]

2. 经设计的隐私保护

法律通过技术规制路径，具体指的是通过法律的代码化实现个人信息处理实质合法要求。由于大数据的管理由自动化系统代替人工系统，当数据程序集成到技术中时，难以对个人信息处理行为进行直接规制，但是可以通过代码将法律要求内嵌于影响个人信息处理行为的应用系统、产品设计中，利用技术和代码的力量保护个人信息权，这一理念被称为隐私增强技术（Privacy Enhancing Technology，PET）。欧盟网络安全机构（European Union Agency for Cybersecurity，ENISA）将 PET 称为："软件和硬件解决方案，即包含技术流程、方法或知识的系统，以实现特定的隐私或数据保护功能，或保护个人或一群自然人的隐私风险。"该技术随后融入了"数据最小化"原理，发展形成了"通过设计保护隐私"理论。[③] 通过技术隐私设计保护的理念被立法采纳，将采取技术措施保障个人信息权利作为个人信息处理者的义务。在采取技术措施的过程中直接落实个人信息保护的原则，而不仅仅是个人信息处理的规则。克里斯托弗·库勒（Christopher

---

① 齐延平：《数智化社会的法律调控》，载《中国法学》2022 年第 1 期。

② 参见齐延平：《数智化社会的法律调控》，载《中国法学》2022 年第 1 期。

③ 参见粟丹：《隐私保护视角下的个人健康数据监管研究》，载《杭州师范大学学报（社会科学版）》2021 年第 1 期。

Kuner)等学者指出,GDPR 第 25 条旨在确保处理个人数据的系统的设计和开发适当考虑核心数据保护原则,以便后者有效地集成到最终系统中。[①] 一方面,通过技术系统,使法律原则直接通过技术系统发挥作用,体现基于原则的规制。从制度体系而言,经设计的数据保护与默认保护制度首先是对必要原则—数据最小化原则的落实,而后扩展到对公开透明原则、必要原则—数据最小化原则和必要原则—目的限制原则等数据保护原则的落实。经设计的数据保护旨在督促产品设计时预先考虑数据保护和隐私问题,以可问责制度作为约束,同时以自愿进行认证而使之具备某种可证明性。

我国《个人信息保护法》亦有体现,首先,将通过技术保护隐私作为个人信息处理者的法律义务。《个人信息保护法》第 51 条第 3 项要求必要时采取相应的加密、去标识化等安全技术措施确保个人信息处理活动符合法律、行政法规的规定,将加密、去标识化等技术措施纳入法律强制规范,要求个人信息处理者采取适当的技术措施,将技术保护隐私作为个人信息处理者的法律义务。对于采取技术措施的具体规定仍需要通过技术标准进行细化落实。因此应当明确个人信息处理的技术措施标准。其次,经由技术标准细化后,探索将法律原则和规则转化为代码,从而规范个人信息处理系统结构的技术路径。通过法律的代码化实现个人信息处理实质合法要求,技术标准承担着落实规则要求和细化法律标准的重任。[②]《信息安全技术　个人信息安全工程指南》则是通过技术落实个人信息保护规则的重要范例,其将《个人信息保护法》中合法正当、最小必要、公开透明等原则作为个人信息安全工程目标。根据工程目标,针对产品服务的个人信息需求,将法律条款编译成代码或者算法,使得法律条款真正落实为个人信息处理的默认规则。同时运用嵌入设计原则、默认保护原则设计个人信息安全工程,从源头规避侵害个人信息权益的行为。

(二)程序规制路径

在数智化时代,程序规制与技术规制密不可分,技术规制对程序规制的规制效能可以产生推动作用。个人信息受保护权的客观价值秩序在于公权力机关必须尽可能创造维持有利于基本权利实现的条件,对基本权利的实现负有帮助和促进义务。[③] 个人信息处理规则本质上是国家建立的一套公法秩序,《个人信息保护法》层面的个人信息权利束是国家履行保护义务的结果。国家通过规范数据处理过程为个人提供工具性程序保障义务。

---

① See Christopher Kuner, Lee A. Bygrave, Christopher Docksey, Laura Drechsler. *The EU General Data Protection Regulation (GDPR): A Commentary*, Oxford University Press, 2020, p. 562.

② 参见齐延平:《数智化社会的法律调控》,载《中国法学》2022 年第 1 期。

③ 参见张翔:《基本权利的规范建构》,高等教育出版社 2008 年版,第 131 页。

1. 保障个人信息主体的参与程序

国家在促进“信息主体参与个人信息过程”中至少发挥着两个方面的作用。首先，为个人信息处理者设定保障信息主体参与的程序性法律义务；其次，国家承担辅助性的、担保性的程序性任务，[①]即为拉丢所称“作为一种辅助美德而非主要的美德”发挥其“后设机制功能”，比如推动参与程序的透明化。国家为个人信息处理者设定保障参与的程序性法律义务，程序规制要求个人信息处理者在处理个人信息时必须符合法定程序，使个人信息主体能够参与个人信息处理行为。个人信息主体通过个人信息权利束得以参与个人信息处理的全过程，以法律程序规制信息处理行为对应着个人信息权利动态实现的过程。个人信息权利实现相对应的是个人信息处理者履行其法定义务，因此以行政监管为中心对个人信息权利束进行保障，是个人信息保护法内在逻辑的必然要求。[②] 应当通过程序保障个人信息主体的参与权利，规范个人信息处理活动的过程便是促进个人参与信息处理、保护个人信息权益的过程，个人信息处理者通过遵守相应的法律程序，建立起个人信息处理法秩序，若是破坏此种秩序，行政机构将以约谈、行政处罚等手段进行干涉。

2. 监督个人信息处理者的处理活动

监督和反馈个人信息处理活动这一环节，属于国家规制个人信息处理活动的重要任务和环节，是国家规制的中间环节与必不可少的步骤，起到触发不同控制手段之作用。具体而言，国家规制由一系列国家任务构成，这些任务的实施共同构成规制手段的控制能力。斯科特指出，有效控制系统都包括三个要素，即(1)某种标准、目标以及价值，用以对其所控制的环境中的进程进行衡量，通过(2)某种监控和反馈机制，进而触发(3)某种形式的措施，根据既定的目标对控制变量进行调整。在传统规制过程中，目标要素通常体现为一些法律规则或标准，反馈要素体现为规制机构、政府部门或是自我规制组织的监督，调整要素则体现为对违反标准行为实施的制裁。[③] 因此，监督和反馈承担着发现规制目标与规制效果之间差距的任务，为进一步的规制提供方向性指引。王锡锌教授在分析个人信息程序性权利时指出，个人信息处理的全过程都存在国家监管主导的强制性纠偏与制裁，国家提供充分的组织保障、程序保障与多元责任机制用以维护和恢复个人数据处理的法秩序。[④] 就个人信息保护领域的监督而言，主要包括非政府部门的监督和政府部门的监督两大机制。非政府部门的监督包括“准内部监督”

---

① 参见王锡锌：《个人信息国家保护义务及展开》，载《中国法学》2021 年第 1 期。

② 参见王锡锌：《重思个人信息权利束的保障机制：行政监管还是民事诉讼》，载《法学研究》2022 年第 5 期。

③ 参见[英]科林·斯科特：《规制、治理与法律前沿问题研究》，安永康译，清华大学出版社 2018 年版，第 114 页。

④ 参见王锡锌：《个人信息可携权与数据治理的分配正义》，载《环球法律评论》2021 年第 6 期。

和守门人制度。“准内部监督”规定于《个人信息保护法》第 52 条，即个人信息保护负责人对个人信息处理活动以及采取的保护措施进行监督，并将监督信息报送监管部门。守门人制度体现于《个人信息保护法》第 58 条，即提供重要互联网平台服务、用户数量巨大、业务复杂的个人信息处理者应当按照国家规定建立健全个人信息保护合规制度体系，成立主要由外部成员组成的独立机构对个人信息保护情况进行监督，并定期发布个人信息保护社会责任报告、接受社会监督。对于政府部门的监督，《个人信息保护法》第 60 条规定了“网信部门统筹协调 + 各部门分业监管”的行政监管体制。

3. 提供复合的侵权救济程序

“无救济则无权利”，个人信息保护法应有完善的救济机制。个人信息保护法本身包含着隶属于不同部门法体系下的法律关系，其调整手段既需要民法的保护也需要行政法的保护，很难按照部门法学的标准将其划归于任何既有的法律部门，因此《个人信息保护法》一般被认为是领域法。《个人信息保护法》所调整的法律关系既包含民法体系下的民事法律关系，亦包含隶属于行政法体系下的行政法律关系。个人信息保护法律责任是一种包括民事责任、行政责任等在内的多层次、复合化的法律责任体系。个人信息保护法的调整手段则涵盖民事侵权救济手段、行政处罚手段等。民事侵权救济手段主要以损害赔偿为主，该种理念体现在《个人信息保护法》第 69 条规定。行政救济手段主要以行政处罚手段为主，在《个人信息保护法》第 66 条有所体现。

个人信息处理规则本质上是国家建立的一套公法秩序，国家通过规范个人信息处理过程为个人提供制度保障。以《个人信息保护法》第 13 条第 2 款的“同意”为例，从国家保护义务论与风险规制的角度来理解，法律并非赋予信息处理主体实体性的个人信息控制权，经由是否同意决定个人信息是否被处理，仍然限制在法律所规定的法秩序、可控风险之内。因此在一些情形中，个人无法自主决定将个人信息置于不被保护的状态，同意仅仅是作为个人信息得以被处理可以选择的步骤或者流程之一。蔡培如教授认为，其他原因可以阻断个人信息处理者决定处理信息的法律效力，比如在经由个人信息处理者同意之后的个人信息处理行为，若是被过度处理，进而危及宪法所追求和维护的人格尊严时，可以截断个人对信息处理者所享有的一系列权利，此举不会受到宪法基本权利的制约和拦截，[①]这实则是个人信息决定权与人格尊严的利益衡量机制在发挥作用。正如王锡锌教授所述，个人对信息的自主控制并不是个人信息保护的充分条件，更不是价值目标。对个人的“赋权”及其他保护手段，只是实现最终目的的工具——个人就其信息如何处理有一定发言权，但不是最终发言权。[②] 根据不同场景的不同风险，同意作为一种程序性保障，其地位与作用不同。同意作为一种程序，关注重

---

① 参见蔡培如：《个人信息保护原理之辨：过程保护和结果保护》，载《行政法学研究》2021 年第 5 期。

② 参见王锡锌、彭錞：《个人信息保护法律体系的宪法基础》，载《清华法学》2021 年第 3 期。

点应当为怎样的程序才是符合个人信息处理法秩序的，何种程序能够更好地控制风险。

对于此类的程序性规则，从实现角度而言，可以通过法律的算法化自动实现，即技术的方式实现。通俗来讲，违反个人信息处理规则的个人信息处理行为无法在客观层面发挥其作用，个人信息处理行为将通过一定的"技术装置"完成"合法性筛选"，筛选机制是这些代码明确写明了"个人信息保存的时间"等参数，不符合此类参数的个人信息处理行为将被排除在外，"合法性筛选技术装置"之于"违法的个人信息处理行为"的作用，类似"减速带"之于"超速驾驶行为"的限制作用。从这个角度，《个人信息保护法》的事后惩罚性功能将因为法律的代码化、法律的自动运行而导致其作用呈现弱化、虚化的态势。传统单向的、一元的侵权救济机制亦需转向复合的、多元的救济机制，以便在终极意义上保障个人信息权利。

（三）全过程规制路径

个人信息处理活动是一个不断持续的过程，对个人信息处理活动进行规制应当秉承全过程规制理念。全过程规制不是一次性的、孤立的、静态的，而是一个不断运行的、反馈、纠偏的过程。对个人信息处理的过程规制，更加强调监管时间上的连续性、时效性。正如斯科特所言，规制治理并非静态的、一劳永逸的过程，需要根据不同的规制情境，不同的规制绩效，规制实施中的得失，不断进行调适。①

1. 过程规制的金字塔理论

过程规制集中体现在评估程序中，无论是数据出境安全评估抑或是个人信息保护影响评估等。过程规制在时间层面表现为环节的连续性，评估不是一次性完成的，而是伴随事前、事中、事后的全过程。在空间层面，过程规制涉及多元规制主体的规制资源分配问题，是多元协同治理的动态反馈与纠偏的过程，其规制逻辑在于自我规制与政府规制的反馈与结合，亦属于上文所述强制性自我规制的机制之一。评估程序作为法律系统与"信息—经济系统"的结构耦合因素，发挥着促进沟通、信息交换与理解的作用。英国1999年《政府现代化白皮书》包含了对公共部门监管合规成本问题的认识以及"强制性自我监管"理论，该理论涉及将严厉的行政干预的铁拳与自我监管的天鹅绒手套相结合的愿望。强制性自律包括外部执行被监管机构制定的规则和内部执行外部制定的规则。不同类型的监管呈金字塔形排列，自我监管在底部，干预性较强的监管在中间，干预性最强的监管在顶部。② 斯科特对布雷思韦特的回应性规制理论进行了探讨，涉及执法金字塔（enforcement pyramid）理论的功用和范围，规制者应情景化地思考，与被

---

① ［英］科林·斯科特：《规制、治理与法律前沿问题研究》，安永康译，清华大学出版社2018年版，第12页。

② See Christopher Hood, Oliver James & Colin Scott Crown, *Regulation of Government. Has it Increased, is it Increasing, Should it be Diminished?*, Public Administration Press, 2000, p. 283 – 304.

规制者进行结构式的对话,规制者应首先尽量选用干预程度较低的规制措施,如果这些措施失灵,规制者将逐步采取干预度更高的执法措施。① 下文将以个人信息跨境提供的安全评估为具体场景分析执法金字塔的运用。

2. 执法金字塔的实践运用

在个人信息跨境提供的安全评估过程中,该金字塔式规制互动体现在:金字塔的顶部体现为违反个人信息跨境提供的安全评估强制性法律义务而承受的最为严厉的制裁措施,包括罚款、吊销营业执照等;位于金字塔中间的为个人信息跨境提供的安全评估结果导向是否通过数据出境之行政许可;金字塔的底部则为企业的自我规制。为了通过个人信息跨境提供的安全评估,企业应率先进行自我评估,并结合数据出境安全风险评估制度进行合规体系的建设和完善。除了多重规制手段的互动这一重要特征之外,个人信息跨境提供的安全评估是伴随事前、事中、事后全过程的规制过程,坚持事前评估和持续监督相结合、风险自评估与安全评估相结合。

第一,个人信息跨境提供的安全评估在性质上属于行政许可下受强制的自我规制行为,这种强制性由法律义务进行约束。结合《数据出境安全评估办法》第 4 条规定,向境外提供数据应当通过个人信息跨境的安全评估,包括但不限于的三种情形,即向境外提供重要数据、关键信息基础设施运营者和处理 100 万人以上个人信息的数据处理者向境外提供个人信息、自上年 1 月 1 日起累计向境外提供 10 万人个人信息或者 1 万人敏感个人信息的数据处理者向境外提供个人信息。违反《数据出境安全评估办法》第 4 条的规定则将产生《数据出境安全评估办法》第 18 条、《个人信息保护法》第 66 条和第 67 条的法律后果。数据出境者未履行法定个人信息跨境提供的安全评估义务的,属于个人信息处理者未履行个人信息保护法规定的个人信息保护义务,将被处以责令改正、给予警告、没收违法所得、责令暂停或者终止提供服务、罚款、吊销相关业务许可或者吊销营业执照等行政处罚。

第二,个人信息跨境提供的安全评估在程序上包括两个层级:风险自评估与安全评估。首先,企业根据《个人信息保护法》《数据出境安全评估办法》《数据出境安全评估指南》,以通过数据出境安全评估为目标进行风险自评估,伴随企业进行数据合规体系建设与完善的自我规制过程,其规制成效将受到网信办等部门的监督或者审核。《数据出境安全评估办法》第 5 条规定了自评估报告的内容,在风险自评估阶段,数据出境方应当根据第 5 条的规定进行风险评估。评估内容包括数据出境和境外接收方处理数据的目的、范围、方式等的合法性、正当性、必要性;出境数据的规模、范围、种类、敏感程度,数据出境可能对国家安全、公共利益、个人或者组织合法权益带来的风险;境外接收

---

① 参见[英]科林·斯科特:《规制、治理与法律前沿问题研究》,安永康译,清华大学出版社 2018 年版,第 11 页。

方承诺承担的责任义务，以及履行责任义务的管理和技术措施、能力等能否保障出境数据的安全；数据出境中和出境后遭到篡改、破坏、泄露、丢失、转移或者被非法获取、非法利用等的风险，个人信息权益维护的渠道是否通畅等；与境外接收方拟订立的数据出境相关合同或者其他具有法律效力的文件等是否充分约定了数据安全保护责任义务。经由国家网信部门受理数据出境安全申报后，根据申报情况组织国务院有关部门、省级网信部门、专门机构等进行安全评估，对其风险自评估报告进行评估审查，并决定其是否通过评估。

第三，个人信息跨境提供的安全评估是事前评估和持续监督相结合，是目标要素、反馈要素、调整要素统一的过程。事前控制强调预防，其法律功能在于风险的控制，以一定的标准将高风险主体过滤掉，从而降低危害的发生概率。① 个人信息跨境提供的安全评估作为一种事前评估，是通过风险自评估和安全评估的流程，经由申报、整改直到审批通过的数据出境合规建设工作，使得数据出境安全风险控制在合理范围内，从而控制数据出境行为对国家安全、公共利益、个人或者组织合法权益带来的风险。除了事前评估之外，网信部门还将加强对数据出境过程的持续监督，根据《数据出境安全评估办法》第 17 条的规定，发现数据出境活动在实际处理过程中不再符合数据出境安全管理要求的，应当终止出境活动或者按照要求进行整改后重新申报。

小　结

个人信息处理合法性原则是基于网络社会治理从网络自治、网络主权到网络法治的发展过程而衍生的一项基本原则。合法性原则在原则—规则体系中居于首要地位，其他原则与规则是合法性原则的具体化。在个人信息保护领域，应当通过遵守法律原则和法律义务性规定实现合法性原则，以切实实现个人信息受保护权。《个人信息保护法》义务规定集中体现在第二章、第三章、第五章。第二章、第三章是行为纲要，主要提供制度性保障，呈现出工具性程序保障特征，展现实质理性，体现出国家干预的规制模式；第五章为程序纲要，主要提供功能性程序性保障，作为个人信息处理者合规体系的结构性前提，展现反思理性，体现出保障国家的治理模式。反思型法包括间接规制与程序主义两个重要特征，《个人信息保护法》第五章之功能在于为个人信息处理者的合规体系提供结构性前提。为了实现合法性原则，应对个人信息处理活动进行法律规制。基于信息领域的特殊性，个人信息处理领域合法性原则的实现应重在基于事前的风险预防规制，而非事后的惩戒，具体包括法律规制统摄下的技术规制、程序规制和过程规制。

---

① 参见王青斌、王由海：《作为规制工具的行政备案：规制机理与效果优化》，载《浙江学刊》2022 年第 5 期。

第二章　个人信息处理的必要原则

个人信息是网络空间最宝贵的财富之一。网络世界的匿名性和虚拟性使个人信息的泄露和滥用渐趋容易。保护个人信息是为了维护信息主体的基本权利。在公法层面,这源自宪法“国家尊重和保障人权”的规定;在私法层面,这源自《民法典》的人格权与财产权规范。必要原则是避免企业过度处理个人信息,解决个人信息处理的界限问题的基本原则,有利于衡平个人信息保护和利用之间的关系。必要原则作为《个人信息保护法》的基本原则之一,旨在避免企业对个人信息的过度处理,从而保护个人的人格权益,同时限制信息处理者的不当处理行为,引导信息主体对个人信息权益予以适度让渡,使双方利益最大化。

一、个人信息处理必要原则的内涵及其体现

随着大数据时代的到来,信息产业迅猛发展,人们的生产生活发生了日新月异的变化,个人信息的处理与保护作为热点议题,吸引了越来越多的关注。个人信息权不是一项仅关涉个人的支配权,而是一项兼具社会性与公共性的复杂权利,[①]这一认知已经逐渐成为学界的共识。作为个人信息重要外延的“数据”,其权属问题也同样为学界热议。对于“数据财产权”的确权,亦有学者旗帜鲜明地指出,数据赋权的利益冲突集中在数据业者、用户、同业竞争的第三方之间。[②] 具体到个人信息领

---

① 参见高富平:《个人信息保护:从个人控制到社会控制》,载《法学研究》2018 年第 3 期。

② 参见沈健州:《数据财产的权利架构与规则展开》,载《中国法学》2022 年第 4 期。

域,我们的目光也理应聚焦于信息业者、个人、第三方信息主体之间,只有在具体分析三者的利益冲突形态的基础上,才能推演出个人信息保护体系完善的进路。必要原则正是为出演这三者之间关系的调和者这一角色而出现的。

通说认为,必要原则成为个人信息处理领域的基本原则,始于欧盟实施的 GDPR 第 5 条“个人数据的处理应充分、相关以及以该处理目的之必要为限度进行处理”。此后,欧洲的个人信息保护立法,多数移植了此条的规定。[①] 基于 GDPR 在全球个人信息保护领域的影响力与话语权,必要原则也得以成为一项个人信息处理领域的国际通行原则。

值得注意的是,在欧盟个人信息保护体系不断完善的同时,2022 年 6 月 14 日,美国国会众议院能源和商业委员会消费者保护和商业小组委员会就《美国数据隐私保护法》(American Data Privacy and Protection Act,ADPPA)草案召开听证会,并于 7 月 20 日通过了修订后的 ADPPA。该法案是美国首个获得两党、两院支持的联邦层面数据隐私法草案。在此之前,美国现行的个人信息保护体系采取的是一般保护与特别保护相结合、联邦立法与各州立法并行的保护机制,加利福尼亚州于 2018 年通过的《加州消费者隐私法》(California Consumer Privacy Act,CCPA)产生了巨大的影响。[②] 若 ADPPA 成功颁行,其效力将位于包括影响巨大的《加州消费者隐私法》(California Consumer Privacy Act,CCPA)在内的各州立法之上。

从我国和欧美个人信息处理原则规定(见表 2-1)可知,个人信息处理必要原则是作为个人信息处理的原则之一存在的。个人信息处理属于个人信息保护链条中的一环,我国及欧美立法中都可以见到基本原则框架下必要原则精神的呈现。必要原则的内涵,必然包含对信息主体的个人信息权益加以保护的目的和精神。因此,有必要细剖必要原则的基本内涵,以明晰个人信息保护原则在个人信息保护体系中的地位与功效。

---

① 参见卢家银:《网络个人信息处理中必要原则的涵义、法理与适用》,载《南京社会科学》2021 年第 12 期。

② 参见孙远钊:《论数据相关的权利保护和问题——美国与欧盟相关规制的梳理与比较》,载张鹏主编:《知识产权研究》第 28 卷,社会科学文献出版社 2022 年版。

表 2－1　国际上主要个人信息处理原则的规定

欧盟 GDPR	美国 ADPPA	中国《个人信息保护法》
第二章　原则 第 5 条　与个人数据处理有关的原则	第一部分　忠实义务 第 101～104 条	第一章　总则 第 5～9 条
个人数据应： (a)以合法、公正和透明的方式进行涉及数据主体的处理(合法、公正和透明原则)； (b)为特定、明确和正当的目的收集，且不得以不符合上述目的的方式进行进一步处理；为了公共利益的存档目的、科学或历史研究目的或统计目的而进一步处理，依据本条例第 89 条第 1 款，不应被视为不符合初始目的(目的限制原则) (c)适当、相关且以处理目的的所必需的为限(数据最少化原则)； (d)准确、且必要时及时更新；考虑个人数据处理的目的，必须采取一切合理措施，确保不准确的个人数据立即被删除或更正(准确性原则)； (e)以可识别数据主体的形式保存的保存时间不长于个人数据处理目的所必需的期间；在依据本条例第 89 条第 1 款个人数据仅为了公共利益的存档目的、科学或历史研究目的或统计目的而被处理，在实施本条例规定的适当的技术性和组织性措施以保障数据主体的权利和自由的情况下，个人数据可被储存更长时间(储存限制原则)； (f)以确保个人数据适当安全性的方式进行处理，包括采用适当的技术性和组织性措施以防止未经授权或非法的处理，以及意外遗失、破坏或损坏(完整性和保密性原则)	(所引内容部分省略) 101. 数据最小化(data minimization) (a)总体而言： 相关主体不得收集或传输超出“合理必要、合比例和特定范围”限度的相关数据 (1)提供或持有以下相关个人数据 (A)个人要求的特定产品或服务；或者 (B)在该关系的背景下，所涉主体与该个体的通信属于合理预期；或者 (2)本法明确允许的目的 102. 具体的忠诚义务(loyalty duties) 103. 隐私设计(privacy by design) 104. 防止定价歧视(loyalty to individuals with respect to pricing)	第 5 条　处理个人信息应当遵循合法、正当、必要和诚信原则，不得通过误导、欺诈、胁迫等方式处理个人信息。 第 6 条　处理个人信息应当具有明确、合理的目的，并应当与处理目的直接相关，采取对个人权益影响最小的方式。 收集个人信息，应当限于实现处理目的的最小范围，不得过度收集个人信息。 第 7 条　处理个人信息应当遵循公开、透明原则，公开个人信息处理规则，明示处理的目的、方式和范围。 第 8 条　处理个人信息应当保证个人信息的质量，避免因个人信息不准确、不完整对个人权益造成不利影响。 第 9 条　个人信息处理者应当对其个人信息处理活动负责，并采取必要措施保障所处理的个人信息的安全

(一)个人信息处理必要原则的基本内涵

个人信息与个人隐私存在相当程度的概念交叉。“私人信息不受非法收集、使用及公开”是隐私权保护的重要内容，即便作为个人信息保护法理基础之一的隐私权已被确认为一项对世的、绝对性的人格权。[①] 不可忽略的是,信息在数智化时代是产业发展与社会进步的重要资源,个人信息早已超出单纯的隐私范畴,成为关涉多方主体的一种新形态资源。因此,个人信息的处理不仅关涉个体的人格权保护,也关涉信息业者甚至公权力机关对这一新形态资源的获取与利用。在处理个人信息时,仅关注个体的信息权益而制定的个人信息保护规范难免会呈现个人信息过度保护的趋向。在这一趋向下,作为信息业者重要生产资料之一的个人信息的开发与利用程度往往是十分有限的,以至于这一"保护"的初衷反而成为信息产业乃至整个社会进步的枷锁。只有在兼顾多方信息主体利益并权衡损益的基础上制定个人信息保护规范,个人信息才能实现价值最大化。

《个人信息保护法》第5~9条个人信息处理的基本原则,是构建个人信息保护制度体系和规范个人信息处理活动的基础与遵循。其中,第5条规定的合法、正当、必要、诚信原则是个人信息处理的总体原则。[②] 其中,个人信息处理的必要原则并不仅在一国存在,而是世界各国个人信息保护立法所达成的共识。有学者基于欧盟GDPR等规范对个人信息处理行为的限制,将必要原则的内涵归纳为两个层面。首先是信息业者使用信息的程度应当追求"最小化利用";其次是在处理个人信息时应当使用影响最小的方式。[③] 但这一概括实际上不足以覆盖个人信息处理视野下必要原则的基本内涵。这一论述仅着眼于信息业者,阐明了其在处理个人信息时应当受到何种限制,却忽略了作为信息主体的个人受到的保护也并非漫无边际的,而应当存在其"必要性"的边界。

必要原则绝非一项孤立的个人信息处理原则。合法、正当、必要、诚信原则紧密关联,在衡量个人信息处理活动的规范性时,必要原则作为一个不可分的前提应当被予以重点考量。在总体原则之外,必要原则与其他个人信息保护的原则也存在逻辑上的联系,如告知同意原则的运用必须受到必要原则的制约,即信息业者收集和处理个人信息时,必须以"必要"为限,确保仅收集和处理可以实现其功能的最少信息。[④] 从《个人信息保护法》第5条的规定来看,"正当、必要、诚信"等字眼不难让人联想到公法意义上的比例原则。比例原则,即指国家权力行使要妥当、必要、均衡、不过度、符合比例,不得侵犯公民的合法个人权利,其已经成为法治社会中协调国家权力和公民个人权利之间关系的一项普遍性、基础性的准则。

实际上,必要原则是比例原则中最早确立的一项原则,1895年德国行政法学家奥托·迈耶首次将必要原则称为比例原则。[⑤] 公法意义上的比例原则主要以行政权为规

---

① 参见张新宝:《从隐私到个人信息:利益再衡量的理论与制度安排》,载《中国法学》2015年第3期。

② 参见张新宝:《个人信息处理的基本原则》,载《中国法律评论》2021年第5期。

③ 参见谢琳:《大数据时代个人信息使用的合法利益豁免》,载《政法论坛》2019年第1期。

④ 参见张新宝:《个人信息收集:告知同意原则适用的限制》,载《比较法研究》2019年第6期。

⑤ 参见范进学:《论宪法比例原则》,载《比较法研究》2018年第5期。

制对象。亦有学者认为,比例原则已经延伸至越来越多的公法领域,从而具备一定的宪法地位,对国家权力具有普遍性的约束作用。[①] 个人信息处理的基本原则也脱胎于此,个人信息在大数据时代下具有公私兼备的双重权利属性,必要原则在此也可以被解读为"公共利益与个人权益的冲突"。当公益与个人权利的保护对立时,为了公益的追求,于事理上承认人民的自由权利应受限制,但这种限制应以该被认可的公益的达成所"必要者"为限。

综上所述,为保护个人信息权,应当对信息业者和公权力机关的个人信息处理行为进行限制,对此种限制的限制,应当以不妨碍个人信息这一资源的合理利用为限,此种"限制"与"限制之限制",构成了个人信息处理必要原则的基本框架。

(二)其他法律规范中的个人信息处理必要原则

公法精神是比例原则的重要基础,比例原则是公法精神的体现。必要原则作为比例原则的基本内容之一,贯穿于众多公法领域,成为公益与私益冲突之时,为公正之追求而架设的一杆天秤,对利益衡平的追求是其在各领域共通的价值内核。在《个人信息保护法》视野之外,我们也可以窥见个人信息处理必要原则的身影。如《中华人民共和国反不正当竞争法》(以下简称《反不正当竞争法》)第2条曾被北京市高级人民法院、最高人民法院在裁判中援引,"虽然确实出于保护网络用户等社会公众的利益的需要,网络服务经营者在特定情况下不经网络用户知情并主动选择以及其他互联网产品或服务提供者同意,也可干扰他人互联网产品或服务的运行;但是,应当确保干扰手段的必要性和合理性"。[②] 此即互联网竞争领域中的"非公益必要不干扰"原则,实际上也体现了个人信息处理必要原则的内蕴。

除《个人信息保护法》第5条之外,关于个人信息的收集与处理,《民法典》第1035条规定,"处理个人信息的,应当遵循合法、正当、必要原则,不得过度处理";《中华人民共和国消费者权益保护法》(以下简称《消费者权益保护法》)第29条规定,"经营者收集、使用消费者个人信息,应当遵循合法、正当、必要的原则";《中华人民共和国网络安全法》(以下简称《网络安全法》)第41条规定,"网络运营者收集、使用个人信息,应当遵循合法、正当、必要的原则";《中华人民共和国未成年人保护法》第72条规定,"信息处理者通过网络处理未成年人个人信息的,应当遵循合法、正当和必要的原则"等。

其他规范性法律文件也对个人信息处理的必要原则作出细化规定。部门规章《App违法违规收集使用个人信息行为认定方法》第4条对违反必要性原则的行为作出了概括规定。国家标准《信息安全技术　个人信息安全规范》(GB/T 35273—2020)第4

---

① 参见门中敬:《比例原则的宪法地位与规范依据——以宪法意义上的宽容理念为分析视角》,载《法学论坛》2014年第5期。

② 参见北京市高级人民法院民事判决书,(2013)高民终字第2352号。

条明确规定了个人信息安全的基本原则之一是“最小必要原则”，即“只处理满足个人信息主体授权同意的目的所需的最少个人信息类型和数量。目的达成后，应及时删除个人信息”。《信息安全技术　移动互联网应用程序（App）收集个人信息基本要求》在前述规范性文件的基础上，对“最小必要”作出了“明确、合理、具体，实现处理目的所必要，采取对个人权益影响最小的方式，与处理目的直接相关”等限定。此外，该标准化文件还列明了必要个人信息的范围和使用要求。值得注意的是，《常见类型移动互联网应用程序必要个人信息范围规定》与前述的《信息安全技术　移动互联网应用程序（App）收集个人信息基本要求》对必要个人信息的界定并非一以贯之，该文件在附录中对不同类型的 App 划定了不同的必要信息的范围，一定程度上体现了个人信息保护领域立法理念的进步。

概言之，上至《民法典》，下至各个规范性文件，个人信息处理“必要原则”在众多法律规范中主要是针对限度、范围及是否过度处理作出的规定，①既可以抽象化为“合法、正当、必要，不得过度处理”的原则，也可以具象化、量化为可执行的细则。就个人信息权益保护的视角而言，各个法律规范围绕必要原则的具体规定，实际上是必要原则内蕴的公法领域共通的限权精神的外化。由此观之，过限的个人信息处理行为，不仅仅是对法律条文的违反，也反映了网络科技发展进步的冲击对公权力行使边界的模糊。

二、个人信息处理必要原则的价值与功能

（一）“人格尊严保护”与“个人信息自决”的法律价值

近年来，就个人信息的法律权属，权利说和利益说之争不绝于耳，但大体可归纳为人格利益说、个人信息权说和人格权财产权兼备说。② 从《民法典》将个人信息编入人格权编的做法以及结合人格权编的具体规定，不难判断，对个人信息的保护实际上是基于信息主体享有的个人信息权益。个人信息权益属于一种民事权益而非权利或单纯的利益，③涵盖精神性权益与财产性权益两个方面，这一点已经逐渐成了学界共识，“个人信息权”或“个人信息权益”之表述恰如其分。此外，也有学者旗帜鲜明地指出，个人信息权的权利结构是二元化的，个人信息基本权与个人信息民事权利分处不同领域，其权利的呈现方式也各不相同。④ 因而在国家、信息主体、信息处理者的三方关系中，国家的个人信息保护义务也应进行相应调整。

---

① 参见卢家银：《网络个人信息处理中必要原则的涵义、法理与适用》，载《南京社会科学》2021 年第 12 期。

② 参见梅夏英：《在分享和控制之间　数据保护的私法局限和公共秩序构建》，载《中外法学》2019 年第 4 期。

③ 参见程啸：《论我国民法典中个人信息权益的性质》，载《政治与法律》2020 年第 8 期。

④ 参见李海平：《个人信息国家保护义务理论的反思与重塑》，载《法学研究》2023 年第 1 期。

必要原则作为个人信息权益保护的重要遵循之一，在规范个人信息处理行为的具体实践时，更多发挥着抽象指导而非具体适用的作用。因此，要分析个人信息处理必要原则的法律价值，难以从个人信息保护的具体实践中概括出抽象但凝练的共通价值内涵，故学界往往将之诉诸更高位阶法律的依托。对个人信息处理之必要原则法律价值的概括，便也常伴随着宪法上的证成，如将《中华人民共和国宪法》（以下简称《宪法》）第38条人格尊严作为个人信息权的宪法基础。此外，依据《个人信息保护法》的立法背景资料，个人信息权益也可被证成为《宪法》第40条规定的通信自由和通信秘密，这便对应个人对个人信息的自决权，[①]即处置个人信息的积极自由与个人信息不受非法侵害的消极自由。概言之，个人信息权益可以视为人格尊严及通信自由等宪法性权利的呈现。

回归《民法典》人格权编本身，学界就人格权的性质也曾有观点上的分歧。民事权利多以支配权为原型，故人格权的道德权利说曾主张人格权是一项支配权。但当代民法认为，人格权是一种兼容道德权利的复合权利，是一种受尊重权或自决权，具有排他性而非支配性。[②] 因此，基于个人信息权益的人格权属性，可以将必要原则的法律价值概括为对人格尊严的保护与对个人信息自决的保护。

1. 人格尊严的保护

《民法典》第990条规定："人格权是民事主体享有的生命权、身体权、健康权、姓名权、名称权、肖像权、名誉权、荣誉权、隐私权等权利。除前款规定的人格权外，自然人享有基于人身自由、人格尊严产生的其他人格权益。"由此可见，除生命权、身体权、健康权等基本人格权之外，其他人格权益多属于人身自由和人格尊严的衍生性权益。故在立法技术上，将个人信息权益纳入人格权编，本身便显示了个人信息保护是人格尊严保护的一个具体层面。

传统个人信息保护模式主要采取私法模式对个人信息进行保护，这一保护模式的核心可以概括为人是社会之和；自由是实现个人价值的最佳途径；冲突的形成是因权利边界不清晰等个人本位的观点。[③] 我国现行的个人信息保护之法律体系的框架也承袭于此。多数学者认为，保护个人信息主要是保护信息主体的人格利益免受侵害，即保护基于个人信息权益而生的人格利益。

就具体的保护模式而言，法学界存在一元保护模式与二元保护模式的观点。有学者认为一元模式难以解决财产利益与精神利益在保护方式上的差异，主张采用一般法

---

① 参见张翔：《个人信息权的宪法（学）证成——基于对区分保护论和支配权论的反思》，载《环球法律评论》2022年第1期。

② 参见朱虎：《人格权何以成为民事权利?》，载《法学评论》2021年第5期。

③ 参见刘水林、芦波：《消费者权益保护法范式转化的经济学解释》，载《上海财经大学学报》2016年第6期。

与特别法相结合的立法模式,或创设商事人格权等特别权利以期建立更为完善的二元保护模式。而主张一元保护模式的学者则认为,人格利益中的财产性内容的保护,无须通过创设新的权利或另行立法来实现,而将其理解为一种对人格权的商品化运用,应当通过法律适用对此种利用行为进行规制。① 但无论是“一元论”还是“二元论”,对个人信息权益的保护内容本身并无分歧,即保护内容是基于人格尊严而衍生、与个人信息权相关、包含精神利益与财产利益(但也有学者因单独个体的信息量稀薄从而不足以产生价值,配置财产利益可能导致权利滥用风险,对此种为个人信息配置财产利益的做法持反对意见②)的人格利益,经由此种人格利益的保护实现对人格尊严的保护,超出必要限度的个人信息处理行为实质上是对个体人格尊严的侵犯。

2. 个人信息的自决

个人信息的自决,主要指信息主体自主决定个人信息的收集、使用、加工、传输、存储、转让等。在整个个人信息保护体系中,信息自决贯穿个人信息处理的各个环节,个人信息处理环节具有涉及多方主体参与的特殊性,如果个人脱离社会领域,信息主体脱离信息业者、公权力机关等信息处理主体而单独存在,个人对其信息享有的此种“自决”便也失去了存在的意义。

换言之,个人信息的自决实际上是应对信息处理行为的一种防御性权利,即自主决定个人信息能否被用于信息处理行为,以及以怎样的方式被应用于处理行为。此外,有学者提出个人信息处理环节中信息主体和信息处理者之间广泛存在着信息能力的失衡,这种不平衡为给予信息主体额外的权利提出了要求,此种权利可以被概括为信息自主(自决)权利,其存在的目的在于使信息主体具备干预信息处理行为的能力。③

落实到个人信息处理必要原则上,必要原则与信息自决权显然是不可分的,“必要”之限度基于个体自决权的行使,并且这是一种动态而非一成不变的判断,依赖于信息主体的自主决定,“必要”的标准才得以维持这种场景化、个案化的灵活状态。“自决”的作出又基于必要原则的指引,信息主体对信息处理者的行为是否超出了必要的限度的判断,对“自决”的结果——同意或拒绝信息处理行为发挥着关键的作用。

(二)“利益冲突平衡”和“特定危险控制”的法律功能

在传统的个人信息保护体系中,个人信息处理行为主要依靠私法规制,即对个人信息权利的保护基于个人利益的有序实现和个人信息的自我控制;换言之,传统的个人信息保护模式具有浓厚的个人本位色彩。④ 然而,步入大数据时代,传统的个人信息保护

① 参见程啸:《论我国民法典中个人信息权益的性质》,载《政治与法律》2020年第8期。

② 参见张新宝:《论个人信息权益的构造》,载《中外法学》2021年第5期。

③ 参见王苑:《个人信息保护在民法中的表达——兼论民法与个人信息保护法之关系》,载《华东政法大学学报》2021年第2期。

④ 参见王怀勇、常宇豪:《个人信息保护的理念嬗变与制度变革》,载《法制与社会发展》2020年第6期。

模式显然已经不能满足海量数据处理的需要，个人信息的社会性愈发凸显，必要原则作为大数据时代下个人信息处理行为合规性的“红线”，主要具有平衡各信息主体之间基于个人信息的保护与利用之争而产生的利益冲突以及建立社会、个人等多元参与的特定危险控制体系的法律功能。

1. 利益冲突的平衡

数智化时代，个人信息的本质仍是一种信息，是“大数据”的重要组成部分。高新技术的发展促进了对信息资源的深入发掘，个人信息成为众多新兴产业发展的依托，得到了越来越广泛的开发和利用。个人信息的商业价值得到了越来越多的开发与重视，已经成为当下众多新兴产业高度依赖的生产资料，经由信息处理行为实现个人信息的开发与利用，已经成为企业的常见经营方针。[①] 于是，新的时代情境下，个人信息保护出现了新的困局：一面是信息产业的迫切发展需要，一面是警惕且戒备的信息主体对个人信息处理行为的严防死守。当利益的天平偏向信息业者，出现违法、过限的个人信息收集与利用行为时，个人的信息权益便难以得到保障；反之，对企业信息处理行为的过度制约，则会加剧“信息孤岛”[②]效应。

值得注意的是，个人信息处理环节关涉的各个主体之间通常存在显著的信息能力失衡问题。就如“数字鸿沟”这一词汇，最早出现在美国商业部电信与信息局（National Telecommunications and Information Agency, NTIA）1995 年发布的一份调查报告中。“数字鸿沟”往往伴随着两个现象，一是机会差异导致的基于互联网的数字不平等，二是数字红利的出现，具体到个人信息处理领域则体现为信息不对等与信息红利。此外，“数字差异”与“数字鸿沟”都源于“digital divide”这一英语词汇，“差异”自始存在，却因大数据时代的到来出现了由“差异”向“鸿沟”的演变，这正是个人与信息业者之间信息能力不平衡不断加剧的佐证。种种冲突和对立的局面实际上彰显了个人信息传统私权保护模式的落后与无力，从而出现了个人信息处理链条中的众多混乱与失序的局面。于是，维护信息处理者的合法权益，达成利益冲突的平衡，便也成为重构个人信息保护体系的优先目标。

2. 特定危险的控制

危险控制理论是侵权责任法领域的基本理论之一，指控制危险的义务源于对危险的控制力，即“控制者承担责任”。必要原则源于对特定危险的控制义务，依据危险控

---

① 参见王叶刚：《个人信息收集、利用行为合法性的判断——以〈民法总则〉第 111 条为中心》，载《甘肃社会科学》2018 年第 1 期。

② 所谓信息孤岛，指的是一个个相对独立的不同类型、不同学科的数字资源系统，不包括网上无序和自身没有控制的数字信息资源。由于各系统相互封闭、无法进行正常的信息交流，犹如一个个分散、独立的岛屿，因此被称为信息孤岛。参见李希明、土丽艳、金科：《从信息孤岛的形成谈数字资源整合的作用》，载《图书馆论坛》2003 年第 6 期。

制理论,信息处理主体应当对可能发生的危险后果采取必要的措施,并且承担因处理行为而产生的相应责任。

在数智化的情境下,网络平台、运营商等数据处理者,实际上从海量信息的交流与处理之中获得了收益。但这一过程也必然伴随潜在的危险,依据危险控制理论与"谁受益,谁担责"的民法精神,数据处理者应当以必要原则为规尺,采取必要的措施预防危险的现实化,并在危险发生后采取必要的行为减少其招致的损失。在这一逻辑链条里,信息处理行为与损失之间的直接因果关系也并非必要的。个人信息的处理者在这一链条中并非仅仅作为责任的承担者或危险的控制者而存在,对潜在危险的准许实际上是以这一义务的承担为前提的。正是这种对抽象危险的允许,为海量的数据流通与频繁的个人信息处理行为构建了秩序基础,保障了信息流通的畅通无阻与信息处理的高效,从而发挥了必要原则指引下新形态个人信息保护体系区别于传统私权保护模式的法律功能。

三、个人信息处理落实必要原则的规则体系

放眼中外,各国对个人信息处理行为的立法规定,实际上无不围绕着个人信息处理的若干基本原则展开。结合规则与原则之区分,此等立法的逻辑架构实际上来源于个人信息保护的基本原则,规则不外乎是原则的具体而细化的对外呈现。从规范视角看,个人信息处理必要原则体系由场景化风险管理规则、最小化处理规则与最短保存期限规则组成(见图 2-1)。

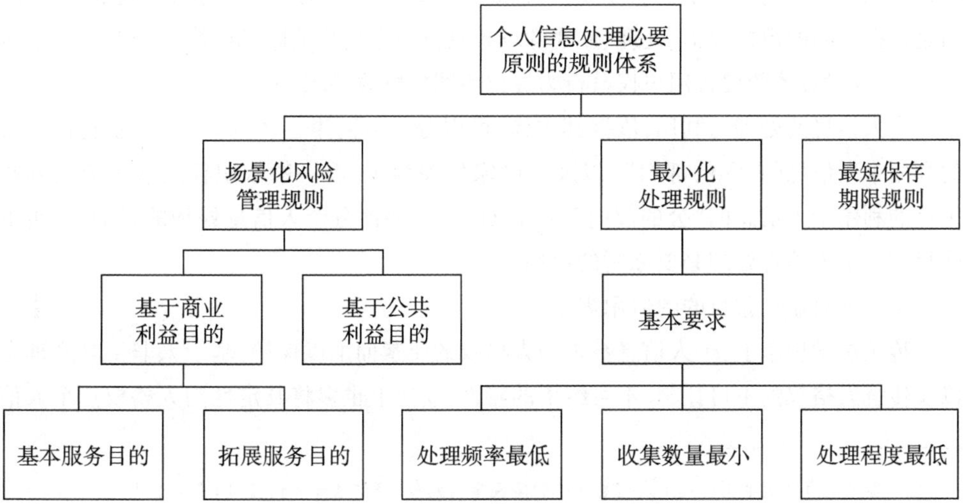

图 2-1　个人信息处理必要原则的规则体系

（一）场景化风险管理规则

范为教授在其对个人信息保护立法的研究中将“场景”与“风险管理”并提，指出的场景与风险导向的理念，在当前欧美个人信息的立法演进中日益成为共识。[①] 美国《消费者隐私权利法案（草案）》（Consumer Privacy Bill of Rights Act of 2015，CPBR）的立法要旨为强调隐私内涵的动态性，即应当在个人信息处理、使用的具体场景中进行个案评估，隐私的内涵不应局限于预先设定且一成不变的范围。该草案虽最终未施行，但其缓解了以信息控制理论为基础的知情同意原则的绝对化。隐私乃至个人信息的判断由此从事先的静态模式过渡到由实际的处理者和使用者承担责任的即时动态判断模式，从而突破了传统静态模式，完成了传统框架中二元式判断向场景化理论下多因素判断的转变。[②]

相较而言，几乎同期的 GDPR 的大体路径仍沿用了传统的知情—同意模式，并进一步强化了知情—同意的架构，但其相对于 1995 年颁布的《关于个人数据处理保护及个人数据自由传输的指令》（以下简称《95 指令》）也作出了为适应大数据时代的重大调整。虽然 GDPR 本身因其遵循知情—同意的传统框架，被学者指摘其场景理念“仅仅是进一步强化知情—同意”的形式要求，但欧盟数据保护委员会始终坚持颁布一系列应用于具体场景的解释或指南，以弥补 GDPR 本身对场景化判断运用空间的不足。例如，2019 年发布的《GDPR 中关于搜索引擎案中被遗忘权的标准指南》等一系列指引，均结合具体场景对个人信息相关的权利和责任进行阐释。无独有偶，美国的个人信息保护执法也体现出越来越明显的场景化趋向，美国联邦贸易委员会（Federal Trade Commission ，FTC）在执法过程中不再局限于企业对自身与用户之间隐私政策的违背，而是依据不同的数据收集、处理、流通的场景具体判定用户的隐私期待和企业对此应尽的义务，针对具体的侵害用户权益行为提出不同的整改要求。[③]

个人信息的处理与利用，依据其主体，可以分为以商事主体为主、以商业利益为目的利用个人信息的“私的部门”，以及以国家机关为主、以一般依职权或基于公共利益为目的利用个人信息的“公的部门”。[④] 因此，有必要区分个人信息处理的目的，分析不同目的下个人信息处理必要原则的适用。

1. 基于商业利益目的的适用规则

传统法学理念上，个人信息被视为人格权的要素而加以保护，基于人非工具之理念以及传统人格权的不可让与、不可继承的特性，立法上也多将其定性为人格权。个人信

---

① 参见范为：《大数据时代个人信息保护的路径重构》，载《环球法律评论》2016 年第 5 期。

② 参见房绍坤、曹相见：《论个人信息人格利益的隐私本质》，载《法制与社会发展》2019 年第 4 期。

③ 参见施政禹：《个人数据保护中的合作治理与场景化执法——以欧美执法机制比较为视角》，载《贸大法学》2021 年第 6 期。

④ 张素华：《个人信息商业运用的法律保护》，载《苏州大学学报》2005 年第 2 期。

息的商业性利用这一行为本身就容易引发争议。事实上,出于商业目的的个人信息处理行为具有合理性,个人信息在大数据时代兼具人格权、财产权二重属性的特性已经成为学界的共识,其财产权属性自不必论,作为人格权要素的个人信息商业利用实际上是人格权商品化的具体表现形式。

其一,个人信息本身具有可利用价值。单条的个人信息,在提供时往往就具有利用的目的,如电商平台下单时消费者提供的个人信息,借贷者申请信用贷款时主动提供的个人履约能力的相关资料,甚至住户在办理小区电子门禁时录入的人脸识别数据等。就批量的个人信息而言,在当下的大数据时代,信息业者具备了空前的收集、处理、分析信息的能力,曾经仅作为区分、识别个体标签的个人信息,如今已经成为信息产业发展的宝贵财富,信息业者可以通过对此类信息的处理与分析精确判断用户的需求以及市场反馈,从而对产品进行下一步的提升与优化。其二,个人信息是非固化的,具有与人身的可分性。个人信息在信息化时代往往是以数字化的形式记载,并且是可复制、可传播的,在储存和利用方面具有无限性,一经信息主体的同意,即便脱离了人身,其处理和利用的效率并不因此有丝毫的降低。其三,对个人信息的侵害,可以通过财产赔偿而非传统人格权的赔礼道歉、精神损害赔偿等方式加以补救。如将个人的肖像用于广告宣传和将姓名用于注册商标或商号后将商品投入生产等情况,权利人不仅可以基于传统人格权,也可以基于商品化的经济价值要求赔偿,正是这些因素催生了个人信息的商业化利用。① 商业目的的个人信息处理行为亦具有合法性。当下个人信息保护立法的出发点,很大程度上在于规制个人信息的商业性利用之乱象,《民法典》《网络安全法》《消费者权益保护法》《个人信息保护法》等法律法规中均明确规定了个人信息处理目的告知的具体要求。

综上所述,商业目的的个人信息处理行为在当下具备初步合理性与合法性基础。但具体处理行为是否合理、合法,必须基于具体场景与目的进行个案判断。实际上,我国的个人信息安全标准体系具有"标准先行,对标法治"的特点,在个人信息保护体系中发挥着重要的作用,标准的制定往往先于法律规范。如《信息安全技术 公共及商用服务信息系统个人信息保护指南》早在2012年就对敏感个人信息与非敏感个人信息作出了区分。而《个人信息保护法》在2021年才正式确定敏感个人信息的处理规则。无独有偶,《信息安全技术 个人信息安全规范》(GB/T 35273—2020)实际上是对《网络安全法》内容的补充与突破,在《网络安全法》的规定以外,《信息安全技术 个人信息安全规范》(GB/T 35273—2020)区分了"基本业务功能"与"拓展功能",增设了"增强式告知"等规则。② 《个人信息保护法》中重要的知情—同意规则,作为个人信息保护的

---

① 参见王利明:《论人格权商品化》,载《法律科学(西北政法大学学报)》2013年第4期。

② 参见崔俊杰:《个人信息安全标准化进路的反思》,载《法学》2020年第7期。

基石贯穿商业化信息利用各环节的始终。个人信息的保护,存在消极防御与积极利用的一体两面,[1]且商业化目的多种多样,理应对其进行商业利用场景的区分,依据不同的商业预期,调节知情—同意的尺度,在不同的商业场景下,在提供“基本服务”与“拓展服务”的不同语境下,“知情”与“同意”均应具有不同的含义。

(1)出于“基本服务”目的的适用规则

“基本服务”是指商家在其经营范围内持续提供的基础性的服务,商家在长期的经营中提供此类服务以满足消费者即信息主体基本的使用需求,如在电子商务平台,消费者在登录网站、加入会员、达成订单等行为中主动提供个人信息。在合法性层面,《常见类型移动互联网应用程序必要个人信息范围规定》中也可见“基本功能服务”的类似表述,该规定指出,“必要个人信息,是指保障 App 基本功能服务正常运行所必需的个人信息,缺少该信息 App 即无法实现基本功能服务”,以其作为区分必要个人信息与非必要个人信息的边界,并明确指出 App 不得因用户不同意提供非必要个人信息而影响基本功能服务。此外,《信息安全技术　个人信息安全规范》(GB/T 35273—2020)附录提供的“基本业务功能收集的个人信息说明”要求信息控制者向个人信息主体明确说明产品或服务的基本业务功能,以及为实现基本业务功能收集的个人信息的目的和种类,分情形征得个人信息主体的同意。

在合理性层面,消费者在使用平台时便有了提供此类信息用于信息处理的心理预期,该处理行为本身并未招致额外的风险。若单次个人信息处理均需取得消费者的同意,必然带来巨大的沟通与维护成本,基本服务的目的便难以实现。在合法性层面,此种情景实际上属于《个人信息保护法》第 13 条第 1 款第 2 项规定的“合同必须”,从而无须征得消费者的同意,该规定实际上也包含了在此种商业利用情景下提升信息处理效率的用意。概言之,出于基本服务目的的商业处理,“必要与否”的判断在此是动态且模糊的,信息提供者在与处理者的商业合同基础服务范围内的个人信息被归为必要个人信息,处理者可以仅行“告知”而无须“同意”,并未违背个人信息处理的必要原则。

(2)出于“拓展服务”目的的适用规则

《信息安全技术　个人信息安全规范》(GB/T 35273—2020)将“扩展业务功能”定义为“是基本业务功能之外的其他功能”,并列举了常见扩展业务功能的类型,包括提升使用体验的附加功能以及提升安全机制的扩展功能,这些扩展功能一般具有可选择、不影响基本功能实现的特点。

“定向广告推送”便是典型的为提升使用体验的扩展功能。个人信息处理者利用信息的收集与再识别技术,收集、利用、处理用户的个人信息并对其进行个性化的广告

---

[1] 参见陆青:《个人信息保护中“同意”规则的规范构造》,载《武汉大学学报(哲学社会科学版)》2019 年第 5 期。

推荐服务，在符合知情—同意规则标准的前提下，这一推送行为经由用户勾选相关协议，基于此协议而获得单方管理权，实际上是网络平台私权利行使行为的体现，是为建立健康、稳定的市场秩序，信息主体将自身的权利向平台的让渡，是现代社会治理多元化的重要表现形式。[①] 但这种私权利基于商业目的利用的趋利本质，存在极大的被滥用可能，也必须加以更严格的规制。

在被称为"中国 cookie 隐私权纠纷第一案"的朱某与北京百度网讯科技公司隐私权纠纷一案中，南京市的两级法院对百度方面个性化推荐行为的合规性作出了相反的认定，一审法院将百度方面收集和处理个人信息的行为认定为侵犯隐私权，但南京市中级人民法院在二审中最终认定百度所收集的信息不具有可识别性，百度的《使用前必读》提供了用户选择性退出机制，尽到了应有的提示说明义务。该案实际上体现了现行的广告监管机制下司法救济的不力，百度作为网络服务的提供者，其具备远超一般用户的个人信息处理能力，《使用前必读》对于普通用户来说并非一份通俗易懂的用户协议，该裁判忽略了此种信息处理能力上的严重不对称。[②]

我国对定向广告的立法规制呈现出碎片化的特点，体系化程度不足以满足司法实践的需要。2012 年《关于加强网络信息保护的决定》区分了隐私与个人信息，规定了对公民个人电子信息的保护；《网络安全法》第四章对网络运营者的个人信息保护义务作出了进一步的规定；2014 年《中国互联网定向广告用户信息保护行业框架标准》建立了网络广告行业自律下的个人信息保护机制，但该文件因其行业标准的性质，并不具有法律上的强制力；[③]《中华人民共和国广告法》（以下简称《广告法》）仅对广告的检测、监管进行了统一规定，并未明确个人信息的保护问题。广告市场的乱象实际上对立法提出了更为严格、具体的要求，但我国现阶段互联网定向广告立法规制的体系化、具体化程度仍不能满足实践的需要。

2. 基于公共利益目的的适用规则

个人信息权利在数智化时代下并非绝对权，基于这一共识，各国的个人信息保护立法普遍规定了基于公共利益的、处理个人信息无须同意的例外情况。我国《个人信息保护法》第 13 条第 1 款第 3、4、5 项即有所体现。该条实际上阐述了处理个人信息的合法性基础，即以取得同意为基础，考量经济发展、信息场景的动态化与多样化特征，以维护公共利益目的下无须取得同意为例外。该条款衔接了《民法典》第 999、1020、1036 条等关于人格权的规定，其内容和立法沿革体现了个人信息合理使用法定情形的扩张。合

---

① 参见刘权：《网络平台的公共性及其实现——以电商平台的法律规制为视角》，载《法学研究》2020 年第 2 期。

② 参见吴秀尧：《互联网定向广告的法律规制：一个比较法的视角》，载《广东社会科学》2019 年第 3 期。

③ 参见闫海、韩旭：《互联网定向广告中个人信息安全风险及其法律防范》，载《科技与法律》2019 年第 1 期。

理使用制度滥觞于知识产权领域,但自其被引入个人信息保护领域以来,已经得到了包括我国在内的不同法系、数量众多的国家和地区的采纳。如 GDPR 中规定的未获得同意处理个人信息责任豁免的情形,便包含了出于公共利益、正当目的、法定职能等特殊类型。我国现有法律体系虽未对该种豁免作出体系化的规定,但《中华人民共和国传染病防治法》《突发公共卫生事件应急条例》都可以为此提供合法性基础。

值得强调的是,由于个人信息法律性质的复杂性,基于公共利益目的处理个人信息即便具备了个人信息处理的合法性基础,仍应当注意要在法律法规规定的权限范围内以法定程序进行,否则便有侵害信息主体知情权、隐私权等其他权利之虞。国家主管部门在充分理解必要原则的基础上对个人信息进行处理,有助于为优化公共决策提供更好的信息基础,出于公共目的处理个人信息的信息业者,也得以基于此种豁免提升信息处理的效率,不断充实信息技术产业发展的数据基础,优化市场决策与资源配置,从而构筑起国家、社会、个人的共赢局面。

(二)最小化处理规则

个人信息保护领域的最小化处理规则,是指处理个人信息应当采取对个人权益影响最小的方式,限于实现处理目的的最小范围。这被认为是个人信息处理应遵循的核心原则之一,旨在防止过度收集和滥用个人信息。收集个人信息时,应当只收集与处理目的直接相关且必要的信息,不得收集与处理目的无关或超出范围的信息。最小化处理原则是从数据保护领域发展而来的一个重要原则,其主要源自欧盟《95 指令》和 GDPR 中所确立的"数据极简主义"原则(data minimisation principle),即"数据控制者在收集和进一步加工数据时应尽可能少地使用数据"。在个人信息处理的过程中,目的与手段都要严格"禁止过度"。信息处理者必须采取审慎态度:收集个人信息的频率应是实现处理目的所必需的最低频率,并采取匿名化处理等方式降低个人信息的可识别性,从而达到去识别化、无法识别到精确个人的目的。

1.与场景化规则相辅相成

出于保证个人信息处理方式与目的相符之要求,必须严格遵循场景化处理规则。同时,个人信息处理者还应遵循最小化处理规则,即只收集和使用必要、最少的个人信息,并尽量减少对个人信息权益的影响。国家标准《信息安全技术　个人信息安全规范》(GB/T 35273—2020)第 5.2 条明确指出了个人信息控制者收集个人信息最小必要的具体要求。① 国际上,目的特定与最小处理也是常见的法律规则,如 GDPR 第 5 条就

① 《信息安全技术　个人信息安全规范》(GB/T 35273—2020)第 5.2 条规定:"收集个人信息的最小必要对个人信息控制者的要求包括:a)收集的个人信息的类型应与实现产品或服务的业务功能有直接关联;直接关联是指没有上述个人信息的参与,产品或服务的功能无法实现;b)自动采集个人信息的频率应是实现产品或服务的业务功能所必需的最低频率;c)间接获取个人信息的数量应是实现产品或服务的业务功能所必需的最少数量。"

对此有详细规定。在实际生活中,App 过度索取个人信息权限也是对这些规则的违反。我国《常见类型移动互联网应用程序必要个人信息范围规定》针对各类 App 基本服务目的和必要个人信息范围作出了明确界定,禁止过度索取现象发生。不过需要注意的是,场景化规则和最小化处理规则相辅相成但又有所区别。前者强调个人信息处理不能超出经过知情同意后确定下来的合法、明确的目的范围;后者强调个人信息在数量上应该尽可能与实现目的相匹配,并且尽量最小化。

2. 最小化处理规则构成要件

《民法典》第 1035 条规定了个人信息不得被过度处理的原则,但没有具体说明什么是过度处理。过度处理不只是超出了特定目的的范围,也包括与目的不成比例的情况。相较于目的特定规则,个人信息最小范围更难确定,最小化规则也更难操作。从立法目的来看,最小化处理规则既要保护信息主体的人格权益,又要促进个人信息的合理利用。因此,最小化处理规则应该满足以下条件:一是处理次数最少,在收集、加工、共享、转让等方面尽量减少处理个人信息的次数,包括减少征求信息对象同意的次数;二是收集数量最少,在符合处理目的的前提下尽量减少处理个人信息的数量;三是识别程度最低,在个人信息中体现信息主体基本利益的是识别利益,如果个人身份、特征或行为轨迹被发现,则会侵害个人尊严或隐私。所以,根据个人信息识别程度的高低来限制或禁止其处理行为也能实现最小化规则。《常见类型移动互联网应用程序必要个人信息范围规定》中 39 类 App 中出现频率最高的必要个人信息就是用户移动电话号码。“第一例人脸识别案”的判决书中显示,被告对原告面部信息的收集超出了入园所需范围,这违反了最小化规则。

匿名化和假名化等方式可以有效降低个人信息识别度,使其符合数据最小化规则要求。采用匿名化、假名化方法能有效降低辨识风险,大多数国家的立法鼓励以匿名或假名形式向第三方提供个人信息。例如欧盟 GDPR 前言第 28 段即有相关规定,我国《个人信息保护法》第 73 条也明确了匿名化后无法恢复特定自然人身份标识性质。匿名化和假名化方式使得利用行为对主体造成侵害的风险降至最低,体现了必要原则的内容。欧盟数据保护主管部门发布了《数据保护比例原则指南》,指出应当遵循比例原则以确定最小化规则,并制定了系统性比例测试程序。我国可以参考该指南中制定的比例测试程序实现数据最小化,并充分保障主体权益。

(三)最短保存期限规则

个人信息处理必须遵循最短必要处理期限规则。信息处理仅仅是达到特定目的的手段,在通常情况下,在目标实现或改变之前,个人信息处理必须符合最短期限要求。如果继续在较长时间内处理个人信息,那么不仅难以满足信息主体对自身权益的合理期待,而且也增加了信息泄露或不正当使用的风险。《信息安全技术　个人信息安全规范》(GB/T 35273—2020)第 6.1 条明确了最小化存储的相关规定,即个人信息应当在最低时限内储存,并在超出期限后删除。保存期限规则从存储时间角度规定,在特定目的得以满足后,必须删除、销毁或对个人可识别信息予以封存,从而避免信息泄露事件。如《美国联邦公平信用报告法》所指出的,征信机构应及时销毁客户过期的负面财务信息(包括10年以上的破产信息,7年以上的任何民事诉讼、民事判决、被捕记录、缴纳欠税滞纳金记录、被追收或被冲销坏账负面记录等),防止因此给客户带来的征信影响。概言之,必须基于特定目的要求对个人信息进行处理,在超越原始预期后及时结束对个人信息的处理和保存,否则构成违法行为。

1. 保存期限的告知义务

《民法典》没有规定个人信息保存期限和告知范围的相关内容,《个人信息保护法》在这方面有了较大进步,第17条第1款第2项、第19条、第47条第1款第2项都说明了保存期限的问题。但是,商业领域的大部分企业在制定个人信息保护政策时故意回避保存期限的问题,在收集目的达成后仍然长期将数据使用于其他地方,给信息主体造成更多未知的风险。例如,《微博个人信息保护政策》明确了个人信息的保存时限,并规定超过一定时限后应删除或匿名化处理;《京东隐私政策》也规定了三年以上的交易记录应予以删除或作匿名处理。由此可见,多数企业只对最低保护期限作了限定,并没有提及最高期限或具体期限。针对实践需求和立法不足的现状,立法者应进一步明确具体的保存期限和公司应履行的保存义务,平衡信息处理者在保存过程中的操作性和信息主体在维权过程中请求删除的权利。欧盟GDPR第13(2)条要求个人信息处理者必须准确告知用户保存期限,如果不能确定具体日期,也必须遵守一定的保存标准。信息处理者未能主动履责时,信息主体有权提出说明要求。个人信息保护立法应充分尊重信息主体,在双方之间留有商量或约定保存期间的空间。

2. 法定保存期限的确定

个人信息保存期限应当根据处理目的所必要的最短时间确定。如果没有约定或者约定不清楚,那么以必要最短时间为原则。在涉及公共利益的卫生、科研等领域,处理者可以适当延长保存期限;但在商业领域,处理者则应当遵守一般性规定。欧盟GDPR第5(1)(e)条对此作出了具体规定和要求。而我国《民法典》和《个人信息保护法》并没有明确规定必要时间处理规则。因此,在不同行业中需要根据其性质采取不同的最短时间标准。例如,《征信业管理条例》第16条规定征信机构应当删除超过5年的不良个人征信记录;《中华人民共和国电子商务法》(以下简称《电子商务法》)第31条规定电子商务平台存储的交易信息至少保存3年;《房地产经纪管理办法》第26条规定房地产经纪服务合同的个人信息保护期至少为5年;《金融机构客户身份识别和客户身份资料及交易记录保存管理办法》第29条也将保存期限设定为5年;《医疗机构管理条例实施细则》第53条则按类别划分最短保存期,门诊病历为5年,住院病历为30年。总之,应尽快界定各行业个人信息的最短保存期限,并确定实现处理目标所必需的最短时间。

四、个人信息处理落实必要原则的路径与监管

在实践中，实现个人信息处理必要原则需要互联网企业、相关行业自治组织、国家行政机关等多方共同参与。企业首先要在信息处理的各个环节、链条中遵守必要原则，这主要体现在企业对自身义务的履行上。其次，应当支持行业自律，在个人信息处理的具体环节上发挥行业自律的功能。最后，由于企业的逐利性、行业自律缺乏强制力等因素，需要发挥以政府为主导的“穿透式”监管的效果，全面实施必要原则。

（一）落实必要原则的限度与例外

有学者依据国内外的立法惯例，认为个人信息处理领域的必要原则，包含“充足、相关、不过量”等内涵，与合法、告知同意、正当目的等基本原则共同构建起个人信息保护体系的框架。必要原则在这个体系中不是孤立存在的，而是需要综合适用的，必要原则确保收集和处理个人信息符合量的限制、行为不超出必要的限度，并为告知同意原则的适用提供判断基础。① 从必要原则在规制个人信息处理活动中发挥的作用来看，必要原则被认为是传统行政法比例原则在个人信息权益保护领域的体现。适用必要原则，实际上是通过比例原则的适用为信息处理行为划定边界，从而起到利益平衡之功效。② 因此，为了明晰必要原则的适用范围，促进必要原则的落实，有必要对必要原则的适用限度与例外加以分析。

1. 必要原则落实的限度

从现有的个人信息保护规范体系来看，“必要”原则之表述主要出现在《民法典》《个人信息保护法》《网络安全法》等法律层级的规范中。在《信息安全技术　个人信息安全规范》（GB/T 35273—2020）等下位规范性文件中，则多采“最小必要”之表述，工信部发布的《关于加强车联网卡实名登记管理的通知》《关于进一步抓好互联网应用适老化及无障碍改造专项行动实施工作的通知》中，更是直接点明了最小必要原则是个人信息处理时必须遵循的原则。

依据国际立法惯例及学界通说，最小必要原则主要包含三个层面的内容：第一，相关性，这是指处理个人信息的行为和处理目的须直接相关；第二，最小化，包括处理个人信息须限于处理目的的最小范围、最短时间等限制；第三，合比例性，即处理行为不得过度，其带来的风险与特定目的的实现应相当。有学者指出，“最小”之限定实际上将比例原则中的“最大保护”从必要原则的内涵中剔除。③ 相比必要原则的宏观指引作用，

---

① 参见张新宝：《个人信息收集：告知同意原则适用的限制》，载《比较法研究》2019 年第 6 期。

② 参见金龙君、翟翌：《论个人信息处理中最小必要原则的审查》，载《北京理工大学学报（社会科学版）》2023 年第 4 期。

③ 参见武腾：《最小必要原则在平台处理个人信息实践中的适用》，载《法学研究》2021 年第 6 期。

最小必要原则实际上有着更为全面的审查内涵，并且在实务中呈现出框架性审查的趋向。①

具体到“必要”之限度的判断，尽管类似《常见类型移动互联网应用程序必要个人信息范围规定》与《信息安全技术　移动互联网应用程序（App）收集个人信息基本要求》等文件依据个人信息处理主体的不同，列明了收集、使用、处理个人信息的范围，但具体的规范性文件更多的是为个人信息处理行为是否过限提供量化、具体的标准以供参考。必要原则应当与其他个人信息处理领域的基本原则相结合予以适用，“合法性”在各个个人信息保护规范中均居于首位，下位的众多法律法规，实际上为合法性的判断提供了参考。值得注意的是，在现有的立法体系中，并未有法律、行政法规等高位阶的文件将信息处理活动中的某一类信息直接判断为过限，即便个人信息处理者触碰的信息不属于《信息安全技术　移动互联网应用程序（App）收集个人信息基本要求》规定的范围，也不一定构成对必要原则的违反。同理可知，信息处理行为是否正当、是否经过告知同意，同样也是必要限度判断上不可忽视的基准。如在刘某博与乐元素科技（北京）股份有限公司（以下简称“乐元素”）网络侵权责任纠纷一案中，乐元素在“开心消消乐（1.53 版）”中收集和处理了用户位置信息，并获取了读取短信功能、拨打电话功能的授权，而依据《常见类型移动互联网应用程序必要个人信息范围规定》的附录，该几项权限均不属于“网络游戏”App 收集和使用必要个人信息的范围。但法院在裁判中认为，乐元素的行为之所以构成对个人信息权的侵犯，是因为方式范围等的不明确。② 即若事前的告知同意没有瑕疵，依据个人信息自决权，“必要”之范围将大大扩张。

关于必要原则对权利的限制，谢琳将其总结为使用程度上的最小化利用和处理方式上的影响最低，二者均是对个人信息处理行为方式的规制。③ 在此基础上，金龙君提出，应当对必要性审查的框架进行重塑，以必要性和比例性审查作为基础，围绕目的的正当性和手段、措施的有效性两个方面审查处理行为是否符合必要原则的要求。④

2. 必要原则落实的例外

必要原则的落实实际上是基于个人信息权益对个人信息处理行为形成的外在限制，但个人信息权益是基于个人信息的，个人信息是数据信息而非数据载体，因数据本身可在低损耗、低成本的前提下无限复制，区别于数据载体之上的传统绝对权，故个人

---

① 参见金龙君、翟翌：《论个人信息处理中最小必要原则的审查》，载《北京理工大学学报（社会科学版）》2023 年第 4 期。

② 参见北京市第一中级人民法院民事判决书，(2020) 京 01 民终 8911 号。

③ 参见谢琳：《大数据时代个人信息使用的合法利益豁免》，载《政法论坛》2019 年第 1 期。

④ 参见金龙君、翟翌：《论个人信息处理中最小必要原则的审查》，载《北京理工大学学报（社会科学版）》2023 年第 4 期。

信息具有非排他性(非竞争性)。[①] 个人信息合理使用制度本身也被认为是对知识产权领域合理使用制度的借鉴,个人信息本身具有社会共有与个人私有、人格权与财产权之多重属性,一方面需要保护创造者(信息主体)的个人信息权益,另一方面也要促进个人信息的利用与传播。知识产权制度的基本法律观,即私权神圣和利益衡平也同样适用于个人信息处理领域。也有学者基于个人信息保护的基本场景和模式,以及我国已公开的个人信息保护体系,将其认为是个人信息主体"拒绝权"行使的例外。[②] 为了实现多主体平行利用、平行开发的目的,必要原则的落实必然存在留白,这在现有的个人信息保护体系中呈现为个人信息合理使用制度,具体而言,可以进一步细分为法定的个人信息合理使用与个人信息合理使用在实务中的动态判断。

(1)法定的个人信息合理使用

个人信息合理使用制度,究其目的是协调个人信息的保护与利用之间的关系,化解个人信息主体的在先权益与信息业者对个人信息的处理行为之间的矛盾与冲突。法定的个人信息合理使用的情形,散见于包括《民法典》《个人信息保护法》《网络安全法》等在内的一套法律体系,但依据其要旨,可以归纳为下列情形:[③]①为公共利益实施新闻报道、舆论监督等行为使用个人信息(《民法典》第999条、《个人信息保护法》第13条第1款第5项);②合理处理已经合法公开的个人信息,信息主体明确拒绝或者侵害其重大利益的除外(《民法典》第1036条第2项、《个人信息保护法》第13条第1款第6项);③为维护公共利益或者该自然人合法权益合理实施的其他行为(《民法典》第1036条第3项、《个人信息保护法》第13条第1款第5项);④为订立、履行个人作为一方当事人的合同所必需,或者按照依法制定的劳动规章制度和依法签订的集体合同实施人力资源管理所必需(《个人信息保护法》第13条第1款第2项);⑤为履行法定职责或者法定义务所必需(《个人信息保护法》第13条第1款第3项);⑥法律、行政法规规定的其他情形(《个人信息保护法》第13条第1款第7项)。

法定的个人信息合理使用制度,与著作权领域的合理使用高度类似,本质上是对个人信息权利的限制,一经认定即符合法定的个人信息合理使用的情形,其个人信息的处理行为不受信息主体同意之限制。换言之,"合理"本身便具备了"必要"之内涵,从而独立构筑成了个人信息处理行为的合法性基础,拥有在先权益的个人信息权利主体便不得再以"不符合必要原则"为由阻却个人信息处理行为。大数据时代,个人信息侵害的本质是个人信息的不合理处理与使用,而非单纯的未经同意使用个人信息。[④] 法定

① 参见纪海龙:《数据的私法定位与保护》,载《法学研究》2018年第6期。

② 参见刘晓春:《已公开个人信息保护和利用的规则建构》,载《环球法律评论》2022年第2期。

③ 参见程啸:《论我国民法典中的个人信息合理使用制度》,载《中外法学》2020年第4期。

④ 参见蔡燊:《侵犯公民个人信息罪的保护法益及其运用——从个人信息的公共属性切入》,载《大连理工大学学报(社会科学版)》2022年第3期。

的个人信息合理使用实际上也体现了立法对个人信息公共利益属性的再确认。

(2)场景化的个人信息合理使用

个人信息的合理使用应当基于“场景”进行判断。场景化的个人信息合理使用是基于“场景理论”对个人信息合理使用边界所进行的判断。信息的边界不是固定的,应当依据场景的不同对信息保护进行动态判断,基于场景的适当性进行信息披露。在进行具体的判断时,应考虑到包括可能招致的损害、信息不平等、信息主体的自主以及社会秩序等不同利益视角下可能的影响要素。个人信息使用的边界应当依据处理行为招致的风险、多方主体对信息的控制力以及容忍义务等进行厘定。[①]

在具体的司法案例中对个人信息合理使用的判断,始于“凌某某与微播视界公司隐私权、个人信息权益网络侵权责任纠纷案”。[②] 该案中,抖音 App 通过搜集、使用、存储用户姓名及手机号等个人信息的处理行为,以实现“可能认识的人”的推荐,这一行为与《隐私政策》中约定的个人信息处理方式不同,并且并未取得手机用户和手机联系人的双重同意,符合个人信息侵权的要件,但法院在裁判文书中阐明:“要求在任何使用场景下都必须严格征得双重同意,有可能会导致具体场景下利益的失衡……对个人信息过于绝对化的保护,可能导致个人信息处理和数据利用的成本过高,甚至阻碍信息产业的健康发展。因此需要在具体应用场景中考察是否构成个人信息合理使用的情形。”法院从信息的使用方式及目的、特点与属性、可能产生的影响三个方面论证了该使用行为的合理性,得出“读取和匹配行为并不会对原告产生打扰,通常亦不会不合理地损害原告利益,且有利于满足其他有社交需求用户的利益及行业和社会发展的需要,属于对该信息的合理使用”的最终结论。[③] 不难推论出,法院的裁判立场立足于上文提到的场景理论,个人信息的合理使用成为该案中个人信息侵害行为的免责事由。

(二)企业落实必要原则的路径

企业执行告知义务应该是强制性、规范性的,否则便会因其逐利性引发接踵而至的个人信息权益侵害事件,必须在事前、事中、事后三个方面加以规制。在收集个人信息之前应该执行法定告知义务,在使用过程中应该执行完整传输义务,在使用行为之后应该执行审查与保管义务。从行业自律的视角来看,行业自律有着制度灵活性高、专业性强和成本相对低的天然优势,应该充分发挥行业自律和行业自治在技术升级、行为准则制定等方面的功能。

---

① 参见谢远扬:《〈民法典人格权编(草案)〉中“个人信息自决”的规范建构及其反思》,载《现代法学》2019 年第 6 期。

② 卢震豪:《我国〈民法典〉个人信息合理使用的情形清单与评估清单——以“抖音案”为例》,载《政治与法律》2020 年第 11 期。

③ 参见北京互联网法院民事判决书,(2019)京 0491 民初 6694 号。

1. 企业全过程全环节全链条落实必要原则

企业在个人信息处理中落实必要原则，应从三个方面着手，即事前（处理个人信息前）的告知义务、事中的准确完整传输义务、事后的审查与保管义务。

（1）事前的告知义务

企业落实个人信息处理必要原则应履行事前（处理个人信息前）的告知义务。事前的告知义务是指在收集—处理个人信息这一链条中，企业为了获取个人信息，应当力求相关文本的表述清楚，目的一致，从而保证能够达到大众普遍理解的标准。企业的服务协议亦应当绝对禁止为了获取个人信息而赋予双方不对等的权利义务，明确企业在对用户个人信息进行收集之前应对相关信息进行充分告知和解释，避免“告知—同意”流于形式。此外，用户协议与隐私政策应当依据法律规范的更新而适时改动，并就此文本调整以显著易懂的方式通知用户。

以软件企业为例，目前事前的告知义务在履行中出现的主要问题是，软件使用过程中用户“知情同意”的实现具有不合理性，具体表现为企业提供的使用条款往往内容冗长、繁杂，用户无法从中精准获取真实有效的信息，无法充分理解获取个人信息的方式、范围等重要内容。这一问题是企业为使用户陷入“陷阱”故意为之，并非其过失所致。[①] 以北京市流行的班车运营平台“彩虹巴士”App 为例，其最新版的隐私政策中赫然写明“核心业务功能包括创建账号、完善资料、共享巴士乘车服务、支付交易、数据分析及产品开发”。[②] 不难推知，运营主体将“数据分析与产品开发”加入核心业务，是为了获取更多的用户数据以助力产品开发。但依据前文提到的《常见类型移动互联网应用程序必要个人信息范围规定》，这一做法显然缺乏规范上的合规性以及逻辑上的合理性。企业利用消费者普遍对格式条款疏于关注的心理，通过这种不合理手段使得处于弱势地位的用户一方提供自身个人信息而并非其真实意思表达。

大多数情况下，在知情同意协议上签字后支付一定对价（如金钱或者私人信息）就可以使用该软件。但基于企业与信息主体能力上的不对称，告知义务是否切实落实不能以是否存在列举式的相关内容作为判定标准，而应对其提出准确、清晰传达的更高要求。从软件一般用户的视角进行评价，只有企业所提供的用户协议能够及时、准确、清晰传达并使具有一般理解能力的用户能够理解，才可以认定企业充分履行了告知义务。此外，企业应当在用户提供个人信息、接受服务之前履行告知义务。现实中，大部分企业都是通过在账号注册时展示用户服务协议和隐私政策的方式履行告知义务和获取用户的知情同意，但这种方式的合理性和有效性还存在疑问。

---

① 参见彭玉勇：《论网络服务提供者的权利和义务》，载《暨南学报（哲学社会科学版）》2014 年第 12 期。

② 《彩虹巴士隐私权政策》（2022 年 5 月 1 日版本）第 2.1.1 条规定：“核心业务功能，包括创建账号并完善资料，共享巴士乘车服务，交易支付，数据分析及产品开发。”

从服务协议在软件平台的位置来看,这一方式可能存在故意隐藏的嫌疑。笔者通过分析日常使用的软件,发现大多软件都有这个问题,个人信息处理协议或政策往往需要多次查找才能看到。很多软件在用户进行账号注册时通常以长篇大论的方式呈现个人信息使用条款,而用户为了能够快速使用软件,在注册时并不会花太多时间阅读,等到用户有空想要查看时,又因为找不到服务协议在该软件平台上的位置而最终放弃阅读。有些软件的个人信息服务协议比较合理,以拥有 11 亿多用户的社交软件“微信”为例,其发布的《微信隐私保护指引》一开始就明确了个人信息使用、收集相关的五项原则,用户可以通过清楚、明确的五项原则了解平台收集使用个人信息的方式以及不存在第三方能够获取个人信息的情况。除这五项原则之外,还包括信息收集、存储、安全、保护等整个信息收集使用过程中涉及的 10 项事项,在隐私保护政策的布局呈现上比较合理。

除服务协议放置位置和具体内容布局之外,企业还要注意弹性条款的使用,应当禁止在隐私政策中制定过多的弹性条款,因为弹性条款缺乏确定性,在涉及用户信息泄露等需要依据隐私政策界定的情形时,企业往往会对这些弹性条款作出更有利于企业一方的解释,使得这些条款成为企业隐形的自保条款。软件正式投入市场之前都必须经过试测阶段,在这一阶段软件建设者已经能够预想到用户正式使用过程中出现的各种场景。因此,在正式投入市场之前,企业实际上可以在信息隐私政策中写明所有可能出现的情形,并不需要制定过多起到兜底作用的弹性条款。

(2)事中的准确完整传输义务

企业落实个人信息处理必要原则应执行事中完整传输义务。个人信息部分损坏缺失或流失都会对用户产生重大的消极影响,因此保证数据传输过程中的完整性也是重要环节。从经济合作与发展组织发布的《关于保护隐私和个人数据跨境流动指南》(Guidelines on the Protection of Privacy and Transborder Flows of Personal Data,以下简称《OECD 指南》)可知,质量原则是个人信息保护领域的八大原则之一,即“个人数据应与其使用目的相关,并且在这些目的所必需的范围内应准确、完整并保持更新”。企业未履行准确完整传输义务带来的损害后果是多样的,对于企业自身而言,个人信息的低质量传输难以满足企业自身产品、服务等的完善需要,并且会随之带来非必要的更正成本;对于信息主体而言,不准确、完整的个人信息一旦被第三方恶意使用,可能会导致机会损失或社会评价的降低。

完整性涉及两个方面:一是个人信息本身的完整性。信息内容应当保持完备,既要及时地纠正错误信息,又要及时对信息处理的各个环节进行记录,以确保信息的真实性和完整性。二是保证收集到的信息的存储系统和存储介质完好,并可以持续正常运行。企业应当履行审查与保管义务,从而保障个人信息的真实性与完整性。目前国内还没有相关系统化的审查制度,在各地政府规范性文件中可以看到一些关于审查义务的零散条款，如《第三方电子商务交易平台服务规范》《保险资金运用内部控制指引》中的相关规定。①

(3)事后的审查与保管义务

企业落实个人信息处理必要原则应执行事后审查与保管义务。在处理个人信息后，个人信息处理者的保管义务主要包括安全存储义务、合理使用义务、删除义务与保密义务。只有严格履行这些保管义务，才能保障信息主体的权利，维护个人信息主体的利益。

安全储存义务，是指个人信息处理者应当采取适当的技术和组织措施，确保个人信息的安全存储，如对个人信息采取加密、备份等措施，以防止信息泄露、丢失等情况。合理使用义务虽贯穿个人信息保护的全链条，但事后的合理使用义务则主要侧重于处理后的需要长期使用此信息的"非一次性信息处理"场景，未经信息主体同意，不得将个人信息用于超出原先收集目的之外的其他用途。以网约车、共享单车平台为例，其涉及的个人信息可以包含个人在交通出行时产生的出行数据，还会包含个人在使用网约车、共享单车等交通工具时产生的守约记录。越来越多的声音呼吁建立与城市交通相适应的一体化共享交通工具平台，实现数据的互通互享，这就涉及如何以恰当方式确保其合规性的问题，如北京市颁行的《北京区域互联网租赁自行车行业规范用户停放行为联合限制性公约》，为解决单一共享单车平台因惧怕用户流失对不规范的用户行为消极惩戒的问题，将违停禁停等违规行为多发的用户列入了美团、哈啰、滴滴青桔三家单车运营企业的"联合限制骑行名单"并加以公示，②这之中便潜藏着个人信息事后的合理使用问题。企业还应当遵循法律法规对保存期限的要求，对保存的信息进行定期清理，清理后的个人信息应当被安全销毁，以确保信息不会被泄露或滥用。此外，个人信息处理者应当遵守相关保密规定，保守个人信息隐私，不得将个人信息泄露或提供给任何非法或未经授权的第三方。

2. 以行业自律机制全景式落实必要原则

行业自律，是指行业内部通过自律手段规范个人信息处理各环节的行为，目的是保护用户的信息安全。作为市场治理的有效手段，行业自律在维护市场经济秩序、约束企业主体履行义务方面有独特的调控优势，主要表现在制度弹性高、专业性强和具有"经

---

① 《第三方电子商务交易平台服务规范》第6.4(4)条规定："平台经营者应承担合理谨慎信息审查义务，对明显的侵权或违法信息，依法及时予以删除，并对站内经营者予以警告。"《保险资金运用内部控制指引》第47条规定："保险机构应当建立完善的、独立的信用风险管控体系，对信用类投资产品的投资决策进行有效支持。……(五)建立适当的信息审查机制，确保获取信息的真实性与准确性……"

② 参见刘洋：《32人被纳入北京共享单车违规停放联合限制骑行名单 本月起将逐步加严限制标准》，载中青在线，http://news.cyol.com/gb/articles/2022-08/12/content_pxK0bUYBE.html。

济性”三个方面。[①] 第一,行业自律制度具有高度弹性,即行业自律能够灵活地自我调节。相比法律规范,自律规则在构建“内生机制”方面更有优势,可以有效降低政府的监管成本。由于法律法规难以覆盖个人信息处理的所有环节,行业自律则可以弥补这一缺陷,促进信息产业自律。第二,行业自律具有较高的专业性。要从根本上解决个人信息保护问题,就必须分析计算机技术的深层逻辑,在这个方面行业自律组织(行业协会/联盟)可以针对产业特点制定相关规范、标准或指引。第三,“经济性”也是行业自律的优势之一。行业自律效率较高。信息行业发展迅速导致立法滞后、司法审判耗时长,而行业自律具备高度自治的特点,在程序设立、技术漏洞修补等方面更加高效。行业自律成本相对较低,相比法律运作,行业自律在程序实施和执行等方面成本更加低廉,并减轻了国家立法、行政、司法部门的压力。

我国个人信息保护方面的行业自律机制还不够完善,相关规则较少而且集中在互联网和金融等领域,大多规则比较模糊,缺乏实施细则和保障措施。为了提高个人信息的保护水平,我国应该倡导行业自我管理,支持行业自律。从宏观层面看,行业技术标准和伦理自治能够促进社会共识和行业伦理体系的形成。在技术保障方面,应该鼓励相关行业组织积极提高和推广平台隐私保护的技术;在行为规范方面,应该鼓励行业内部积极尝试隐私保护条例新方案,以寻找各种不同的保护模式。经过专业机构评估,应该对比较成功的方式进行推广。在适当的情况下,应该鼓励制定行业自律规范,建立技术标准和技术规范。从微观层面看,在个人信息处理的具体环节中,应该通过行业自律行为实施必要原则。[②] 在信息存储环节中,对于涉及个人信息二次转让的内容,行业内部必须达成需要获得当事人同意的共识,从而保护权利人的信息自决。同时,应该及时登记当事人同意发布、修改、删除和转让的内容,以便在发生争议时有证可查。在失效信息的处理上,大多数企业都选择“删除”,但删除是否彻底和准确并不清楚。因此,应该明确处理人员在处理前要向有关部门汇报,用完全删除的方法处理,并且不能借职务之便私自保留。失效信息处理应该在法律规定或与具体情况相适应的时限内完成,并对处理内容的准确性负责,避免错误信息再次被使用。最后,在信息处理过程中,必要原则执行不到位会导致行业内部个人信息泄露的问题,为了解决“追责难”的问题,可以签订个人信息保护责任协议,采用“谁利用谁负责”的原则。

(三)数字治理与行政机关穿透式监管相结合

仅仅依靠行业自律,企业往往会为了追求利润,消极履行个人信息处理义务。个人信息处理依赖算法技术,而算法技术是企业竞争力的核心武器,通常具有保密性的特

---

① 参见高志明:《个人信息保护中的自律与监督》,载《青岛科技大学学报(社会科学版)》2016 年第 3 期。

② 参见陈姿含、郭琪:《人工智能法律规制变迁机理与价值导向》,载《人工智能》2020 年第 4 期。

点。加之行业自律和自治行为通常是行业内部的自愿行为，没有强制力，这就会带来一系列弊端。因此，需要发挥政府主导的“穿透式”监管模式的作用，从实质层面监督企业的行为，并与行业自律模式相互补充，以促使商业平台等信息处理者在个人信息处理过程中遵守处理必要原则，但需要依法明确其地位和监管界限，以防过度监管损害信息产业的发展。

1.“数字治理”要求企业与政府共同发力

中国信息通信研究院在2023年1月发布了《全球数字治理白皮书(2022年)》，这已是信通院连续发布《全球数字治理白皮书》的第三年。2019年度白皮书中提及4种数字治理模式，其中包括“协同治理”模式，要求多方主体的共同参与。2022年度白皮书进一步提出了全球数字治理的框架，并提出应当将数字治理上升到与国家安全相关的高度。“数字治理”(digital governance)是基于社会资源配置过程中的市场失灵与政府失灵的现象，与电子信息技术紧密结合的新型治理模式，通过数字化、智能化手段为治理赋能，促使社会治理向更加透明、高效的方向发展，从而更能适配社会生产力发展的需要。数字治理是随着数字技术在经济、社会、政治生活中日益被广泛应用而产生的新型治理模式，[①]包括“基于数字化的治理”，即数字化被作为工具或手段应用于现有治理体系，以提升治理效能；也包括“对数字化的治理”，即针对数字世界各类复杂问题的创新治理。这与个人信息保护的特点不谋而合，一方面，“个人信息保护”这一命题本身诞生于信息技术发展给传统隐私权保护模式带来的挑战。在数字化时代，随着数字技术的广泛应用，日益严重的个人信息泄露和滥用问题被认为是数字化治理需要化解的重要“数字化风险”之一，这便要求“对数字化的治理”。另一方面，要规范业界个人信息处理的乱象，必须充分运用数字化的手段，转变治理模式，以数字化的工具与手段提升治理的效能，只有行之有效的“基于数字化的治理”方式，才能最大限度地回应信息主体权益保护之时代命题。数字治理覆盖了相当广的范围和层面，从宏观角度来看，包含国家治理与社会治理，其中又可进一步细分政府治理、企业治理、社群治理等，对个人信息处理的规制必然要求多方主体的参与。

2. 行政机关的穿透式监管

企业生产经营的本质是追求利益。对于企业来说，信息数据带来的巨大经济利益使信息利用的诱惑远大于信息保护的动力。企业的经营发展、产品的迭代和精准服务的提供，都需要投入大量时间与精力以保障市场秩序。仅仅依靠行业内部自发的行业自律和行业自治而缺乏监督和执法部门，就会导致行业自律难以维持。此外，行业规范的执行者没有像政府部门一样的强制性权力，在没有其他强制力量介入时，行业自律就会成为各大行业成员之间相互提供、转移数据的手段，助长企业过度收集、使用个人信

① 参见蔡翠红：《数字治理的概念辨析与善治逻辑》，载《中国社会科学报》2022年10月13日，第5版。

息的行为。

自20世纪80年代起,西方国家的行政体制改革推动国家机器运行模式转向了以"3E标准"为核心的管理模式,转向了更具实质正义的管理秩序。从制度实践看,"穿透式监管"的核心是"实质大于形式"的监管理念和侵入式的监管逻辑,进而形成"穿透式"的监管手段。"穿透式监管"模式最初针对的是网络金融产业。防范化解金融风险,守住系统性风险底线,是2017年第五次全国金融工作会议与党的十九大报告中反复强调的党和国家的重大任务与方针。在此背景下,《互联网金融风险专项整治工作实施方案》首次提出"穿透式监管"这一新政策理念,要求各监管部门根据"实质大于形式"的原则对业务性质进行区分。① 2021年11月16日国家互联网信息办公室2021年第20次室务会议审议通过《互联网信息服务算法推荐管理规定》,这是国内首部关于算法治理的法规,它开创了一套具有中国特点的"穿透式监管"制度。"穿透式监管"的一个重要特征就是"穿透",②即获取真实信息,并对创新造成的管理漏洞进行修正。"穿透式监管"应通过组建技术过硬的监管部门、掌握核心技术的内在逻辑等方式,在深度理解企业违法违规的行为之成因的基础上监管企业个人信息处理行为,需要相关部门掌握其背后的技术逻辑。目前,监管模式主要采用行为结果发生后对涉事企业处罚和对利益受损主体救济的模式。笔者认为,应该转变监管思路,穿透企业技术外表,从个人信息处理内部逻辑运行上规避风险产生。

但是,"穿透式监管"作为一种新型的监管方式,目前还缺乏足够的实践经验,容易造成过犹不及的情况。行政监管部门应该明确"穿透式监管"的边界,避免过度干预影响行业技术的创新与进步。相关机关应该审慎使用监管权力,把握尺度,防止新风险的出现。当前处于互联网平台传统监管模式向行政机关"穿透式监管"新模式转变的过渡期,在这一期间,要保持数字经济的活力,需要市场主体发挥主导作用,因此,行政机关的"穿透式监管"应该以常态化技术控制为主要手段。首先,要严格控制"穿透式监管"的"穿透"深度,在企业自主经营与社会经济良性发展之间寻求合理平衡。其次,应该充分考虑"穿透式监管"的成本与收益是否匹配,考虑行政监管机关的资源限制和信息处理能力。在一定程度上,行政监管部门需要突破常规的行政程序,以最快的速度执行已经制定的制度。③ 在这一过程中,对平台的监管仍然要受到程序正义的约束。④

---

① 参见国务院办公厅:《国务院办公厅关于印发互联网金融风险专项整治工作实施方案的通知》,载中国政府网,http://www.gov.cn/zhengce/content/2016-10/13/content_5118471.htm。

② 参见张凌寒:《平台"穿透式监管"的理据及限度》,载《法律科学(西北政法大学学报)》2022年第1期。

③ 参见戴昕、张永健:《比例原则还是成本收益分析法学方法的批判性重构》,载《中外法学》2018年第6期。

④ 参见孙晋:《数字平台的反垄断监管》,载《中国社会科学》2021年第5期。

监管部门实施穿透性监管的行政和执法手段也必须与正当的行政程序相适应。过去两年流行的行政谈话和指导等行政行为缺乏法律规范的约束和相应的程序规制，而且责任和救济机制也不完善。所以，监管机关应当重视行政指导的内容是否构成了实质意义上的行政命令。个人信息处理必要原则的落实需要多方主体的参与，从信息处理主体的角度出发，相关企业自身义务的积极履行能够从根本上防止因过度处理而导致危险的发生。行业自律和自治因其独有的市场调控优势，可以在信息处理必要原则的落实中更高效、更专业、更经济地发挥作用。

小　结

《个人信息保护法》的出台并非纯粹个人信息规制领域的成果，而是数智化时代力求平衡社会生产与个人信息权益保护的要求。个人信息作为信息时代的核心生产要素，涉及主体多，覆盖领域广，治理难度空前，但只有直面个人信息治理之难，对个人信息处理的原则进行再审视，才能回应新时代生产发展的需要，实现治理模式的转型，以科技为信息治理赋能。个人信息处理必要原则正是立足于回应个人信息保护与利用的时代难题，以实现个人信息权利保护与社会信息有效利用的平衡。落实个人信息处理必要原则，应当仔细审视必要原则与其他原则的关系，挖掘必要原则的法律价值与功能，引入合理使用制度、数字治理、“穿透式监管”等理论，以期助益新时代个人信息治理模式的转变以及平衡信息主体与信息业者间的利益。

第三章 个人信息处理的诚信原则

诚信原则是一个古老的法学研究课题,其发端于古罗马的斯多葛哲学,形塑于罗马法的诚信诉讼、诈欺抗辩等制度,在两千余年的历史演进中,其适用范围从债法逐步扩张至全部法律领域,成为超越部门法划分意义的最高层次的法律理念。《个人信息保护法》作为公私交融的"领域法",诚信原则对其同样具有价值论意义上的统御作用。但在国际通行的个人信息保护法律中并无诚信原则的身影,现有个人信息保护研究中,诚信原则在理论界和实务界均未得到足够的重视,相关研究仍囿于民法框架。由此,基于原则体系的融贯性,需要对诚信原则立法引入的法理逻辑、法律内涵、适用理论予以澄清,梳理诚信原则与相关规则、诚信原则与其他原则之间的关系,以期实现个人信息保护与利用之间的动态平衡。

一、个人信息处理诚信原则的适用前提

"个人信息保护是一个地道的舶来品,是欧美社会人权制度发展的产物,也是技术发展的附加品。"①与之类似,诚信原则同样源于域外,我国诚信原则入法最早可追溯至 1986 年的《中华人民共和国民法通则》(以下简称原《民法通则》),目前已在我国法学领域——尤其是民法学——积累了颇为丰富的理论研究成果。耐人寻味的是,国际通行的个人信息保护原则中却无诚信原则的身影。因此,有必要对诚信原则的相关理论研究成果进行梳理,明晰"诚信"的法律内涵和诚信原则的历史演进。

---

① 高富平、王苑:《论个人数据保护制度的源流——域外立法的历史分析和启示》,载《河南社会科学》2019 年第 11 期。

(一)"诚信"的法律内涵

诚信原则,又称诚实信用原则,在现行有效的法律规范中,《中华人民共和国信托法》(以下简称《信托法》)第5条、《中华人民共和国专利法》(以下简称《专利法》)第20条等均使用了"诚实信用原则"的表述,《民法典》第7条、《中华人民共和国民事诉讼法》(以下简称《民事诉讼法》)第13条等法律则使用了"诚信原则"的表述,《个人信息保护法》第5条亦使用了"诚信原则"的表述。二者在本质上系同一法律概念的不同表达形式。

中国古代"诚""信"互训。《说文·言部》云:"信,诚也。从人,从言。会意。"信的本义为语言真实,引申泛指诚实而有信用;又引申为相信、信任。又云:"诚,信也,从言成声。"二者可以互相解释,意义相通。现代汉语词典对诚信原则的解释是"为人做事诚实,讲信用的原则"。我国源远流长的诚信观念受儒家思想影响,是圣贤之学,追求的是高风亮节,不沾铜臭。[①] 换言之,中国传统文化中的诚信多指人际关系中的言行与内心一致,诚实不欺,本质是一种"礼""德""忠""义",不直接导源于商业和契约关系。[②]在传统法律实践中,诚信理念实际上是我国古代社会调整民事法律关系的重要理念,如《唐律疏议·杂律》中"器用绢布行滥短狭而卖""私作斛斗秤度""买卖不和较固"之规定,禁止欺诈以保证交易安全,即内含诚信理念,但我国古代社会并未将诚信予以制度化。

规范意义上的诚信原则,系法律术语上的舶来品,首见于《大清民律草案》,其中第2条明文规定:"行使权利履行义务,依诚实及信用方法。"《大清民律草案》的起草参照了德国、瑞士、日本等国民法典,并参考各省的民俗调查结果。该条文中的"诚实及信用"逐译于德国的"Treu und Glauben"概念,意指"以诚实信用为誓词,以确保契约的履行",日本学者译为"信义诚实"。[③] 而"Treu und Glauben"又可追溯至古罗马法中的"bona fides",此词的反义词是"mala fides","bona"是"善"的意思,"mala"是"恶"的意思,"fides"是"信"(忠实、信用)的意思,[④]徐国栋教授认为,对bona(善)的诠释应当追溯到罗马的斯多亚哲学(或称斯多葛哲学),该哲学流派认为善是一种人能完美履行自己职责的品质,由于人是社会动物,故善的事情就是有利于群的事情。斯多亚哲学的集大成者西塞罗在其《论义务》中有云:"行其所言谓之信。"故而,"Bona fides" 就是以好人的姿态践行自己的诺言。另有学者论述了"善良之人"和"诚实信用"在罗马法系的民法传统中是两个关系密切的概念,罗马裁判官"首先是以明确的'善良之人'的标准

---

① 参见孟勤国:《中美诚信之比较》,载《法学评论》2004年第1期。

② 参见最高人民法院民法典贯彻实施工作领导小组主编:《中华人民共和国民法典总则编理解与适用(上)》,人民法院出版社2020年版,第63页。

③ 参见徐国栋:《诚实信用原则的概念及其历史沿革》,载《法学研究》1989年第4期。

④ 参见徐国栋:《诚实信用原则的概念及其历史沿革》,载《法学研究》1989年第4期。

来判断是否判罚,其次是明确将'诚实信用'作为当事人间产生的债的内容的基础和补充"。"'善良之人'的程式远比或者稍比'诚实信用'的程式更为历史悠久,但后者更具普适性的端正原则的直接力量,注定要超越前者,因为它为在法律上承认一个内容不局限于当事人意愿的义务之存在,提供了正当性基础。"①

在规范意义上,"诚实信用"这一法律语词极为模糊,其内涵和外延的不确定性也决定了其适用范围的广泛性。自原《民法通则》第 4 条引入诚信原则以来,民法学者就如何理解和适用诚信原则先后形成了"语义说"和"一般条款说"两种学说,后者现为主流观点。"语义说"受概念主义思维模式的影响,认为诚信原则是指民事主体参加民事活动,行使权利和履行义务,应当保持善意,恪守承诺,不进行任何欺诈。"语义说"强调诚信原则对民事主体进行民事活动的指导意义,具有一定的积极意义。对"语义说"的批判主要有以下两点:一是语义重复的循环解释,未能提出外在的行为标准;二是限缩了诚信原则的指导功能范围。② "一般条款说"又称"利益平衡说",系德国学者关于诚信含义的学说之一,如德国学者施耐德和埃格皆提出,诚信是为了调和当事人双方的利益。③ 徐国栋教授亦持"一般条款说"的观点,认同诚信原则法律内涵上的不确定性、法律效力上的强制性,以及指导民事活动、授予法官自由裁量权、填补法律漏洞以及推动民法体系开放发展的功能。④ 在"一般条款说"的框架下,我国学者从法律功能的角度,以不完全列举的方式阐述了诚信原则的内涵,可以概括为以下两点:一是确立民事主体的行为准则,即市场参加者要符合"诚实商人"和"诚实劳动者"的道德标准;二是授予法官自由裁量权,在法律与合同缺乏规定或规定不明确时,司法审判人员应依据诚信、公平的观念,准确解释法律和合同。

西方学者通常认为诚实信用是一个与生俱来无法被定义的概念。美国法学家罗伯特·萨莫斯(Robert Summers)将"诚实信用"称为一个"排除器"(excluder),它是一个不能被定义的概念,但是可以用来排除各种恶意情形。⑤ 德国学者莱因哈德·齐默曼和英国学者西蒙·惠特克则直接指明我们必须满足于一个由事件组构成的清单(a list of Fallgruppen)。他们在考虑英国、美国、德国等国家的诚信原则后不完全归纳了诚信

---

① [意]里卡尔多·卡尔迪利、翟远见:《"善良之人"与"诚实信用"》,载《苏州大学学报(法学版)》2014 年第 3 期。与徐国栋教授一样,里卡尔多·卡尔迪利和翟远见教授在文章中亦提出"善良之人"系古罗马希腊化后受斯多葛学派思想影响的发挥不同伦理—哲学功能的概念;但后者亦提出这一概念深深植根于希腊化之前的古罗马社会,其法学含义来源于"祖先的习惯"。"诚信信用"与"善良家父"的关系,参见炎白:《"善良家父"与"诚实信用"》,载《比较法研究》2001 年第 1 期。

② 参见朱广新:《合同法总则研究(上册)》,中国人民大学出版社 2018 年版,第 58 页。

③ 参见彭万林主编:《民法学》,中国政法大学出版社 1998 年版,第 64 页。

④ 参见徐国栋:《民法基本原则解释——成文法局限性之克服》,中国政法大学出版社 2004 年版。

⑤ See Robert S. Summers, "*Good Faith*" *in General Contract Law and the Sales Provisions of the Uniform Commercial Code*, Virginia Law Review, Vol. 54, No. 2, p. 195 – 267(1968).

原则的5种含义:一是不诚实构成恶意;二是诚信原则要求一个人言而有信;三是合同的一方当事人不能以不合理的方式或者在没有任何合法利益的情况下行为,而致使另一方当事人的处境变坏;四是诚信似乎恰恰意味着不允许合同当事人依赖或者保持非合理状态;五是有些法域(如法国法和西班牙法)认为故意违约构成恶意,将会导致各种法律后果,其中最明显的就是损害赔偿责任。①

综上所述,结合"诚信"一词的语源、规范解释,可以概括出"诚信"这一法律术语的内涵:主观上善意、诚实、忠诚、遵循公平标准、不追求不合理利益的心理状态;客观上不实施欺诈、忠实履行自己的义务的身体行动。

(二)诚信原则的历史演进

从诚信原则在大陆法系国家演变的历史来看,其在法律体系中的适用范围经历了从债法到民法全部领域,再拓展到公法,逐步演变为超越部门法划分意义的最高层次的法律理念。关于现代诚信原则的起源,德国学者肖尔梅叶等人认为诚信原则来源于一般的诈欺抗辩。② 徐国栋教授主张现代诚信原则的来源,除罗马法中的一般诈欺抗辩外,另有诚信诉讼、事实诉讼和事实抗辩、简约之诉和简约抗辩、仲裁之诉和善良公正之诉等,其中诚信诉讼是主要来源。总体而言,现代诚信原则是多源产生的。③ 诚信诉讼是与严法诉讼相对应的诉讼形式,法官"依诚信"课加当事人合理的不确定义务。从上述知识考古中可以得出以下一致结论:一是罗马法时期的诚信原则主要涉及合同诚信问题;二是诚信诉讼和其他诚信制度具有授予法官自由裁量权的功能。

在中世纪和现代社会早期,诚信被更为广泛的"公平"(aequitas)概念所吸收,由公平作为严法的对立面,但人们通常认为公平与诚信是一致的。从欧洲近代史上的法典编撰运动到《法国民法典》的制定这一时期,诚信要求与法官的自由裁量权发生分离。这一时期的代表性法典是拿破仑时期颁布的《法国民法典》(1804年),受当时理性主义思潮的影响,立法者构筑了"决疑式"的法典,以消减法官滥用法律的可能。该法典对当事人的诚信要求被保留下来,但法官的自由裁量权被剥夺殆尽。此时诚信规定的适用范围仍然仅限于债法,且主观诚信和客观诚信在术语使用上并未发生分裂。19世纪末期20世纪初期,契约自由和诚信原则经历了两次巨变:一是分裂为客观诚信和主观诚信;二是被确立为民法的基本原则。前者源于德国法学界的论战结果,后者"由于社会经济生活之剧变,促成法律思想的变迁,即从所谓个人本位的法律思想,转变为社会

① 参见[德]莱因哈德·齐默曼、[英]西蒙·惠特克主编:《欧洲合同法中的诚信原则》,丁广宇等译,法律出版社2005年版,第486~488页。

② 参见史尚宽:《债法总论》,台北,荣泰印书馆1978年版,第319页。

③ 参见徐国栋:《客观诚信与主观诚信的对立统一问题——以罗马法为中心》,载《中国社会科学》2001年第6期。

本位的法律思想”。[①] 诚信原则在术语使用上的分裂始于《德国民法典》(1896 年),《瑞士民法典》(1907 年)首次将诚实信用规定为民法的基本原则,且由于承认法官对发展和补充法律必不可少的作用,诚信要求与法官的自由裁量权重新聚合。彼时的诚信规定均体现了对契约自由的限制。[②] 此后,《瑞士民法典》中的诚信原则规定作为一种能满足现代社会需要的立法方法为大陆法系各国所效仿,如《日本民法典》(2021 年修正)第 1 条规定了“权利的行使和义务履行,应当遵守诚实信用”。自 1930 年始,诚信原则的适用范围逐步扩展至宪法、行政法、行政诉讼法、民事诉讼法、刑事诉讼法、税法等公法领域,日渐融入公法的基本原则体系当中,并获得立法和司法的认可。德国最高法院 1930 年 10 月 2 日之判决明白肯定道:“诚实信用原则对于一切法律并包括公法在内皆得适用之。”[③]第二次世界大战以后,诚信原则在《德国行政程序法》《租税通则》《联邦建设计划书》等法律中得到直接体现。现如今,诚信原则的适用范围正向更多的法律部门扩张,逐渐演化为全体法域的基本原则。

我国第一次将诚信要求确立为一项法律原则始于原《民法通则》(1986 年),其中第 4 条规定:“民事活动应当遵循自愿、公平、等价有偿、诚实信用的原则。”此后诚信原则陆续在《专利法》《中华人民共和国商标法》《中华人民共和国证券法》《中华人民共和国保险法》《民事诉讼法》《民法典》《消费者权益保护法》《电子商务法》等法律中进行了规定。在行政立法领域中,《中华人民共和国行政诉讼法》(以下简称《行政诉讼法》)、《中华人民共和国行政处罚法》(以下简称《行政处罚法》)等法律虽未提及诚信原则,但在 2004 年 3 月 22 日由国务院印发实施的《全面推进依法行政实施纲要》中将“诚实守信”作为政府依法行政的基本要求;2021 年制定的《法治政府建设实施纲要》提出要“加快推进政务诚信建设”。可见,诚信原则已经实质上成为行政法的原则之一。诚信原则在公法中的扩张适用使得公法主体之间的关系谱系扩张为既有命令与服从关系,又有相互信任并满足社会公众的正当预期关系。[④] 亦有学者主张,诚信原则“实现了政府与公民法律地位的平等,应当成为宪法层面的法律原则”。[⑤] 值得注意的是,诚信原则在德国等大陆法系国家行政法上一般表述为“信赖保护原则”,我国学界或认为二者实质

---

① 梁慧星:《诚实信用原则与漏洞补充》,载《法学研究》1994 年第 2 期。

② 参见朱勇:《私法原则与中国民法近代化》,载《法学研究》2005 年第 6 期。

③ 林孝元:《诚实信用原则与衡平法之性质及其功能》,载刁荣华主编:《现代民法基本问题》,台北,汉林出版社 1981 年版,第 49 页。时至今日,一些国家和地区在法律上亦开始对诚信原则予以明确的宣示。如 1996 年葡萄牙《行政程序法》第 6 条规定:“行政活动中以及行政活动的所有手续与阶段公共行政当局与私人依照善意规则行事并建立关系。”

④ 参见张淑芳:《私法渗入公法的必然与边界》,载《中国法学》2019 年第 4 期。

⑤ 张慧平:《诚实信用原则与法治的契合——作为宪法原则的诚实信用》,载《河北法学》2004 年第 7 期。

等同,或将信赖保护原则作为诚信原则的一个方面或者某一阶段的具体体现。①

诚信原则演化为全部法律领域的重要原则之一,是法治建设的重要成果。齐延平教授较早对诚信与法治的关系进行论述。② 王伟国、付子堂和娄延村教授从诚信的本土意境出发,以诚信原则为支点,在更广泛意义上探讨作为法治精神的诚信,以期实现对失信行为的法治规训,建设社会诚信体系。③ 诚信原则从最初的民事主体行使权利、履行义务的行为要求,逐步扩张适用于行政主体,成为适用于一切法律关系的最高指导原则。

此外,学者们对诚信原则的研究方向各有侧重。民法学者对诚信原则的研究集中在现代诚信原则的来源、诚信原则的法律内涵、诚信原则的法律功能、诚信原则与其他原则或规则的界分与联系、诚信原则在民法原则体系中的定位以及诚信原则的司法适用等问题上。伴随着诚信原则在法律体系中的广泛适用,行政法、经济法、民事诉讼法等部门法领域的学者开始关注诚信原则的相关法律问题,主要包括诚信原则立法引入的法理逻辑、与民法诚信原则的联系与区别、与部门法内其他原则的关系以及诚信原则的司法适用等问题。在法理学层面,学者们主要通过德沃金和阿列克西的原则区分和适用理论对诚信原则的识别与适用进行阐述。

概言之,诚信原则在个人信息处理领域的基本内涵包括主观诚信和客观诚信。在规范内涵方面,诚信原则要求行为人主观上善意、诚实、忠诚、遵循公平标准、不追求不合理利益的心理状态;客观上不实施欺诈行为、忠实履行自己的义务。在历史演进方面,诚信原则在大陆法系国家的演进中均呈现出不断扩张适用的特征,最终成为适用于一切法律关系的指导原则。

二、个人信息处理诚信原则的入法逻辑和进路

诚信原则被列为个人信息处理原则是我国《个人信息保护法》的一大创举,其入法逻辑并非民法原则的当然适用,而是基于一般法律理念在个别法律领域中的涵射;就入法进路而言,诚信原则被引入个人信息处理领域并最终成为总体原则之一经历了从正面规定、反向列举,再上升为总体原则的过程。诚信原则被引入个人信息处理领域,并非基于国外法的移植,而是立足中国实践、彰显中国元素之举,体现了我国《个人信息保护法》的特色。

---

① 参见陈鹏:《诚实信用原则对于规范行政权行使的意义——对当前学说及司法实践的检讨》,载《行政法学研究》2012 年第 1 期。

② 参见齐延平:《诚信的法治与法治的诚信》,载《人民法院报》2011 年 2 月 17 日,第 5 版。

③ 参见王伟国:《诚信体系建设法治保障的探索与构想》,载《中国法学》2012 年第 5 期;付子堂、类延村:《诚信的自由诠释与法治规训》,载《法学杂志》2013 年第 1 期。

(一)诚信原则引入的法理逻辑

诚信原则向其他诸法律部门扩张时,学者们往往就其引入逻辑众议纷纭,如诚信原则适用于行政法上的理论主张包括“类推适用说”“一般法律思想理论说”“法之本质说”“法之价值说”。[①] 前文已述,诚信原则发端于民法,但其适用范围已然与时俱进,扩张至全部法律领域,成为超越部门法划分意义的更高层次的法律理念。鉴于诚信原则的演进趋势和法秩序的统一性原则,个人信息保护领域自当难以排除此基本法律理念的支配。换言之,诚信原则在个人信息处理领域的引入系基于一般法律理念在个别法律领域中的涵射。

然而,由于诚信原则发端于民法,且鉴于《个人信息保护法》与《民法典》之间具有“剪不断,理还乱”的关系,学者们普遍认为《个人信息保护法》中的诚信原则承袭于《民法典》中的诚信原则。这一观点主要基于以下4点理由:首先,在《个人信息保护法》生效前,基于《民法典》的体系解释,认定个人信息处理者在处理个人信息时依据《民法典》第7条负有诚信义务不存在任何法律障碍,而《个人信息保护法》第5条对诚信原则的规定系突出强调和再次明确。[②] 其次,《民法典》第1035条规定的“正当原则”已经将诚信原则和公序良俗原则囊括在内,[③]为了回应“大数据杀熟”等严重违背诚信原则的自动化个人信息事件频发,而将“诚信原则”从正当性原则中独立出来,并以负面列举的方式明确规定:“不得通过误导、欺诈、胁迫等方式处理个人信息”。再次,信息处理行为和信息处理者的行权,其性质均归属于民事活动范畴,自当在民法基本原则的指导之下进行。[④] 因此,诚信原则“是《个人信息保护法》依据《民法典》新增加的基本原则”。[⑤] 最后,《个人信息保护法》的私法规范与《民法典》之间构成特别法与普通法的关系,为了维护法律体系的和谐和法律适用的统一,不应将二者割裂甚至对立。基于法律体系的整体解释,亦可推导出个人信息处理活动适用于民法上的诚信原则。[⑥] 不难发现,上述理由的逻辑出发点是一致的,即个人信息权益的私法属性以及个人信息处理活动归属于民事活动范畴,“《个人信息保护法》规定诚信原则,与《民法典》形成呼应”。[⑦] 换言之,在个人信息保护的民法研究范式中,作为民法基本原则之一的诚信原则亦应当适用于个人信息处理领域。

---

① 参见刘莘、邓毅:《行政法上之诚信原则刍议》,载《行政法学研究》2002年第4期。

② 参见江必新、郭峰主编:《〈中华人民共和国个人信息保护法〉条文理解与适用》,人民法院出版社2021年版,第48页。

③ 参见黄薇主编:《〈中华人民共和国民法典〉人格权编释义》,法律出版社2020年版,第200页。

④ 参见程啸:《论我国民法典中的个人信息合理使用制度》,载《中外法学》2020年第4期。

⑤ 程啸:《论我国个人信息保护法的基本原则》,载《国家检察官学院学报》2021年第5期。

⑥ 参见石佳友:《个人信息保护的私法维度——兼论〈民法典〉与〈个人信息保护法〉的关系》,载《比较法研究》2021年第5期。

⑦ 申卫星:《论个人信息保护与利用的平衡》,载《中国法律评论》2021年第5期。

笔者认为,应当对"《个人信息保护法》中的诚信原则承袭于民法诚信原则"的主张加以认真审视。首先,可以肯定的是,个人信息处理诚信原则与民法诚信原则具有紧密关联,但如果片面强调个人信息保护法的私法属性,将个人信息保护法视为民法的特别法,从而将民法诚信原则的内涵、适用理念等原封不动地照搬到个人信息处理诚信原则的研究中,那么不仅会出现民法诚信原则在个人信息保护领域无所适从的情况,而且可能严重损害个人信息处理基本原则的独特性。实际上,《个人信息保护法》中的诚信原则与《民法典》中的诚信原则存在诸多不同。一味遵循"承袭于民法"的逻辑,无法解释我国《个人信息保护法》为何仅引入了诚信原则,而没有引入平等原则、意思自治原则、公平原则等民法原则。其次,我国《个人信息保护法》采取的是一种"统合型的立法模式",①国家机关处理个人信息的活动同样适用该法,另考虑到国家机关处理个人信息的特殊性,《个人信息保护法》第二章第三节对此进行了特别规定,也即《个人信息保护法》的诚信原则一体适用于公私领域。倘若学者们分别从民法诚信原则和行政法诚信原则对个人信息处理领域的诚信原则展开研究,则个人信息处理领域相关立法将沦为私法与公法简单的重叠相加,相关研究也将囿于部门法的思维,而陷入伊斯特布鲁克所言"拼盘式"的研究。伊斯特布鲁克认为,网络法研究首先可能导致"多学科半桶水主义"(multidisciplinary dilettantism),因为所谓的"网络法"(cyberlaw)研究对象,只是由网络空间(cyberspace)中可能出现的各类纷争以及调适这些纷争的法律规范拼凑而来。② 最后,上述观点推导的前提是《个人信息保护法》系私法规范。《个人信息保护法》部分规范具有私法属性毋庸置疑,但是这一观点忽视了这样一个事实:对《个人信息保护法》的整体规范属性而言,《个人信息保护法》不可能纯粹地归属于任一法律部门,对个人信息处理行为的规制应"以问题为导向",基于《个人信息保护法》的"领域法"属性和"规制主义"法哲学基础。况且,传统《民法典》视域下平等关系下的个人信息处理活动已经逐渐转变为"数字权力支配"下不平等的个人信息处理活动。

因此,诚信原则被列为个人信息处理原则不应理解为某一个部门法中法律原则的简单平移,而应在厘清《个人信息保护法》与《民法典》关系的基础上,基于整体法律秩序统一的视角,将诚信原则视为最高层次的法律理念在个别法律领域中的涵射。

---

① 参见汪庆华:《个人信息权的体系化解释——兼论〈个人信息保护法〉的公法属性》,载《环球法律评论》2022 年第 1 期。

② 网络法领域中的所谓"马法之议",起自 1996 年美国知名学者、法官 Frank H. Easterbrook(弗兰克·伊斯特布鲁克)受邀参加芝加哥大学法学院举办的一场网络法研讨会时所做的"踢馆式"发言,See Frank H. Easterbrook, *Cyberspace and the Law of the Horse*, Chi. Legal F. 207, p. 207 - 216(1996)。

(二)诚信原则引入的立法进路

我国自《关于加强网络信息保护的决定》(2012 年)始正式移植个人信息保护制度,①重点强化对个人隐私信息的保护。此后,《征信业管理条例》(2013 年施行)、《消费者权益保护法》(2013 年修订)、《中华人民共和国刑法修正案(九)》(以下简称《刑法修正案(九)》)(2015 年发布)、《网络安全法》(2017 年施行)、《电子商务法》(2019 年施行)、《民法典》(2021 年施行)、《数据安全法》(2021 年施行)等法律法规相继在不同领域、不同层面完善了个人信息保护的规则体系和原则体系。2021 年 8 月 20 日,《个人信息保护法》作为专门的、完备的、系统的规范体系被全国人大常委会正式通过。

纵观我国个人信息处理领域的立法进程,诚信原则被引入个人信息处理领域并成为总体原则之一经历了从正面规定、反向列举,再到上升为总体原则的过程。正面规定如 2017 年 6 月 1 日生效的《网络安全法》第 9 条规定:"网络运营者开展经营和服务活动,必须遵守法律、行政法规,尊重社会公德,遵守商业道德,诚实信用,履行网络安全保护义务,接受政府和社会的监督,承担社会责任。"又如 2021 年 9 月 1 日生效的地方性法规《广东省数字经济促进条例》第 41 条第 1 款规定:"数据的收集、存储、使用、加工、传输、提供、公开等处理活动,应当遵守法律、法规,履行数据安全保护义务,尊重社会公德和伦理,遵守商业道德和职业道德,诚实守信,承担社会责任。"

反面列举如 2022 年 1 月 1 日开始实施的《征信业务管理办法》第 8 条规定,征信机构不得以欺骗、胁迫、诱导的方式采集信用信息。又如《最高人民法院关于审理使用人脸识别技术处理个人信息相关民事案件适用法律若干问题的规定》(2021 年 8 月 1 日施行)第 4 条第 3 项规定,信息处理者强迫或者变相强迫自然人同意处理其人脸信息的,人民法院不予支持。诚实信用作为个人信息处理活动应当遵循的原则之一最早出现在国家标准中。国家质量监督检验检疫总局和国家标准化管理委员会于 2012 年 11 月 5 日颁布的推荐性国家标准《信息安全技术　公共及商用服务信息系统个人信息保护指南》(GB/Z 28828—2012),其中 4.2 条明确将"诚信履行原则"作为个人信息处理者在使用信息系统对个人信息进行处理时应当遵循的八项基本原则之一,该原则要求个人信息处理者按照收集时的承诺,或基于法定事由处理个人信息,在达到既定目的后不再继续处理个人信息。② 此后,《电子商务法》第 5 条规定,电子商务经营者应当遵循

---

① 2012 年全国人大常委会《关于加强网络信息保护的决定》首次宣布"国家保护能够识别公民个人身份和涉及公民个人隐私的电子信息",并对公民个人电子信息的收集、使用和流通进行了规定,真正开启了个人信息保护进入各专门法的进程。

② 国家质量监督检验检疫总局和国家标准化管理委员会于 2017 年 11 月 1 日颁布了推荐性国家标准《信息安全技术　移动智能终端个人信息保护技术要求》(GB/T 34978—2017),其中第 5 条再次明确了这八项基本原则:目的明确原则;最少够用原则;公开告知原则;个人同意原则;质量保证原则;安全保证原则;诚信履行原则;责任明确原则。

诚信的原则,履行个人信息保护等方面的义务。《网络安全法》第 6 条规定,国家倡导诚实守信、健康文明的网络行为。

最终,我国《个人信息保护法》第 5 条规定,处理个人信息应当遵循诚信原则,不得通过误导、欺诈、胁迫等方式处理个人信息,由此确立了个人信息处理者的诚信义务,并明确规定“误导、欺诈、胁迫”系违背诚信原则的具体行为类型。德国法学家拉伦茨认为:“将由多数——针对不同的构成要件赋予相同法效果的——法律规定得出‘一般的法律原则’,该原则在评价上也同样可以适用到法律并未规整的案件事实上。”[①]因此,从我国的个人信息处理领域的立法进程来看,诚信原则亦可通过整体类推方法之下的归纳作业,证成《个人信息保护法》增设“诚信原则”的必然性。

诚信原则广泛应用于我国民法、行政法、经济法等法律部门,随着《个人信息保护法》的生效,其适用范围将进一步扩展至这一兼具私法属性和公法属性的“领域法”(field of law)中。探究我国《个人信息保护法》引入诚信原则的立法进路及其内在逻辑,是廓清个人信息处理领域中诚信原则独特内涵的必要前提。通过明确诚信原则的引入进路系基于一般法律理念,而非承袭于民商法,可以祛除私法诚信原则的阴霾,走出传统法域的迷宫,从而在“规制法”的语境下重构诚信原则,为诚信原则在个人信息处理领域的独特内涵和落实方式的证成扫除理论上的迷思。

(三)诚信原则引入的中国特色

当前,国际通行的个人信息保护原则体系中并未规定诚信原则,仅有部分国家、地区和国际组织采用了个人信息处理“诚信原则”这一表述(见表 3－1)。如巴西首部个人信息保护的综合性立法《通用数据保护法》(Lei Geral de Proteção de Dados,LGPD)第 6 条将诚信原则列为个人数据处理活动应遵循的基本原则之首,但相比目的原则、适当性原则等其他原则,立法机关并未明确诚信原则的具体含义。俄罗斯于 2006 年制定的《联邦个人数据法》中规定的五项基本原则之首便为“个人信息处理的目的和方式应合法且善意”。德国于 2017 年修订的《联邦数据保护法》第 47 条第 1 款规定了合法与依据诚信处理的原则(Hechtmäßigkeit und Verarbeitung nach Treu und Glauben)。

表 3－1　重要国家/国家组织个信、数据处理原则的统计列表

颁布国家/国际组织	文件名称	是否包括诚信原则
美国政府“隐私保护学习委员会”	公平信息实践(1977 年版本,系对 1973 年版本的完善)	否

① ［德］卡尔·拉伦茨:《法学方法论》,陈爱娥译,商务印书馆 2003 年版,第 260 页。

续表

颁布国家/国际组织	文件名称	是否包括诚信原则
经济合作与发展组织(OECD)	《关于保护隐私和个人数据跨境流动指南》(1980年)	否
亚太经济合作组织(APEC)	《亚太经合组织隐私框架》(2005年)	否
国际标准化组织(ISO)	《ISO29100隐私框架》(2011年)	否
德国	《联邦数据保护法》(2017年修订)	是 (合法与依据诚信处理的原则)
欧盟	GDPR(2018年)	否
中国	《个人信息保护法》(2021年)	是 (诚信原则)

诚信原则之所以未被广泛纳入各国个人信息保护法律规范中,而我国《个人信息保护法》在"合法、正当、必要原则"之外增设"诚信原则",究其原因,在于诚信原则在各国法律文化中的背景不同。

一方面,诚信原则的法源地位不同。诚信原则在域外被视为"难以驯服的猛兽",从而难以向其他法律领域扩张适用。如美国的诚信原则虽有制定法依据,但其适用范围局限于合同争议纠纷;在英国,诚信原则长期仅存在于英国的票据法、买卖法和信托法中。[①] 反观我国,诚信原则在我国一直被视为私法的"帝王规则",时至今日已演变为我国法律体系的最高层次的法律理念,成为超越法律部门划分的更高层次的法律原则。由此可见,诚信原则在域外立法中的法源地位显然低于我国。

另一方面,诚信原则在我国个人信息处理领域的立法引入还表现为"社会主义核心价值观的入法"。《关于进一步把社会主义核心价值观融入法治建设的指导意见》强调要把社会主义核心价值观转化为具有刚性约束力的法律规定。[②] 诚信作为社会主义核心价值观中公民个人层面的价值准则之一,是公民道德的基石,要求公民内诚于心,外信于人。作为社会主义道德层面的诚信要求与作为法律概念的诚信原则,二者发挥作用的场域存在明显的界限,但二者在价值取向上又趋于统一。正如习近平总书记指出的,"法律有效实施有赖于道德支持,道德践行也离不开法律约束。法治和德治不可分

① 参见徐国栋:《英语世界中的诚信原则》,载《环球法律评论》2004年第3期。

② 《中办国办印发〈关于进一步把社会主义核心价值观融入法治建设的指导意见〉》,载《人民日报》2016年12月26日,第1版。

离、不可偏废,国家治理需要法律和道德协同发力"①。甚至有学者指出,基于社会主义核心价值观已经入宪、不断入法的立法实践和司法实践中填补法律漏洞、强化说理功能,社会主义核心价值观具有与法律原则类似的正式法源地位。② 职是之故,将诚信原则引入个人信息处理领域是我国独具特色又符合我国国情的做法,系立足中国实践、彰显中国元素之举,体现了我国《个人信息保护法》的特色。

三、个人信息处理诚信原则的体系定位

域外个人信息保护立法始于20世纪70年代,时至今日,已有140多个国家和地区制定了个人信息保护方面的法律,并明确了个人信息处理的指导原则。我国《个人信息保护法》充分借鉴了有关国际组织和国家、地区的有益经验,并立足国情,在《个人信息保护》第5~9条确立了相关原则。这些原则既是个人信息处理活动应当遵循的基本原则,也是解释、补充以及发展个人信息保护法律制度的基本原则。在阿列克西精致化后的法律原则理论中,竞争法则的核心在于,规则与规则之间的抵牾、原则与规则之间的冲突以及规则的缺失,其本质都是原则与原则之间的竞争。③ 因此,诚信原则在个人信息处理领域的具体适用需要厘清诚信原则与合法、正当、必要原则以及其他原则之间的边界,并明确其在原则体系中的定位。

(一)诚信原则与合法原则

与"合法、正当和必要原则"相比,诚信原则并非国际个人信息保护法律实践普遍确立的法律原则,在我国个人信息保护立法的进程中也是"姗姗来迟"。④ 因此,我国鲜有学者对诚信原则与"合法、正当和必要原则"之间的关系和适用上的优先顺序进行探讨。"合法原则是指个人信息处理行为应当根据法律规定的原则、规则进行,不能违反法律强制性规定。"⑤学者们对合法原则的体系地位——作为总体原则——并无争议,如张新宝教授将个人信息处理原则体系区分为总体原则和方面原则,前者包括合法、正当、必要和诚信原则;后者则包括目的、公开透明、质量和责任原则。在比较法上,几乎所有国家的个人信息保护法均将合法原则置于各原则之首。这是由于信息处理行为客观上必然影响信息主体的权益,若信息处理行为欠缺合法依据,则行为本身具有非法性,系对信息主体权益的侵害。⑥

---

① 习近平:《坚持依法治国和以德治国相结合》,载《习近平谈治国理政》第二卷,外文出版社2017年版,第133页。

② 参见孙光宁:《社会主义核心价值观的法源地位及其作用提升》,载《中国法学》2022年第2期。

③ 参见黄泽敏:《法律漏洞填补的司法论证》,载《法学研究》2020年第6期。

④ 在我国首部个人信息保护立法《关于加强网络信息保护的决定》中便确立了个人信息处理的合法、正当和必要原则,此后,《数据安全法》《网络安全法》《民法典》等法律进一步予以确认。

⑤ 杨合庆主编:《〈中华人民共和国个人信息保护法〉释义》,法律出版社2022年版,第25页。

⑥ 参见程啸:《论公开的个人信息处理的法律规制》,载《中国法学》2022年第3期。

目前,学者们对二者之间关系的论述主要从诚信原则的“价值引领”“克服成文法局限性”“补充法律漏洞”的角度展开。张新宝教授从原则体系的视角阐述了诚信原则与合法原则之间的关系:一方面,合法原则是信息处理者处理个人信息最基本的要求,其所指向的法律规范不仅包括具体的法律规则,也包括诚信原则;另一方面,合法原则与诚信原则“所蕴含的制度价值彼此间相互关联,具有体系上的周延性”,换言之,二者具有逻辑上的递进关系,前者与后者动态互补,相辅相成。① 这是由成文法固有的局限性所决定的,法律规定对个人信息处理的未尽事项,可由诚信原则发挥价值引领、规范补充功能。上述“诚信原则与合法原则动态互补”的观点系对二者联系的精准概括,与民法诚信原则的法律功能理论相契合,但是,二者的边界厘清问题仍未得到解决。

刘权教授认为《个人信息保护法》第5条中的合法原则系形式合法性范畴,正当、必要原则属于实质合法性范畴,②这一主张将“合法原则”与“正当、必要原则”有机统一并合理区分了原则之间的分工。类似的观点如武腾教授认为信息主体的同意仅提供了“初步”的合法性,只有依据正当原则、必要原则分别对处理目的、处理限度予以控制,才能使个人信息处理实现终局的、全面的合法。③ 另有学者在法哲学意义上对合法原则与正当原则的关系作出阐述,即“合法性概念应在狭义上使用,可视为正当性的一种变体,正当性与合法性的对立统一是现代法律制度重要特征”④。此外,这一观点在我国个人信息保护司法实践中亦有支持者。⑤ 但是,对于诚信原则是否应纳入实质合法性范畴这一问题,仍然有待澄清。前文已述,诚信原则具有利益衡平的法律功能已成共识。在诚信原则的结构性功能视角下:一方面,诚信原则作为最高层次的法律理念,是社会主义核心价值观内化于法的典型代表,意在维系信息处理者和信息主体之间的信任关系,构建数字信任体系;另一方面,诚信原则的法律内涵虽模糊却十分稳定,既包括主观上的善意、诚实、忠诚、公平、合理标准,又包括客观上禁止欺诈和忠实履行自己的义务标准,立法实践中对诚信原则予以制度化而形成规范群的观点也得到了学界共识。故而,诚信原则也可以纳入实质合法性的范畴,对个人信息处理行为的合法性判断,应通过诚信原则的实质性审查。

(二)诚信原则与正当原则

正当原则是指对个人信息的处理,其目的和行为应是合理的,具有正当性,不得违背公序良俗。对正当原则的规范解释和“正当的判断标准”分别有两种观点。关于正当原则的规范解释,多数学者认为包括目的正当和行为正当,少数学者认为正当原则要

---

① 参见张新宝:《个人信息处理的基本原则》,载《中国法律评论》2021年第5期。

② 参见刘权:《论个人信息处理的合法、正当、必要原则》,载《法学家》2021年第5期。

③ 参见武腾:《最小必要原则在平台处理个人信息实践中的适用》,载《法学研究》2021年第6期。

④ 刘杨:《正当性与合法性概念辨析》,载《法制与社会发展》2008年第3期。

⑤ 参见广东省深圳市中级人民法院民事判决书,(2021)粤03民终9583号。

求个人信息处理目的应当特定、明确、合理，但“目的正当无法证成手段正当，个人信息处理除了应遵循目的正当原则，还应符合处理手段必要原则”。[①] 关于“正当的判断标准”，一种观点认为目的正当性的要求就是目的的合理性，在没有明确的法律规定（如为了特定公共利益）和当事人明确约定的情况下，则要以合理性作为判断正当性的标准；[②]另一种观点则认为应当依据“公序良俗”标准，“处理者处理个人信息的目的和手段均应当符合正向价值判断”。[③] 目的正当要求信息处理者的目的对信息主体的利益和社会公共利益有所增进，而手段正当要求个人信息处理方式方法应当符合社会公众的一般期待以及公序良俗的要求。[④]

由于学者们对正当原则的规范解释和判断标准尚未达成共识，使得诚信原则与正当原则的边界厘清问题也存在一些分歧。总体而言，学者们多将二者的边界厘清问题转化为诚信原则与公序良俗原则的区分问题。这是由于“《民法典》第 1035 条规定的‘正当原则’已经将诚信原则和公序良俗原则囊括在内”，[⑤]《民法典》第 1035 条的正当原则要求个人信息处理的手段和方式不能违反诚信原则和公序良俗原则。在诚信原则从正当原则中“分离”后，正当原则的内涵便主要体现为公序良俗。正当原则和必要原则体现在私益与公益权衡之后的公共利益价值利用上，而诚信原则侧重对信息主体真实意思表示的保护，也即保护信息主体自我决定其个人信息利用的私意表达。[⑥] 许可教授在此基础上进行了更细致化的区分：“以制度宗旨论，前者以关系性权益及其平衡为依归，后者以一般性公共秩序和社会利益为依归；以调整对象论，前者涵盖多方主体，后者不涉信息主体；以规范内容论，前者侧重于权利行使和义务履行的合理性，后者侧重于处理者处理目的与程序的正当性；以行为标准论，前者是场景化和相对高要求的，后者是相对标准化和低要求的。”[⑦]关于诚信原则与公序良俗原则的区分，民法学界已多有讨论。[⑧] 在法律适用过程中需要对诚信原则与正当原则两项原则进行必要的区分，以保障二者的准确适用，并充分发挥其制度功能。

---

① 参见刘权：《论个人信息处理的合法、正当、必要原则》，载《法学家》2021 年第 5 期。

② 参见江必新、郭峰主编：《〈中华人民共和国个人信息保护法〉条文理解与适用》，人民法院出版社 2021 年版，第 50 页。

③ 袁雪石：《民法典人格权编释论：条文缕析、法条关联与案例评议》，中国法制出版社 2020 年版，第 531 页。

④ 参见张新宝：《个人信息处理的基本原则》，载《中国法律评论》2021 年第 5 期。

⑤ 黄薇主编：《〈中华人民共和国民法典〉人格权编释义》，法律出版社 2020 年版，第 200 页。

⑥ 参见王秀哲：《“隐”与“私”流变中的信息隐私权》，载《河北法学》2022 年第 11 期。

⑦ 许可：《诚信原则：个人信息保护与利用平衡的信任路径》，载《中外法学》2022 年第 5 期。

⑧ 相关讨论参见王利明：《论公序良俗原则与诚实信用原则的界分》，载《江汉论坛》2019 年第 3 期；蔡唱：《公序良俗在我国的司法适用研究》，载《中国法学》2016 年第 6 期；于飞：《公序良俗原则与诚实信用原则的区分》，载《中国社会科学》2015 年第 11 期；董学立：《诚实信用原则与公序良俗原则的界分》，载《法学论坛》2013 年第 6 期；于飞：《论诚实信用原则与公序良俗原则的区别适用》，载《法商研究》2005 年第 2 期。

此外,对诚信原则与正当原则的区分应同时结合比较法上的 fairness 规则。以 GDPR 第 5(1)(a)条①中的"fairness"为例,我国学者在阐述个人信息处理领域的正当原则时多论及 GDPR 中的"the principles of fairness",事实是,GDPR 中的"the principles of fairness"不但不能与我国的正当原则等同,反而与诚信原则联系更加密切。首先,欧盟数据保护委员会(European Data Protection Board,EDPB)在 GDPR 适用指南中对 the principles of fairness 内涵的阐述较为详细:保障信息主体的自主权(autonomy)、保障信息主体的交流与权利行使(interaction)、符合信息主体的合理期待(expectation)、禁止歧视(non-discrimination)、平衡数据控制者与信息主体之间的权力(power balance)、避免欺诈和操纵(no deception)、避免误导(truthful)等。概言之,"the principles of fairness"禁止个人信息处理者以有害(detrimental)、不合期待(unexpected)、歧视性(discriminatory)、误导性(misleading)的方式处理个人信息。可见,GDPR 中的 the principles of fairness 与我国《个人信息保护法》中的诚信原则的含义最接近。其次,值得注意的是,欧盟成员国对 GDPR 中的 the principles of fairness 的转化适用亦存在不同之处,法国、德国和西班牙翻译为"Treu und Glaube"(诚实信用)或"equitability"(平等),意大利和瑞典则使用"correctness"(正确)的表述,追本溯源,上述法律表达均根植于拉丁文中的"bona fide"。② 我国学者对 GDPR 中的 the principles of fairness 又有不同的翻译,即"合理原则"③"公正原则"④"正当原则"。⑤ 我国《个人信息保护法》的官方英译版将正当原则译为"justified reason",与诚信原则"good faith"相互区分。前文已述,在中世纪和现代社会早期,欧陆国家的诚信原则被更为广泛的"公平"(aequitas)概念所吸收,之后德国采取了分裂两种诚信的做法,即主观诚信和客观诚信分别以不同的术语表征。1992 年《荷兰民法典》则直接以"redelijkheid en billijkheid"表示客观诚信,即把诚信直接等同于公平合理。

(三)诚信原则与必要原则

必要原则是指在合法、正当的目的下,就该目的而言,对个人信息的处理是必要的,不得超过合理的限度。个人信息处理领域的必要原则源自比例原则,已经在学界获得

---

① GDPR 第 5(1)(a)条规定:"Personal data shall be:(a) processed lawfully, fairly and in a transparent manner in relation to the data subject ('lawfulness, fairness and transparency')。"

② See Gianclaudio Malgieri, *The Concept of Fairness in the GDPR: A Linguistic and Contextual Interpretation*, In Proceedings of FAT 20, p. 14(2020). 转引自许可:《诚信原则:个人信息保护与利用平衡的信任路径》,载《中外法学》2022 年第 5 期。

③ 参见丁晓东:《欧盟〈通用数据保护条例〉全文》,载微信公众号"法学学术前沿"2019 年 12 月 30 日, https://mp. weixin. qq. com/s/PKqny1biZmHgd9TnEl-yZA。

④ 参见杨合庆主编:《〈中华人民共和国个人信息保护法〉释义》,法律出版社 2022 年版,第 208 页。

⑤ 参见黄薇主编:《〈中华人民共和国民法典〉人格权编释义》,法律出版社 2020 年版,第 197 页。

普遍认可，尽管对于比例原则能否扩张适用于民法领域尚存在争议，①但是，正如学者所言，"比例原则的本质是作为控制处于强势地位的主体过度行使权力的工具性原则"，②比例原则在个人信息处理领域适用的正当性基础在于信息处理者与信息主体之间存在"数据权力支配"的不平等关系，信息主体的意思表示自由度低。通说认为，比例原则包括三个子原则：适当性、必要性和狭义比例原则。

诚信原则在私法领域素有"帝王条款"之称，旨在"限制私权利"，其扩张适用经历了从私法领域到公法领域再到一般法律理念的历程；而比例原则在公法领域享有"皇冠原则"之誉，旨在"限制公权力"，其扩张适用经历了从公法领域到私法领域再到一般法律理念的历程。前者是德国民法的舶来品，后者是德国公法的舶来品，如今二者同时被引入《个人信息保护法》这一"领域法"，共享"规制主义"的法哲学基础。

在诚信原则向公法渗入时，如何调适诚信原则与行政法其他原则之间的关系便成为公法学者的任务。有学者从法律原则的位阶关系和功能构造两个层面区分诚信原则和比例原则。一方面，诚信原则是作为私法、公法共通的原则，相比行政法专有的比例原则更具一般性，故前者为一般原则，后者为特殊原则。在适用次序上比例原则作为特殊原则优先使用，在比例原则无法妥善解决问题时，诚信原则补充适用。另一方面，诚信原则与比例原则均具有利益衡平的法律功能，由于利益衡平已经包含在比例原则的"必要性"与"均衡性"（或平衡性）要求之中，此时若同样强调诚信原则的利益衡平功能，则可能致使二者混淆使用，进而消融诚信原则所具有的独立意义和价值，因此不宜将利益衡平列为诚信原则的内在研究。③

在比例原则向私法渗入时，也有学者探讨了比例原则与民法其他原则如何调适的问题。如郑晓剑教授指出，诚信原则与比例原则在价值取向上具有一致性，并在体系位阶上区分二者。具体而言，在价值取向上，诚信原则追求对个人自由主义的修正，比例原则强调基本权利只受到必要限制，二者均体现出对实质正义的捍卫。④ 在体系定位上，诚信原则与比例原则具有位阶差异性，即后者可作为前者的下位类型，比例原则可以进一步充实诚信原则的法律内涵，提供更具可操作性的分析工具，增强诚信原则在具

---

① 支持观点如郑晓剑：《比例原则在民法上的适用及展开》，载《中国法学》2016年第2期；李海平：《比例原则在民法中适用的条件和路径——以民事审判实践为中心》，载《法制与社会发展》2018年第5期；纪海龙：《比例原则在私法中的普适性及其例证》，载《政法论坛》2016年第3期；等等。反对观点如梅扬：《比例原则的适用范围与限度》，载《法学研究》2020年第2期；陈景辉：《比例原则的普遍化与基本权利的性质》，载《中国法学》2017年第5期；等等。

② 李海平：《比例原则在民法中适用的条件和路径——以民事审判实践为中心》，载《法制与社会发展》2018年第5期。

③ 参见杨登峰：《行政法诚信原则的基本要求与适用》，载《江海学刊》2017年第1期。

④ 参见郑晓剑：《比例原则在现代民法体系中的地位》，载《法律科学（西北政法大学学报）》2017年第6期。

体适用上的可预见性和说服力，指引和规范法官自由裁量权的运用。要而言之，行为人违反诚信原则，未必亦违反比例原则；但是，行为人若违反比例原则，必然违反诚信原则。①

通过分别考察私法和公法中诚信原则与比例原则的关系，可以总结为以下观点：一是二者均具有利益衡平的法律功能；二是二者存在法律位阶上的一般和特殊之分；三是二者在具体适用中存在交叉重复；四是比例原则相比诚信更具可操作性。就《个人信息保护法》中的诚信原则与必要原则而言，其界分除需遵循公私法中的一般理念外，还应基于《个人信息保护法》特有的立法目的和解释方法进行分析。一方面，《个人信息保护法》的立法目的在于“保护人权”“促进流通”和“限制权力”，《个人信息保护法》的解释适用需要兼顾这三个立法目标，利益衡平自然成为《个人信息保护法》潜在的法律原则。诚信原则与必要原则殊途同归，其规范目的均在于达致利益平衡，实践中常常可综合适用。最高人民法院的一份行政判决书可资借鉴：“行政复议机关撤销采矿许可必须考虑被许可人的信赖利益保护，确需撤销的，还应当坚持比例原则，衡量全部撤销与部分撤销的关系。”②目前个人信息保护执法和司法尚无相关案例说明，其具体界分仍然有待于更多个案的积累。另一方面，有学者基于“场景一致性”理论，尝试在不同场景中区分适用诚信原则和最小必要原则，前者适用于“利益增进”的信息处理行为，如平台主体提供精准媒介服务；后者适用于“利益减损”的信息处理行为，在这两种场景下，诚信原则与最小必要原则在适用上互相排斥。③

（四）诚信原则与其他原则

除合法、正当、必要和诚信原则外，我国《个人信息保护法》还规定了目的特定、公开透明、质量、责任和安全原则。此外，诚信原则与“不得通过误导、欺诈、胁迫等方式处理个人信息”的关系也值得关注。

首先，诚信原则与公开透明原则、质量原则、责任原则和安全原则的关系。公开透明原则的主要目的是保障个人信息主体的知情权，让个人可以有效地维护自己的个人信息权益；同时，也让个人信息处理行为处于监管部门、社会的监督之下，督促个人信息处理者遵守法律法规、履行法定义务。质量原则强调信息处理者保证个人信息的质量，避免由于个人信息的不准确、不完整、不具有时效性而对个人产生不利影响，因此，保证

---

① 参见郑晓剑：《比例原则在民法上的适用及展开》，载《中国法学》2016年第2期。从体系定位上来看，学者在整理相关判例的基础上，也对诚信原则展开了类型化研究，例如，梅迪库斯教授在其作品中总结了4种违反诚信原则的案例类型：权利失效、禁止过度、以有伤风化的方式获得权利、权利人自己背弃合同。王泽鉴教授也将诚信原则的主要适用情形整理为4种案型：细微的利益侵害及比例原则、权利人妨害相对人履行义务、主张依不当方法取得的权利、矛盾行为与权利失效。可由此见，上述两位学者均将违反比例原则的权利行使作为典型的违反诚信原则的行为类型进行了列举和介绍。

② 参见最高人民法院行政判决书，（2018）最高法行再6号。

③ 参见武腾：《最小必要原则在平台处理个人信息实践中的适用》，载《法学研究》2021年第6期。

质量原则包含“准确性”“完整性”“时效性”三个核心要素。责任与安全原则是指个人信息处理者应当对其处理行为负责，并切实采取措施保障个人信息的安全。诚信原则与其他原则存在较为清晰的位阶关系，即诚信原则作为总体原则，公开透明、质量等原则作为下位原则，后者的落实是前者得到遵循的具体体现，而后者的具体适用应当符合前者的制度价值，以维护法律价值的统一性。[①] 此外，借鉴周佑勇教授对行政法原则中的主观性原则与客观性原则之分，诚信原则因主观性标准较为模糊可归属于前者；公开透明、质量、责任和安全原则因可通过数和量上的判断而归属于后者。[②]

其次，诚信原则与目的特定原则的关系。目的特定原则要求信息处理者在处理个人信息时应当具备特定的目的，不能过于宽泛或者笼统；目的本身应当合理，不得违反法律法规的规定和公序良俗；行为应当与目的直接相关。[③] 从目的特定原则的内涵可知其与正当原则、必要原则联系密切。

最后，诚信原则与“不得通过误导、欺诈、胁迫等方式处理个人信息”的关系。误导、欺诈和胁迫作为典型的“恶信”行为，其内涵随着个人信息处理领域的场景变迁而发生变化。在个人信息处理的场域下，信息处理者误导信息主体同意提供个人信息的情况如以“默认勾选”隐私政策的方式收集个人信息；信息处理者以欺诈的方式处理个人信息的情形如隐瞒个人信息的真实用途；信息处理者以胁迫方式获取信息主体的个人信息的情形如以捆绑服务、强制停止服务等手段取得个人同意。以上误导、欺诈和胁迫的手段，“恶信”的量级呈递增状态，“恶信”的量级越高，个人基于个人信息之上的人格尊严受害越严重。（见图3－1）

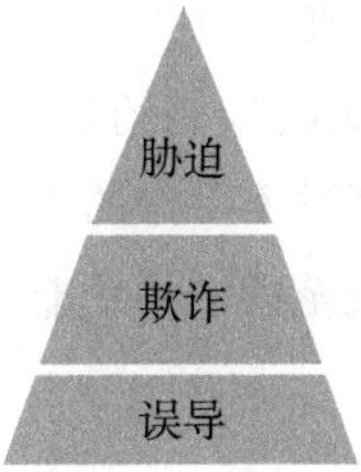

图3－1　“恶信”行为量级的金字塔图

以胁迫为例，民法领域和个人信息处理领域对胁迫的认定标准和举证责任分配均不相同。一方面，个人信息处理领域对胁迫的要求程度低于民法领域。民法领域的胁迫行为要求以对自然人及其亲友的人身权、财产权造成损害或者给法人、非法人组织造成名誉、荣誉、财产等损害为要挟，从而迫使自然人作出不真实的意思表示，人民法院确

① 参见张新宝：《个人信息处理的基本原则》，载《中国法律评论》2021年第5期。

② 参见周佑勇：《行政法基本原则研究》（第2版），法律出版社2019年版，第120～130页。

③ 参见杨合庆主编：《〈中华人民共和国个人信息保护法〉释义》，法律出版社2022年版，第27、28页。

信胁迫事实存在的可能性能够排除合理怀疑的，方能认定胁迫事实的存在；[①]在个人信息处理领域，若个人不同意处理其个人信息或撤回同意，信息处理者为此拒绝提供产品或者服务的，便认定信息处理者存在强迫或变相强迫行为。[②] 另一方面，由于并无例外规定，民法领域中胁迫行为的举证责任分配遵循“谁主张，谁举证”的原则，而在是否通过胁迫方式处理个人信息发生争议时，个人信息处理者对此负有举证责任，即处理者应当证明个人是可以自愿地选择是否同意，并可在不损害其利益的情况下撤回同意。[③]如在杭州互联网法院发布的个人信息保护十大典型案例之一黄某某诉某信用管理有限公司个人信息保护纠纷案[④]中，黄某某认为某信用公司在开通某信用服务时存在强迫之意，如果不开通该信用服务，则无法使用电子公交卡服务。杭州互联网法院结合场景理论，从动态的场景分析、风险评估、利益均衡机制等角度对信用公司收集个人信息的行为进行了评估，最终认定信用公司征得黄某某同意开通某信用服务，未违反相关法律规定，符合合法、正当、必要原则。此时《个人信息保护法》尚未生效，杭州互联网法院并未提及诚信原则，但对该信用服务公司处理个人信息是否存在误导、强迫行为的分析具有很强的规范引导作用，同时可以倒推出这样一个结论，即在未充分保障个人信息主体的自主决定的情况下，个人不同意处理其个人信息，处理者就拒绝为其提供服务，则可以认定个人信息处理者存在强迫或变相强迫行为。未来对此类案件的审理应以个人信息处理诚信原则为主，辅之以合法、必要和正当原则。

四、个人信息处理诚信原则的法律功能

个人信息处理诚信原则具有价值引领和规范续造两大功能。《个人信息保护法》的价值目标兼具“保护人权”“促进流通”“制约权力”的功能，在具体实施过程中需要利用诚信原则对各方利益进行平衡，调整不平等的数字权力结构。同时，从诚信原则的结构性功能出发，诚信原则可以发挥规范续造的功能，以缓解技术发展与规范供给不足之间的矛盾。

（一）诚信原则的价值引领功能

法的价值（又称法律价值）是“以法与人的关系作为基础的，法对于人所具有的意义，是法对于人的需要的满足，是人关于法的绝对超越指向”。[⑤] 法理学界一般认为，法

① 参见《最高人民法院关于贯彻执行〈中华人民共和国民法通则〉若干问题的意见（试行）》（已失效）第69条；《最高人民法院关于适用〈中华人民共和国民事诉讼法〉的解释》第109条。

② 参见《个人信息保护法》第16条规定：“个人信息处理者不得以个人不同意处理其个人信息或者撤回同意为由，拒绝提供产品或者服务；处理个人信息属于提供产品或者服务所必需的除外。”

③ 参见程啸：《〈个人信息保护法〉理解与适用》，中国法制出版社2021年版，第84页。

④ 参见杭州互联网法院民事判决书，（2021）浙0192民初8058号。

⑤ 卓泽渊：《论法的价值》，载《中国法学》2000年第6期。

的价值包括人权、自由、正义、秩序、平等、效率、安全等。法的价值是立法的思想先导，换言之，“立法目的条款是整个法律文本价值目标的体现”，①“立法目的，是立法者通过制定法律文本，意图有效地调控社会关系的内在动机，它既是法律创制也是法律实施的内在动因”。② 尽管各国在个人信息的权利性质和个人信息处理行为的规制标准上很难达成共识，但作为对个人信息处理所关涉多元价值需求的回应，各国个人信息保护立法的制度目标均指向个人信息保护与利用的平衡。③ 我国《个人信息保护法》第1条立法目的条款集中体现了其价值目标，具体可以细分为“保护人权”“促进流通”“制约权力”。

首先，“保护人权”。个人信息所承载的自然人权益非常广泛，不但包括宪法上的人格尊严、人身自由等基本权利，也包括人身权益、财产权益等民事权益。④ 在比较法上，个人信息保护的传统规范体系建立在两大哲学范式基础之上，即洛克范式和康德范式，美国的信息隐私立法主要受前者影响，欧盟的个人信息立法则主要受后者影响。英国哲学家洛克在其《政府论(下)》中关于财产的劳动理论以及德国哲学家康德在其《道德形而上学基础》中对自由的论证均对西方的隐私、个人信息保护的法律发展产生了巨大影响。⑤ 具体到个人信息领域的规范基础，有学者将其进一步概括为6个核心概念，即“独处”“秘密”“人格”“接近”“亲密”“控制”。概言之，洛克范式强调个人信息权益的防御面向，强调“处理个人信息过程中不能制造伤害”；康德范式注重人格自主的维度，强调“个体在个人信息处理过程中享有知情同意权和选择权”。近些年来，我国法学领域关于个体在其个人信息上享有何种权利，以及所享有的是权利、权益还是利益的争论不绝于耳，如民法上的“个人信息权”⑥和“个人信息自决权”，⑦公法上的“个人信息控制权”⑧等。对此，《民法典》并未给出明确答案，只是使用“个人信息”的表述，《个人信息保护法》则明确个人信息主体所享有的是个人信息权益，而非个人信息权，但就其权益属性仍有争议。上述争议虽路径不同，但其出发点和落脚点均在于保护人格尊严和人身自由。在数智化社会，借助信息处理技术，信息处理者可以快速收集海量的个人信息。保障每个个体都能实现自由、全面、充分的发展是国家治理体系和治理能力现

---

① 刘风景：《立法目的条款之法理基础及表述技术》，载《法商研究》2013年第3期。

② 刘风景：《立法目的条款之法理基础及表述技术》，载《法商研究》2013年第3期。

③ 参见许可：《诚信原则：个人信息保护与利用平衡的信任路径》，载《中外法学》2022年第5期。

④ 参见林洹民：《个人数据交易的双重法律构造》，载《法学研究》2022年第5期。

⑤ 参见[美]阿里·埃斯拉·沃瓦尔德曼：《隐私即信任——大数据时代的信息隐私》，张璐译，法律出版社2022年版，第18~19页。

⑥ 参见吕炳斌：《个人信息权作为民事权利之证成：以知识产权为参照》，载《中国法学》2019年第4期。

⑦ 参见商希雪：《个人信息隐私利益与自决利益的权利实现路径》，载《法律科学(西北政法大学学报)》2020年第3期。

⑧ 参见周汉华：《个人信息保护的法律定位》，载《法商研究》2020年第3期。

代化的终极理想,[①]而数智化技术使得信息主体的人格尊严和人身自由面临着未知的、巨大的风险。因此,《个人信息保护法》的立法目的之一应为“保护人格尊严和人身自由”,诚信原则的规范目标便应当指向人格尊严和人身自由的保护。

其次,“促进流通”。对个人信息进行保护的正当性基础不仅源于数智化社会对人格尊严和人身自由的保护,也关涉个人信息的合理利用,以促进数字经济的发展。正如齐延平教授所指出的,《个人信息保护法》最为根本的目的和内容“是为所有类型数据的使用提供规范指南,寻求权利保护和数据运用之间的平衡”。[②] 有学者指出,“个人信息立法既有来自个人的动力,也有来自市场和政治的动力,当经济更多地由信息驱动之后,经济就成了隐私立法的主要动力”。[③] 国家互联网信息办公室发布的《数字中国发展报告(2022 年)》指出,2022 年我国数字经济规模达 50.2 万亿元,稳居世界第二,同比名义增长 10.3%,占 GDP 比重提升至 41.5%;算力总规模达到 180 百亿亿次浮点运算/秒,位居世界第二;数据产量达 8.1ZB,同比增长 22.7%,全球占比达 10.5%,位居世界第二。[④] 个人信息为企业向用户提供定制化服务提供了支撑,从而成为平台经济发展的核心资源。鉴于个人信息的使用价值,尤其是数据聚合后的使用价值不断增加,企业对个人信息的收集利用需求也愈加强烈,如若对个人信息的商业利用缺乏有效规制手段,则难以平衡个人信息中个人、企业和国家等主体之间的利益,从而有害于数字经济的发展。“数据是信息的载体,信息是数据的内容”在计算机科学和法学中已经成为广为接受的表述。市场经济的本质是法治经济,数据是重要的生产要素之一,立法机构应当为数据的生产与流通提供法治保障。《中共中央　国务院关于构建数据基础制度　更好发挥数据要素作用的意见》中强调,数据作为新型生产要素,是数字化、网络化、智能化的基础,深刻改变着生产方式、生活方式和社会治理方式。[⑤] 因此,个人信息商业利用的规范目标并非单向度的保护人格尊严和人身自由,也需要通过多方利益平衡以促进数字经济的发展。

最后,“制约权力”。方兴未艾的大数据、人工智能等数字化技术将人类社会推向前所未有的深度变革。早期的个人信息保护立法主要规范政府机构,这是由于行政机构存在大规模收集与处理个人信息的行为。美国的首部正式个人信息保护立法《隐私法》(1974 年)以联邦政府规制机构为对象,德国的《黑森州数据保护法》作为欧陆地区

---

① 参见高奇琦:《智能革命与国家治理现代化初探》,载《中国社会科学》2020 年第 7 期。

② 齐延平、李旭:《个人数据保护论争中的隐私权:反思、还原与再定位》,载《山东大学学报(哲学社会科学版)》2021 年第 4 期。

③ 周汉华主编:《个人信息保护前沿问题研究》,法律出版社 2006 年版,第 11 页。

④ 参见国家互联网信息办公室:《数字中国发展报告(2022 年)》,载中国新闻网,https://www.chinanews.com/cj/2023/04-27/9998136.shtml。

⑤ 参见《中共中央　国务院关于构建数据基础制度　更好发挥数据要素作用的意见》,载《人民日报》2022 年 12 月 20 日,第 1 版。

的首部个人信息保护立法,同样指向行政机关的个人信息处理行为。但是,伴随着信息技术在企业生产活动中的广泛应用,企业收集、处理个人信息的规模化、海量化日渐显现。在这样的背景下,对企业——尤其是互联网平台——收集、处理个人信息行为的规制开始进入各国立法机构的视野。齐延平教授认为,"在人工智能时代,'人—人'关系模式已经转化为'人—技术—人'关系模式"。[①] 具体到个人信息处理领域,互联网平台运用自动化技术收集、处理用户的个人信息,对用户进行"画像",成为个人信息主要的侵权主体。互联网平台与用户之间存在持续性的不对称关系,形成"数字权力",其本质是"技术权力"。"数字权力"由"平台权力"衍生而来,[②]广义上看,这种"平台权力"又可纳入"社会权力"范畴,"社会权力的崛起改变了传统的国家与社会的二元对立框架,形成了智能互联网时代的公权力—私权力—私权利三元博弈新格局"。[③] 实践中,平台滥用数字权力的情形时有发生,诸如个人信息的过度采集、个人信息泄露、"大数据杀熟"等。对此,我国《个人信息保护法》第 24 条的"对自动化决策的规制"条款以及第 58 条的"互联网平台的守门人义务"条款作为诚信原则在个人信息处理领域的规则化,亦体现了立法机构对"数据权力支配关系"的回应。同样地,对《个人信息保护法》的解释与适用,亦应当从实用主义哲学出发,关注权力制约这一立法目标。

"诚信是法治的基本原则,集中体现处理者处理个人信息应当遵循的价值要求。"[④] 诚信原则在个人信息处理领域的价值引领功能主要体现为以利益衡平为手段,追求信息关系中的实质正义,实现"保护人权""促进流通""制约权力"等目标。民法学界对诚信原则的利益衡平手段和实质正义追求已有广泛的讨论。民法学者普遍从"行为规范""裁判规范""授权规范"三个角度阐述民法诚信原则的规范内涵,即诚信原则通过指导行为人的民事活动、授予法官自由裁量权并在当事人之间以及个人利益和公共利益之间进行利益衡平的方式实现实质正义。从诚信原则在民法原则体系中的定位来看,自从拉伦茨的《法学方法论》在中文世界出版后,内在体系和外在体系的区分开始受到中国学者的关注和研究。[⑤] 根据拉伦茨的观点,外在体系是依形式逻辑规则建构的抽象概念体系,内在体系是由一般法律原则构成的体系。[⑥] 我国民法学者为探寻民法内在体系的融贯性,对诚信原则在原则体系中的定位进行了相关研究,如朱广新教授认为诚信原则的本质是对契约自由的限制,[⑦]易军教授认为诚信原则虽然作为旨在实

---

① 齐延平:《论人工智能时代法律场景的变迁》,载《法律科学(西北政法大学学报)》2018 年第 4 期。

② 参见王锡锌:《国家保护视野中的个人信息权利束》,载《中国社会科学》2021 年第 11 期。

③ 马长山:《智能互联网时代的法律变革》,载《法学研究》2018 年第 4 期。

④ 张新宝:《个人信息处理的基本原则》,载《中国法律评论》2021 年第 5 期。

⑤ 参见方新军:《内在体系外显与民法典体系融贯性的实现对〈民法总则〉基本原则规定的评论》,载《中外法学》2017 年第 3 期。

⑥ 参见[德]卡尔·拉伦茨:《法学方法论》,陈爱娥译,商务印书馆 2003 年版,第 318、355 页。

⑦ 参见朱广新:《合同法总则研究(上册)》,中国人民大学出版社 2018 年版。

践社会性价值的基本原则,其本质系通过司法适用服务于“权益保护”“形式平等”等个体性社会价值的实现。[①] 从民法基本原则共享的法律功能来看,诚信原则作为民法的基本原则之一,与其他民法基本原则共享着相同的规范功能。韩世远教授指出民法基本原则于司法裁判之意义:克服成文法局限性,具体包括解释功能(解释法律和法律行为)、补充功能(填补合同漏洞)和修正功能。[②]

回到个人信息处理领域,《个人信息保护法》的“保护人权”“促进流通”“制约权力”的价值目标在法律运行过程中,三者之间可能发生冲突。诚信原则作为调控型规范,与上述价值目标存在内在契合性,旨在追求信息关系中的实质正义,通过利益衡平的手段,可以发挥其在个人信息处理领域的价值引领功能,缓解三大价值目标之间的冲突。

(二)诚信原则的规范续造功能

诚信原则在不同时期、不同国家并非一直以“法律原则”的规范样态出场。造成这一差异的原因有二:一是是否采取在法典首章规定“法律原则”的立法例,自 1922 年《苏俄民法典》以来,在民法典的第一章列举各种基本原则已经成为社会主义国家民法典的立法惯例。我国原《民法通则》的立法例即源自《苏俄民法典》,我国原《民法总则》和《民法典》沿用了这一体系标识和形式框架。在传统民法知识体系中,基本原则是不具裁判功能的“一般法律思想”,并不规定在民法典中。二是传统民法知识体系认为诚信原则系概括条款,而非法律原则。[③]《德语法律百科全书》对概括条款的解释是:“概括条款是一种法律规范,它仅设立了一个一般准则,其在个案中的具体含义则委托法官在学说的帮助下去确定(如《德国民法典》第 242 条、第 138 条)。”[④]于飞教授采纳德国民法理论,从体系和逻辑两个角度论证了民法典中诚信原则的概括条款性质,但同时又提出诚信原则的“双层结构理论”,即《民法典》第 7 条为我国民法中上位的、宽泛意义上的诚实信用原则;第 7 条之外含有“诚实信用”表述的条款则为概括条款,[⑤]如《民法典》第 142 条的“意思表示解释”条款等。但是,多数学者并不区分概括条款和基本原则,如梁慧星教授认为:“诚实信用原则,性质上属于一般条款”“一般条款在性质上实际上具

---

① 参见易军:《民法基本原则的意义脉络》,载《法学研究》2018 年第 6 期。

② 参见韩世远:《民法基本原则:体系结构、规范功能与应用发展》,载《吉林大学社会科学学报》2017 年第 6 期。

③ 参见于飞:《民法基本原则:理论反思与法典表达》,载《法学研究》2016 年第 3 期。

④ Horst Tilch & Frank Arloth, *Deutsches Rechts-Lexikon*, C. H. Beck, 2001. 转引自于飞:《民法基本原则:理论反思与法典表达》,载《法学研究》2016 年第 3 期。

⑤ Horst Tilch & Frank Arloth, *Deutsches Rechts-Lexikon*, C. H. Beck, 2001. 转引自于飞:《民法基本原则:理论反思与法典表达》,载《法学研究》2016 年第 3 期。

参见于飞:《基本原则与概括条款的区分:我国诚实信用与公序良俗的解释论构造》,载《中国法学》2021 年第 4 期。

有双重性,它既是一般条款,又有基本原则的性质。"①魏振瀛教授认为,"公序良俗,与诚实信用一样,都属于需要价值补充的一般条款"②,等等。诚信原则在民法理论中的概括条款与法律原则之争,无疑会延伸至个人信息处理领域。这一争论关涉法律原则的识别,也即法律原则与法律规则的区分。尽管民法理论中概括条款与法律原则混淆使用,但二者在本质上系法律规则与法律原则之分,不同的性质认定将导向不同的法律实现路径。从上述诚信原则的历史考察可知,诚信原则在其自身演变历程中存在不同的规范样态,如今已发展为各个法律领域的法律原则已是不争的事实。故而,个人信息处理诚信原则宜采用法律原则的理论分析框架。

法理学界所提出的"法律原则的结构性功能"亦可适用于诚信原则。诚信原则相关研究或侧重"诚信",或偏向"法律原则",且都与"诚信原则"有不同程度、不同面向的联结。为了全方位地剖析诚信原则在个人信息处理领域的法律内涵、价值功能、规范构造以及法律实现,有必要对现有诚信原则的研究材料进行梳理,即厘清作为一般法律概念的诚信规范研究与作为法律原则的诚信规范研究的关系。总体而言,以诚信原则相关法律研究的维度为标准,研究视角从微观到宏观,可以区分为4个层次:诚信相关法律规范;作为一般条款的诚信规范;作为法律原则的诚信规范;作为法律理念的诚信。这4个层次的研究视角可纳入"法律价值—法律原则—法律规则"的法规范分析框架中。遵循法理学界研究法律原则功能的范式,法律原则的"结构性功能",具体是指"法律原则在'法律价值—法律原则—法律规则'的这一法规范结构中所具有的,对法律价值的承载功能和对法律规则的统摄功能"。③ 法律原则的"结构性功能"与其他学者提出的法律原则的"中介功能"以及"窗户隐喻"相似,④本质均在于强调法律原则是法律价值和法律规则链接的纽带。英国法哲学家拉兹在其《法律原则与法律的界限》一文中指出,许多国家的法律存在一种明显的趋势,原则并非直接被适用,而是通过"控制规则的运作"的方式来适用。拉兹进一步将其概括为:原则作为法律规范的基础;原则作为修正法律规范的基础;原则作为法律规范之特定例外的基础;原则作为制定新规则的基础;原则作为特定案件中行为的唯一基础。⑤

在个人信息保护领域,诚信原则的结构性功能主要表现为价值引领和规范补充。法律对个人信息处理规则以及个人信息处理者的义务的规定难以详尽。随着信息技术的不断发展,个人信息保护和利用领域可能出现新情况、新问题,在法律没有明确规定

---

① 梁慧星:《民法总论》(第5版),法律出版社2017年版,第50页。

② 魏振瀛主编:《民法》(第5版),北京大学出版社、高等教育出版社2013年版,第21页。

③ 王江:《环境法"损害担责原则"的解读与反思——以法律原则的结构性功能为主线》,载《法学评论》2018年第3期。

④ 参见刘风景:《法律原则的结构与功能——基于窗户隐喻的阐释》,载《江汉论坛》2015年第4期。

⑤ 参见[英]约瑟夫·拉兹、雷磊:《法律原则与法律的界限》,载《比较法研究》2009年第6期。

或规定较为原则的情况下，可以根据诚信原则判断个人信息处理行为是否正当、合理，以便妥善处理个人信息保护和利用中各方的权利义务关系。[1]

五、个人信息处理诚信原则的适用理念

诚信原则在个人信息处理领域的适用，不但要厘清诚信原则与其他原则的边界，还要明晰诚信原则与相关规则的关系。传统理论法学中的诚信原则适用理论集中讨论了诚信原则在司法裁判领域能否适用以及如何适用的问题，为了避免“向一般条款逃逸”，诚信原则的司法适用劣后于相关法律规则。但是，由于个人信息保护司法救济的乏力，以及《个人信息保护法》的公私融合特征，有必要从原则与规则关系的视角探讨诚信原则在企业自我规制和行政规制中的适用理念。

（一）诚信原则的司法适用

为了明晰诚信原则在个人信息处理领域的司法适用，有必要对传统理论法学中的原则与规则区分理论和原则适用理论进行归纳概括。法律规则与法律原则的区分，首见于奥地利学者威尔伯格和德国学者埃塞尔，但直到美国法学家德沃金提出精致化的原则与规则区分理论，才开始引发学界的广泛关注，当代德国法学家阿列克西则在德沃金的基础上作了更加精致的论述。但是，关于法律原则存在与否、是不是法律、如何与法律规则区分开、是否都是道德原则等问题的争论在国际学术界迄今仍尘埃未定。[2]然而，我国学者对法律原则的存在并无争论，这是由于以下两个原因：一是实践层面，在每部法律中规定相应的法律原则是我国的立法惯例，剖析这些原则的内涵、功能才是法学研究者的职责所在；二是逻辑层面（也即法律原则存在的意义），相比于以规则为基础的阶层构造论，“由于规则—原则双重构造模式能实现实践理性的最大化和法治理念的最佳化，因而对应着最优化的法治模型”。[3] 受大陆法系和英美法系的不同影响，我国学者对原则理论的争议主要集中在法律原则与法律规则的界分和法律原则的适用两个问题上。

首先，由德沃金开创并由阿列克西发展和精致化的原则与规则区分理论在我国学界获得了普遍性认同，其核心观点是原则与规则之间存在逻辑差异。[4] 德沃金着眼于原则在法律适用上不同于规则的特征，即规则是以一种所谓“全有或全无”的方式应用于个案，而原则应用于个案时不会产生适用规则那样的确定性结果；前一区别必然带来

---

① 参见杨合庆主编：《〈中华人民共和国个人信息保护法〉释义》，法律出版社2022年版，第25页。

② 范立波教授参照拉兹对法律体系的4个问题的概括，对原则基本问题进行了概括。参见徐显明主编：《法理学原理》，中国政法大学出版社2009年版，第145页。

③ 雷磊：《适于法治的法律体系模式》，载《法学研究》2015年第5期。

④ 另外，我国有部分学者支持哈特和拉兹的观点，认为法律原则与法律规则的差异是“程度性”的，不存在“尖锐对比”，参见张文显主编：《法理学》（第5版），高等教育出版社2018年版，第121页。

另一区别,即原则具有规则所没有的面向——分量或重要性的面向。[①] 阿列克西在德沃金“原则理论”的基础上指出原则区别于规则的关键点在于,原则乃是基于法律和事实的可能性要求尽最大可能实现其内容的规范,为此他把原则定义为“最佳化的命令”。在此基础之上,阿列克西进而以“初显特征”的不同来区分原则与规则,认为由于原则要求尽最大可能实现在法律和事实上的可能性,原则并不是确定性的,只是“初显的”要求;而规则的确定性特征虽然也是“初显的”,但不是绝对的。[②] 受阿列克西的原则区分理论影响,我国学者对《民法典》中诚实信用领域的基本原则条款和概括条款进行了合理区分,[③]前者是“为法律规则提供某种基础或本源的综合性的、指导性的原理或价值准则的一种法律规范”,[④]即法律原则;而后者是一种特殊的法律规则。

其次,关于法律原则的适用问题,我国的探讨集中于法律原则的识别和具体适用两个方面。一是法律原则的识别,有学者指出,不能将我国法律文件中所有含“原则”表述的规范都视为法律原则,这是由于部分原则规范并非德沃金“原则理论”所指称的法律原则。换言之,应当建立识别机制,剔除仅具有“道德象征”或“政治宣示”意义的原则规范,对那些真正具有法律意义的法律原则方能进行司法适用,否则将导致道德代替法律的严重后果。[⑤] 这一观点对识别“真正的法律原则”具有积极意义,但其将法律原则等同于道德原则,在实际上限缩了法律原则的范围。二是法律原则的具体适用。在规则与原则一致的情况下,法律原则与法律规则相比更具一般性、概括性,在适用顺序上,规则优先于原则。但如今,学者们普遍认为应跳出“原则优先论”和“规则优先论”二元对立的思维框架,将问题转变为“在何种条件下适用法律原则”和“如何适用法律原则以避免恣意裁判”两个问题。有学者以诚信原则为例,指出在“严格适用规则会产生严重不妥当的后果时”,应考虑引入诚信原则进行平衡,在“实现原则的重要性打败了支持规则适用的实质理由与形式理由之和”之后,修正规则,产生但书。[⑥] 值得注意

---

① 参见[美]罗纳德·德沃金:《认真对待权利》,信春鹰、吴玉章译,中国大百科全书出版社 1998 年版,第 43 ~ 44 页。

② 阿列克西的原则与规则区分理论详见 Robert Alexy, *A Theory of Constitutional Rights*, trans. by Julian Rivers, Oxford University Press, 2002, p. 58,转引自舒国滢主编:《法理学导论》(第 2 版),北京大学出版社 2012 年版,第 100 ~ 110 页。

③ 参见于飞:《基本原则与概括条款的区分:我国诚实信用与公序良俗的解释论构造》,载《中国法学》2021 年第 4 期;于飞:《民法基本原则:理论反思与法典表达》,载《法学研究》2016 年第 3 期。

④ 法律原则的定义在国际学界并无共识,但布莱克法律辞典的解释最具代表性。

⑤ 参见葛洪义:《法律原则在法律推理中的地位和作用——一个比较的研究》,载《法学研究》2002 年第 6 期。值得注意的是,葛洪义教授以德沃金的理论为基础,将法律原则取狭义理解,即道德原则。

⑥ 参见于飞:《诚信原则修正功能的个案运用——以最高人民法院“华诚案”判决为分析对象》,载《法学研究》2022 年第 2 期。形式理由即“通过正当权威所制定的规则必须遵守”“不得无理由地偏离一贯的法律实践”等“形式原则”。

的是,学者们虽然对原则裁判的步骤的称谓不同,如“修正规则,产生但书”“创制新规则”[①]以及“重新解释规范”,[②]其本质均为“原则的规则化”。针对“原则裁判很容易导向恣意裁判”的担忧,有学者在检视“穷尽规则”和“个案裁量”两个限制条件的基础上,提出了新的限制条件,即普遍性条件、比例原则以及不得违反法律体系性要求。[③] 简而言之,在法律原则与法律规则冲突的情形下,简单武断地认为原则优先于规则或者规则优先于原则均有悖于实质法治原则,而应当通过法律原则的适用条件加以衡量,并加以限制。可见,阿列克西精致化后的原则理论在我国法理学界获得了普遍认可,即原则与规则存在逻辑上的差别,而非程度上的差别;在司法适用中,如若规则与原则保持一致,基于法的安定性,优先适用法律规则,而在二者相冲突或存在法律漏洞时,须完成“原则的规则化”,即将法律原则具体化为实在的权利、义务。[④]

在司法救济层面,个人信息的司法保护路径包括私人执法机制和公益诉讼机制,[⑤]前者包括合同救济和侵权救济,并以侵权救济为主。个人信息司法保护的乏力已经被广泛讨论,由于侵权发生的主体、时间、方式、内容等具有不确定性,侵权行为具有“大规模、微型”[⑥]特征以及“损害的不可逆”,[⑦]导致侵权主体难以认定、因果关系认定困难、精神损害难以认定等问题。尽管《个人信息保护法》规定了过错推定责任,部分减轻了信息主体的举证责任,但信息主体仍负有其余全部侵权责任构成要件的举证责任。[⑧]如在傅某、菜鸟网络科技有限公司网络侵权责任纠纷民事一案中,一审人民法院认为原告因“琐小纠纷,本应理智处理,充分尊重市场交易主体地位,互相配合解决交易过程中产生的琐小纠纷,而非贸然向法院起诉”,二审人民法院认为原告无证据证明菜鸟裹裹存在泄露其个人信息、泄露其邮寄物品信息给他人等行为,亦无证据证明菜鸟裹裹记录傅某物流信息的行为给其造成严重的精神损害等后果,且菜鸟裹裹客服已告知原告如何不再接收菜鸟裹裹的方法途径,故原告的诉讼请求并未得到支持。[⑨]

《个人信息保护法》已经实施三年有余,在裁判文书网上以“个人信息保护法”为关

---

① 参见林来梵、张卓明:《论法律原则的司法适用——从规范性法学方法论角度的一个分析》,载《中国法学》2006 年第 2 期。

② 参见竺效:《论绿色原则的规范解释司法适用》,载《中国法学》2021 年第 4 期。

③ 参见陈景辉:《原则、自由裁量与依法裁判》,载《法学研究》2006 年第 5 期。

④ 参见彭诚信:《从法律原则到个案规范——阿列克西原则理论的民法应用》,载《法学研究》2014 年第 4 期。

⑤ 参见薛天涵:《个人信息保护公益诉讼制度的法理展开》,载《法律适用》2021 年第 8 期。

⑥ 参见丁晓东:《从个体救济到公共治理:论侵害个人信息的司法应对》,载《国家检察官学院学报》2022 年第 5 期。

⑦ 参见彭诚信、许素敏:《侵害个人信息权益精神损害赔偿的制度建构》,载《南京社会科学》2022 年第 3 期。

⑧ 参见龙卫球主编:《〈中华人民共和国个人信息保护法〉释义》,中国法制出版社 2021 年版,第 325 页。

⑨ 参见山东省青岛市中级人民法院民事判决书,(2022)鲁 02 民终 11648 号。

键词搜索,却仅有609个案例,以"个人信息保护法"和"诚信原则"为关键词搜索,更是仅有24个案例。在这24个案例中,"诚信原则"仅作为法条依据一笔带过,相比合法、正当和必要原则,并未受到足够的重视。这不仅由于诚信原则在司法适用中的谦抑性所决定,也受《个人信息保护法》的自身场景变迁的影响。由此,诚信原则的落实不但要在司法中予以适用,更要在规制实践中予以落实。

(二)领域法、规制法、保护法中的诚信原则的适用

"诚信原则在不同法领域会因为各法领域的特殊性而有所调整",①正如行政法学者基于行政法的特殊性而对诚信原则所进行的调整一样,对个人信息处理领域的诚信原则的理解与适用理应考察《个人信息保护法》的特殊性,进而对诚信原则的适用理论加以"调适"。诚信原则从民法、行政法等诸多法律部门到个人信息保护法领域,发生了"场景变迁",法律属性变迁表现为由部门法到"领域法"、由"权利法"到"规制法"和"保护法";此外,《个人信息保护法》的落实应基于"场景化""过程化",协调企业自我规制与行政规制。这些变化都构成了诚信原则在个人信息处理领域的规制适用理论基础。

1. 诚信原则的落实应契合《个人信息保护法》的法律属性

革命性的技术使人类进入"人机互融、虚实同构、算法主导"的数智化社会,②法治体系应随着社会形态的变化而进行相应调整,以应对新社会形态下的新问题。③ 我国《个人信息保护法》正是在这样的时代背景下诞生的,其法律属性表现出以下转向:从"部门法"到"领域法";从"权利法"到"规制法";从"权利法"到"保护法"。

首先,《个人信息保护法》是"领域法"。齐爱民教授最早提出个人信息保护法的"领域法"特性,并将"领域法"定义为"以特定领域的公私混合社会关系为调整对象的法律",④但作为研究范式"领域法"理论发轫于财税法学界,其后被金融、环境、教育、财税、体育、网络等具体领域的学者采纳。这一研究范式以问题为导向,是对传统"部门法学"范式的反思与超越,意在回应新兴交叉领域的复合法律问题。⑤ 由于传统部门法学研究方法对新的社会现象展开研究却劳而无功,在社会需求强烈与理论供给不足二者富有张力的运动下,领域法学应运而生。有学者将领域法学研究界分为"应急型"领域法学研究和"精密型"领域法学研究,前者如个人信息处理领域的法学研究,它的产生

---

① 谢梦瑶:《行政学上之诚实信用原则》,载城仲模主编:《行政法之一般法律原则》(二),台北,三民书局1997年版,第205页。

② 参见齐延平:《数智化社会的法律调控》,载《中国法学》2022年第1期。

③ 参见胡铭:《数字法学:定位、范畴与方法——兼论面向数智未来的法学教育》,载《政法论坛》2022年第3期。

④ 齐爱民:《论个人信息保护法的地位与性质》,载《中国流通经济》2009年第1期。

⑤ 参见梁文永:《一场静悄悄的革命:从部门法学到领域法学》,载《政法论丛》2017年第1期。

系法学界对那些突增、存在强烈社会需求的，而现有法律体系无法妥当处理问题的回应；后者如财税法，它的出现是对既有权利义务结构清晰、成文法与判例积累充分的法学研究成果的总结。事实上，我国《个人信息保护法》正是在个人信息的传统法律部门保护模式力有不逮的背景下出台的，以应对大规模、持续性、自动化的个人信息处理侵权问题。另有学者认为，我国《个人信息保护法》规定的信息主体的法律责任横跨多个法律部门，既有基于民法和消费者权益保护法框架的损害赔偿责任，又有基于合规义务的行政法责任，另有作为补充和保障的刑事责任。可见，《个人信息保护法》是一个典型的"领域法"。

其次，《个人信息保护法》是"规制法"。我国学者对个人信息保护的法哲学基础认识经历了从"权利本位"到"规制主义"的过程。在"权利本位"的思维框架下，我国学者主要从"民事权利证成"[①]和"侵权救济"[②]两个层面展开。然而，这一做法不但"混淆了法律价值问题和法律形态问题"，而且忽视了个人信息的公共属性。"在法律价值论上，'权利'是现代法律演化发展的原点、基础和指引；而在法律形态与技术上，为保障权利既可以将之设计为请求权规则、受益权规则，还可以将之设计为义务规则、责任规则。法律价值关联着法律目的，而法律形态与技术关联的却是法律目的的'更好实现'。"[③]另外，我国学者也逐渐认识到个人信息法律属性中的社会性、公共性，并主张个人信息保护应从个人控制走向社会控制，"以社会控制论指导个人信息保护立法，建立平衡个人利益和社会整体利益的、适应大数据时代的个人信息保护制度"。[④] 从《民法典》的个体赋权和侵权救济模式到《个人信息保护法》的立法目的、原则体系和义务规范群，正体现了我国个人信息保护法的法哲学基础从"权利本位"迈向"规制主义"。在比较法上，"公平信息实践构成了全球个人信息保护的思想渊源与基本框架"[⑤]，大多数国家的公平信息实践均采用"赋权＋施加责任"的双重架构，即一方面对信息主体赋权，另一方面对信息处理者施加责任；而它们的不同之处在于赋权和施加责任的程度不同。我国个人信息法律保护体系同样遵循了"赋权＋行为治理"的双重保障模式，现今"行为治理"模式已融入个人信息保护法律体系的主要规范群，推动《个人信息保护法》法哲学基础从"权利法"转向"规制法"。

最后，《个人信息保护法》是"保护法"。由于《民法典》将"隐私权与个人信息保

① 参见吕炳斌：《个人信息权作为民事权利之证成：以知识产权为参照》，载《中国法学》2019年第4期；程啸：《论大数据时代的个人数据权利》，载《中国社会科学》2018年第3期。

② 参见叶名怡：《个人信息的侵权法保护》，载《法学研究》2018年第4期；徐明：《大数据时代的隐私危机及其侵权法应对》，载《中国法学》2017年第1期。

③ 齐延平：《数智化社会的法律调控》，载《中国法学》2022年第1期。

④ 高富平：《个人信息保护：从个人控制到社会控制》，载《法学研究》2018年第3期。

⑤ 丁晓东：《论个人信息法律保护的思想渊源与基本原理——基于"公平信息实践"的分析》，载《现代法学》2019年第3期。

护”进行专章规定，故自然人在个人信息上所享有的权利(权益)具有民法性质自无可争议。但是，面对大规模、自动化、持续性、微型的个人信息处理侵权问题，以及信息保护和利用之利益平衡所需，私法关系上个体化的赋权、行权以及侵权救济模式已出现系统性困境。[①] 另外，《个人信息保护法》的二次审议稿新增了“根据宪法，制定本法”，[②]这一立法表达具有特殊的规范蕴含，彰显了其在法律体系中的重要性以及与宪法的密切关系。[③] 因而，“个人信息受保护权”可解释为宪法权利的具体化。有学者主张个人信息保护法体系建构的基础是国家在宪法上所负有的保护义务，该义务对应着“个人信息受保护权”，而不是“个人信息权”。“个人信息权”对应“私法—权利”保护模式存在诸多局限性，如规范逻辑、制度功能等；“个人信息受保护权”对应“公法—权力”保护模式，在该模式下建构的“个人信息受保护权—国家保护义务”框架不仅意味着国家应履行尊重私人生活、避免干预个人安宁的消极义务，还要求国家承担积极保护义务，以支援个人对抗个人信息处理中尊严减损的风险。[④]

2. 诚信原则的落实应基于《个人信息保护法》的解释方法

《个人信息保护法》在立法目的、法律属性等方面均发生了法律场景变迁，个人信息处理诚信原则的具体落实需要立足于《个人信息保护法》的新变化进行解释和适用。首先，《个人信息保护法》的解释适用应基于场景化。个人信息保护的“场景一致性”理论(the theory of contextual integrity)，又称“情景完整性”理论，由美国隐私学家尼森鲍姆(Helen Nissenbaum)提出。[⑤] 不同于传统的隐私保护研究，海伦·尼森鲍姆、丹尼尔·索洛夫、米歇尔·福柯、罗伯特·默顿等社会学家都将隐私视为社会的重要组成部分，而非脱离它的方法。[⑥] 传统的隐私保护方法将隐私与社会立于对立的位置，深陷披露/不披露以及私密/公共的二分法而不能自拔；“场景一致性”理论则强调隐私的社会作用和社会价值，主张隐私是“与场景相关的信息规范”[⑦]，该理论不支持个人对信息的控制，而强调信息流动的社会价值。因为几乎所有的社会关系的建立和存续都依靠信

---

① 参见蔡培如：《欧盟法上的个人数据受保护权研究——兼议对我国个人信息权利构建的启示》，载《法学家》2021 年第 5 期。

② 参见江必新：《全国人民代表大会宪法和法律委员会关于〈中华人民共和国个人信息保护法(草案)〉审议结果的报告——2021 年 8 月 17 日在第十三届全国人民代表大会常务委员会第三十次会议上》，载《中华人民共和国全国人民代表大会常务委员会公报》2021 年第 6 期。

③ 参见张震：《“根据宪法，制定本法”的规范蕴含与立法表达》，载《政治与法律》2022 年第 3 期。

④ 参见王锡锌：《个人信息国家保护义务及展开》，载《中国法学》2021 年第 1 期。

⑤ See Helen Nissenbaum, *Privacy in Context*: *Technology*, *Policy*, *and the Integrity of Social Life*, Stanford University Press, 2009.

⑥ See Ari Ezra Waldman, *Privacy as Trust*: *Sharing Personal Information in a Networked World*, 69 U. MIAMI L. REV. 559 (2015).

⑦ See Helen Nissenbaum, *Privacy in Context*: *Technology*, *Policy*, *and the Integrity of Social Life*, Stanford University Press, 2009.

息的流动,而任何合理的流动都是与该场景下社会规范相结合的流动,即个人对隐私的合理期待。这一理论的提出旨在推动美国隐私保护摆脱个人信息完全由个人控制的阴霾,以更加灵活的隐私规范推动个人信息保护新时代的发展。"场景一致性"理论提供了一个积极的隐私概念,在这一理论下,隐私对社会而言是有益的,它支持公平、正义、安全和自由等多项社会价值。齐延平教授从个人信息权益与人格尊严的联结方式上阐明"场景化"保护的正当性:信息主体在个人信息上所享有的权益与人格尊严是"外在的、间接的和量的联结",①故而,根据联结方式,对个人信息权益的保护应当基于场景化。

将视角回归到法律领域,"场景一致性"理论强调以动态规范架构个人信息保护法律体系,如今在各国立法和司法实践中已得到广泛应用,如美国《消费者隐私权利法案》(Privacy Bill of Rights 2012)在传统公平信息实践原则的基础上新增了"尊重场景原则",即"公司收集、使用和披露个人数据应与消费者提供数据的场景相一致"。② 此外,该理论成为欧盟 GDPR"合法性基础 + 基于风险合规要求"的规范模式思想之源,在具体条文上,受"场景一致"理论的影响,GDPR 新增了隐私影响分析、第三方监管等机制,强调对信息风险的控制以及个人信息保护的程度要与场景相符合。"场景一致性"理论在我国法学领域同样受到了广泛的关注,并致力于从制度层面落实该理论。③ 虽然我国《个人信息保护法》没有明确体现对"场景一致性"理论的引入,但个人信息保护纠纷的司法实践中已不乏该理论的应用。在中国裁判文书网上,以"个人信息保护"和"场景"为关键词可检索到 30 篇相关法律文书。如王某诉深圳市腾讯计算机系统有限公司个人信息保护纠纷一案中,二审人民法院认为:"互联网具有开放、互联和共享的特点,互联网产品多元丰富,用户类型广泛,不同类型的用户人群的隐私偏好存在差异,因此在网络环境中对隐私或个人信息的界定及判断是否构成侵权需要结合具体场景具体分析。针对互联网产品中常见的个性化推荐服务,应正确把握互联网技术的特征,妥善处理民事权益保护与信息合法利用之间的关系"④。此外,由于"场景一致性"理论是"模棱两可"的,"对于一线的法官和隐私专业人士而言,过于复杂",而"缺乏可管理的启发方法,无法使法官确定哪种类型的场景反映适当或不适当的信息流规范"。⑤ 因

---

① 参见齐延平、李旭:《个人数据保护论争中的隐私权:反思、还原与再定位》,载《山东大学学报(哲学社会科学版)》2021 年第 4 期。

② [美]海伦·尼森鲍姆、王苑:《何为场景?——隐私场景理论中场景概念之解析》,载《网络信息法学研究》2021 年第 1 期。

③ 参见廖丽环:《个人信息处理中同意规则弱化适用的路径优化——基于情境脉络完整性理论的场景细分》,载《法制与社会发展》2022 年第 6 期;谢尧雯:《基于数字信任维系的个人信息保护路径》,载《浙江学刊》2021 年第 4 期;丁晓东:《个人信息的双重属性与行为主义规制》,载《法学家》2020 年第 1 期。

④ 参见广东省深圳市中级人民法院民事判决书,(2021)粤 03 民终 9583 号。

⑤ See Ari Ezra Waldman, *Privacy as Trust: Sharing Personal Information in a Networked World*, 69 U. Miami L. Rev. 559 (2015).

此，未来如何在制度层面落实“场景一致”理论仍是个人信息保护法律研究的重点。

其次，《个人信息保护法》的解释适用应基于全流程、全环节、全过程。个人信息处理领域的原则应当贯穿个人信息处理的全过程、各环节，这是基于以下两点原因：第一，个人信息处理行为系过程性行为，“个人信息受保护权”具有程序属性。[①] 具体而言，“个人信息受保护权”并不主张信息主体对其个人信息享有绝对控制权，而在于强调信息主体在信息处理过程中享有个人信息受保护的权利，并免受侵害，从而确保信息处理过程的公平性与正当性。《个人信息保护法》赋予信息主体“查询复制权”“知情权”“异议更正权”“删除权”“限制与拒绝权”等相关权利，这些权利与个人信息处理生命周期的整个过程相对应，体现了个人参与其中的过程性权利。第二，对个人信息处理行为的规制应贯穿个人信息的生命周期。信息生命周期理论由资源管理学家唐纳德·马尔项（Donald A. Marchand）和福雷斯特·霍顿（Forest W. Horton）在《信息超势：从信息资源中获利》（*Information: Profiting From Your Information Research*）一书中提出，[②]后被用于个人信息的法学研究中。根据信息生命周期理论，个人信息保护制度应当与信息生命周期的规律相契合，应结合信息在各个阶段的不同价值形态分别设置有针对性的保护机制。[③] 美国联邦贸易委员会在2016年的一份报告中提到，从碎片化的数据到所谓的“大数据”，数据的生命周期可以被分为4个阶段：收集、编辑和整合、分析、使用。我国《个人信息保护法》规定了个人信息处理的收集、存储、使用、加工、传输、提供、公开、删除8个阶段，《个人信息保护法》的落实应贯穿个人信息的生命周期。

最后，诚信原则的落实应基于企业自我规制和行政规制的协同。由于个人信息事后救济模式的乏力，现代个人信息保护法的法哲学基础转向“规制主义”，《个人信息保护法》的落实有赖于企业的自我规制与有关机关的行政规制。“企业自我规制”是将“行业自律”置于国家、社会共同协作和发展的视野下，并融合规制行政法学理论体系的重新表达。“自我规制是国家利用社会私人主体的自律性行为间接达成规制目的的手段，用以协助国家完成公共任务。”[④]企业自我规制的优势主要体现为“降低政府规制成本”和“克服市场失灵”。[⑤] 在个人信息处理领域，企业的自我规制可以缓解规范供给不足与技术飞速发展之间的矛盾。此外，行政监管并非指对个人信息处理的全流程进行“命令—控制”式监管，而是在个人信息处理规制体系中形成国家保护与个人参与的

---

① 参见蔡培如：《欧盟法上的个人数据受保护权研究——兼议对我国个人信息权利构建的启示》，载《法学家》2021年第5期。

② See Donald A. Marchand & Forest W. Horton, *Information: Profiting From Your Information Research*, New York: Wiley Press, 1986.

③ 参见袁泉、王思庆：《个人信息分类保护制度及其体系研究》，载《江西社会科学》2020年第7期。

④ 高秦伟：《社会自我规制与行政法的任务》，载《中国法学》2015年第5期。

⑤ 高秦伟：《社会自我规制与行政法的任务》，载《中国法学》2015年第5期。

协力。[①] 因此，应当立足于个人信息的公私融合模式，不但要强化企业自我规制，还要通过赋权的方式调动信息主体的积极性，使信息主体的行权与行政机关的规制相辅而行，形成防控个人信息处理风险的合力。

综上所述，《个人信息保护法》存在立法目的、法律属性上的诸多法律场景变迁，故而其落实路径也应予以调整，诚信原则作为《个人信息保护法》的总体原则之一，在适用和解释时也应遵循“场景化”“全流程全过程全环节”的理念，协调企业自我规制与行政机关监管模式。

（三）“原则＋规则”模式下诚信原则的适用

鉴于个人信息司法保护的乏力和个人信息保护的“场景变迁”，个人信息保护的重心应当转向“规制”，包括行政规制和企业的自我规制。需要指出的是：本书所使用的“规制”（regulation）是作为动词的、公法意义上的规制。有学者在概括规制公法学者家对“规制”的研究内容和使用语境后，指出“规制”是“依特定法律设立或依法律授权设立的独立规制机关，通过行使准立法权、准司法权，以及执法权，依规则对特定行业和领域中对社会公共利益具有重要影响的行为予以规范、控制的活动”。[②] 本书旨在探讨诚信原则在个人信息处理领域的规制适用理论，在比较“以原则为主的规制”（以下简称“原则”规制模式）、“以规则为主的规制”（以下简称“规则”规制模式）和“原则＋规则融合的规制”（以下简称“原则＋规则”规制模式）三种规制模式的基础上，明确诚信原则在个人信息处理领域的最佳适用模式为“原则＋规则”规制模式。

1.“原则＋规则”规制模式契合《个人信息保护法》的特性

个人信息保护法在法哲学层面的“规制法”取向使“原则适用理论”在本质上区别于传统法域。植根于“规制主义”法哲学基础的个人信息保护法，其“原则适用理论”与传统法域有着质的差别。传统理论法学视域下的“原则适用理论”固守“权利本位”和“诉讼本位”，也即主要讨论司法裁判中的原则适用。无论是德沃金还是阿列克西的原则适用理论，均建立在“以司法为中心”的法律推理基础上。而“规制法”主张法律对社会的介入从“裁断行为后果”前移为“塑造行为逻辑”，以阻却纠纷、伤害、侵权、冲突、风险的发生。[③] 换言之，法律原则适用的空间和主体发生了移转，传统法域下的“原则适用理论”自然也发生了质的转变，需要在规制主义法学的语境下重塑，以“原则＋规则”为规制模式进行调适。

首先，“原则＋规则”规制模式契合《个人信息保护法》的“领域法”特性。《个人信

① 参见王锡锌：《个人信息权益的三层构造及保护机制》，载《现代法学》2021 年第 5 期。

② 刘水林、吴锐：《论“规制行政法”的范式革命》，载《法律科学（西北政法大学学报）》2016 年第 3 期。作者在文中分别从词义视角和学科视角详细阐述了“规制”的含义，尤其是概括提炼了规制公法学者家凯斯·R.桑斯坦和史蒂芬·布雷耶以及英国的安东尼·奥格斯的基本观点。

③ 参见齐延平：《数智化社会的法律调控》，载《中国法学》2022 年第 1 期。

息保护法》的“领域法”面向意味着个人信息保护原则将统筹、指导个人信息保护规范的适用,并调适规则冲突。有学者指出“领域法”是规范集合的特殊性体现。[①] 个人信息保护法这一“领域法”以“个人信息处理行为”为规范提炼的连接基点,横向的规范提炼包括《个人信息保护法》《数据安全法》《网络安全法》《民法典》第 4 编中第 6 章“隐私权和个人信息保护”和《刑法》第 253 条之一第 3 款的“侵犯公民个人信息罪”等;纵向的规范提炼包括《电信和互联网用户个人保护规定》《儿童个人信息网络保护规定》等。将这些微观的个人信息保护规范进一步整合、归纳、补充,则形成宏观层面的个人信息保护法。规范集合成立后,为了便于适用,还需清楚各规范间的逻辑关系,原则作为法律理念的法定化,而个人信息保护原则可以承担把规范集合“体系化”这一重任。因此,在“领域法”视域下,为了更好地解决个人信息处理侵权这一公共问题,原则与规则的同时“出场”便成为必然,有时甚至不援引原则,无法适用规则,而不再像传统法律部门下,只有规则与原则相冲突或者出现法律漏洞时才考虑法律原则。

其次,“原则 + 规则”规制模式契合《个人信息保护法》的“非规则型法”特性。丁晓东教授认为,《个人信息保护法》与反垄断法等法律类似,是一部以原则为主导的“非规则型法”或“非纯粹规则型法”,这也是《个人信息保护法》应当以“场景一致性”理论解释适用的原因。[②] 刘权教授认为,《个人信息保护法》中存在大量的开放性条款和不确定概念,以“必要”“必须”等表征,是为了纾解事先规定并严格执法与复杂多变的现实需求之间的矛盾,而赋予行政机关的自由裁量权的表现。[③] 此外,前文已阐述规则与原则的区分,大多数权利更接近原则,而非规则,这是由于大多数权利与原则相同,都不是以“全有或全无”的方式适用,而需要经过权衡其分量。欧盟学者保罗·德·赫特(Paul De Hert)认为“数据保护是原则、权利及规则”,个人信息保护原则承载着个人信息保护架构,它们是“包罗万象的、抽象的和无处不在的”。它们使数据保护变得“稳健和具有时效性”。[④] 因此,《个人信息保护法》呈现出“原则主导”“开放性”“不确定”“原则、规则、权利的混合”的特征。这一特征强化了原则在《个人信息保护法》适用中的位置,即由原则来澄清规则的模糊性和冲突性,弥补法律漏洞,从而要求规制机构采取“原则 + 规则”的规制模式以应对个人信息处理风险,并将保证行政自由裁量符合正向价值判断。

---

① 参见刘剑文、胡翔:《“领域法”范式适用:方法提炼与思维模式》,载《法学论坛》2018 年第 4 期。

② 参见丁晓东:《〈个人信息保护法〉的比较法重思:中国道路与解释原理》,载《华东政法大学学报》2022 年第 2 期。

③ 参见刘权:《数字经济视域下包容审慎监管的法治逻辑》,载《法学研究》2022 年第 4 期。

④ Paul De Hert, *Data Protection as Bundles of Principles, General Rights, Concrete Subjective Rights and Rules: Piercing the Veil of Stability Surrounding the Principles of Data Protection*, 3 Eur. Data Prot. L. Rev. 160, 2017.

最后,"原则+规则"规制模式契合数字经济的"包容审慎"监管理念。我国学者对"原则规制""规则规制"和"原则+规则的规制"的讨论主要集中在互联网背景下的金融业监管领域。如刘轶教授在列举了"规则监管模式"的弱点和"原则监管模式"的优点后指出我国的金融监管理念应积极借鉴后者;[①]许多奇教授根据监管措施宽严程度的差别以及监管方式的不同,将我国互联网监管应对分为不同的监管阶段,并强调"规则监管与原则监管相机适用"的监管理念。[②] 另有学者提出应对互联网金融进行原则监管——穿透式监管,并强调提出监管机构应当秉持"规则在先、监管跟进"的基本思路。[③] 还有学者指出为预防金融风险,"监管当局应当适用原则导向监管,而非规则导向的监管",[④]等等。可以发现,金融法学者普遍从互联网金融的风险性特征,以平衡金融安全和金融创新为导向,指出规则规制模式和原则规制模式的优缺点。规则规制模式的优点在于具有明确且清晰的行为模式,缺点诸如缺乏弹性、导致金融抑制、遗留监管盲点、前瞻性不足、缺乏激励机制等;原则规制模式的优点在于灵活、鼓励创新、兼顾公共价值和商业利益,缺点则在于因不确定性而可能导致规制主体和被规制主体的无所适从。因此,学者们多在强调原则在规制互联网金融业中的重要性的同时,对原则规制进行限制,如受比例原则调整。个人信息保护问题应置于数字经济发展的背景下探讨,刘权教授认为,对数字经济监管应当以包容审慎的监管理念进行,审慎过度而包容不足,抑或包容过度而审慎不足,不但不利于创新、安全,还将有害于法治化营商环境建设。[⑤] 在包容审慎监管理念下,综合运用原则和规则便成为规制主体的必由之路。

2."原则+规则"规制模式在《个人信息保护法》中的展开

规制主义法学认为,规则和原则都是规制个人信息处理行为的工具,二者适用的先后顺序服务于规制目标的达成,而不再是恒定的"规则优先于原则"。"原则+规则"规制模式不主张规制机构基于个人信息保护法的原则条款而享有高度的自由裁量抑或放松规制,相反,这一理论的提出正是为了纾解过度规制和规制不足的困境。

首先,"原则+规则"规制模式倡导构建由规制机构的行政规制和个人信息处理者(主要指互联网企业)的自我规制共同组成的规制体系。英国学者科林·斯科特认为,规制手段和机制具有多样性,元规制体系中的公共机构可以利用以原则为基础的规范,要求企业或协会实施某种形式的自我规制,然后由自我规制者发展自身体系,并知悉其

---

① 参见刘轶:《金融监管模式的新发展及其启示——从规则到原则》,载《法商研究》2009年第2期。

② 参见许多奇:《互联网金融风险的社会特性与监管创新》,载《法学研究》2018年第5期。

③ 参见叶林、吴烨:《金融市场的"穿透式"监管论纲》,载《法学》2017年第12期。

④ 沈伟:《金融科技的去中心化和中心化的金融监管——金融创新的规制逻辑及分析维度》,载《现代法学》2018年第3期。

⑤ 参见刘权:《数字经济视域下包容审慎监管的法治逻辑》,载《法学研究》2022年第4期。

规制成效将会受到监督并且可能需要通过批准。[①] 高秦伟教授提出“基于管理的规制”“基于绩效的规制”“基于原则的规制”，并阐明了规制在策略上的先后顺序应是企业自我规制、强制性自我规制、命令控制型自我规制。[②] 在个人信息保护领域，信息处理者的自我规制是个人信息保护法规制的重要一环，如《个人信息保护法》第54条即规定了个人信息处理者的合规审计义务。[③] 在这个意义上，规制机构在适用法律规范时，法律原则优先于法律规则，这与《个人信息保护法》的立法设计是相契合的，在保护自然人的个人信息权益的同时，促进数字经济的发展。

其次，“原则+规则”规制模式主张具有弹性的、避免过于复杂的规制体系。美国公法学家桑斯坦指出规制国的悖论，“严苛的规制控制导致了规制不足”，[④]一些规制目的本身是正当的，但由于选择了不适当的规则方法与策略，导致规制目的无法实现，被“自我挫败”。在个人信息处理领域中，全面、复杂的个人信息保护法将迫使个人信息处理者将过多的资金投入律师、顾问以及内部员工上，而不是将资金集中于核心问题的解决上。如夏威夷立法机构于1999年颁布的《医疗保险信息隐私法》即因其过分全面、高成本、缺乏慎重考虑而于两年后成为废纸。[⑤] 基于此，规制机构在规制时应将执法成本和企业合规成本纳入考量范围，综合运用原则和规则条款，进行个案分析。美国学者詹姆斯·帕克从执法成本和执法争议两个角度阐述了美国证券执法中的“原则执法”和“规则执法”，指出大多数案例系“原则执法”和“规则执法”的混合，主张“定义最佳证券执法系统的关键在于理解原则执法的动态性并认识到多个执行者的利益、优势”。[⑥] 为了避免对法的安定性和可预测性的不良影响，“原则+规则”规制模式将对规制机构的审慎义务提出更高的要求，未来我国应根据不同的规制主体的成本、利益以及偏好建构个人信息处理行为的动态规制体系。

最后，需要强调的是，相比于传统法域下的“原则适用理论”强调原则与规则的异质性，“原则+规则”融合论更加强调二者的同质性，即“规则和原则之间的区别是模糊的，最优的策略是将二者描述为一个统一连续体”。[⑦] 此外，“原则+规则”规制模式既

---

① 参见[英]安东尼·奥格斯《规制、法律形式与经济学理论》，骆梅英译，中国人民大学出版社2008年版，第16页。在西方规制理论中，“元规制”(meta-regulation)又被称为“基于管理的规制”或“基于体系的规制”。斯科特认为，元规制强调“对行为的训导”(conduct of conduct)，法律能发挥一定的作用，对内部规范系统和企业自我规制进行间接控制。

② 参见高秦伟：《社会自我规制与行政法的任务》，载《中国法学》2015年第5期。

③ 《个人信息保护法》第54条规定：“个人信息处理者应当定期对其处理个人信息遵守法律、行政法规的情况进行合规审计。”

④ 参见[美]凯斯·R.桑斯坦：《权利革命之后：重塑规制国》，钟瑞华译，李洪雷校，中国人民大学出版社2008年版，第5页。

⑤ 参见周汉华主编：《个人信息保护前沿问题研究》，法律出版社2006年版，第392~393页。

⑥ [美]詹姆斯·帕克、薛前强：《规则、原则和实施证券法的竞争》，载《财经法学》2021年第4期。

⑦ [美]詹姆斯·帕克、薛前强：《规则、原则和实施证券法的竞争》，载《财经法学》2021年第4期。

不是对“规则规制”模式的取代,也不是对“原则规制”模式的替换,而是破除非此即彼的思维定式,强调二者的融合适用。我国规制机构在对个人信息处理行为进行规制时,宜摒弃传统部门法和“权利本位”思维框架下的“原则适用理论”,兼顾“原则规制”和“规则规制”模式,以“原则 + 规则”规制模式为理论基础构建个人信息法领域的新型“原则适用理论”。

3.“原则 + 规则”规制模式下的诚信原则

当前,民法学者普遍选择从功能视角阐述诚信原则的内涵,即“确立民事主体的行为准则”和“授予法官自由裁量权”。但是,“原则 + 规则”规制框架下的诚信原则与传统民法上的诚信原则迥然不同。

其一,二者的法哲学基础不同。民法学者对诚信原则功能的研究聚焦于诚信原则的司法适用,强调“恶信行为”发生后的修复与救济,其背后的法理念仍是“权利本位”“诉讼本位”。“权利本位”下的诚信原则虽然作为旨在实践社会性价值的基本原则,但其本质系通过司法适用活动服务于“权益保护”“形式平等”等个体性社会价值的实现。① 民法中“恶信行为”造成的损害限于民事活动的当事人,但在数智化时代,个人信息处理活动中“恶信行为”的负外部性具有难以计量、外溢等特征。如 2022 年 7 月 21 日,国家网信办在对滴滴公司依法作出网络安全审查相关行政处罚的决定答记者问中指出,滴滴公司违法处理个人信息达 647.09 亿条,数量巨大,其中包括人脸识别信息、精准位置信息、身份证号等多类敏感个人信息。② “原则 + 规则”规制框架下的诚信原则以“规制主义”为法哲学基础,注重“恶信行为”的事前预防,指导个人信息处理者的自我规制和个人信息保护专责机关对前者的行政规制,以减少乃至阻却个人信息侵权风险的发生。

其二,二者规范属性的面向不同。传统民法理论下,诚信原则具有裁判规范的属性是其具有“授予法官自由裁量权”的功能的应有之义,但“原则 + 规则”规制模式下的诚信原则更加凸显其“规定性规范”的特征。“裁判规范是法官在判决书中为认定事实、适用法律、作出裁断结果的规范依据,以表明裁判的合法性和合理性。”③裁判规范与立法者用成文法所表述的法律规范不能混为一谈,前者一方面来自前者,另一方面则包含着法官发现法律的过程和结果。④ 诚信原则作为民法的法律渊源而具有裁判规范属性是毋庸置疑的。然而,强调其规范属性必然导向对“授予法官自由裁量权”的重视。

---

① 参见易军:《民法基本原则的意义脉络》,载《法学研究》2018 年第 6 期。

② 国家互联网信息办公室:《国家互联网信息办公室有关负责人就对滴滴全球股份有限公司依法作出网络安全审查相关行政处罚的决定答记者问》,载国家互联网信息办公室网站,http://www.cac.gov.cn/2022-07/21/c_1660021534364976.htm。

③ 彭中礼:《法律渊源词义考》,载《法学研究》2012 年第 6 期。

④ 参见陈金钊:《司法过程中的法律发现》,载《中国法学》2002 年第 1 期。

“原则＋规则”规制框架下，诚信原则的功能发挥不再局限于司法场所，而扩展至行政规制和企业的自我规制场景中，此时诚信原则的规范属性面向“规定性规范”。德国法理论将法区分为客观法和主观法，其中规定性规范（Bestimmungsnorm）作为客观法的次级规范，通过证立法律义务，而服务于对法益的保护；而主观法（权利，比法益的概念狭窄）通过授权规范（Ermachtigungsnorm）来证立。拉德布鲁赫指出，立法者究竟是通过规定性规范抑或授权规范实现某个价值规范（客观法的原初形式，立基于这一首要形式的规定性规范只是实现目的的手段），这取决于他关于人类的观念，即平等是法的出发点，还是法秩序的目标。[①] 事实上，面对互联网企业大规模、持续性个人信息侵权的事实，再继续坚持个人信息处理者和信息主体之间抽象平等基础上的赋权模式难免有自欺欺人之嫌。“原则＋规则”规制模式基于自由、权利和尊严等认知和信念，重塑个人信息处理法中的诚信原则，强调诚信原则的“规定性规范”属性，证立个人信息处理者的诚信义务和规制机构的保护义务。

小　结

诚信原则是我国个人信息处理领域独具特色的一项法律原则，其并不在国际通行的个人信息保护原则体系之列。现有个人信息保护研究中，诚信原则在理论界和实务界均未得到足够的重视，且相关研究仍囿于民法框架。事实上，个人信息处理诚信原则的研究应基于《个人信息保护法》的“领域法”“规制法”“保护法”属性，以问题为导向，在立法论基础上明晰我国个人信息处理领域引入诚信原则的法理逻辑；在解释论基础上明确诚信原则在个人信息处理领域中的规范内涵、体系定位、法律功能、司法适用、规制适用，以期实现个人信息保护原则体系的融贯性和原则落实的实效性。诚信原则在个人信息处理领域的基本内涵包括主观诚信和客观诚信，其引入个人信息处理立法是一般法律理念在个别法律中的涵射。诚信原则在个人信息处理领域作为总体原则与合法、正当、必要原则动态互补，并统领公开透明、质量、安全等原则。诚信原则具有“保护人权”“促进流通”和“制约权力”的价值引领和保持《个人信息保护法》开放性的规范续造功能。在法律适用层面，诚信原则个人信息司法保护中的适用应遵循“禁止向一般条款逃逸”，个人信息规制保护中的使用应遵循“原则＋规则”规制模式。面对数智化的时代变革，个人信息处理诚信原则的研究不仅要挖掘诚信原则的传统理论资源，还应当关注数智化社会下法学理论的变革，并求诸“互联网络法学”“计算法学”“数字法学”等新兴法学。

---

① 参见［德］古斯塔夫·拉德布鲁赫：《法哲学入门》，雷磊译，商务印书馆2019年版，第69～73、135～141页。

第四章　个人信息处理的目的特定原则

在信息大爆炸的大数据时代,信息安全问题日益突出,信息获取的便利化、获取方式的多元化、信息利用的随意性,导致个人信息被过度收集和使用的现象越来越多,信息处理人员在对个人信息进行挖掘和分析的过程中,可能会对信息主体的合法权益造成损害。基于规制信息滥用、过度收集等市场乱象,有必要限制不当利用个人信息的不法行为。《个人信息保护法》第6条的个人信息处理目的特定原则可以说是应运而生,有助于避免发生个人信息过度收集、个人信息过度滥用的现象,协调个人信息保护和利用的双重目的。目的特定原则要求信息处理之目的在收集时就予以确定,且后续的信息处理活动不得逾越初始目的,极大压缩了信息利用的空间,制约了大数据的使用规模,阻碍数字创新,已经不符合信息多元利用的现实需求,有必要对其进行理论重整和制度重构。

一、目的特定原则的规范构成与法理基础

个人信息保护法的基本原则就是个人信息处理者在处理个人信息的活动中应当遵循的基本原则。《个人信息保护法》第6条规定:"处理个人信息应当具有明确、合理的目的,并应当与处理目的直接相关,采取对个人权益影响最小的方式。收集个人信息,应当限于实现处理目的的最小范围,不得过度收集个人信息。"这就是个人信息处理的目的特定原则。目的特定原则作为个人信息保护法的基本原则之一,对处理者处理个人信息的限度提出了全面的要求,有助于解释和补充《个人信息保护法》的具体法律规定,能够有效避免过度收集个人信息、滥用个人信息现象的发生。

(一)目的特定原则的规范构成

目的特定原则也称目的限制原则、目的拘束原则，指个人信息的处理目的在收集时就应当予以确定，且后续的个人信息处理过程也应当与该目的保持一致，除非经过个人的明确同意，否则不得在目的之外处理个人信息。目的特定原则贯穿于个人信息处理的全过程，在个人信息保护法中的作用和价值可以比肩诚信原则在民法中的地位，堪称个人信息保护法上的"帝王条款"。《个人信息保护法》中规定的个人信息处理的合法、正当、必要、诚信原则、目的特定原则、公开透明原则、质量原则、责任原则等原则之间并不是截然无关而是相互关联的，在内涵上有相互重叠的部分，却各有侧重。在五项基本原则中，合法、正当、必要与诚信原则是个人信息处理的总体原则，其他原则是针对个人信息处理某个特定方面的具体原则。目的特定原则具有承上启下之作用，"承上"是指顺位上在合法、正当、必要总原则之后，"启下"是指引出其他原则。①《个人信息保护法》第 6 条首次对目的特定原则作出详细的规定，该条文包含了 4 个层次：一是目的"明确、合理"，即处理个人信息应当具有明确、合理的目的；二是目的"直接相关"，即处理个人信息的活动必须与处理目的直接相关；三是方式"影响最小"，即采取对个人权益影响最小的方式；四是限于"最小范围"，《个人信息保护法》第 6 条第 2 款专门对收集个人信息这一处理活动中应当限于实现处理目的的最小范围作出了规定。

1. 目的"明确、合理"

目前，我国《民法典》第 1035 条、《网络安全法》第 41 条、《消费者权益保护法》第 29 条等诸多规范都要求信息处理者"明示信息处理的目的"，但是对"目的"的具体要求及目的与处理行为之间的关系则未言明。2021 年实施的《个人信息保护法》对"目的"有了进一步规定，加入目的"明确、合理"，"直接相关"等一系列限制。处理个人信息的目的应当明确、合理。汉语词典中"目的"意为想要达到或希望得到的预期地点或结果，"明确"意为清晰明白或使清晰明白而确定不移，"合理"意为合乎道理或事理。

首先，处理个人信息的目的应当"明确"，这是对个人信息处理目的的描述性要求，是指个人信息处理者在处理个人信息时必须将其处理目的清楚无误地表达出来。具体有三个层面的要求：一是个人信息处理目的必须表达出来。个人信息处理目的不能仅藏于内心而要表达出来，否则无法判断个人信息处理者处理个人信息的目的到底是什么。二是个人信息处理目的必须有清晰可见的范围，而不是毫无边界、毫无范围的。如果个人信息处理者表达出来的目的没有明确的界限，则可能导致对目的理解无从确定或无限放大，有悖于目的特定原则的本旨。如"改进用户体验""优化服务质量""网络安全目的"等目的，显然此类表述中的处理目的就十分模糊。三是个人信息处理的目的必须向个人明示。个人最可能受到处理活动的影响，因此目的明确还应当包含对象上

① 参见张新宝主编：《〈中华人民共和国个人信息保护法〉释义》，人民出版社 2021 年版，第 52 页。

的明确,即需要将个人信息的处理目的明确地告知信息主体个人。

其次,处理个人信息的目的还应当“合理”,不得违反法律法规的规定和公序良俗,这是对个人信息处理目的的正当性要求。《个人信息保护法》第13条第1款所列举的情形就是处理个人信息的法定情形。不过,合法性只是对处理目的的基本要求,目的正当是更高层次的要求,即目的合理包含目的合法与目的正当。如果说目的明确是形式要求,那么目的合理则是实质性价值判断。处理目的是否合理,要结合具体场景、处理行为进行判断。若处理个人信息的目的虽然很明确,却明显不合理,则仍然有违目的特定原则。例如,实践中经常有导航类App除收集个人终端上的位置信息外,还收集个人的相册信息,这就属于不合理的收集目的,明显违背目的特定原则,应当引起高度警惕。不过,目的合理性会随着社会的发展以及立法理念的变迁而进行动态调整。①

2. 目的“直接相关”

处理个人信息应与其处理目的直接相关。汉语词典中“直接”意为不经过中间事物的,与“间接”相对。个人信息保护领域“直接相关”,强调的是相关的紧密程度,即只有那些与处理目的紧密相关的个人信息处理活动才是符合目的特定原则的。那些与处理目的一般相关和间接相关的处理活动,则是违背目的特定原则的。较为典型的例子有:提供美图类服务的App,对收集用户终端上的照片是直接相关的,但对收集用户终端上的视频则不是直接相关的。尽管有时美图软件也可以提供视频剪辑的服务,但如果用户仅仅是请求使用App进行单纯的美图操作,则App不应收集与美图服务并不直接相关的视频信息。

目前,我国针对使用限制采取的判定标准是“关联性”。然而,立法对于何为“关联性”并没有作出具体的解释。从《个人信息保护法》二审稿规定“不得进行与处理目的无关的个人信息处理”,到《个人信息保护法》第6条正式强调“直接”两字可以看出,《个人信息保护法》对使用限制采取的是“直接关联性”。张新宝教授认为信息处理行为与初始目的应当具有“合理关联性”。2020年颁布的《信息安全技术　个人信息安全规范》(GB/T 35273—2020)则认为,“关联性”包括“直接关联性”与“合理关联性”,但是对何谓“直接关联性”与“合理关联性”则没有明确的规定。欧盟立法采取的是“兼容性标准”,即个人信息处理超越初始目的并不意味着一定与初始目的不兼容,仍可能存在相符的情形。相较而言,“兼容性”比“关联性”更具有包容性,“关联性”标准在一定程度上可能限制数字创新的发展。

3. 方式“影响最小”

方式“影响最小”即意味着个人信息处理者应采取对个人权益影响最小的方式处理个人信息。所谓“个人权益”,就是指自然人的信息经过处理可能受到影响的各种权

---

① 参见刘权:《论个人信息处理的合法、正当、必要原则》,载《法学家》2021年第5期。

益。个人信息可以采用多种处理方式,但是个人信息处理者应当采取其中影响最小的处理方式,这是比例原则的必然要求。比例原则包含三项基本原则,其中均衡性原则,要求权利的行使所获得的收益与所受损失合乎比例,不能明显失衡。[①] 采取权益影响最小的方式,属于比例性原则中均衡性原则的要求,也是权利不得滥用的民法基本原则在个人信息处理中的具体体现。[②] 当个人信息处理可能对个人权益影响较大时,应当采取必要措施,如调整处理方式、向个人做出解释或采取更严格的安全保护措施等,减小对个人权益的影响。

4. 限于"最小范围"

《个人信息保护法》第 6 条第 2 款规定也被称为个人信息最小化原则。该原则是目的限制原则在个人信息收集环节的体现,可以视为目的特定原则的子原则。所谓最小化原则,就是在收集个人信息时,应当限于实现处理目的的最小范围,不得过度收集个人信息。最小化原则需要从以下三个方面进行理解:第一,最小化原则是就个人信息的收集而言的。《个人信息保护法》规定的最小化原则是仅就收集阶段的要求,是目的特定原则在个人信息收集环节的具体适用。由于个人信息的收集是此后各个环节的基础,只要在收集环节贯彻了最小化原则,那么个人信息处理的其他环节就如同戴上了"紧箍",不会产生大的偏差。第二,最小化原则要求收集个人信息的范围是为满足处理目的的最小范围的要求。为满足个人信息处理目的,则必须以满足处理目的为范围依据。例如,提供出行服务的个人信息处理者,只能收集用户的位置信息和设备信息,如果要求收集用户的通讯录信息,则违反最小化原则。《常见类型移动互联网应用程序必要个人信息范围规定》第 5 条针对最常见类型的 39 种 App 的基本功能以及为实现该基本功能所需的必要的个人信息的范围逐一进行了列举。第三,最小化原则要求收集个人信息的程度是满足处理目的的最低限度。在绝大多数情况下,收集个人信息仅仅符合最小化原则的范围要求是不够的,还必须在最小范围内同时满足最低限度要求。例如,提供出行服务的个人信息处理者,从范围上看只需要收集用户的位置信息和设备信息即可。但仅仅满足这一点,还不符合最小化原则的程度要求。按照最小化原则,提供出行服务的个人信息处理者不仅只能收集用户的位置信息和设备信息,而且仅限于收集用户在使用其服务时的位置信息和设备信息,如果用户不使用其服务时,信息处理者的处理目的完成后就应当履行删除义务,至少是不能再继续收集信息了。

---

① 参见刘权:《目的正当性与比例原则的重构》,载《中国法学》2014 年第 4 期;黄忠:《比例原则下的无效合同判定及展开》,载《法制与社会发展》2014 年第 4 期。

② 参见江必新、郭锋主编:《〈中华人民共和国个人信息保护法〉条文理解与适用》,人民法院出版社 2021 年版,第 62 页。

(二)目的特定原则的法理基础

个人信息自决权理论作为个人信息保护之理论基础已经受到学界的广泛认可。[①]作为个人信息保护基本原则之一——目的特定原则的理论基础同样源于个人信息自决权理论。个人信息保护概念始于欧洲,20 世纪 60、70 年代,当时的政府大规模收集个人信息,民众担心此行为会产生泄露和滥用个人信息的风险,强烈要求将政府处理个人信息的行为纳入法律规制的范围。在此背景下,法学界提出了个人信息保护这一概念。纵观国内外个人信息保护的现有理论与实践,其理论范式与制度设计大都围绕着"个人控制"与"个人自决"这两个核心问题展开,也就是赋予个人一系列的权利,以实现对其个人信息的自主掌控,使自己能够决定如何分享他们的个人信息。[②] 该理论在国际上有重大的影响力,并对多个国家和地区的个人信息保护制度的形塑有一定影响,如欧盟 GDPR、日本《个人信息保护法》等。

个人信息自决理论体现的是个人对自己信息的自决权,所以个人信息的各项规则都是建立在"信息自决"的基础上的,彰显的是私法自治。早在 1971 年德国学者施泰姆勒(WilhelmSteinmüller)就提出了个人信息保护对于人格自由发展的重要性,1971 年施泰姆勒最早提出了"信息人格自决权"和"个人信息自决权"的概念。根据他的描述,人们有权决定自己在何种程度决定自己的所思所想而不受他人拘束。1983 年,个人信息自决权在德国宪法法院的"人口普查法案"[③]中被确立下来,判决将个人信息自决权称为"资讯自决权"(Recht auf informationelle Selbstbestimmung)。在德国法语境中,该权利是指"个人依照法律控制自己的个人信息,并决定是否被收集和利用的权利"。依据德国联邦宪法法院的观点,这一权利是"基本权利",其产生的基础为一般人格权。在英美法系,个人信息也被称为"信息自决权"(informational self-determination right),以体现对个人人格利益的保护。个人信息对流通的要求更高,背后彰显的是个人自决的价值取向,在本质上是私法自治的体现。

目的特定原则要求信息处理者在收集个人信息时明确告知处理目的,并严格限定

---

① 参见王利明:《论个人信息权的法律保护——以个人信息权与隐私权的界分为中心》,载《现代法学》2013 年第 4 期;杨立新:《个人信息:法益抑或民事权利——对〈民法总则〉第 111 条规定的"个人信息"之解读》,载《法学论坛》2018 年第 1 期;王成:《个人信息民法保护的模式选择》,载《中国社会科学》2019 年第 6 期;赵宏:《从信息公开到信息保护:公法上信息权保护研究的风向流转与核心问题》,载《比较法研究》2017 年第 2 期;杨芳:《个人信息自决权理论及其检讨——兼论个人信息保护法之保护客体》,载《比较法研究》2015 年第 6 期。

② See Daniel J. Solove, *Introduction: Privacy Self-Management and the Consent Dilemma*, Harvard Law Review 1880(2013).

③ 1982 年德国联邦政府颁布《人口普查法》,该法计划在全国范围内对公民进行全面的个人信息收集,包括人口、职业和住所等几乎全部的个人数据。有人就此提起宪法诉讼,要求宣告《人口普查法》违宪。在该案的判决中,德国联邦宪法法院认定该法有违宪情况,以判例形式确立了"信息自决权"作为宪法上的公民权利。

后续的使用方式，让信息主体能够清晰地知道其个人信息被用于何种目的以及被以何种方式处理，从而作出是否允许处理其信息的决定，防止采取超出信息主体可预见的方式处理信息。个人信息自决权理论的核心在于，认为个人对与其相关的信息具有某种程度的控制力，可以自主地决定个人信息的传递，从而实现个人的人格自由和人格尊严。① 目的特定原则强调信息主体对个人信息的自主决定和控制，强调对人格独立性和自主性的尊重。目的特定原则是尊重个人在私人生活中自由意志的重要体现，有利于保护人格尊严。信息主体对自我信息的控制力与支配力是目的特定原则的理论基础，也即信息主体的信息自决力，任何超越初始目的之处理行为都侵害了信息自决权。只有承认信息主体有权自主决定信息收集与利用的方式、用途，才能促使信息处理者主动获取授权许可。信息处理者为了取得信息主体的同意，必须先向个人明示处理目的，并承诺后续处理阶段不会逾越约定的目的范围，如果超过约定范畴处理信息则会导致违约或者侵权责任。

二、目的特定原则的现实困境

目的特定原则的效力范围及于整个信息处理流程，对处理者处理个人信息的限度提出了全面的要求，力求保障信息主体的合法权益。然而在实践中，目的特定原则仍面临诸多龃龉。首先，大数据时代个人信息的多元利用日趋复杂化，导致信息处理目的难以在信息收集阶段完全确定下来。其次，告知同意规则的虚化会导致目的特定原则流于形式。最后，严苛的目的特定原则制约了大数据的规模和使用，忽视了个人信息的利用价值，阻碍了数字创新。

（一）信息处理目的难以在收集阶段完全确定

“没有目的”的数据分析使信息处理者难以在收集阶段即明确目的，传统目的特定原则受到挑战。目的特定原则要求信息处理之目的在收集时就予以确定，且对“目的”有严格的要求，目的必须明确、合理。列明收集个人信息的目的并且不能超出这一目的使用个人信息，这一限制可以控制数据收集在初始目的范围内进行，并延伸用户知情权。② 而大数据分析的奥秘就在于数据分析师们、计算机工程师们也不知道数据分析会产生什么样的结果，因为分析之前根本就“没有目的”。在大数据、人工智能、算法、互联网+等新兴技术迅猛发展的今天，通过数据挖掘、算法处理分析开发出信息利用之潜在的、隐藏的价值或对信息进行变革性利用并创造出更大的社会价值是商业逐利追求的目标，而这种信息挖掘恰是突破目的特定的技术。在使用个人信息之前就确定目

① 参见陆青：《数字时代的身份构建及其法律保障：以个人信息保护为中心的思考》，载《法学研究》2021年第5期。

② 参见王秀哲：《大数据时代个人信息法律保护制度之重构》，载《法学论坛》2018年第6期。

的已经是不可能的事情，也不符合当下数字产业和时代发展的要求，同时在该原则下引申出的最小化原则也无法落实。即使是严谨的德国，对目的的要求也放宽到框架性和方向性的要求，而不必穷尽所有的细节。因此，“没有目的”的数据分析使信息处理者难以在收集阶段即明确目的，如若一定要明确目的，信息流转、信息共享等信息的“二次利用”会受到很大程度的限制，传统的目的特定原则受到挑战。

信息处理者或者信息控制者开始寻求一种模糊或宽泛的目的表达方式。目的特定原则依赖的前提条件，即个人信息收集时确定初始目的，然而数据挖掘技术的多变化和复杂化，使得信息处理者或者控制者无法在信息收集阶段详细阐明所有使用目的和可能用途。①于此情形，基于商业逐利之目的，信息处理者为了更大程度地汇聚和挖掘信息，他们开始倾向于以一种模糊或宽泛的方式向信息主体表达信息处理目的。模糊化的隐私政策，可想而知，规定得越少，其违反合规要求的可能性就越低，公司的法律风险也就越低。模糊化的隐私政策很可能导致用户无法预期后续的信息处理行为，削弱了用户对自我信息的控制，这种信息的不对称可能引发差别性对待等不公平现象。2017年7月以前，微信、微博、淘宝等互联网头部平台的隐私政策中关于目的条款的表达十分模糊，通常采用“优化用户体验”“提供更好的服务”“提升服务质量”等抽象性字眼。但自2017年7月开始，为了落实《网络安全法》的有效实施，工信部、网信办、公安部以及国家标准化管理委员会联合启动了隐私条款专项活动。为应对这次审查，多款App纷纷对隐私政策进行整改，信息收集目的表达模糊、超越初始目的收集个人信息或者非必要收集个人信息等情况在短期内得到了大幅度调整和改善。“帮助您成为我们的会员，向客户提供或展示促销资料，向客户转账或发放礼品，为您提供收藏、加购、关注与分享功能，帮助您完成支付”等具体目的表述，有效保障了用户知晓个人信息的使用目的和处理用途。

一时一事之告知变更事项使信息主体遭受无意义的“同意轰炸”。目的特定原则要求信息收集后续阶段之处理目的与初始目的直接相关，反向推之，在个人信息处理目的与初始目的不一致时，根据《个人信息保护法》第14条第2款应当及时告知信息主体变更缘由并“应当重新取得个人同意”。大数据技术的运用使得在个人信息处理的全流程中的任何一个阶段都可能发生个人同意收集信息时所未预期的信息处理方式，一时一事之告知变更事项不仅加重了企业、软件工程师的工作负担，也在一定程度上干扰了信息主体的正常生活。近几年来，工信部和App专项治理工作组对大量手机App进行了审查。工作组通报的182款App(2019.12—2020.8)中，所涉问题最多的是“未明示收集使用个人信息的目的、方式和范围”。根据国家计算机网络应急技术处理协调中

---

① See Alessandro Mantelero, *The Future of Consumer Data Protection in the E. U. Rethinking the "notice and Consent" paradigm in the New Era of Predictive Analytics*, 30 Computer Law&Security Review 643(2014).

心和中国网络空间安全协会2021年发布的《App违法收集使用个人信息监测分析报告》,其中明示"超范围收集个人信息行为治理成效初显",但"启动弹窗索要权限问题多发"。[①] 部分App只要用户不同意开启权限,每次重启就会反复索要,直到用户不堪打扰而开启权限。因此,信息处理目的变更之"重新授权",使得用户受到平台频繁索权之困扰。

(二)告知同意范式下的目的特定原则虚化

目的特定原则与告知同意规则有着千丝万缕的关系,告知同意规则受目的特定原则的限制。[②] 也可以说目的特定原则是告知同意规则的前置性规定。目的特定原则体现了信息主体对个人信息的可预见性,个人信息处理的全流程应当公开透明,处理活动可由信息主体预见,并且不得超出合理预期。告知同意规则是指任何组织或个人在处理个人信息时都应当对信息主体即其个人信息被处理的自然人进行告知,并在取得同意后方可从事相应的个人信息处理活动,否则该处理行为即属违法,除非法律另有规定。[③] 确立告知同意规则意在保护信息主体的知情权。信息处理者在收集个人信息时,需要先考虑目的是否具有正当性,即收集的信息与处理活动具有相关性、特定性、明确性和合法性。只有在符合"目的正当"的前提下,才能考虑获取信息主体的同意。如果收集个人信息与处理目的无关,那就失去了要求信息主体同意的前提。根据《个人信息保护法》第17条第1款第2项的规定,个人信息处理者应当以显著方式、清晰易懂的语言,真实、准确、完整地向个人告知信息的处理目的、处理方式、处理的个人信息种类、保存期限。申言之,个人信息处理者向信息主体"告知"的核心事项就包含"目的","目的"是处理者"告知"的内容。同时,目的决定"同意"有效的范围,根据《个人信息保护法》第14条第2款,"个人信息的处理目的、处理方式和处理的个人信息种类发生变更的,应当重新取得个人同意",可见,逾越信息收集初始目的之二次利用行为,也要取得"重新授权"。只有明确了处理目的,信息主体才能有针对性地决定是否就特定处理目的的处理行为给予同意。正因如此,在处理者有多个处理目的时,为了确保个人作出的同意是明确的,不能将这些处理目的进行合并而一次性取得授权,必须就具体的处理目的分别取得个人的同意。综上所述,"目的"正当是有效"告知同意"的前置性条件。

告知同意规则的虚化会导致目的特定原则流于形式。目的特定原则植根于个人信息自决理论,该理论预设信息主体只有事先了解处理目的才能允许信息处理者利用个人信息。在实践中,信息处理者往往通过隐私政策的方式履行告知义务,并给个人点击

---

① 国家计算机网络应急技术处理协调中心、中国网络空间安全协会:《App违法违规收集使用个人信息监测分析报告》,载国家互联网应急中心网2021年12月9日,https://www.cert.org.cn/publish/main/68/2021/20211209190537762330930/20211209190537762330930_.html。

② 参见张新宝:《个人信息收集:告知同意原则适用的限制》,载《比较法研究》2019年第6期。

③ 参见王利明等:《〈中华人民共和国民法典〉人格权编释义》,中国法制出版社2020年版,第419页。

“同意”或“不同意”的机会。然而,个人的同意未必知情,毕竟告知并不等于对方的知情,常常出现“告而不知”“告而略知”的情形。有学者指出告知同意面临“流于形式”的风险。[①] 信息主体知晓个人信息处理目的之重要环节则是基于信息处理者的有效告知,无告知则无同意,故而告知同意的失灵将导致目的特定原则流于形式。

大数据环境中信息挖掘的多样性和复杂性,尤其是自动化算法、人工智能等技术的运用,增加了告知同意规则的难度。首先,面对冗长、专业、枯燥的隐私政策,很少有用户会在交互界面认真阅读,阅读此类条款会耗费大量的时间,或囿于自身认知及相关知识的匮乏而难以理解隐私政策的条款。10 多年前就有国外学者推算,如果通读隐私政策成为可能,一个人平均每年需要大约 244 个小时。[②] 这意味着在网络空间,每人平均每天将花费 40 分钟阅读和理解隐私政策。可见“知情”的成本十分高昂。大多用户也不懂 SDK(软件安装包)等专业名词。其次,很多用户对隐私政策不感兴趣,毫不在意。人们虽然口头上时常表达“隐私焦虑”,但往往为了寻求便利,很容易就“用隐私换便利”。最后,信息主体与信息处理者的市场地位差距较大,用户往往处于弱势地位,信息主体即使认识到隐私政策的不合理性也无法拒绝或要求信息处理者予以更正。因为信息处理者往往用一种全有或全无的选择状态“迫使”用户同意,因为不同意可能意味着无法使用相应的网络服务。综上,信息主体可能在“不知”或“略知”处理目的和处理方式的情况下选择同意他人处理个人信息,导致目的特定原则沦为形式。

(三)严苛的目的特定原则阻碍了数字经济的发展

个人信息兼具社会经济资源和个人人格利益两种价值。[③] 数字经济时代个人信息法律治理的宗旨是公私兼顾的利益平衡。[④] 国务院发布的《关于构建更加完善的要素市场化配置体制机制的意见》将数据列为五大生产要素之一,在数字经济背景下,数据作为市场要素占有举足轻重的地位。在数字经济时代,个人信息的聚合与挖掘对于国家安全、经济发展、社会福祉等公共利益具有无法忽视的影响力,因此公私兼顾的利益平衡成为个人信息法律治理的宗旨。一方面,保护个人信息权益是数智化产业可持续发展的基本前提。目的上,尊重和保障个人尊严是数字经济下个人信息处理的终极目标之一;过程上,忽略私权益保护的经济发展会使个人信息暴露在被泄露或滥用等风险之中,而信息处理者也会难堪诉累;结果上,信息主体相对于信息处理者处于弱势地位,若不重视私权益的保护,极易导致信息处理者滥用权力肆意使用信息,将数字经济推向

---

① 参见周汉华:《个人信息保护的法律定位》,载《法商研究》2020 年第 3 期。

② See Lorrie Faith Cranor, *Necessary But Not Sufficient: Standardized Mechanisms for Privacy Notice and Choice*, 10 Journal on Telecommunications and High Technology Law 273(2012).

③ 参见齐爱民:《个人信息开发利用与人格权保护之衡平——论我国个人信息保护法的宗旨》,载《社会科学家》2007 年第 2 期。

④ 参见刁胜先、刘韵:《数字经济时代个人信息合理处理制度研究》,载《科技与法律》2022 年第 6 期。

深渊。另一方面,《刑法修正案(九)》《个人信息保护法》《民法典》等法律中都有对个人信息保护的相关规定,这确认了其公私兼具的法益属性。信息使用主体的多元化和信息处理行为的多样化表明,个人信息已经成为数字时代的核心资源。随着数据处理技术的逐渐成熟,社会对个人信息的客观需求也逐渐增多,因此不能只关注信息保护,而应将信息保护与利用置于同一维度。世界各国也逐渐开始寻找平衡信息保护和利用的道路。我国《个人信息保护法》和欧盟 GDPR 都开宗明义地指出平衡信息的保护与利用的双重目的。

严苛的目的特定原则将制约大数据的规模化使用,阻碍数字创新。信息聚合后,通过数据挖掘开发出个人信息之潜在价值或融合不同来源信息,可能会发现新趋势、新关系。探索和研究往往需要收集大量的数据、资料进行充分调研,从大数据中分析出可能的趋势或关系。这要求数据分析采用全本而不是样本,即数据越充分产生的分析结果就越准确,尤其在智能化、信息化时代。通过大量数据分析,分析师们能够惊奇地发现看似不相关的事物之间的相关性,寻找到创造的灵感,进而推动技术进步或制度创新。换言之,追求全本而不是样本,追求相关性而非因果性,容忍错误而不苛求精确,大数据使得人们的思维路径发生了根本性的变革。① 这种新的方法论被称为"科学的第四范式"(fourth paradigm of science)。在这种背景下,要求企业在收集、使用数据之前给出明确的目的说明,这未免有些强人所难。② 目的特定原则还要求在信息处理目的实现后必须尽快删除个人信息,这也将阻碍信息价值的再利用。从实际层面考量,为了遵守目的特定原则,信息处理者必须时刻关注处理目的之变化并对变化情况采取措施,这大大增加了信息处理者的运营成本。

个人信息的价值更多来自其二次利用,这正是大数据时代的特征之一,很多信息在收集时并无意用作他用,经过不同信息的聚合、分析、挖掘,最终却发现了很多创新性的用途,③因此可能导致目的不断变化。而目的特定原则要求信息处理限于初始目的,超出初始目的范围必须重新获得个人同意,频繁索要同意不仅增加了信息处理者的负担,也导致信息主体不断接收无意义的信息轰炸,同时也不利于新产品、新服务的研发。传统的目的特定原则更多注重个人信息保护,而忽视了个人信息的利用价值。严格的目的特定原则不符合信息多元利用的客观需求,将会阻碍数字创新和数字经济的发展。

---

① 参见[英]维克托·迈尔-舍恩伯格、肯尼思·库克耶:《大数据时代:生活、工作与思维的大变革》,盛杨燕、周涛译,浙江人民出版社 2013 年版,第 197 页。

② 参见林洹民:《个人信息保护中知情同意原则的困境与出路》,载《北京航空航天大学学报(社会科学版)》2018 年第 3 期。

③ 参见林洹民:《个人信息保护中知情同意原则的困境与出路》,载《北京航空航天大学学报(社会科学版)》2018 年第 3 期。

三、目的特定原则的实践变革和理论重整

为了缓和严格的目的特定原则适用上的僵硬性,各国开始寻求新的变革路径。欧盟对使用限制采用"兼容性使用"标准,即个人信息处理超越初始目的并不意味着一定与初始目的不兼容,仍可能存在相符的情形。而美国主要通过制定场景的规则进行改革,即个人信息的后续处理与初始目的或信息收集时的场景相符,就应当认定为正当的信息处理行为。我国学界对目的特定原则之改革方案也有不同观点,主要有合法利益测试说、扩张解释目的说和风险限定说。

(一)目的特定原则的实践变革

目的特定原则最早由美国学者艾伦·威斯汀(Alan Westin)提出,1967 年美国学者艾伦·威斯汀于《隐私与自由》(*Privacy and Freedom*)一书中提及了目的限制原则,他将目的限制原则描述为政府收集个人信息只能用于特定之目的,不得逾越目的范围或进一步流转,除非经过脱敏处理或个人身份信息已经完全移除,或者他们表示同意进一步流转。① 立法上,目的特定原则可以追溯至 1980 年的《关于隐私保护与个人数据跨境流动的指南》,该指南明确了个人信息处理目的特定原则的大致轮廓。通过考察欧盟和美国的相关规定,可以为我国的目的特定原则的优化提供参考。

1. 欧盟路径:"兼容性使用"

在个人信息使用阶段,目的特定原则要求信息处理者在收集之后的处理环节不得溢出初始目的,否则应当重新取得信息主体的同意。随着物联网、人工智能、算法等技术的高速化发展,大数据的时代特征之一正是个人信息的价值更多来自对其的"二次利用",信息处理主体难以在收集阶段确定初始目的,因为他们无法预测在个人信息聚合后会发生怎样的信息关系、模式。严格限制初始目的,不利于信息产业的发展。为了缓和传统目的特定原则适用上的僵硬性,1995 年欧盟颁布的《95 指令》规定了"兼容性使用",但并未对"兼容性使用"进行界定以及设置评判标准。欧盟委员会曾在各成员国调研《95 指令》的实施状况,2012 年官方出台了调查报告,指出各成员国对"兼容性使用"的适用标准混乱的情况。英国和希腊以"正当性"和"合法性"判断兼容性。比利时主要根据信息主体的"合理期待"判断兼容与否。德国和荷兰则引入"平衡测试"(balance tests)标准评估兼容性。关于"兼容性"标准,第 29 条数据保护工作组认为应当考虑信息收集目的与信息处理目的之间的关系、信息收集的具体情境与信息主体的合理预期、信息的性质与信息处理对信息主体的影响以及信息处理者采取的保障措施等。

2014 年,欧盟法院作出了一个"兼容性使用"的典型案例,即爱尔兰数字版权与隐

---

① See Alan Westin, *Privacy and Freedom*, 25 Wash. & Lee L. Rev. 166 (1968).

私权案(Digital Rights Ireland and Seitlinger and Others),这一案例的判决对统一兼容性使用标准具有引领性作用。GDPR 将此案的判决依据成文法化,并承继了第 29 条数据保护工作组关于"兼容性使用"的判定方式,成为欧盟判定兼容性标准的重要依据。有学者认为,虽然立法明确了"兼容性"的标准因素,但实践中判断是否具有兼容性,仍然要以个案的具体情境为根据。① 有学者更是直言,大数据的发展使"兼容性评估"更加难以确定和抽象,大数据的发展使"兼容性评估"有些抽象和难以确定,"兼容性评估"要求考虑初始目的与兼容性目的的联系、信息收集时的具体情境等各种因素,而大数据的运行需要分析不同环境中的数据,使得静态的要素评价几无可能。② "兼容性评估"为目的特定原则提供了一定的缓冲空间,作为一个转接通道,"兼容性评估"在一定程度上平衡了信息保护与信息利用,为逾越初始目的信息利用行为提供了理论支持,拓展了信息利用的空间,具有很大的积极意义。然而,"兼容性评估"的评判仅以初始目的为基点,却忽视了场景、时间等外在因素的变迁,这些因素都可能会导致信息处理目的变更。2017 年,第 108 号公约协商委员会引入了风险规则,强调信息主体的风险应在合理范围之内,不应以主体无法预料的方式处理信息。

2. 美国路径:"场景规则"

不同于欧盟的规制路径,美国引入"场景规则"改革目的特定原则所面临的困境。美国基于隐私分散立法模式对个人信息进行保护,对个人信息处理行为进行场景化规制。场景规则的提出与美国隐私概念的不确定性有关,1980 年始,沃伦(Waarren)与布兰迪斯(Brandeis)提出隐私概念,自此之后,理论界对其具体内涵就一直存在争议。此背景下,美国学者海伦·尼森鲍勃(Helen Nissenbaum)教授最先提出"情境脉络完整性","情境脉络"模式、"场景理论",主张隐私保护应结合特定情境,信息的收集和流转应当符合具体情境并遵守特定规则,隐私是否受到侵害需结合具体情境考量多种因素。"情境脉络完整性理论"因其巨大的灵活性得到立法者的青睐。美国在国际上率先进行了突破,2015 年颁布的《消费者隐私权利法案》(Consumer Privacy Bill of Rights Act of 2015,CPBR)引入场景主导机制,在一定程度上放宽对"目的特定"的要求,为探索适应新时代需求的数据保护新路径方面作出良好表率。

2010 年美国政府提出框架蓝图(FTC 报告),2012 年白宫在白皮书中明确提出"尊重场景原则"(respect for context principle),直至讨论稿的发布一共历时 5 年。白皮书要求企业处理个人数据的方式应当与其提供数据时的场景一致。与此同时,联邦贸易

---

① See Bert-Jaap Koops. *The (In) Flexibility of Technology-Regulation and the Case of Perpose-Binding*, 5Legisprudence 179(2011).

② See Tal Z. Zarsky. *Incompatible: The GDPR in the Age of Big Data*. 47 Seton Hall Law Review 1008 (2017).

委员会强调,在企业符合一定场景的情况下,无须获得消费者的同意即可收集或使用消费者的信息,除非企业以不同于信息收集时的方式使用信息或收集敏感信息。2018年,《加州消费者隐私法案》(California Consumer Privacy Act,CCPA)吸收了"尊重场景规则",并指出"若个人信息的处理符合信息收集时的具体场景,则认为信息处理行为是合理、适当的"。"场景规则"主张收集之后续信息处理环节可以逾越初始目的,只要后续收集行为符合信息收集时的具体场景即可阻却信息处理行为的违法性,但"场景"构成因素复杂且多样化,具有流动性与易变性,不利于当事人合理预期的形成。有鉴于此,美国于2020年颁布了《加州隐私权法案》(The California Privacy Rights Act,CPRA),并调整了目的特定原则的相关规定,采取"初始目的"与"场景路径"双重认定模式。申言之,若个人信息的处理行为与信息收集时的场景相符,就应当认为其使用具有正当性。

(二)目的特定原则的理论重整

传统的目的特定原则虽在一定程度上对个人信息有保护作用,但在信息、数据大爆炸的时代,其弊端和局限性越来越多,传统的目的特定原则已经无力应对信息大爆炸时代的挑战,国内学界对此进行了反思并提出不同改革方案。

1. 合法利益测试说

"合法利益测试说"认为,"目的特定原则"已经无法适应大数据发展的需要,应当考虑对告知同意范式下的目的原则进行改造,为传统目的特定原则与数字经济寻找一条平衡路径。如同知识产权一般,个人信息保护相关权益不是绝对权,而是受限制的权利。① 当使用利益高于用户的个人利益时,可以让渡用户利益,即不取得同意也可以使用个人信息。"合法利益测试说"指的是,当数据处理为实现数据控制者或第三方的合法利益所必需时,数据处理者通过平衡测试证明其合法利益高于数据主体的个人利益,其无须获得数据主体同意也可以处理个人信息。② 有学者称该规则为"优位利益豁免"规则,以突出"优位利益"作为规则适用的主体。③ 有学者基于促进信息主体的权益让渡提出引入合法利益豁免。④ 有学者基于对知情同意原则的反思,主张个人信息活动正当性事由多样化,提供充足的知情同意原则豁免。⑤ 还有学者对个人金融

① 参见谢琳、李旭婷:《个人信息财产权之证成》,载《电子知识产权》2018年第6期。

② 参见谢琳:《大数据时代个人信息使用的合法利益豁免》,载《政法论坛》2019年第1期。

③ 参见张硕:《论个人信息处理中的优位利益豁免规则》,载《行政法学研究》2023年第2期。

④ 参见何俊志、孙婧婧:《个人信息应用的保护设计与实证进路——基于〈民法典〉同意原则的博弈分析》,载《贵州社会科学》2020年第9期。

⑤ 参见林洹民:《个人信息保护中知情同意原则的困境与出路》,载《北京航空航天大学学报(社会科学版)》2018年第3期。

信息保护提出合法利益豁免重构。[①] 可见,我国学者对合法利益豁免规则的认可程度较高。

"合法利益测试说"源自欧盟,欧盟 1995 年颁布了《95 指令》。该指令明确表明只有在满足至少其中一种合法性基础的前提下,个人信息处理活动才能合法进行,指令中列明了 6 种个人信息处理需满足的合法性基础。[②] 该条款(f)项也首次明确以立法形式规定了"合法利益豁免"规则。欧盟《95 指令》将"合法利益"表述为"数据控制者或第三方的合法利益"。对于合法利益的界定,欧盟有严格解释说和宽泛解释说两种路径,且欧盟更倾向于宽泛解释说。"合法利益"的判断仅是适用"合法利益豁免"规则的第一步。"合法利益"能否作为个人信息处理的合法性基础还需要按照评估机制的要求进行测试。数据控制者必须接受平衡测试,证明其使用利益高于数据主体利益,方可获得合法利益豁免。

"合法利益测试说"在一定程度上缓和了后续信息处理受限于初始目的的局限性,能够为实践中个人信息的"合理使用"提供正当性基础。然而,"合法利益豁免"也有其局限性,"合法利益"概念具有模糊性和抽象性,其具体内涵及外延有待在个案情境中予以判定,由此可能导致不同主体对"合法利益"存在不同的解释,且平衡测试标准并不是完全确定的,测试结果具有不可预见性,有可能无法为司法实践提供明确的指导。例如 2014 年,全球首例"被遗忘权"案件——谷歌和谷歌西班牙公司诉西班牙公民冈萨雷斯案,[③]谷歌公司以败诉终结。谷歌在搜索结果显示完全合法的《先锋报》公告链接被认为不能适用合法利益豁免,该案判决受到不少学者的反对。目前,我国尚未实行"合法利益测试"机制,欧洲多地的个人信息保护法均有提及"合法利益测试",具有较久远的历史。在个人信息保护领域,该机制具有一定的借鉴意义,但要充分考虑我国社会的实际情况。

---

① 参见方乐、李伟群:《个人金融信息保护视阈下金融数据共享规则的完善》,载《金融法苑》2021 年第 3 期。

② 参见《95 指令》第 7 条规定:"各成员国应当规定,个人数据只有在以下情形下才能够被处理:(a)数据主体已经明确作出同意;或者(b)处理是为向身为合同当事人的信息主体履行合同所必需,或者在缔约前,应数据主体之要求所采取的步骤;或者(c)处理是管控者为遵守法律义务所必需的:或者(d)处理是为保护数据主体的重大利益所必需的;或者(e)处理是为符合公共利益执行职务或者委托管控者或接受信息的第三者行使公权力所必需的;或者(f)处理是管控者或接受信息的第三者为追求正当利益之目的所必需的,但该数据主体的利益或基本权利和自由权优先于该等利益,且其主张基于第一条第一款规定的保护的情形除外。"

③ 1998 年,西班牙《先锋报》根据劳动和社会保障部的行政命令作出一个公告,在其网站公布了冈萨雷斯因无力偿还社保债务而被政府拍卖房地产的细节。这些网页后来被谷歌的网络爬虫索引,并显示在了其搜索结果中,任何在谷歌上输入冈萨雷斯名字的人都可以访问指向《先锋报》公告的链接。西班牙数据保护机构同意冈萨雷斯要求谷歌删除该信息的请求,谷歌公司上诉,但以败诉终结。法院认为搜索引擎作为"数据控制者",有法定义务删除某些不充分、不相关或不再相关的个人信息,或超出数据处理目的,或随着时间的流逝已经失效的信息,即使这些信息最初是以合法方式公布的,而且是真实无害的。

2. 扩张解释目的说

“扩张解释目的说”是一种与欧盟截然相反的“宽进窄出”的保护模式，其主张综合考量信息收集时的多种因素以扩张解释信息收集时的初始目的，如信息收集时目的与双方预期的关系、信息处理可能造成的后果、信息的性质等因素；使用限制则要求严格禁止逾越初始目的，除非取得信息主体的重新授权。[①] 梁泽宇主张在判断收集、使用个人信息的目的是否足够明确时，应当根据“合法、正当、必要”的基本原则，综合考虑其他因素。使用限制则要求在后续对个人信息的处理中，不得逾越既定之目的。需要将个人信息用于其他目的的，信息控制主体应当再次征求信息主体的同意。[②] 欧盟法上目的特定原则的基本思路是严格限定初始目的，对使用限制适当放松，通过“窄进宽出”的方式，来维持信息保护与信息利用之间的平衡。“扩张解释说”基于对欧盟做法的扬弃，立足本国国情，通过解释论重新审视目的特定原则。

欧盟法的基本思想是收束入口端，开放出口端。然而，允许使用阶段逾越初始目的处理信息，可能会使整个目的特定原则被架空。这要求法院对告知义务进行实质审查。信息处理者告知信息主体处理目的时，应当足够明确，以使个人信息主体对自己信息的使用有合理预期。此外，也不是只有最小化的目的范围才符合要求。法院判定处理目的是否足够明确时，应当综合考虑以下因素：约定目的与双方预期的关系；个人信息被收集时的情形，尤其是关于信息主体和控制者的关系；个人信息的性质；按照该目的处理个人信息对信息主体可能造成的后果；适当的保障措施的存在，如加密或匿名化处理等因素，同时以“合法、正当、必要”基本原则进行实质审查。对于使用阶段的履行情况，我国法院采取严格的态度。不允许个人信息的使用超出信息主体和信息处理者之初始约定，除非征得信息主体的重新同意。“扩张解释目的说”避免了二次利用阶段信息处理者罔顾规则使目的落空之诘问，保障了“初始目的”存在的价值，但其通过扩大初始解释目的之范围在一定程度上淡化了明确性，导致当事人无法产生合理预期。

3. 风险限定说

“风险限定说”建议融入场景与风险的理念，以“风险限定”替代“目的限定”，亦即处理个人信息不能引发高于原有程度的、用户无法预期的风险。[③] 风险限定论认为，个人信息合理使用具有正当性的关键在于个人信息处理未引发不合理的风险，这种不合理的风险包括精神压力、差别待遇、人身财产损害的可能性以及是否符合信息主体的预期与信息披露时的情境。[④]

---

① 参见梁泽宇：《个人信息保护中目的限制原则的解释与适用》，载《比较法研究》2018 年第 5 期。

② 参见梁泽宇：《个人信息保护中目的限制原则的解释与适用》，载《比较法研究》2018 年第 5 期。

③ 参见范为：《大数据时代个人信息保护的路径重构》，载《环球法律评论》2016 年第 5 期。

④ 参见李媛：《大数据时代个人信息保护研究》，华中科技大学出版社 2018 年版，第 200 页。

有学者也认为"风险限定"不能取代"知情同意",以知情原则的改良为立场,主张静态的同意应向基于信息分类、场景化风险评估的分层同意转变,从一次性同意向持续的信息披露与动态同意转变。[①] 有学者认为个人信息处理规则主要是风险规制下的概念,对处理规则应从处理活动风险的角度进行理解与适用。例如,转变从形式上理解"目的限定"与"信息最小化"原则的观念,从而注重"风险限定""风险最小化"。[②] 有学者基于人脸识别技术保护与利用平衡理念,构建人脸识别技术的场景化法律规制模式。[③] 可见。学界对场景风险理论适用是比较赞同的,一般用于改造或者取代"知情同意"和"目的特定"。

根据"场景理论",只要新的利用行为未超出权利人的合理预期,未超过合理风险范围,则属于合理利用,可阻却行为的违法性。无论信息主体是否同意,均不构成非法利用。保护个人信息的根本目的是保护信息主体权利不受侵犯,因此,使用个人信息的数量并非关键,使用个人信息引起的风险才是个人信息使用过程中应当控制的关键因素。"最小化原则"要求不得过度收集个人信息,基于"场景理论"也能一定程度上改善最小化原则。

"风险限定说"不要求信息处理者严格遵循初始目的,给僵化的目的特定原则带来一定的缓冲,只要信息处理者将信息处理可能引发的"风险"控制在合理范围之内就可以自由处理信息,能够更大程度地满足信息利用的需求。有学者主张以"风险限定"取代"目的特定"。[④] 笔者并不赞同此种观点,笔者认为隐私风险评估不能取代事前的告知同意,二者应是两种并行的模式。隐私风险评估的结果可以告知信息主体,以供其作为同意的参考。当然,此种以风险为导向的保护理念,一定要加强规制和监管,对风险的评估标准、评估主体之规定显得尤为重要。

综上所述,不同学说均对我国个人信息保护相关法律规范的完善和细化提供了一定的参考,但我国《个人信息保护法》实施的时间不长,与目的特定原则相关的司法案例较少,所以我国学界的研究多停留在理论层面,缺少实例支持。未来应充分考虑我国社会的实际情况,而不是生搬硬套国外之制度。

四、基于类型化和场景化的目的特定原则重构

传统目的特定原则要求信息处理者遵守信息收集时之目的,如有超越初始目的之

---

① 参见田野:《大数据时代知情同意原则的困境与出路——以生物资料库的个人信息保护为例》,载《法制与社会发展》2018 年第 6 期。

② 参见王锡锌:《个人信息权益的三层构造及保护机制》,载《现代法学》2021 年第 5 期。

③ 参见姜野:《人脸识别技术应用的场景化法律规制》,载《法制与社会发展》2023 年第 1 期。

④ 参见唐林垚:《超越"马法之议":非完全合同视角下的个人信息保护法》,载《苏州大学学报(哲学社会科学版)》2022 年第 2 期;范为:《大数据时代个人信息保护的路径重构》,载《环球法律评论》2016 年第 5 期。

行为，则要重新获得信息主体的同意。大数据、人工智能、算法、物联网等高新技术的发展，使得收集之后的处理环节频繁变更目的，甚至无法在初始阶段就明确目的。传统的目的特定原则已然无力应对大数据时代带来的挑战，有必要对其进行重新解读和制度重构，发挥其作为个人信息收集、使用基础性原则的价值。结合域外实践经验和相关理论学说，可以基于类型化和场景化对目的特定原则予以重构。

（一）基于类型化的目的特定原则重构

基于一般个人信息与敏感个人信息的差异，统一的个人信息保护制度无法有针对性地发挥作用，我国有学者提出了"两头强化"的个人信息保护理论，即"强化个人敏感信息的保护"和"强化个人一般信息的利用"，以期最大限度地调和个人信息保护与企业利用之间的矛盾。[①] 因此，可以尝试基于个人信息类型化，构建敏感个人信息原则上禁止目的外利用、一般个人信息允许目的外利用的目的特定原则保护格局。

1. 敏感个人信息：原则上禁止目的外利用

敏感信息的特征表现在：第一，与主体个人身份联结性较强。如人脸、指纹等生物信息，一旦被采集则无法进行修改。第二，敏感资料具有较强的隐私性。在合理的隐私期待理论中，信息主体一般都不希望自己的敏感信息为他人所知。第三，对敏感信息进行加工处理时，社会风险较大。与一般个人信息相比，敏感个人信息与人格联系过于紧密，一旦遭受侵犯，将会对主体的基本权利造成严重的伤害。第四，在大数据环境下，敏感信息具有更高的公共与商业价值。以人脸识别为基础的视频监控和公共场所安全检查，以人类遗传信息为基础的生物医学技术研究，以通讯录和地址簿为基础的社交应用等，都会促使信息从业者对个人隐私进行侵害。敏感个人信息对信息主体的人格尊严以及人身、财产安全有重大影响，处理敏感信息风险极大。因此，在处理敏感信息时应当恪守目的特定原则，原则上禁止超越初始目的范围处理敏感信息。但敏感个人信息的强化保护同样包含保护和利用两个维度。对敏感个人信息的保护体现在原则上禁止目的外利用，而对敏感个人信息的利用则体现在禁止处理的例外，如公务机关或研究机构基于医疗、卫生、预防犯罪等目的为统计或学术研究等必要情形处理个人信息。

2. 一般个人信息：允许目的外利用但要适度

一般信息强调利用价值，敏感信息强调保护价值。《个人信息保护法》正是为了缓和数据时代下个人信息利用与保护之间的矛盾。《个人信息保护法》第 1 条就指出其立法目的是"促进个人信息合理利用"，体现了注重信息利用价值的思想。对于与信息主体联系不甚紧密的一般个人信息，应更加注重其在社会生活中的合理利用与流转。信息处理者原则上不得违反目的特定原则，但是为了平衡个人信息的利用与保护，满足社

---

① 参见张新宝：《我国个人信息保护法立法主要矛盾研讨》，载《吉林大学社会科学学报》2018 年第 5 期。

会对信息利用的需求,应当允许信息处理者在一定条件下超越初始目的范围利用信息,前提是信息处理产生的风险不得高于信息主体的合理预期,即信息处理者必须将信息处理风险控制在合理范围内。

一般个人信息更多体现为利用价值的发挥,因此不宜片面强调严格遵循初始目的,应当要求信息处理者将信息处理风险控制在合理范围内,以“重利用、轻保护”为指导思想,强调信息的合理利用给社会带来的价值,以符合大数据时代信息多元化利用的趋势。一般来说,影响信息处理风险程度的因素主要有以下几项:第一,信息的敏感程度。个人信息的敏感程度与人格尊严和自由呈现正相关的紧密关系,故敏感程度更高的个人信息应当受到更高程度的保护,这种更高程度的保护集中体现为法律对个人信息处理者的处理行为提出的更高要求。① 因此,具体个案中信息的敏感程度越高,则信息处理行为受到的限制越多。第二,信息处理者的风险控制能力。一般来说,信息处理过程中产生的风险源自信息处理者,然而实践中信息处理主体通常高估自身的风险控制能力而低估信息泄露的隐患,这就要求信息处理者在享受信息处理带来利益的同时亦负有合理控制风险的义务。对于个人信息生产与应用中的利益相关方,应当依照风险控制能力的强弱分配个人信息保护的义务与法律责任,对滥用风险的控制能力越强,相应的法律义务与责任就越重。② 风险实现的可能性以及风险的严重性与信息处理者控制风险的能力密切相关,信息处理者控制风险的能力越强,则风险发生的可能性越低、风险的严重性亦越低。第三,信息主体的预见能力。信息处理者对信息主体合理的信赖负有保护义务,无故使信息主体的预期落空不利于构建良性的信息处理环境。需从主观层面评估数据主体在收集个人数据的语境中,是否可以合理地基于信息主体的预期而进行数据处理。③ 当处理活动在具体场景下符合信息主体的合理预期时,所创设的法益侵害风险在信息主体的可接受或容许范围内,也就符合个人信息公开的目的(处分意思),“即使没有明示的同意,也得以推定信息主体默示同意对其个人信息的提供或者利用,因欠缺法益侵害性而不构成犯罪”。④ 反之,若信息处理风险高于信息主体的合理预期,可能对信息主体的人格自由发展产生不利影响,此时应当将风险告知信息主体并取得“二次授权”同意。须注意的是,即使信息处理产生的风险在合理范围之内,但信息主体明确表示拒绝接受信息处理的,信息处理者亦不得继续处理信息,除非信息

---

① 参见刘磊:《论私密个人信息的合理使用困境与出路》,载《财经法学》2023 年第 2 期。

② 参见杨君琳:《论北斗时代的个人位置信息法律保护》,载《法学杂志》2021 年第 2 期。

③ 参见丁晓东:《什么是数据权利? ——从欧洲〈一般数据保护条例〉看数据隐私的保护》,载《华东政法大学学报》2018 年第 4 期。

④ 储陈城:《大数据时代个人信息保护与利用的刑法立场转换——基于比较法视野的考察》,载《中国刑事法杂志》2019 年第 5 期。

处理者有证据证明信息处理的利益大于信息主体的利益。①

(二)基于场景化的目的特定原则重构

一般认为,目的特定原则重点体现在两个阶段。一是收集阶段,要求目的明确、合理,信息处理者应在不迟于收集之时确定特定的收集、使用之目的;二是使用阶段,"使用限制"的基本要求是信息处理者在收集之后的处理环节不得溢出初始目的,否则应当重新取得信息主体的同意。有学者认为应当直接将目的明确和使用限制分别作为两个独立的个人信息基本原则。② 上述两种阶段也分别对应"首次授权"与"二次授权"。

1. 信息收集阶段:合理使用之"合法利益豁免"

法律不能一味强调保护信息主体的权利,而应对个人信息处理相关的利益进行合理分配,在信息主体的个人信息安全保护需求与信息处理者的个人信息价值利用需求之间寻求一个平衡点,既要规避自然人个人信息失控的风险,又要在法律允许的范围内实现个人信息价值的有效利用。③ 基于利益平衡立场,特定情形下允许信息控制者"合理使用"个人信息,即无须经信息主体同意即可在适当限度内使用个人信息的方式。满足合理使用预设条件时,就可以阻却行为的违法性。这与著作权法之"合理使用"归入侵权抗辩事由在思路上是一脉相承的。

合法利益豁免为个人信息合理使用提供了正当性基础。④ 随着数智化时代的到来,告知同意范式下的目的特定原则已无法适应大数据二次利用产业模式的多元性和多变性。合法利益豁免机制可以促进大数据产业个人信息的使用,有利于个人信息价值的挖掘利用,因而已为世界主流立法所采用。欧盟早在《95 指令》中即对合法利益豁免机制作出了规定,2018 年的 GDPR 亦沿用了此机制,赋予信息处理主体为实现合法利益,不受同意规则限制而处理个人信息的权利。两个文件原文中对"利益"均采用了"legitimate interests"一词,因此学者们多将此规则译为"合法利益豁免"规则。我国个人信息保护制度并未实行合法利益豁免机制,有必要实行该机制,为大数据产业发展提供空间。

合法利益豁免机制是场景与风险导向的个人信息保护之合法性基础体系中的具体制度表现,是场景理念落实的内在要求。不同场景下个人信息处理产生的风险是动态变化的,不是一成不变的,因此,个人信息处理的合法性基础有必要立足于"合法利益"

---

① 参见朱荣荣:《个人信息保护"目的限制原则"的反思与重构——以〈个人信息保护法〉第 6 条为中心》,载《财经法学》2022 年第 1 期。

② 参见齐爱民:《拯救信息社会中的人格——个人信息保护法总论》,北京大学出版社 2009 年版,第 256 页。

③ 参见刘双阳:《"合理处理"与侵犯公民个人信息罪的出罪机制》,载《华东政法大学学报》2021 年第 6 期。

④ 参见刘双阳、李川:《大数据时代个人信息法益刑法保护的应然转向——以规制非法使用个人信息为重点》,载《重庆大学学报(社会科学版)》2022 年第 6 期。

规则。该制度能够充分发挥场景与风险管理理念的优势。“合法利益豁免”，即当数据处理为实现数据控制者或第三方的合法利益所必需时，数据控制者可通过平衡测试证明其使用利益高于数据主体利益，使其无须取得数据主体同意也可对数据主体个人信息进行处理。① “合法利益豁免”是个人信息处理的合法依据之一。有学者言，“虽然说个人信息自决权也不是毫无限制的，个人没有绝对意义上不受干涉地对‘自身’信息的控制权，但要干涉个人对自身信息的控制权，必须存在更强的合法利益”。② 2014 年，欧盟 29 条工作组发布了关于合法利益的指导性意见，该意见明确了合法豁免机制与同意机制是并列选择，企业可以在合法利益和同意两个合法依据之中任选其一。③ 我国可以参考此种合法利益豁免与同意机制并列选择的模式。当然，引入合法豁免机制首先应对合法利益进行界定，而后确定平衡测试之内容。

首先，适用合法利益豁免机制需先对何为“合法利益”进行界定。欧盟 GDPR 第 6(1)条将合法利益规定为“数据控制者或第三方的合法利益”。欧盟确定合法利益的范围主要有两种路径，“严格解释说”认为，合法利益仅限于法律上予以规定和认可的权利，即法定权利。当立法所赋予的数据处理者的法定权利与信息主体的个人信息保护权益产生冲突时，有必要对其进行平衡。“宽泛解释说”则认为，合法利益不仅限于法律上规定的权利，只要不违反法律规定，公共利益、大众群体的利益、企业私人利益，均可属于合法利益。相较于“严格解释说”，具有一定灵活性的“宽泛解释说”更能达到“利益平衡”目的，更契合我国处于高速发展阶段的数智化产业。

其次，合法豁免机制需确定平衡测试之内容。平衡测试通过个案衡量方式为数据保护留下了灵活的操作空间，是个人信息保护与促进信息流动之间的重要平衡器。“宽泛解释说”可能会导致法律适用模糊性的问题，欧盟对此专门出台了平衡测试操作指引，通过平衡测试来限制合法利益豁免的适用。就如同知识产权一般，个人信息保护权并非一个绝对权，而是一个受限制的权利。④ 信息处理者必须进行平衡测试，证明其使用利益高于信息主体权益，方可获得合法利益豁免。平衡测试可行与否决定了合法利益豁免机制的成败。此外，信息处理者还应对平衡测试进行全程记录，接受信息主体、司法机关、政府数据保护部门的监督，以此保障基于合法利益处理个人信息的平衡测试全流程、全链条透明和公平、公正。

我国《网络安全法》仅规定了同意规则，目前尚未规定无须信息主体同意的例外情况，《个人信息保护法》也未引入合法利益豁免。国家推荐性标准《信息安全技术　个

---

① 参见谢琳：《大数据时代个人信息使用的合法利益豁免》，载《政法论坛》2019 年第 1 期。

② 骆正言：《民法典时代宪法上的人格权保护》，清华大学出版社 2020 年版，第 70 页。

③ Article 29 Data Protection Working Party, Opinion 06/2014 on the notion of legitimate interests of the data controller under Article 7 of Directive 95/46/EC, WP217 (2014).

④ 参见谢琳、李旭婷：《个人信息财产权之证成》，载《电子知识产权》2018 年第 6 期。

人信息安全规范》(GB/T 35273—2020)第5.4条规定了信息处理的10个例外情况，例如国家安全、重大公共利益、犯罪侦查等，在一定程度上弥补了《网络安全法》过于僵化的缺陷。但由于《网络安全法》规定的框架所限，安全规范只能采用列举性规定，未能在整体上引入合法利益豁免机制，无法代替合法利益动态平衡机制所带来的灵活性。[①]对于合法利益豁免的规定，应适用较为灵活的路径，对合法利益应采用宽泛解释，将其解释为未违反法律规定的利益，并通过平衡测试的个案分析来限制合法利益的适用。我国数据保护部门(如网信办)可制定详细清晰的平衡测试指引，并出台一系列示例，进行类型化分析，为个案分析方式的不确定性提供一定的参考依据。

2. 信息使用阶段：强调"场景与风险导向"

在信息收集阶段产生信息处理之初始目的，此时需获得信息主体的"首次同意"；在信息使用阶段，若信息处理者超越初始目的范围或者变更目的即需获得信息主体的"二次同意"。随着物联网、人工智能、算法等技术的高速化发展，大数据的时代特征之一正是个人信息的价值更多来自对其的二次利用，很多信息在收集时并无意用作他用，经过不同信息的聚合、分析、挖掘，最终发现了很多新的用途。而频繁地获取用户同意不仅增加了企业的合规成本，也导致用户遭受"同意轰炸"，降低个人信息的流转效率。现代信息处理模式之重心已经由信息收集阶段转向信息使用阶段，信息聚合带来的创新式使用能够发挥个人信息的最大价值。因此，在信息使用阶段强调由事前静态的同意到动态的具体场景风险控制十分必要，动态的风险控制使"二次利用"信息更加灵活，有利于大数据产业的发展。

"场景理论"强调应尊重个人信息收集时的初始具体场景，个人信息后续的流转与利用不得溢出最初的情境脉络，这是一种动态的判断。[②] 场景理论的核心就是批判脱离场景与信息关系谈论个人信息权利保护。就场景而言，公私领域属于划分的一种类型。就信息角色而言，如在医疗场景下，医生与病人之间存在保密关系，病人愿意将自己的隐私展露给医生，而对一般人则是不可能随意展露的。就传输而言，医生与病人之间的传输、雇主收集求职者的信息传输就与商业场景中平台收集消费者的信息传输大为不同。因此，场景的多样化导致信息关系的多元化，在谈论个人信息保护时不能脱离场景这个关键要素。根据"场景理论"，只要新的利用行为未超出权利人的合理预期，未超过合理风险范围，则属于合理利用，可以阻却行为的违法性。只要满足场景一致性，无论信息主体是否同意，均不构成非法利用。"场景理论"不要求对个人信息的利

---

① 《〈个人信息安全规范〉史上最内行解读》，载信息化观察网，https://www.infoobs.com/article/16413/ge-ren-xin-xi-an-quan-gui-fan-shi-shang-zui-nei-hang-jie-du.html。

② 参见张忆然：《大数据时代"个人信息"的权利变迁与刑法保护的教义学限缩——以"数据财产权"与"信息自决权"的二分为视角》，载《政治与法律》2020年第6期。

用必须以同意为前提，一定程度上弱化了知情同意规则，补正了目的特定原则之局限，能够最大限度地保证信息的自由流转，满足大数据时代对个人信息的需求。

衡量信息主体对个人信息处理行为接受度的核心标准为对个体造成的“隐私风险”，不同场景下对个人信息的收集、使用会对信息主体造成不同程度的风险，风险评估即为衡量风险的重要手段。防范个人信息的滥用，尤其应警惕信息处理活动给用户带来的负面影响。灵活适用目的特定原则，融入场景与风险理念，以场景为基础，以风险管理为手段，构成“场景与风险导向的理念”。①该理念主张风险管理基于相应的个人信息处理场景，场景的构成要素同时也是风险评估的具体操作指标。除静态的场景性规范外，由于风险是动态的，信息利用场景可能会发生转换。因此，场景风险评估也应该是动态的。再者，由谁进行风险评估也是一个尚未确定的问题。有观点主张由独立的第三方机构负责评估，美国也曾在2012年颁布的《网络安全法案》中引入第三方认证。还有观点认为应由信息处理者进行评估，但是评估的客观性很难保证。亦有观点认为可由主管机构负责评估，不过主管机构是否有能力担负评估之责，有待考证。笔者认为风险评估主体应多样化，以第三方机构评估为主要方式，信息处理者自行评估、主管机构评估或其他有能力评估的机构为辅助方式。

个人信息保护的“场景与风险导向”强调用户控制与透明度后置。传统的个人信息处理过程中用户控制与透明度主要是通过目的特定原则、告知同意规则实现的，往往设置在信息收集、使用之前。但是数字时代的“目的特定”和“告知同意”已经沦为形式。数字经济时代，要落实用户控制、提升透明度，必须以场景理论贯穿用户控制与透明机制的重构，强调用户控制与透明度适度后置。第一，针对与信息主体有直接联系的信息处理者。在提升“透明度”方面，以场景各构成要素为指引，信息处理者应当及时披露可能引发高风险的因素。在提升“用户控制”方面，结合场景的风险评估结果分层级，场景风险可划为高、中、低三个等级。风险等级为低时，无须披露或提供控制机制；风险等级为中时，须着重披露高风险因素，并为用户提供“择出”选择；风险等级为高时，须进行即时性披露，并为用户提供“择入”选择，同时采取降低风险的措施。用户控制与透明机制后置于风险评估可以提高个人信息的利用效率也减轻了机构的合规成本。第二，针对第三方信息处理机构。“二次利用”过程中容易导致信息主体与第三方机构失联，用户无法控制自己的信息甚至不清楚信息被利用在何处，隐私风险急剧增大。对于此情况，第三方机构应当加强与用户的联系，同时强调个人信息处理者的责任意识，第三方机构应尽可能披露与信息处理相关的事项，如个人信息处理目的、处理方式、可能引发的风险等，并提供可控制机制。

---

① 参见范为：《大数据时代个人信息保护的路径重构》，载《环球法律评论》2016年第5期。

五、目的特定原则的落实

基于类型化和场景化的目的特定原则重构,需要与之匹配的、强有力的落实机制,不能一味地放开“目的”,否则将会导致个人信息安全得不到保障。在数字时代的背景下,有必要从技术嵌入和多元共治两个维度提出目的特定原则的落实方案,以使目的特定原则焕发新生。

(一)技术嵌入:经设计的个人信息保护机制

在数智化社会中,技术统御是全息性的,技术触点是广域弥散状分布的,是深及社会毛细血管与神经末端的。法律的算法化和算法的法律化相向而行,二者终将合二为一。[①] 技术法律化成为一种新的立法趋势。目的特定原则贯穿个人信息处理始终,可以有效保证信息收集时信息主体知道信息利用的目的和范围。然而在信息的流转、共享等信息的二次利用过程中,数据分析挖掘、决策自动化等高新技术处理,使得信息处理目的难以在信息收集之时确定,一时一事之告知变更目的,在一定程度上会干扰信息主体的正常生活,也严重阻碍了大数据产业的发展。经设计的个人信息保护机制以技术嵌入法律,同时制定技术标准弥合法律与技术之间的鸿沟,以增强用户控制与个人信息处理的透明度使用户能及时获取、知晓信息处理状况。即使在收集时有未确定之目的,用户也能及时调控,有助于对不符合用户期待的处理行为提供及时的调试与救济渠道,也为个人信息的流通与开发提供屏障。

1.“隐私友好型”技术架构延伸用户控制

经设计的隐私保护(Privacy by Design,PbD)概念最早由加拿大渥太华省信息与隐私委员会前主席安·卡沃基安(Ann Cavoukian)提出,他总结出 7 项基本原则。[②] 隐私设计理念出现在“价值敏感设计理论”与“代码之法”之后。“价值敏感设计理论”是一种以理论为基础的技术设计方案,在整个设计过程中以原则性和综合性的方法考虑人类价值。[③] 劳伦斯提出“代码即法律”,代码可以像法律规范一样限制人们在网络空间的行为,对网络空间形成约束。这种代码就是网络空间的“法律”。[④] 具体而言,经设计的隐私保护理论是指通过装置、物理设计、技术规格、架构或相关服务的计算机代码的

---

① 参见齐延平:《数智化社会的法律调控》,载《中国法学》2022 年第 1 期。

② “隐私设计”的 7 项原则包括:(1)以主动而非被动方式,预防而非补救方式保护隐私;(2)隐私必须是默认设置;(3)嵌入设计中;(4)隐私设计旨在实现全部功能,以正向、双赢方式容纳所有利益;隐私设计旨在(5)保障个人数据整个生命周期端的安全性,并建立(6)在个人数据如何处理上的可见性和透明度要求;在设计新的系统框架时,(7)应尊重用户的隐私并关注个人利益。See Ann Cavoukian, *Privacy by Design*, *Information and Privacy Commissioner*, Ontario, Canada, 1(2013).

③ See Doorn N. et al., *Early Engagement and New Technologies: O-pening up the Laboratory* 56(2013).

④ 参见[美]劳伦斯·莱格斯:《代码 2.0:网络空间中的法律》(修订版),李旭、沈伟伟译,清华大学出版社 2018 年版,第 6 页。

适用，实现个人信息保护规范中原则、规则所体现的功能和价值，从而使该系统或设备具备“隐私友好”的属性。① 欧盟 GDPR 第 25 条规定“经由设计与默认的数据保护”（data protection by design and by default），明确将“设计保护”“默认保护”等技术标准纳入法律强制性规范，要求数据处理者实施积极的作为义务，确保数据处理的整个生命周期都能有效地遵循数据保护原则。2014 年，在谷歌诉西班牙一案中，谷歌提出其搜索引擎是价值中性的，算法自动化应用已超出数据保护法的范畴，欧洲法院对此表示明确反对，并要求其重新配置这些操作系统，以便它们更具隐私友好的属性。② 该案间接体现了经设计的隐私保护机制。

“隐私友好型”的技术架构设计能够延伸用户的控制范围。③ 为了保证设计的隐私保护方法有效，该机制要求收集阶段就嵌入系统设计而后扩展至个人信息处理的整个生命周期，使信息流转更加透明，用户才可以掌握其个人信息的动态利用状况。目的特定原则要求信息处理者在信息收集时确定个人信息处理目的，而通过数据分析挖掘、决策自动化等高新技术处理，使信息处理目的难以在信息收集之时确定。经设计的个人信息保护机制可以延伸用户的控制范围，即便收集时未确定目的或后续信息生命周期存在超越目的之行为，经设计的个人信息保护机制也可以及时采取相应措施。

2. 制定“经设计的个人信息保护”技术标准

技术标准使法律与技术存在互通的可能，在法律算法化预嵌过程中，要确保法律规则和原则、法律价值和文化、法律功能和目标不受减损，需要以“法律先于技术”“法律融入技术”“法律归化技术”为原则，而不是“法律与技术共治”，更不是“法律的归法律，技术的归技术”。④ “通过设计保护数据”制度化虽然满足了个人信息保护中的社会期待、法律规定和伦理要求，但要在设计中实现数据保护要求是一个难题。⑤ “经设计隐私保护”包含一系列个人数据保护原则，这些原则伊始于数据流转完整处理周期，以减轻数据保护可能产生的风险并实现数据保护合规。然而原则总是抽象的，直接应用于操作系统导致可执行性不确定。

目前，使“隐私设计”发挥实效比较通行的方法是制定技术标准。例如，美国 2014 年制定了《面向软件工程师的 OASIS“通过设计保护隐私”文档》，国际标准化组织 2018

---

① See Demetrius Klitou. *Privacy-Invading Technologies and Privacy by Design: Safeguarding Privacy.* Liberty and Security in the 21st Century 262(2014).

② Case C－131/12, Google Spain v Agencia EspaEspa? la de Protección de Datos (AEPD) and Mario Costeja Gonzúlez, Judgment of 13 May 2014.

③ See The White House, *Consumer Data Privacy in a Networked World: A Framework for Protecting Privacy and Promoting Innovation in the Global Digital Economy*, J. of Priv. and Confidentiality 95(2012).

④ 参见齐延平：《数智化社会的法律调控》，载《中国法学》2022 年第 1 期。

⑤ 参见张涛：《大数据时代“通过设计保护数据”的元规制》，载《大连理工大学学报（社会科学版）》2021 年第 2 期。

年制定《消费者保护：消费品和服务中的通过设计保护隐私》，同年欧洲数据保护监管机构制定了《关于通过设计保护隐私的初步意见》。我国《个人信息保护法》和《信息安全技术　个人信息安全规范》（GB/T 35273—2020）中有部分条款亦体现"经设计的个人信息保护"理念，如《个人信息保护法》第 51 条规定"采取相应的加密、去标识化等安全技术措施"确保个人信息处理活动合法。《信息安全技术　个人信息安全规范》（GB/T 35273—2020）第 11.2 条"个人信息安全工程"，要求个人信息控制者根据国家有关标准，在需求、设计、开发、测试、发布等系统工程阶段考虑个人信息保护要求，保证在系统建设时对个人信息保护措施同步规划、同步建设和同步使用。然而，目前我国技术标准与法律规范仍沿用平行治理模式，国家标准也并未明确经设计的信息保护规范，立法也未引入经设计的信息保护条款，技术与法律之间缺少融合治理的制度框架。"技术的归技术，法律的归法律"的治理路径不仅无益于改变法律与技术各自的局限性，而且难以充分发挥两者的优势互补作用。① 因此，我国除需要将"通过设计保护个人信息"予以制度化外，还应当参照国际标准制定相关技术标准，构建法律归化技术的"个人信息保护友好"机制。

（二）多元共治：行业自律、政府介入、公众参与

大数据时代的个人信息治理不能只依靠某种单方面的力量，而需要政府、行业、公民三者间的良性互动。政府不是命令、控制信息处理者，而是与信息处理者、公民进行互动、协作，从而形成政府监管、行业自律、公众参与齐头并进的多元共同治理格局。具体来说，就是推进行业协会自我管理，制定自律规范，适用"行业主导，政府适度介入"模式的行业自律机制，贯彻包容审慎政府监管理念，保障个人参与、拓宽参与途径，强化公民利益表达、救济和监督。

1. 行业自律

在个人信息保护领域，单纯依靠司法机关、政府机关等公权力机关制约，可能导致政府失灵、法律失灵等情况。依靠行业自律进行自我治理并构建合理的内部秩序，有利于激发市场效用、有效降低规制成本。自律规范相对于传统冗长的立法过程来说，执行成本更低且程序更为简便。此外，行业经营者往往更熟悉经营规则，基于共同利益，会在多方博弈的过程中充分交换意见后制定自律规范，使自律规范更能发挥其作用。再者，行业自律有利于培育成员的诚信意识。行业协会为协调各方利益可采用集体惩戒的方式如设立行业内诚信系统，从而建立沟通协调机制。目前，世界各国对行业自律都有相关立法。欧盟在 1995 年颁布的《个人数据保护指令》第五章就专门规定了"行为守则"（Codes of Conduct）。1997 年，美国公布了《全球电子商务框架》，指出联邦政府应

---

① 参见张继红：《经设计的个人信息保护机制研究》，载《法律科学（西北政法大学学报）》2022 年第 3 期。

当鼓励行业自律。日本以立法规范为主导,制定了《个人信息情报法》,对一定领域内的个人信息保护采取行业自律机制。我国行业自律机制多集中在互联网、金融领域,而在个人信息保护领域的自律规范并不多见。在数智化背景下,鼓励行业自我管理,通过自律规范构建"自下而上"的行业自律机制十分必要。

具体而言,个人信息保护行业自律模式主要三种类型。第一类为行业主导,即法律赋予行业在制定行为守则方面有完全的自由裁量权,监管机关的作用相对较弱。但这一模式并不是说行业必须制定行为守则,如果该行业不制定行为守则,则遵循信息保护法律的一般规定即可。奥地利、德国、荷兰、比利时均适用此模式。第二类为共同协商,此模式鼓励监管机构与行业密切合作,共同协商,允许行为准则上升为有约束力的法律规则。希腊、意大利、葡萄牙适用此模式。第三类为政府主导,监管机构推动行业制定行为守则,如果协会不制定行为守则,则由监管机构制定并施行于某一行业。如爱尔兰《数据保护法》明确规定,如果专员认为行为守则是有益但行业没有制定的,则专员在咨询相关协会和相关利益方后可以自行制定行为守则。我国行业协会承担了多种角色——政府的辅助者、成员利益的代表者、行业自律管理者,特别是充当政府监管机构在各个行业施行行政权力的某种"代理机构",使其与其他角色产生一定的冲突。① 我国正处于信息产业高速发展阶段,在个人信息领域必然产生更多的新问题,行业自律是个人信息保护多元治理中不可或缺的重要组成部分,政府在宏观层面调控和设计个人信息保护基本原则及规则,而市场则从微观层面积极发挥自我管理功能,充分调动其主观能动性,用好政府这只"看得见的手",充分激发市场活力。

2. 政府监管

大数据时代政府监管不是仅运用公权力单方面治理信息滥用乱象,而是政府、企业、公民三者间进行良性互动。政府不是命令、控制信息处理者,而是与信息处理者、公民进行协商、互动、协作,实现多元共治。严格的政府监管会遏制数字产业发展的活力和创造力,有必要给予市场适度的发展时间与空间,让"看不见的手"自主发挥调节功能,这是更适合我国实际国情的一条道路。2021 年 1 月,中共中央印发《法治中国建设规划(2020—2025 年)》,要求探索"包容审慎监管等新型监管方式"。2021 年 3 月,十三届全国人大四次会议表决通过"十四五"规划和 2035 年远景目标纲要,明确提出要推进监管能力现代化,"对新产业新业态实施包容审慎监管"。基于此,刘权教授提出"包容审慎监管"的新模式,"包容审慎监管"要求政府不以包容的名义放弃必要的审慎监管,也不因市场出现了一些问题而转向过度监管,其主张的并非先发展后规范或先规范后发展,而是在发展中规范、在规范中发展。② 包容审慎监管不是"撒手不管"或者"弱

---

① 参见张继红:《大数据时代个人信息保护行业自律的困境与出路》,载《财经法学》2018 年第 6 期。

② 参见刘权:《数字经济视域下包容审慎监管的法治逻辑》,载《法学研究》2022 年第 4 期。

监管”,不是放任其无序发展,而是为市场留足发展的空间,对一直看不准发展趋势的新业态暂缓干预,一旦认清了新业态的发展趋势及其风险属性,或新业态已经触碰了安全底线,则会立即启动监管,纳入规制范围。

国务院印发的《2016 年推进简政放权放管结合优化服务改革工作要点》,要求“探索审慎监管”,即对一时看不准的新兴行业或技术前沿问题施行“可先监测分析、包容发展”,而对潜在风险大的,“要严格加强监管”。该文件初步提出将“包容”作为探索审慎监管的重要方面,但并未直接提出“包容审慎”的概念。① 2017 年 1 月,国务院办公厅发布《关于创新管理优化服务培育壮大经济发展新动能加快新旧动能接续转换的意见》,首次明确提出“探索动态包容审慎监管制度”。其后,国家发展改革委等八部门联合印发的《关于促进分享经济发展的指导性意见》(2017 年),国务院发布的《关于加强和规范事中事后监管的指导意见》(2019 年)、《关于促进平台经济规范健康发展的指导意见》(2019 年),中共中央、国务院印发的《关于新时代加快完善社会主义市场经济体制的意见》(2020 年),都明确提到了“包容审慎”。随着“包容审慎监管”被写入《优化营商环境条例》,其已从最初的公共政策话语,转变为正式的法律概念。作为优化营商环境的重要手段,包容审慎监管也被写入法律法规之中。例如,2021 年 5 月施行的《网络交易监督管理办法》第 4 条明确规定,网络交易监管“坚持鼓励创新、包容审慎”原则;多处地方立法也有相关规定,如《贵州省大数据安全保障条例》(2019 年)、《浙江省数字经济促进条例》(2020 年)。数据、个人信息是数据产业的核心和基础,为充分发挥其在数智化时代的巨大作用,有必要将包容审慎监管理念引入个人信息保护领域的政府监管。政府应当给予个人信息保护领域必要的发展时间与试错空间,并根据行业自律情况、个人信息保护现状进行适时适度干预,破解“要么不管、要么管死”的监管困局。

3. 公众参与

随着我国社会管理方式的创新,政府逐渐由管理型政府向服务型政府转型。对于社会问题的治理,我国也不再单纯强调国家管制,而是致力于国家管理、社会协同和公民参与的合作管理。② “不透明、缺乏参与会使规则本身的合理性存在疑问,难以跟上社会进步的步伐,最终必然会导致特别规则与政府干预越多,秩序与自治越少的二律背反现象。”③因此,有必要加强公众参与,在个人信息处理各个环节借助网络平台等方式保障个人参与、拓宽参与途径、强化公民利益表达、救济和监督。首先,个人信息保护专门机构可以建立网络平台,以此提供公众更为便捷的投诉、申诉、监督方式。其次,政府

---

① 参见刘权:《数字经济视域下包容审慎监管的法治逻辑》,载《法学研究》2022 年第 4 期。

② 参见张新宝:《从隐私到个人信息:利益再衡量的理论与制度安排》,载《中国法学》2015 年第 3 期。

③ 周汉华:《论互联网法》,载《中国法学》2015 年第 3 期。

和信息业者也应当通过市民热线、意见信箱等方式听取公众意见并及时反馈。最后,强化公民的个人信息保护意识和维权意识。信息主体注重对个人信息的重视,可以倒逼互联网企业建立信誉机制,为获取用户信任而不断提高对个人信息的保护水平。

小 结

在数字经济高速发展的今天,个人信息的利用需求不断加大,个人信息保护理念也逐渐从信息保护向信息利用倾斜以维持利益平衡。传统目的特定原则无法有效应对"数智化"社会的发展,故而有必要对其加以修正。在参考域外实践经验和相关理论学说的基础上,可以基于类型化和场景化对目的特定原则进行重构。一方面,基于类型化重构目的特定原则。构建敏感个人信息原则上禁止目的外利用、一般个人信息允许目的外利用但要适度的保护格局。另一方面,基于场景化重构目的特定原则。在信息收集阶段,引入合法利益豁免规则作为个人信息合理使用之正当性基础,采用宽泛解释说对合法利益进行界定,通过平衡测试的个案分析限制合法利益的适用;在信息使用阶段,个人信息的处理应当以场景为基础,以风险评估为手段,构建"场景与风险导向的理念";将用户控制与透明机制适当后置,根据风险评估结果判断是否需要披露或提供控制机制,以此提升信息利用效率。以技术嵌入信息处理全流程,形成"隐私友好型"技术架构,延伸用户的控制范围,制定技术标准以弥合法律与技术之间的鸿沟;通过政府、行业、个人三者间的良性互动,适用"行业主导、政府适度介入"之行业自律模式,贯彻包容审慎的政府监管理念。保障公民参与,形成政府监管、行业自律、公众参与齐头并进的多元共治格局。

第五章　个人信息处理的公开透明原则

伴随着信息技术与人工智能技术的快速发展,我们所赖以生存的社会的各个维度、各个视角与各个方位都充盈着海量的信息。在信息处理活动中,信息处理者作为强势方不仅掌控信息将被应用的方式、方法和目的,更掌握个人所不知悉的算法、数据处理技术等,信息主体难以知晓其何种个人信息将以何种方式被处理,也难以了解其个人信息被用于何种处理目的,更难以预测信息处理活动会对个人生活产生何种效果与影响。为了促使个人在信息处理活动中从弱势地位到主导地位的转变,信息处理者应当对个人信息处理与利用的信息范围、处理程序、应用目的等予以公开,确保个人有权知悉其信息处理的一般情况。"公开透明原则"即是对上述问题的原理性回应,我国《个人信息保护法》第7条规定:"处理个人信息应当遵循公开、透明原则,公开个人信息处理规则,明示处理的目的、方式和范围。"公开透明原则不仅对信息处理者来说是一项具备纲领性特质的统筹规制要求,对个人来说更是保障其权益的"原则"保护伞。对公开透明原则进行研究,不仅有助于增强原则的内容适用性与普世理解度,也能够为原则的实际应用者提供丰富的理论基础与指导。

一、公开透明原则的内涵解释

(一)"公开""透明"的语义解析

依据《现代汉语词典》的解释,"公开"一词具体有三个语义:不加隐蔽;面对大家(与"秘密"相对);使秘密的成为公开的。在词语应用上,"公开"既可作形容词,也可作动词。在作形容词的情况下,"公开"表明的是事物的一种属性、状态,与

“秘密”相对。在作动词的情况下，“公开”是主体的一种行为，即主体将某种事物公布于众。对“透明”一词的解释主要有三种：幻灯片的薄纸片；物品所具有的视线得以通过的特性；某种特质，如状况或者论据，有助于理解法律或政策文件。[①] “透明”在语法上多作形容词使用，应作某主体的特定愿景、目标理解。在具体场景下，将“透明”置于政治权力运行之中，主要有如下两个隐喻含义：一是意为权力主体位于公众视线的范围内，不但可见，而且信息能够有效地传达，可以为社会成员自由获取；[②]二则强调公权力的运行过程不隐藏或者模糊原本用意、不歪曲事实，以便使事情看起来更加容易接近。[③] 总而言之，在解析二者的具体应用时，“公开”多作动词理解，“透明”多作形容词理解。

在我国，与“公开”“透明”二词有关的理论研究多集中在哲学、政治学和法学领域，往往同政治性、行政性要素相结合。“公开”一词由来已久，作为一种行为模式、动作，客体常为“点状、块状的信息或文字”，多指由信息衍生主体、信息汇集者将其所有、汇集或汇编的信息为他人知悉的行为。从政治学角度看，无论是根植于封建专制还是现代制度土壤下，其本身都可作权力主体维系、巩固统治的必要手段（如“公布刑文、法令等”）和被统治对象获取上层被垄断与控制信息的渠道理解。相较于“公开”的浓厚文化历史底色与挖掘深度，“透明”则自“入世”后才得到大量国内研究学者的关注，其本身作为一种客观状态与期望达成的价值目标，多指主体在其运作过程中始终可视、被置于可被观察的视野之中，以不被掩饰或不受歪曲的形式呈现至公共领域。从政治学角度来看，“透明”深刻根植于“现代自由主义理论”之下，主张将权力主体裸露于公众之注视下，以达到“训诫”之作用，故而在某些社会形态下不具备现实可能性。

在我国特殊的本土文化属性与观念意识限定下，“公开”“透明”二词在目标实现、对象范围、制度依托以及实现路径上颇为类似，因此常被置于相同的意义之下加以讨论并混淆搭配使用。学理层面上，“公开”“透明”多见于对“政府建构与治理”“权力运行与规制”“资本市场”以及“财政、财会管理制度”的研究之中。因以上特定的理论研究导向与功能定位，在理解二者的语义上便须更具行政性、经济化要素，因而在研究中多被归入维护民主、法治以及公民权利范畴，承担着宏观层面上改善权力主体与所辖对象关系的功能，并由“信息公开制度”这一运行载体具体承接二者的现实投射与要求。

“公开”之于“透明”，二者之间未有高低位阶之分；有学者在探究二者关系时，多数认为呈递进或是因果关系。“公开”与“透明”，二者之间并不具备等价构造，因而不能

---

① 参见王娅：《政府信息公开视阈下的“透明”论析》，载《华中科技大学学报（社会科学版）》2018 年第 4 期。

② See Mark Fenster, *Seeing the State: Transparency as Metaphor*, Administrative Law Review, Vol. 62, p. 617 – 672 (2010).

③ 参见王景玉：《政治透明问题研究》，浙江大学出版社 2013 年版，第 132 页。

等同，即便存在上文所述的相同或类似之处也并不足以消弭二者的实质独特性，二者在内涵价值方面仍泾渭分明。有学者认为："公开"与"透明"的"分水岭"集中体现于权力主体支配信息的价值理念、基本属性及主要方式，其中蕴含的乃是不同的信息控制机制和权力关系。① 就单从"权力主体支配信息"的宏观视野来看，"公开"体现为一种程序性手段、一种行为模式或是一种在信息不对称情况下被统治者获取上层被垄断、独占信息的途径和方式，其本身同价值无涉，具有工具性特征，是否"公开"更多取决于权力主体的主观意愿与制度安排。而"透明"则带有明显的价值倾向，通常与现代民主理念密切相关，例如，促使公权力运转过程的清晰可见，以化解现代和后现代社会的合法性危机，多为被统治者对当权主体的义务要求与衡量评价标准，归根结底亦是其达到维护自身权益的价值目标。故此，"透明"展现的是颇具被动性质的客观状态，构成了对信息获取制度以及权力主体的质性评价；相应地，公开是主动性的一种积极行为，具体的实施效果表面上取决于制度安排，但在实质上依赖于权力主体的主观意愿。②

在二者呈递进式关系下，"公开""透明"不能简单等同还体现在二者在最终价值实现上并非绝对对等；在我国学者对"政府透明化""政府问责"等政治性话题的论证之中，普遍赞同"没有公开，政府就不可能证成其行动。但公开并不足以照亮政府过程的黑箱"③等论断。虽然上述论点是在政治化场景下讨论的，但其嵌套的底层逻辑可融入其他场景理解——"实现透明的必要条件是公开，但公开不必然导致透明"，公开是某些制度实施或程序的必要手段，缺乏了公开这一核心要件，制度或程序便褪去了其存在、运行的正当性和合法性。

（二）传统行政法领域中的公开透明原则

在传统行政法领域中，"公开"和"透明"是具有一般性的行政法原则，常与合法性、问责制、回应性、参与性和良好行政等其他要素密切相关。诸多涉及此领域的法律法规、政策文件以及相关学术研究等，通常将"公开"与"透明"并列使用。在域内外现行的行政制度体系中，公开与透明是诸多行政制度的法理基础；但就二者本身而言，其自身作为对公权力的约束归根结底源自对公民权益的保障。第二次世界大战之后，自由民主思想日益增进，公民作为国家权力的主体，无论在形式上还是实质上都要求更多地参与国家的管理活动，直接或间接表达自己的诉求。因此，"政府信息公开、透明"作为保障公民参政和制约行政权力的制度安排成为现代民主政治发展的基本需要之一。行政法领域对公权力所提出的公开、透明要求根植于对公民知情权的尊重，即无论是讨论

① 参见王娅：《政府信息公开视阈下的"透明"论析》，载《华中科技大学学报（社会科学版）》2018年第4期。

② 参见王娅：《政府信息公开视阈下的"透明"论析》，载《华中科技大学学报（社会科学版）》2018年第4期。

③ 张乾友：《问责、透明化与当代政府的责任困境》，载《公共行政评论》2022年第6期。

“公开”还是“透明”，保障公民“知情权”皆被视为二者的正当性源泉和终极目标。知情权概念源自英文“the right to know”，可译为“了解权”“知的权利”，①一般指公民对国家的重要决策、政府的重要事务以及社会上发生的与普通公民密切相关的重大事件，有了解和知悉的权利。② 瑞典是世界上最早提出“知情权”这一权属的国家，早在1766年便在其《出版自由法》中提出“公开原则”，即要求官方文件应向国民公开。1948年《世界人权宣言》第19条规定首次体现了对知情权的保障，1966年《公民权利和政治权利国际公约》对知情权的保障进一步具体化，1984年《世界人权宣言》则确定知情权为基本人权之一。知情权作为人民主权理论的宪法体现之一，权力主体应当满足公民合理的知情诉求与需要并以行政公开制度进一步保障公民权利的实现。故此，宏观层面下政府相关信息公开等制度即成为保障公民知情权与公权力践行行政公开、透明要求的有力回应。

在我国传统行政法领域层面，将“公开”“透明”二者以“成文”方式引入法律规范的，主要有以下形式：(1)将“公开、透明”以原则方式引入，如2002年公布的《中华人民共和国政府采购法》第3条中对政府采购应当遵循“公开透明……原则”的规定；2021年实施的《行政事业性国有资产管理条例》第4条中对各部门及其所属单位管理行政事业性国有资产应当遵循“公开透明……原则”的规定；2022年施行的《互联网信息服务算法推荐管理规定》第4条中对算法推荐服务应当遵守“公开透明原则”的规定等。(2)将“公开、透明”以具体概念性要求引入，如1994年通过的《中华人民共和国预算法》第1条中政府应建立“公开透明的预算制度”；2020年实施的《优化营商环境条例》第3条中各级人民政府及其部门应当坚持政务公开透明等。(3)将“公开、透明”以指导制定相关文件之理念方式引入，例如2008年首次实施的《政府信息公开条例》中实质性要求各级政府依法公开政府信息，以建立透明政府；2010年实施的《河北省行政权力公开透明运行规定》和《云南省权力公开透明运行规定》中对全省各级党政机关及其工作人员依法依规行使职权，确保权力公开透明运行作出的制度性规范等。不论上述何种形式，“公开、透明”二者在具体规则框架下所表达的寓意以及其终极性价值目标是为了达到公众对政府行政运作过程与结果知情的状态③(通过“公开”手段)以达成对中国透明政府建设的顶层设想(达成“透明”结果)，并最终以此解决公众与政府之间由于建立委托代理关系而衍生的信息不对称问题，④以此实现善政与善治的政府理想。

---

① 参见谢鹏程：《公民的基本权利》，中国社会科学出版社1999年版，第263页。

② 参见王敬波：《政府信息公开：国际视野与中国发展》，法律出版社2016年版，第32页。

③ 参见张红春、卓越：《基于政民互动视角的政府透明度治理与评估》，载《天津行政学院学报》2018年第4期。

④ 参见张红春、邓剑伟、邱艳萍：《大数据驱动的透明政府建设——媒介选择与政民互动重构》，载《北京理工大学学报(社会科学版)》2020年第4期。

制度层面上最具代表性承接“公开”“透明”的是自20世纪始在西方资本主义国家逐步产生并不断完善的一项重要法律制度——政府信息公开制度。公开制度不仅包括政府信息自由制度，还包括对保密制度和行政程序制度，以及监督救济制度等一系列法律制度的构建。[①] 20世纪中叶，美国政府信息公开运动在面临行将倾覆的传统三权分立制衡机制等特殊权力背景下逐步兴起，在历时30年的进程中架构起以《信息自由法》等一揽子立法文件为框架，以设置具有针对性的信息公开方式、程序、救济、监督等制度为主心骨的政府信息公开制度。就我国而言，政府信息公开是给付行政时代下的产物，[②]通过赋予公众申请权以实现向“平权型法律关系”的转变，建构透明政府。[③]

（三）个人信息处理领域的公开透明原则

1. 个人信息处理公开透明原则的内容释义

在传统行政公法领域，“公开、透明”的立意不仅内含对公民个人政治权益的保障，也内含对政府、国家权威的维护。结合立法者意图及当下实践，两者相较，后者的偏向更为明显。然而，随着我国法律体系的不断更新变迁，传统行政公法领域也出现了“与私融合”趋向，现时最具代表性的当属《个人信息保护法》的出台。虽然当下法学界对《个人信息保护法》归属于“公法”还是“私法”的争论从未停止，但不置可否对其两者属性兼有的承认。为了及时、妥善应对数智化时代个人信息不合理使用而造成的问题，《个人信息保护法》应运而生。其中，为应对“由于个人信息处理者不透明、不公开的处理行为所导致的对个人权益的损害”问题，与传统公法将“公开”“透明”二者以“成文”之“原则”方式引入法律相同，《个人信息保护法》第7条规定：“处理个人信息应当遵循公开、透明原则，公开个人信息处理规则，明示处理的目的、方式和范围。”

在《个人信息保护法》对“公开透明原则”规定的具体内容中，“公开个人信息处理规则，明示处理的目的、方式和范围”是对“公开”手段的具体化，“透明”是终极性目标。如果说“公开、透明”的投射立意在传统行政公法领域更具对“政治权力主体权威影响力”的维护，那么在《个人信息保护法》中，“公开、透明”的最终立意可能更偏向对公民“个人权益”的保护。在保障公民合法、合理权益的场景下讨论，“公开、透明”投射于传统行政公法领域，所约束的主体为国家公权力主体；而进入信息处理领域，归因于信息处理领域法是公法、私法兼具的领域法，且信息收集、处理等行为的实际落实主体并非“传统行政公法领域”中的国家公权力主体，故其所辖范围扩大至部分从事或可能从事信息收集、处理事项的私主体并由此共同构成“信息处理者”这一角色，而非国家公权

---

① 参见关保英主编：《法治政府概论》，中国法制出版社2017年版，第359页。

② 参见孟鸿志、张运昊：《大数据时代政府信息公开制度的变革与走向》，载《法学论坛》2021年第4期。

③ 参见喻少如：《合作行政背景下行政程序的变革与走向》，载《武汉大学学报（哲学社会科学版）》2017年第2期。

力主体。在实践层面上，“信息”是由“主体”孵化而来的，但信息的收集、处理可能由“政府主体”或“非政府主体”进行、开展。面向“政府主体”，公开透明原则确立之底层内涵与偏重保障之权益同传统行政公法领域的对政府权威的维护之偏重并无异处，但可能对公民个人权益之保障相较于传统行政公法领域的比重会较多；面向“私主体”，原则确立之侧重保障权益便集中在对个人对信息之知情权益、隐私权益以及自决等权益的保护上。

2. 公开透明原则的落实：告知义务

着眼于落地角度，个人信息处理活动应当是基于权利主体与义务主体之间所达成的双方合意而得以进行，而合意的达成以及落实原则之实际规则的有效实现需要的是个人信息处理者需要对“告知义务”的有效践行，即告知义务是由公开透明原则衍生的必然手段，是横跨合意达成的关键性要素。根据法律、法规之规定，一般情况下，告知义务的履行并不以个人信息处理者是否需要取得主体的同意为前提，即无论个人信息处理者是根据法律、行政法规规定的情形处理个人信息抑或是需要取得主体同意处理个人信息，都要履行告知义务。个人信息处理者须以适当的方式向社会公众或特定个人、群体告知处理规则、处理目的以及处理方式等，个人便可通过公开的处理规则等内容基于自身主观意愿自行作出是否接受该种信息处理方式以及选择何种个人信息处理方式等的决定。

在《个人信息保护法》的规则体系之中，针对“告知义务”的规定形成了一套“原则统领 + 一般性告知规则 + 特殊性告知情形”的三重维度告知体系，原则方面由公开透明原则、知情同意原则为纲领性指导；第 17 条规定告知的一般性规则，包括信息处理者须告知其联系方式、处理目的等关键性信息；第 22 条、第 23 条、第 24 条、第 30 条、第 35 条、第 39 条、第 48 条等处则课加了对“特别信息”的特别告知规则，进一步明确不同场景下个人信息处理者的告知义务，提高了特殊场景下透明度的有效实现。告知义务作为落实公开透明原则必要之手段，义务的履行往往会被课加诸多规范要求。在“告知—同意”两大环节法定相连的情形下，在双重法定主体共同参与的处理活动中，告知行为的后续将直接影响个人是否知情，进而会涉及个人是否会作出同意的意思表示。因此，告知行为必须“事先提前”被履行，不得在处理活动进行过程中或结束完成之后告知。除去《个人信息保护法》第 18 条规定的涉及保密或不需要告知的个别例外场景不需要事先履行告知义务外，在一般场景下均需向个人进行真实、准确、完整的事先告知。即便如《个人信息保护法》第 13 条第 1 款规定的 6 种情形不需要事先获得个人同意的场景下，也需要在处理前履行提前告知义务，告知义务并未被豁免。同时，《个人信息保护法》第 17 条规定，个人信息处理者在处理个人信息前需履行告知义务，这里的“处理”则并非仅代表信息数据在算法等技术参与的单一过程，而是包括个人信息的收集、存储、使用、加工、传输、提供、公开、删除等在内的诸多环节，这意味着处理者进行个人信息可能涉及的上述任一环节的“处理”活动时，都需要履行提前告知义务。当然，例外情况除外。

个人信息保护领域对“透明”的理解，更多的是将其同“知情”建立联系，公开透明原则之期望达到的透明标准则是以个人可准确知悉自身信息将被怎样处理来衡量的。“原则”确立之标准即是为了增强个体对其信息处理的“掌握度”，为达成并提高这种“掌握度”，“告而知”的水平线必然要超越，知情必须满足。无论是对告知义务的要求还是对公开透明原则的要求，最终所追求的价值目标都为“保障信息主体的知情权益”；而个人信息处理者超越此水平线的关键就在于充分履行告知义务，即个人信息处理者应当以显著方式、清晰易懂的语言“真实、准确、完整”地向个人告知个人信息处理的相关事项，这里的充分履行告知义务不仅首先要求满足“显著方式、清晰易懂”的形式要求，做到以一种能够为“社会不特定多数人”所捕捉、知晓的方式呈现；同时亦要求做到对“相关信息从静态到动态应用的全环节披露、公开”，对标“完整”，做到将公开之内容以一种能够为“社会不特定多数人的理解水平”所能接受的方式呈现，即真正做到从“告”迈向“知”，对标“真实、准确”。

当前，国内外隐私政策条款、用户协议以及在提供服务等场景的即时性提示文本、链接等各类形式是承载各国个人信息处理者履行个人信息告知义务的主要载体。“显著”要求个人信息处理者应当以一般不特定多数人容易辨识且易于获取、获得的方式了解到信息处理者告知的内容。例如，隐私政策、用户协议等内容文本需要易于被察觉到、易于被点击访问，用户首先能便捷地访问内容文本且告知内容链接等网络载体不得出现链接无效、内容无法正常显示等情况。同时，“清晰易懂”要求个人信息处理者的告知内容应当易于一般不特定多数信息主体所理解，即使用标准化普通语言阐述，避免使用晦涩难懂、高难度的语言。从目前来看，由于个人信息处理具有很强的技术性，归因于这种“技术”特性，往往会在告知时造成内容、政策文本的冗长晦涩，技术性因素过高情况，致使信息主体没有足够的理解能力与专业水平了解告知的具体内容；对于社会公众来讲，在其没有足够专业能力知悉告知内容的基础上，进而将更没有机会判断告知内容中描述的个人信息处理场景是否合理。但必须明确，告知义务的确立最终要保障的是信息主体的知情权益，则必然以维护信息主体为主要内容，故而告知内容即便涉及诸多技术性疑难因素，也必然要求个人信息处理者须将相关内容以信息主体可以“清晰易懂”的方式呈现。

披露同“公开”一词语义相近，都作“动词”理解，意为发表、公布；在具体落地上，多镶入对制度的监督建设之中，最为常见的是政府信息公开制度、证券市场信息披露制度等。“公开、披露”的意义除满足公民知情权的要求外，还蕴含对“监督”的支持。信息公开披露概念最初源自民众对政府活动信息知情的要求，后紧随资本主义经济与市场经济的飞速发展，披露主体不仅局限于政府，对部分作出行为、决策可能会对不特定多数人产生积极或消极影响的主体也提出公开披露要求。例如我国上市公司的重大事项披露制度的规定:要求上市公司须在可能会发生对上市公司证券交易价格产生较大影响的重大事件时,在广大投资者尚未知悉时应当立即予以公开披露,着重说明事件的起因、目前的状态和可能产生的影响等内容,以保护广大投资者之经济、知情权益。

进入个人信息保护领域,信息公开义务主体从公权力主体延伸至私主体,2022 年年初,国家计算机病毒应急处理中心通过互联网对 17 款 App(包括西部证券、优顾炒股等)存在隐私不合规行为进行批评通报。经监测显示,上述 17 款 App 未向用户明示申请的"全部"隐私权限,没有明确收集用户个人信息的范围,因违反《个人信息保护法》第 7 条之规定被通报批评。该案例表明:"公开披露"的要求并非只局限于对某一环节、某一节点、某一部分的罗列与展示,而是须对"整体"进行"全面"公开。公开透明原则要求处理者对个人信息处理活动相关的重要事项予以完整披露,并贯穿于处理活动的各个环节,从而促进个人对个人信息处理活动相关事项的知情与理解。从马克思主义理论整体与部分的辩证逻辑关系来看,在了解事物时如果仅从部分的角度切入,在看待程度上总会带有偏差色彩,总会对事物的全面了解大打折扣,即便做到披露,也往往达不到预期之效果。然而,这里的"整体与全面"也并非指关于信息处理活动的全部内容,对全部内容进行披露在现实层面上看并不理智,所需要公开的重要事项(主要为处理"目的""范围"和"方式")以保障个人知情权益为基本,那么公开愿望的满足应以能够达成个人可清楚知悉自己的个人信息被谁、被怎样处理、会产生何种影响这一现实效果为标准,即对可能或本身涉及个人知情权益的内容进行全方位公开即可。

3. 公开透明原则的限度:目的、范围与方式

"告知义务"是"落实公开""实现透明"的必要手段。但是,个人信息处理活动的公开透明应当是有尺度把控、有限度要求的,并非要做到全部公开、全部透明。首先,从为实现个人知情权益的保护并保障"告知"之效率来看,知情权虽然是公开透明原则的最为直接的保障目的,但从实际情况而言,公民所渴望的"知情"不是对某一处理活动任何细节、任何环节"事无巨细"的全部知晓,其所需要达到的是对可能或必然涉及其信息权益的核心事项、环节的知悉。如果个人信息处理者将所有涉及信息处理的内容以文字、图表形式公开告知用户,这种义务履行态势其实并不能达成预防个人信息权益被侵害风险的预期效果,"信息大轰炸"模式下的告知方式只会增加用户了解个人信息处理方式真实情况的难度,这显然与立法者确立本条原则的意图相悖,一窝蜂式将全部信息倾囊而出不仅对个人阅读之耐性发起挑战,更加大了对公民从中捕捉关键性信息的难度。从立法之字面规定来看,"明示处理目的、范围和方式"的表述本身就已经将个人信息处理者所需要公开透明的内容框定为"处理目的""处理范围"和"处理方式",立法者在充分了解、尊重个人信息权益的基础上将直接影响个人信息处理行为后果的因素作为法定公开内容,为个人信息处理者的公开内容明示划定了下限、明确了法定公开

内容;在具体操作上,个人信息处理者需要在目的、方式和范围的基础上进一步结合一般及特殊性告知具体规则公开其他内容,从而达到更好的透明、知情效果。

个人信息处理者不仅包含公主体,也同样囊括私主体,这也意味着所有不同性质的个人信息处理者均应当依此公开自身处理个人信息的目的、范围和方式。但所谓的“目的”“范围”“方式”的公开方式和程度并非应当全部详尽,根据我国学者龙卫球、周瑞珏之观点,公开透明原则的普适性决定了该条条款内容不可能详尽列明具体的义务要求,公开的“目的”“范围”“方式”以保障个人知情权益为基本,那么公开透明的限度自然以能够达成个人可清楚知悉自己的个人信息被处理的关键性细节这一现实效果为目标,但此部分限度以“个人所需要”为标准。例如,商业主体在告知用户个人信息处理方式时,公司内部关于信息处理、管理的内部规章制度、业务要求等显然不属于应当告知的事项,并且对于用户来说对此类信息并不敏感且不对自身相关权益产生深刻影响,也就并不关心;个人用户真正关心的是“我的个人信息会被谁收集、被谁拥有”“我的个人信息是否会在我不知情的情况下被其他第三方非法获取”“我的个人信息将被用来做什么”等关系自身权益的事项,而个人信息处理者的专业性技术方案、底层代码设计(包括算法技术)等内容虽然事关个人信息处理方式,但对这些信息的了解并不能帮助用户真正了解个人信息所处的处理状态,反而在某些情况下可能会涉及个人信息处理者自身的商业利益,造成对商业秘密的侵害。故而,从以上角度看,对公开透明原则的含义可以理解为在有限幅度内公开个人信息处理活动的相关信息,并尽可能保障个人信息处理流程的透明可见。

4. 公开透明原则的幅度:利益衡量

在真正落实“公开”之行为时,对于不同主体来说,受到不同因素的制约与影响所需达到的“公开度”要求、标准应当分别而论,即对不同主体来说可公开的范围、程度等也会截然不同,究其原因在于两者自身所涉及的利益种类不同。虽说如上文所述,采用公开透明要求规制政府主体处理信息行为从实质上看似是偏重保障公民的信息权益,但在维护群众之权益的同时还须同其维护的其他国家利益、集体利益进行“利益衡量”。

政府主体作为“权力”的集大成者,在享受各项事务“可操作性”“可办成性”的基础上同样承担着对社会公众利益满足的艰巨任务,这里的“社会公众利益”应当作扩大理解,解释为“国家、集体及公众利益”。在大数据时代,“国家”已不再是如同往常一样充当以超然于信息业者与个人双方关系之外的治理角色出现,而应当是最大的个人信息处理者。[①] 国家为履行国家管理职能掌握了大量公民信息,利用信息本身所具备的巨大潜能在数据热潮时代不断为自身“赋能”提高治理水平,诸如政府会在立足国家安

① 参见张新宝、葛鑫:《个人信息保护法(专家建议稿)及立法理由书》,中国人民大学出版社2021年版,第177~178页。

全、预防刑事犯罪以及其他社会管理的基础上通过通信网络、视频监控、流量监测等方式对个人行为等信息进行采集和处理,进行执法、监管和风险控制。目前,大数据分析已经广泛应用于公共交通、公共卫生、社会管理、政务服务、环境保护、公共安全和城镇建设等多个政府治理建设领域。① 由于大量信息来源于社会公众,必然涉及公众利益,所以必然要做到对信息处理、使用活动进行公开,这也是保障公民信息权益的要求。然而,正因为政府主体所需要平衡、把握的利益范围不止一种,并且在某一具体事件中可能所涉及、所囊括的利益之间也会发生冲突。例如,公安机关在进行刑事技侦中,如果公安机关将其收集的个人信息告知犯罪嫌疑人,即告诉嫌疑人"我们将收集你的消费信息、住宿信息等以用来分析你的出行路线",这种情况下则可能极大概率地阻碍打击犯罪职能的履行,极大降低抓捕嫌疑人的成功率。

就利益本身性质与辐射范围来看,在某些情况下,考虑到国家机关行使国家权力的强制性、公益性特点,在加强对个人信息权益保护的前提下,必然要提供便于国家权力顺畅行使而保障国家利益和社会公共利益的空间,公民权益需要为国家、集体及社会利益让步。例如,《个人信息保护法》规定在符合本法第 18 条第 1 款之规定"有法律、行政法规规定应当保密或者不需要告知的情形的"可不履行告知义务,"紧急情况下为保护自然人的生命健康和财产安全无法及时向个人告知的,个人信息处理者应当在紧急情况消除后及时告知";告知将妨碍国家机关履行法定职责的,可不予告知等条文。上述条文规定了在某些可能存在利益冲突情况下的告知豁免及迟延义务,这主要是基于对国家安全、公共安全等社会公共利益和国家利益的考虑下而作出的个人信息权益的向上妥协。在某些存在利益衡量的事项中,在体量为"1"的标准下透明度最大限度可以达到 0.6 ~ 0.7,余下的 0.3 ~ 0.4 是为维护他种利益所做的让步空间。

对于"私主体"来说,透明度的实现可能会受到"商业秘密"的影响。现如今,算法在很大程度上充当了信息处理"工具"之角色,多数个人信息处理者都会采用算法手段为信息处理赋能;然而,归结于特殊的性质,各个人信息处理者所使用的算法都会或多或少涉及有"商业秘密"部分(无论是自主研发还是购买而得),公开就可能意味着个人信息处理者需要将蕴含有其核心竞争力的算法或相关内容向不特定第三方公布,那么自然不可避免地会加重商业秘密的泄露危机;同时,个人信息处理者对告知义务的履行则极有可能会消弭算法的秘密性,从而使私主体失去获得商业秘密保护的基础。②

公开透明之内在范围虽对"告知"无须做到对关于算法所有的底层代码等全部内容进行公开、逻辑透明,但从现实层面上来看部分处理逻辑及内容则会涉及个人所关注的可能对知情权益造成影响的关键信息。故而,在此情况下根据法定之义务要求则必

---

① 参见石火学、潘晨:《大数据驱动的政府治理变革》,载《电子政务》2018 年第 12 期。

② 参见刘琳:《算法解释权与商业秘密保护的冲突化解》,载《行政法学研究》2023 年第 2 期。

然要求个人信息处理者须对此类内容进行告知，于个人信息处理者来说在无法保障其商业秘密权益下必然会对此产生义务履行的不满情绪、抵触心态，商业秘密权益同个人知情权益之冲突将会不可避免地出现。“做到公开、实现透明”自然是《个人信息保护法》之法定要求，但在“商业秘密”同样作为《商业秘密法》被保护之对象来看，商业秘密之秘密性同公民信息权益之保护性的冲突是影响透明度实现的最大桎梏。如何把握两者之间的平衡是实现透明度的最大考验，在此方面的平衡与困境解决道路依旧任重道远。

5. 公开透明原则的局限：提前告知目的的现实难度

从公开透明原则立法之本意看，在一般性的信息处理活动逻辑顺序下，信息处理者是在首先明确其处理目的的前提下才会开展信息处理活动或言开展产品研发、服务升级，进而立法者据此规定处理活动前的告知义务。然而，在人类的各项生活都广泛依赖数据处理的时代，某些商业机会、社会公众之需求等都是通过提前“分析大数据”而发现的，通过对全部数据的分析，分析师们能够惊奇地发现看似不相关的人、事物之间的相关性，进而获得产品、服务乃至制度创新的灵感。也即信息处理者在处理数据、分析信息之前自身都不一定知晓“目的”是什么，而是在“无目的”之通过对比信息、观察数据发现事物之间的关联、发现某一群体对某一事物的需求等，私主体处理者通过此进而作出前瞻性市场趋势判断及战略性调整，公权力信息处理者据此在理论层面上可以进行立法化调整、政策化出台，实践层面上有效进行制度创新，司法、执法手段及效率的优化。正是这种“没有目的”的数据分析，使得人们摆脱了“前见”的束缚，进而推动了创新和发展。

因此，在大数据时代，明确告知信息的使用目的在某些状态下是不可能的。不同于以往的处理活动，某些探索和研究往往需要以提出一个前提假设为基础，然后通过实验证成或证伪作为后续程序，以提前预定好“目的”限定好需要的数据范围，据此进行处理分析。但在大数据时代，进行数据分析采用的是全部数据而非限定的数据，在不作限定的前提下对全部数据的广泛分析，以此探寻隐藏在数据信息背后的潜在逻辑及规律。这是不同于以往的思维路径的根本性的变化。因此，在特殊的时代背景下，要求信息处理者在收集、使用数据之前给出明确的目的说明，在某些情况下未免有些难度偏大。即使是德国，在如此极端强调个人信息保护的法律国度，也只能无奈地宣称：“虽然要求告知数据主体其数据分析的具体目的，但是可以是框架性和方向性的，而不必穷尽所有的细节。”

二、公开透明原则的立法背景与法理基础

(一)公开透明原则的立法历程与现状

公开透明原则在经历了政治讨论、经济应用到法律原则的逻辑理路后，已然化归为

现代政府规制准则的重要组成部分。早在19世纪中叶,边沁便在传统民主政治语境中对公开透明原则进行初步探讨,他所打造的“全景敞视监狱”蕴含着公开透明原则的雏形,即权力应处于一种有意识的和持续的可见状态,以确保权力自动有效发挥作用。第二次世界大战过后,世界贸易组织的前身关税与贸易总协定(GATT)将透明原则引入贸易制度,推动采购制度透明化,有效遏制了贸易保护主义倾向。及至近现代,欧洲经济合作与发展组织颁布的《OECD指南》将公开原则接入个人信息保护领域,欧盟则通过GDPR实现了法律原则的完善与续造,公开透明原则至此穿行于现代法律框架之内。在这一嬗变中,公平透明原则提供了两大助益:一方面有效限制政府权力扩张,增强公权力机关的可问责性;另一方面有力保障公民知情权,亦预设并夯实了公民自由价值保障与人格尊严得以被尊重的法律机制。在我国,公开透明原则成为公法领域的基础原则,在规制依据公开、行政信息公开、听证制度以及行政决定公开等制度中有所体现,①并随着《个人信息保护法》的出台而被奉为个人信息保护原则之圭臬。在域外,诸如欧盟、美国、巴西等国家和地区通过相关法律制度的构建,塑造了个人信息保护中的公开透明原则。本章在各国和地区立法实践之上,立足于知情权与隐私权对公开透明原则重作解读。

1. 我国公开透明原则的立法历程与现状

社会生活趋向信息化早在20世纪中叶就已随着计算机技术的发展颇具端倪,我国对个人信息领域的立法关注同样肇始于20世纪中叶。自20世纪中叶起,有关隐私、个人信息以及其他相关概念的规定便散见于我国法律、行政法规、部门规章等各类规范性文件之中。近几年,随着《数据安全法》和《个人信息保护法》的出台,我国个人信息法律体系正逐步趋于系统、完善,并从分散立法向统一立法模式迭代转变。② 纵观我国个人信息处理领域的立法进程,“公开”与“透明”作为个人信息收集、处理环节中保护信息被收集者权益的必要化手段,在其法律化的进程中一直呈现出“概括性原则同要求并举”的特征。

早在2012年信息化技术发展的萌芽期,为了规范刚刚出现的个人信息收集“黑箱”问题,2012年12月28日第十一届全国人大常委会通过《全国人民代表大会常务委员会关于加强网络信息保护的决定》,其中针对网络服务提供者等在业务活动中收集、使用公民个人电子信息的行为,明确要求其应当明示收集、使用信息的目的、方式和范围并且在收集、使用公民个人电子信息时,应当公开其收集、使用规则等。同年,国家质量监督检验检疫总局和国家标准化管理委员会颁布的推荐性国家标准《信息安全技术　公

① 参见沈伟伟:《算法透明原则的迷思——算法规制理论的批判》,载《环球法律评论》2019年第6期。

② 参见贾瑞雪:《中国个人信息治理政策主题和跨部门协同关系变迁研究》,载《电子政务》2022年第9期。

共及商用服务信息系统个人信息保护指南》(GB/T 34978—2017)也以“公开告知原则”作出如上规定。

自2015年开始,“数据安全”成为世界范围内新的时代风向命题,加强数据安全顶层制度设计,实现网络和信息核心技术等重要领域信息及数据的安全可控是当时各国立法、执法及司法的焦点之一。2017年《网络安全法》在秉承“将数据安全纳入网络安全范畴,没有数据安全就没有国家安全”的理念下,对信息收集滥用、使用不规范的问题进行规制,要求“公开收集、使用规则,明示收集、使用信息的目的、方式和范围”。2020年颁布的《民法典》第1035条第1款同样明确要求,处理个人信息的,应当公开处理信息的规则、明示处理信息的目的、方式和范围。

近些年,在数据安全问题日益焦灼、个人信息被非法采集和滥用严重从而损害个人合法权益的背景下,2018年《个人信息保护法》被纳入人大常委会立法规划并于2021年正式通过。原先散见于各式法律、法规等规范性文件中对信息收集、处理者告知义务的要求、原则等被“专门性法律”以“公开透明原则”加以统领、指导。就地方性法规而言,《深圳经济特区数据条例》①《上海市数据条例》②也对处理个人信息时信息处理者的“告知义务”作出明确要求。

《个人信息保护法》“公开透明原则”也经历了一个演化过程,在其一审、二审稿、最终稿中均有所规定(详见表5-1)。在一审稿中,公开透明原则的内容为:“处理个人信息应当遵循公开、透明原则,明示个人信息处理规则。”因“明示”一词颇具宽泛概括性,仅言“明示”,并未说明需要公开的具体内容,到底要公开哪些内容、说明哪些方面并未释明。在二审稿与最终稿中,立法者为回应上述问题,对“明示”这一概括性规定进行了进一步细化,便形成了如今《个人信息保护法》第7条的内容。与一审稿相比,最终条款细化了“明示”的实际范围,即从一审稿中的“明示个人信息处理规则”细化为“公开个人信息处理规则,明示处理的目的、方式和范围”,有效增强了公开透明原则的具体适用范围,避免可能会出现的要求个人信息处理主体事无巨细地明示所有个人信息处理规则的不合理情况。在合理保障信息主体权益的基础之上,有效平衡了个人信息权利

① 《深圳经济特区数据条例》第10条规定:“处理个人数据应当符合下列要求:(一)处理个人数据的目的明确、合理,方式合法、正当;(二)限于实现处理目的所必要的最小范围、采取对个人权益影响最小的方式,不得进行与处理目的无关的个人数据处理;(三)依法告知个人数据处理的种类、范围、目的、方式等,并依法征得同意;(四)保证个人数据的准确性和必要的完整性,避免因个人数据不准确、不完整给当事人造成损害;(五)确保个人数据安全,防止个人数据泄露、毁损、丢失、篡改和非法使用。”

② 《上海市数据条例》第19条规定:“基于个人同意处理个人信息的,应当保证个人在充分知情的前提下自愿、明确作出同意,不得通过误导、欺诈、胁迫等违背其真实意愿的方式取得同意。法律、行政法规规定处理个人信息应当取得个人单独同意或者书面同意的,从其规定。处理者在提供产品或者服务时,不得以个人不同意处理其个人信息或者撤回同意为由,拒绝提供产品或者服务;处理个人信息属于提供产品或者服务所必需的除外。”

主体和个人信息处理者之间利益诉求的同时，明确了公开透明原则的适用方式和具体场景。

表5－1　《个人信息保护法》第7条立法演进表

一审稿	二审稿	最终稿
处理个人信息应当遵循公开、透明原则，明示个人信息处理规则	处理个人信息应当遵循公开、透明原则，公开个人信息处理规则，明示处理目的、方式、范围	处理个人信息应当遵循公开、透明原则，公开个人信息处理规则，明示处理目的、方式、范围

2. 域外公开透明原则的立法历程与现状

公开透明原则作为个人信息保护领域的重要原则之一，被世界各国信息领域立法者普遍关注（见表5－2）。以欧盟为例，欧盟很长一段时间并未将公开透明原则确立下来，直至欧盟在由经济一体化演进为政治一体化的进程中，通过一系列立法与立体制度设计将政府信息公开制度确立为其宪法性条约中的透明原则，其透明原则得以触达经济领域、行政执法领域，并逐渐深入个人信息保护领域。其中，欧洲经济合作与发展组织于1980年9月23日颁布的《OECD指南》中较早对此作出明文规定；2013年修订后的《OECD指南》在其第二部分提出了在国家层面保护个人自由和隐私的八项原则，其中就将“个人信息处理公开透明理念”的立法化设计体现为对“公开化原则”的规定：“关于个人数据的开发、应用等，各成员国应当制定一般化的公开政策，确保人们可以容易地知悉个人数据的收集情况、个人数据的性质、个人数据的主要使用目的，以及数据控制者的身份和通常居住地。”2016年，欧盟GDPR使公开透明原则正式成为个人信息数据处理的基本原则之一。其中第5.1(a)条规定：“对涉及数据主体的个人数据，应当以合法的、合理的、透明的方式来处理。”条文中的“透明性”即要求个人信息处理者须以清晰、简单、明了的方式向个人说明其个人信息是如何被处理的，“被处理”的告知内容包括处理数据的主体组织身份以及其使用个人数据的方式和原因。因为透明度是滋生数据主体选择土壤的必然条件，故而透明度在数据主体选择是否同意组织处理个人数据时尤为重要。①

2020年巴西通过的《通用数据保护法》也对数据处理者告知义务的“充分性”与“透明度”提出要求：个人数据处理应当遵循透明原则，即“保证数据主体能够就数据处理和相应的处理代理人获得清晰、准确和易得的信息，且遵守商业和企业机密”。2018年美国加利福尼亚州的《加州消费者隐私法案》（California Consumer Privacy Act，CCPA）在其第2节“立法目的”中明确：“人们期许隐私和其信息的更多控制。加利福尼亚消费者应当能够就其个人信息行使控制权，并且期待防治个人信息滥用的保护措施。企

① 参见邢文璐、宋奇：《互联网环境下欧盟个人数据保护的法律原则》，载《青年记者》2020年第15期。

业可能在尊重消费者隐私的同时,就其企业活动提供高水平的透明度。”

表 5-2 域外关于个人信息处理公开透明原则的规定

颁布国家/国际组织	文件名称	具体原则内容
OECD	《隐私保护和个人数据跨境流通指南》(1980 年)	个人信息的开发、应用和规则等一般政策应当公开;应提供可行的方式以确定个人信息的存在、性质、使用目的,以及信息控制者的身份和住所
国际标准化组织	《ISO29100 隐私框架》(2011 年)	信息控制者以清晰和易懂的方式向个人提供有关信息处理的政策、程序和规则,应向个人告知本人的信息是否被收集、收集的目的、披露给第三方的信息类型、控制者的身份以及访问、更正、删除本人信息的方式,当处理程序有重大变化时应提示个人
欧盟	GDPR(2018 年)	公开原则强调处理数据应当让数据主体知道处理数据的程序、范围和具体用途,不得在数据主体不知情的情况下进行。透明原则强调向个人进行的告知和说明,应当是简洁、清晰、易于理解、便于获取的
巴西	《通用数据保护法》(2020 年)	个人数据处理应当遵循透明原则,即“保证数据主体能够就数据处理和相应的处理代理人获得清晰、准确和易得的信息,且遵守商业和企业机密”

(二)公开透明原则的法理基础

1. 个人信息知情权

公开透明既是手段也是目的。在手段实现上,通过公开建设“面向公众的政府”,对公权力实现必要管控;在目的实现上,提高行政透明度,赋予个人知情权,促进其他基本权利的实现。在这一背景下,信息主体的知情权成为公开透明原则的基础,保障个人知情权,避免公众参与陷入失灵。根据《个人信息保护法》第 7 条的相关规定,公开透明原则作为《个人信息保护法》的五大重要原则之一,该原则的主要目的是保障个人之主体地位,促进信息主体对个人信息处理活动的知情与理解,以减轻由于个人信息处理者不透明、不公开处理行为所导致的对个人权益的损害。① 在《个人信息保护法》中,“个人信息主体”与“个人信息处理者”形成了法定的两造主体关系,因个人信息处理者不道德、不合理行为而产生的侵权纠纷常泛滥于现实生活之中,此两造主体关系在实质上无法平等而论。上述“法定的两造主体”实质上地位不平等归咎于流通于两主体之间的客体——“信息”的公开不透明、不彻底,造成这种不透明、不彻底的前置因素是个人

① 参见姚佳:《论个人信息处理者的民事责任》,载《清华法学》2021 年第 3 期。

信息处理者行为的不妥当,其并未让信息主体准确知悉、理解信息的实际被应用程度,故而造成信息“盲沟”。“盲沟”的存在实质上是对知情权的侵害。

“知情权”是一种宪法性权利,具有个人权、参政权和请求权性质。① 有学者根据知情权的内容不同,将知情权划分为以下三种:知政权、社会知情权以及对个人信息的知情权,分别对应公权信息、社会信息和个人信息。② 其中,有学者将“对个人信息的知情权”定义为公民对涉及自身的相关信息享有知晓的权利。然而,在当下个人信息被广泛应用化、网络化的时代,对“涉及自身的相关信息”一词不能作简单的固化理解,应作动态化的发散理解。此处的信息,不应仅指载于书面、电子或其他媒介的原始静态“信息”,还应包括动态化的“信息”。对“动态”信息的理解应当为:自身信息被谁收集、被怎样存储、信息被以何种规则处理以及信息被处理可能产生的预期后果等。因此,在个人信息保护法领域,公民基于宪法、人权层面上对知情权的享有,在权利行使上必然同样可延伸至有权利知晓个人信息处理者的上述行为,并在必要时要求其须以可理解的形式予以告知并作出解释和说明。当然,“知权利”涉及两方主体,权利的真正实现并不能仅靠权利主体的单向主动行使或义务主体的单向主动履行;归因于部分主体法治意识的淡漠,“沉睡中无法被唤醒的权利”现象在任何一个国家都屡见不鲜,在此种境地下,“知”这一动作则不会在权利主体方以一种主动性迸发的情势出现。因此,为了避免权利被“束之高阁”,义务主体方也应当“主动履行义务”,即主动向权利主体明示其对信息主体的个人信息的处理目的、处理方式、处理规则和处理范围等。

2. 个人信息自决权

公开透明原则以尊重个人隐私权为要旨,公开透明原则与隐私权的核心共识均是围绕个人信息自决的必要性而生发。唯有实现公开透明,信息主体才能更好地行使个人信息自决的权利,而这一权利已日益成为现代隐私权的内涵。隐私权是涉及“个人自由”的民事权利,是保护个人私域免受他方破坏的一种权利,具有绝对性和对世性的抵御权利的特性。③ 对隐私权的立法保护最早起源于英美法系,在英美法系中,权利保护范围由最初的“独处权”发展至包括“私人秘密信息”和“私生活安宁”,再扩张至对私人信息和私人空间的自决,由此而呈现出一种权利由消极抵御向积极利用转化的进步态势。④ 虽然我国当下对“隐私权的保护范围”并没有明确的界定,但从权利本质内涵与性质来看,“个人信息自决权”应当属于隐私权的保护内容。在域外,无论是欧洲各国的个人数据保护法还是美国相关法律对隐私的保护,在内容上都突出强调如何对个人

---

① 参见张庆福、吕艳滨:《论知情权》,载《江苏行政学院学报》2002 年第 1 期。

② 参见翁国民、汪成红:《论隐私权与知情权的冲突》,载《浙江大学学报(人文社会科学版)》2002 年第 2 期。

③ 参见张新宝:《从隐私到个人信息:利益再衡量的理论与制度安排》,载《中国法学》2015 年第 3 期。

④ 参见王毅纯:《论隐私权保护范围的界定》,载《苏州大学学报(法学版)》2016 年第 2 期。

信息的收集、处理、利用、保管、传播等行为进行管理。①

身处于网络信息时代,特别是个人信息已经逐步发展成为一项信息自决权并得到公认,即对有关于个人的信息、资料,主体有权决定如何利用以及在何种范围内利用。隐私权本身已经越来越呈现出可利用的高商业价值趋势,可以创造出巨大的商业利益。② 如果说在信息利用还未普遍化的网络时代对隐私权的保护更多集中在保障私人秘密信息不被他人知晓或恶意传播,那么当下对隐私的保护更应当集中于对"信息自决"的保障。单纯的静态信息所内含的商业价值是有限的,但基于信息存在基础之上的二次开发与分析极具意义。根据部分学者对"个人信息自决权"的理解,信息自决是指基于自决理念的个性自由中包含了个人具备自行决定何时在何种限度内披露其个人生活(信息)的权利。③ 正是基于这一特殊的权利、时代要求,个人当然地享有保障自身信息不被非法收集、不被在不知情的状态下处理、使用等,其有权利知悉自己的信息被谁收集、被如何使用、将对自身造成何种影响,从而决定是否允许信息处理者处理自身的信息。而这一路径的实现正依赖于公开透明原则。

三、公开透明原则的法律功能

(一)统领公开透明规则

德沃金将"原则"定义为:它应该得到遵守,并不是因为它将促进或者保护被认为合乎需要的经济、政治或者社会形势,而是因为它是公平、正义的要求,或者是其他道德层面的要求。④ 概言之,原则只是一种法律对道德因素考量的表现形式。在建构性解释之下,法官可以援用道德原则作为判决依据,被援引的道德原则即被称为法律原则。法律原则与法律规则都是法律的重要组成部分,二者之间的关系一直以来都是法理学的"争鸣"之地。德沃金的原则理论并非仅关注"原则"本身,而是将其同规则链接,就原则与规则的关系而言,其认为:"法律原则和法律规则之间的区别是逻辑上的区别。两套准则都是针对特定情况下有关法律责任的特定的决定。"⑤德沃金认为原则与规则存在三个方面的区别,一是适用上的差别。"规则在适用时,是以完全有效或者完全无效的方式予以适用"⑥。对于特定的事件,一条法律规则要么是有效的,要么是无效的。而法律原则只是一种判断的理由,不一定是一种决定,即在面对具体个案时有明确的适

① 参见李朝辉:《个人信息主体权利保护的核心——从隐私权到对本人信息的控制权》,载《南方论坛》2009年第3期。

② 参见王利明:《人格权法研究》,中国人民大学出版社2005年版,第587页。

③ 参见赵宏:《信息自决权在我国的保护现状及其立法趋势前瞻》,载《中国法律评论》2017年第1期。

④ 参见[美]罗纳德·德沃金:《认真对待权利》,信春鹰、吴玉章译,上海三联书店2008年版,第42页。

⑤ [美]罗纳德·德沃金:《认真对待权利》,信春鹰、吴玉章译,上海三联书店2008年版,第44页。

⑥ [美]罗纳德·德沃金:《认真对待权利》,信春鹰、吴玉章译,上海三联书店2008年版,第44页。

用法律规则时，我们可以不适用法律原则，但当法律规则不明确时，法官可以根据法律原则作出判决。二是分量和重要性上的差别。"原则具有规则所没有的深度——分量和重要性。"①法律原则在适用时发生冲突后，法官需要考量法律原则分量的强弱，但这种强弱不会影响法律原则的效力。两个或两个以上法律规则冲突的结果是某个法律规则在某事项上的无效，而且会被另一条法律规则所取代。三是例外上的差别。在"规则"与"原则"之例外情形上，归因于两者在"不确定性"上的差别，德沃金提到"规则"有例外且可以被完全列举出，但"原则"的例外无法被穷尽。虽然在实践中，规则的例外不可能完全以成文方式列举出来，但在理论上规则应该是可以穷尽的，例外的列举可以使规则更为准确。与规则相反，无论是在实践中还是在理论上，原则都是无法穷尽的，例外的列举也不会使原则更为准确。

在理论研究中，规则是实施原则的具体化手段，原则是规则的正当化理由。② 规则具有"行为规范"的特征，当事人直接依照规则行事即可，"无需考虑规则背后的目的或评价"；③根据德沃金的观点，原则的论据意在确立个人权利。④ 原则的适用及践行必须考虑行为背后的价值目标及对人权的尊重，一般而言是对"自由与平等"的考量。

在个人信息保护法领域，公开透明原则与相关规则的关系同样如此。从原则本身存在的正当化理由出发，"公开透明原则"的要求与价值目标就在于信息处理者应对个人信息处理的全部环节中可能或必然涉及的个人知情权益等重要事项予以全面披露，以促进个人对相关事项的知情与理解，进而在某些情况下能够做出有效的同意，保障公民的知情权与隐私权，最终达成对人权之"自由"与"平等"的践行。作为"最优化指令"的具体化行为规范——规则，则是促使公开透明原则真正下沉落地实践的有效行为手段，在《个人信息保护法》中，关于落实公开透明之具体规则主要有：第 17 条（个人信息处理者在处理个人信息前应当向个人告知的具体事项）、第 22 条（个人信息处理者由于合并、分立、解散、被宣告破产等原因需要转移个人信息时对个人的告知义务）、第 23 条（个人信息处理者向其他个人信息处理者提供其处理的个人信息时对个人的告知义务）、第 30 条（个人信息处理者在处理敏感个人信息时还应当向个人告知处理敏感个人信息的必要性以及对个人权益的影响）等。因此，从《个人信息保护法》的立法框架来看，在"公开透明原则"的统领之下孵化出了具有实际操作意义的"具体告知规则体系"。但在个案中，如果规则无法适用或无具体规则可以适用时，"公开透明原则"即可作为法官之裁量依据，实现"原则"对"规则"的统领和弥补意义。

---

① ［美］罗纳德·德沃金：《认真对待权利》，信春鹰、吴玉章译，上海三联书店 2008 年版，第 47 页。

② 参见衣俊霖：《论个人信息保护中知情同意的边界——以规则与原则的区分为切入点》，载《东方法学》2022 年第 3 期。

③ 雷磊：《法理学》，中国政法大学出版社 2019 年版，第 44 页。

④ 参见［美］罗纳德·德沃金：《认真对待权利》，信春鹰、吴玉章译，上海三联书店 2008 年版，第 129 页。

(二)衡量知情同意的质量

“知情同意”是英美法系的产物。在英文文献中,“知情同意”可追溯至1767年英国的斯莱特诉贝克和斯塔佩尔顿医疗纠纷案(Slater v. Baker&Stapel-ton)。在该案中,法院认为,在实施手术前取得患者的同意是“外科医生之惯例和法则”。[①] 最初,知情同意原则是医学法上的一项重要原则,随着“个人自决”选项逐步渗透于社会生活的各个领域之中,知情同意原则也逐步逐渐显见于其他部门法之中。尤其是在信息化时代,归因于“信息”的广泛应用,数据主体对“信息自决”权利的要求决定了“知情同意”引入个人信息保护法领域的必要性。在个人信息保护领域,知情同意原则是一项法定原则,实践中的主要表现为:平台经营者通过发布隐私政策或用户协议等方式获取相应授权(获得个人同意),从而获得对用户个人信息的处理与利用等相关权限。

公开之完全是达成“透明度”的必然要求,只有实现了全面的信息公开,个人才能真正知情,进而做出无任何非必要干涉的合理决定。在北京市互联网法院(2019)京0491民初16142号黄某诉腾讯科技(深圳)有限公司等隐私权、个人信息权益网络侵权责任纠纷案中,[②]法院认为,知情及同意不仅包括个人对收集信息内容的知情,还包括对收集、使用的目的、方式和范围的知情及同意。在某些情况下,知情同意的质量,可以从信息处理者告知个人的“透明度”来衡量,即一般理性用户在具体场景下,对信息处理主体处理特定信息的目的、方式和范围知晓的清晰程度,以及作出意愿表示的自主、具体、明确程度。在此案中,从微信读书的告知和获取同意的方式来看,《微信读书软件许可及服务协议》中与好友列表及读书信息处理有关的条文不仅没有作显著提示,并且两处“好友”更容易让一般用户想到的是微信读书软件内的好友,而难以联想到注册微信读书即可在没有微信读书好友关系的情况下,将微信好友关系迁移到微信读书,且读书信息默认被公开。在关于微信好友列表与读书信息的使用方式上,微信读书的告知是不充分、不全面的。微信读书收集原告的微信好友列表,向原告并未主动添加关注的微信好友自动公开读书信息,并未以公开的手段到达合理的“透明度”告知原告并获得原告的同意,侵害了原告的个人信息权益。因此,在未清晰告知和获得用户有效同意的

---

① 参见赵西巨:《从知情同意原则的历史渊源和发展轨迹看其所保护之权利及其性质》,载《南京医科大学学报(社会科学版)》2005年第4期。

② 黄某诉腾讯科技(深圳)有限公司等案,北京市互联网法院(2019)京0491民初16142号民事判决书。原告黄某使用微信账号登录腾讯公司推出的阅读应用“微信读书”后,微信读书会向原告共同使用该应用的微信好友公开原告的读书信息。在《微信读书软件许可及服务协议》中,与好友列表及读书信息处理有关的条文包括第2.1条:“你启用本软件后,可以阅读、赠送、分享、评论你通过本服务购买的电子读物,你也可以浏览你的微信好友通过本服务阅读、分享的读物及其读书想法等。”第5.5条:“你理解并同意,本服务默认生成软件使用信息(包括但不限于你的书架、你正在阅读的读物、你推荐的读物及你的读书想法等信息)并向与你有微信好友关系的其他用户开放浏览可见。”原告主张,微信读书收集原告的微信好友列表、向共同使用微信读书的微信好友公开读书信息的行为未取得其有效同意,侵害了其个人信息权益。

情况下不当处理用户信息已然构成对公开透明原则及知情同意原则的违背，是对数据主体个人信息权益的侵害。

在个人信息流转、应用的"全生命周期"中，知情同意是一道"闸口"，无论是信息采集、利用，还是相应转换、转移，均绕不开"知情同意"。[①] 在上述行为模式下，要想获取数据主体的"同意"必要让其"知情"，只有到达"知情"这一思想状态，个人才可作出是否"同意"的价值判断。《个人信息保护法》第 14 条对知情同意原则作出详尽规定，针对应当取得事先同意的信息处理活动，该同意应当由在"充分知情"的前提下自愿、明确作出。要做到知情，就必然要将所涉信息处理的相关事项告知个人。由此可以理解，若要达成"知情"，则必须满足的一大前置条件是必须要求个人信息处理者做到对个人信息的处理目的、处理方式、处理范围等事项的公开且透明，只有达到此等状态，个人主体才有可能知情，进而作出同意的意思表示并且行使其他相关的参与性权利。由上述逻辑顺序可以推断，只有"公开透明"才能做到"知情"，只有"知情"才能做出"是否同意"的意思表示。即"公开透明"—"知情"—"同意"是自前往后不可颠倒的一般性逻辑顺序。

虽然"公开透明"是达成知情的必要手段，但并不是只要公开透明就能够达成真正意义上的知情。公开透明与知情之间有一道不可跨越的鸿沟，鸿沟的消弭需要"告知义务"这一载体，并且此等"告知义务"需要达到个人的真正知情，即根据信息处理者公开告知的相关内容能够准确了解该处理活动会对自身的信息权益或其他权益造成何种影响等，个人基于这种真正意义上的知情则会作出更为有效的判定与同意，为此《个人信息保护法》特别规定信息处理者的告知义务，此义务不仅针对一般性信息处理活动制定了较为全面的具体规则，同时在可能面临的特殊情况下也特别课加他种规则，为在各种纬度、层面上提升透明度，保障知情提供了极具价值之土壤。告知越全面，越有效，知情便可得到最大程度上的保障。"公开透明"原则落地的具体手段——告知义务在某种程度上决定了"知情"可能达到的标准与水平。因此，"公开透明"作为"知情同意"的前置性条件，不仅是其必经环节、手段，更是决定"知情同意"质量的前提标准。

（三）保护个人信息自决

"信息自决权"概念源自德国，意为公民"有权自己决定何时在何种范围内将有关个人生活的信息传达给他人"。[②] "个人信息自决权"概念起源于 1983 年的"人口普查案"（Bundsverfassungsgerich. 65 BVer GE1）。德国联邦宪法法院在该案中通过德国《个

---

① 参见姚佳：《知情同意原则抑或信赖授权原则——兼论数字时代的信用重建》，载《暨南学报（哲学社会科学版）》2020 年第 2 期。

② See Christian Bumke & Andreas Vokuhle, *German Constitutional Law: Introduction, Cases and Principles*, Oxford University Press, 2019, p. 110 – 111.

人信息保护法》第 1 条之“个人价值与尊严”以及第 2 条之“一般人格权”条款推导出了“信息自决权”这一概念，其认为《个人信息保护法》中的“个人价值和尊严”体现为“自由的自主决定”。在信息时代，基于自决理念的个性自由与个人尊严包含了个人具备自行决定何时在何种限度内披露其个人生活的权利，此种权利即为“个人信息自决权”。[①]自“信息自决权”概念于德国被创设后，日本等多国开始于立法中予以显现，成为其信息领域立法的重要权利基础之一。我国虽然没有立法上的明确引用，但在理论研究界对信息保护法的法理基础探讨已得到广泛认可。

从概念看，信息自决所保护的是个人对其信息的全周期控制，颇具个人权利价值色彩。但在“信息自决范围”上，我国著名学者王泽鉴指出，尽管德国宪法法院创设了“信息自决权”的概念，承认了个体对其信息享有个人自治和自决的法益，然而并非认可个体对其信息享有绝对的排他性支配权，个人信息保护仍然需要受到比例原则等的限制。[②] 事实上，并非所有收集个人生活信息的行为都会侵害个人尊严或者干涉私领域的自决权，个人作为社会中的一员，必须忍受一定程度的个人信息收集和处理行为，这也是国家履行义务的必要前提。[③] 因此，信息自决权应当受到一定的限制。在我国《个人信息保护法》中，针对部分情形规定了信息处理者在处理信息前可不取得个人同意，如国家公权力主体为“履行法定职责或者法定义务所必需”时不需要征得同意。国家公权力主体在某些情况下为履行国家职能、更好地服务于社会公众，对信息的处理是必要的，在这种情况下，根据利益平衡理论，个人自身权益让渡于国家、集体或社会利益则可被理解。

当然，无论个人信息自决权的范围为何，权利创设之初的价值在于对个人人格尊严、自由的尊重。“自决”意为自我抉择，自我选择；而作出抉择的前提是需要有充分的选择基础，有充分、全面的资料、材料或其他信息文件等支持其作出价值判断。实践中，除去因国家、集体及公共利益等公共性目的收集个人信息并作处理应用外，大多是商业主体利用其所收集的信息作处理应用。在此情况下，于私人信息处理者而言，因信息目的应用之偏私人极有可能导致为了过度追求利益而忽视对个人权益的保护，并且国家机关信息处理者虽多为了社会公众之利益而处理信息，但大规模存有、收集、处理信息本身就蕴含着可能影响、支配和歧视个人的潜在风险。因此，针对个人信息处理者可能存在的不合理行为便以公开透明之原则予以规制，以法定义务要求处理者对个人信息的处理目的、处理方式、处理范围等事项的进行公开且透明，只有做到公开透明，处理者

---

① 参见赵宏：《信息自决权在我国的保护现状及其立法趋势前瞻》，载《中国法律评论》2017 年第 1 期。

② 参见王泽鉴：《人格权法：法释义学、比较法、案例研究》，北京大学出版社 2013 年版，第 200 页。

③ 参见杨芳：《个人信息自决权理论及其检讨——兼论个人信息保护法之保护客体》，载《比较法研究》2015 年第 6 期。

才将可供个人作出判断的前置性地基呈现,才能为作出“信息自决”提供有力的选择基础。因此,公开透明原则与信息自主原则密切相关;若无公开透明,则信息自主无从谈起,自决权益更无法保障。

公开透明原则的确立正是立足于对个人信息自决的保护,“个人信息自决权”是公开透明原则一大重要的法理根基。虽然信息自决权并未以“成文”之形式体现于我国法律法规等规范性文件之中,但早已被我国学者证成其存在的必要性和合理性。信息自决权从权利本质内涵来看,应当属于隐私权的保护内容,强调个人如何对自身信息的被收集、处理、利用、保管、传播等行为进行全方位、全流程管理,以免丧失对信息的控制从而对自身造成消极性影响,在维护信息权益的同时也是对隐私权益的保护。在实践中,充当收集、处理、利用、保管、传播等行为的主体往往掌握信息的“流通与使用”权力,规制其行为与“权力”的行使理所应当。正是在权利本身的价值指引之下,为保护个人应当享有的信息权益,便衍生了对信息处理、收集者的“公开、透明”要求。“信息自决权”为“公开透明原则”的确立提供强大的存在价值,“公开透明原则”的确立亦是对个人信息自决的保护。

四、公开透明原则落实中“告而不知”的困境及应对

(一)“告而不知”架空公开透明原则

“透明状态”是“公开”手段最终想要达成的目的,“公开”是达成“透明”的必要之条件。透明并非仅指达成某种静态“状态”,而是须通过满足某种状态从而达到对“权利”的保障;公开也并非仅指一个单纯的瞬间性动作,而是指“带有目的性,期望达成某种状态”的一个行为;那么,为了达成这一具有“期望目的性”的行为,必然存在对“行为”的要求。从信息处理者的角度来看,个人信息处理者只有通过“公开”才能达成对“实现透明”状态的践行;但从信息主体来看,“知晓、明晰、清楚”才是判定“公开”是否存在意义的正当条件。只有“告而知”才能符合“公开”真正的价值目的,达成“公开”最终期望实现的状态;单纯的“告而不知”或“告而略知”都是片面、不完善的。

“告知”义务不仅是落实“公开透明”的具体化措施,也是促使个人“知情同意”的前提性条件。为此,《个人信息保护法》特别课加个人信息处理者以特别的告知义务。信息处理者需将被收集的数据范围、具体用途、类型、目的以及可能在使用过程中遭遇的风险等与被收集者信息权益有关的关键性内容的提前告知被收集者。同时,“公开透明原则”要求所对应的主体虽是个人信息处理者,但并不代表要求所达到之“目的”是以“处理者”自身认为之标准来衡量,而是以一般不特定多数个人的“接受程度”来衡量,

即以“告知”的形式与内容是否真正被个人真正的“接受”为标尺。[①] 实践中，信息收集者多通过“在打开 App 或获取服务时弹出隐私政策、免责条款”“注册会员或用户时弹出信息收集选项框”及“个人信息保护政策”等形式履行告知义务，借助上述条款获得被收集者的同意，以达到现行法律的要求。信息收集者、处理者的行为虽满足立法者的形式要求，但结合法律对“告知义务”本身的规范要求来看，上述环节实质上往往沦为“形式”。

（二）“告而不知”的成因分析

1. 告知条款表达内容冗长、繁杂、晦涩

信息收集处理者提供的相关条款往往是“篇幅冗长、关键性内容少、排版混乱、结构复杂且文字诘屈聱牙的”，[②]告知条款的“条例数目众多、字数庞多；内容庞杂可抓捕性弱、关键性内容不具体，文字表达晦涩难懂”，这些特征很大程度冲抵了用户在信息自决时能够仔细阅读相关条款的耐性和可花费时间知悉实质内容的可能性。在实际操作中，用户往往会选择在未充分了解的情况下在 2～3 秒内快速划过，从而致使“告知”沦为信息收集、处理者与个人履行法律义务、行使法律权利的程序形式。

造成上述现象的底层逻辑有二：一是信息收集者为了规避自身的法律风险而将所有相关信息无遗漏地陈列或不告知关键性事项；二是信息处理者借用捆绑式方式附加不必要的内容以此给用户造成阅读困难，以违反人性之形式快速达成其获取信息目的之需求。[③] 对于提供某种服务或产品的信息收集、处理者而言，以公众可接受之语言逻辑、内容深度等履行告知义务可能会降低公众同意其收集、处理信息的可能性；在给予公众充分了解、知悉信息将被用于何种用途、被如何处理之土壤之上必然会滋养出充分的信息自决空间，公众自然会在掌握充足主动权的前提下仔细审阅并决定是否交出自身的隐私信息。所以，如果关键信息被淹没在冗长的文字之中、信息的被处理方式及目的等以晦涩等语言表达出来，那么阅读者对有效信息的阅读和抓取是十分困难的且耐心不足的。冗长和不便阅读也意味着被收集者完整地阅读完隐私条款的时间成本是巨大的。有关研究表明，个人在一年中若完整地阅读完其所使用应用之中的隐私政策条款，需花费约 244 小时。[④] 美国研究表明，一位美国网络用户如果阅读隐私政策，每年将会花费大约 201 小时，换算成经济成本将近 3534 美元；如果全美所的用户都逐字阅读

---

① 注意，这里的“接受”应作扩大解释，不仅处理者需将信息公开、披露，使主体初步知晓，更需要将公开、披露的信息使主体真正能够明白、理解。

② 郑佳宁：《知情同意原则在信息采集中的适用与规则构建》，载《东方法学》2020 年第 2 期。

③ 参见万方：《隐私政策中的告知同意原则及其异化》，载《法律科学（西北政法大学学报）》2019 年第 2 期。

④ 参见易江鹏：《个人信息保护中的知情同意原则：困境与出路》，载上海市法学会编：《上海法学研究》2021 年第 5 卷，上海人民出版社 2022 年版。

网络隐私政策，一年内的经济成本将高达7810亿美元。① 对于生活在高节奏化社会生活中的公众来说，仅在隐私政策及个人信息隐私保护条款等信息收集条款中投入如此之精力是不太现实的，并且"即使花费时间和精力去读完读懂隐私声明条款的内容含义，但如果要适用某项服务也没有拒绝的权利，这也降低了公众的积极性"。② 在需要某项服务的前提下，是否有必要仔细阅读相关条款已不再是信息被收集者着重关注的问题。因此，信息被收集者在面对此等隐私政策条款时往往不假思索地直接勾选"已阅读完毕"，以避免浪费时间阅读冗长的条款。事实上，这种操作对于接受服务者来说是极为方便和高效的，但这也使得信息被收集者对隐私政策条款的内容一无所知，其同意只不过是适用信息收集者所提供之服务的高度程序化事项。③

同时，同意的有效性在很大程度上也取决于被收集者能否正确接收信息收集者所传递的信息，正确接收的前提是对告知条款进行了充分的阅读并有效理解，除了以上阐述的内容庞杂、高成本时间等问题外，"可读性不强"往往也是使被收集者面对冗长政策条款望而却步的一大原因。隐私政策条款在阐述上往往高度抽象，需要一定的认识能力。在信息化时代，信息的收集和处理往往会通过"算法"这一媒介实现，算法本身蕴含了较高的科技性、智能性，采用算法处理个人信息的处理者还需披露算法的基本原理及运行机制等同信息处理相关的内容，而算法本身(算法内容与运行逻辑等)的解释也必然会采用专业性语言来阐述，此要求已经超出了一般告知义务仅对"处理方式"的告知要求。对于大众来说实现对专业性语言的有效理解的难度亦是客观存在的，即便信息收集、处理者可以完全绝对地实现对算法的透明与有效公开以便于被收集者充分阅读，但被收集者对技术领域的知识空白与固有的认知局限往往成为"知情"的阻碍。④ 因为知情积极性受阻，故而亦会导致同意的有效性被大打折扣。一旦"自决"沦为程序化事项，那么自决行为本身便不再具有思考与考量空间，即便作出同意的意思表示，其有效性也会被挫弱。

2. 告知条款未能为个人有效捕捉

除去告知行为中"告知内容"的本身存在弱化知情之嫌疑外，信息收集处理者"未明显显示隐私政策条款，未通过弹窗等明显方式提示用户阅读隐私政策等个人信息收集使用规则"的行为，同样会使个人没有足够的机会"明悉"条款中的真正内容。在杭

① See to Leecia M. McDonald & Lorie Faith Cranor, *The Cost of Reading Privacy Policies*, A Journal of Law and Policy for the Information Society, Vol. 4, p. 540 – 541(2008).

② 郭旨龙、李文慧：《数字化时代知情同意原则的适用困境与破局思路》，载《法治社会》2021年第1期。

③ 参见丁晓强：《个人数据保护中同意规则的"扬"与"抑"——卡－梅框架视域下的规则配置研究》，载《法学评论》2020年第4期。

④ 参见易江鹏：《个人信息保护中的知情同意原则：困境与出路》，载上海市法学会编：《上海法学研究》2021年第5卷，上海人民出版社2022年版。

州互联网法院审理的(2020)浙0192民初4252号杭州市余杭区人民检察院诉某网络科技有限公司个人信息民事公益诉讼纠纷中,被告某科技公司即存在“未在显著位置公布隐私政策,未明显主动提示用户阅读收集个人信息规则、在申请收集用户行踪轨迹(定位)等个人敏感信息时,未同步告知用户其目的”等问题,属于违法违规处理用户个人信息的侵权行为。最终该案经调解由被告更改不合适行为,并在今后以明显方式主动提示用户。①

从《个人信息保护法》确立公开透明原则的立法本意来看,获得最终相对的、理想化的“透明状态”,不仅要求“告知”的内容具备实质性要素,而且“告知”的形式须妥当。就上述案例来看,信息处理者未能“主动”以“明显、显著”的形式提示用户阅读隐私条款,这一行为本身就带有消极性质的“不履行告知义务”之色彩。就“告知”行为本身来看,其作为落实“公开”、实现“透明”的必要化手段,既带有“公开”之“动作”要求,亦包含“透明”之“被理解”诉求;就仅从带有“公开”之“动作”要求角度看,信息处理者必须有“公开”的明示动作,以做出某些物理性、客观性行为或安排以上“动作”须以个人能够切实感知、阅览为基准,并不以信息处理者的主观意愿为判断标准。就上述案例而言,某科技公司“未在‘显著’位置公布隐私政策,未明显‘主动’提示用户阅读收集个人信息规则”以至于用户以其普遍、一般性的“阅读习惯、方式”无法有效捕获隐私政策、信息规则,也即从用户角度判断此公开行为并未达到实质性的公开效果,只做到了满足处理者符合法律法规规定之形式要求。这种“表面公开”但实施效果上“未公开”的行为虽不能简单等同于某些处理者直接的“带有积极色彩的不公开”行为,却反向契合了“带有消极色彩的不公开”。这种“告知”虽满足了公开之动作要求,却未能达到“透明”之“理解”诉求,这同样也是“告而不知”的另一形式。无论是“动作”行为下消极履行公开义务还是在“被理解”程度上未能真正意义上告知应当公开的内容,以上两种行为看似已经满足了《个人信息保护法》对信息处理者的显著要求,但在达成“透明”状态上差距甚大。

(三)消弭“告而不知”的路径

为了真正实现对“透明”这一理想状态的相对达成,必须要做到在告知环节上加强规范。首先,为了避免“透明度”被模糊化,信息处理者在“告知”载体——文字、言语上应最大限度上避免采用晦涩、艰深的行业专业术语,转而使用平实且直白、通俗且易懂的语言进行表达,使得表述的内容能够最大限度上满足用户的可接受程度。无论是在采集、告知、处理还是其他信息处理环节中,专业用语的可被接受范围最大不得超过该行业人员的整体理解程度。基于面向群体的考量,专业化表达非但不能有利于诠释信息处理者的本来意图,反而使不具有专业化知识的用户难以理解有关内容。

---

① 参见杭州互联网法院民事判决书,(2020)浙0192民初4252号。

其次,信息处理者应当采用显著的告知方式,这意味着显示告知内容的隐私政策、条款等形式须以可被用户看见、可被快速捕捉之形态出现在界面之中,且这种可见度的可能性至少应当是合理的。如果不能建立这一链接环节,用户无法看到告知内容,更何谈后续环节的实现?因此,隐私政策、用户协议等文本内容需要易于被察觉到、易于被点击访问。在用户需要以单独点击、单独勾画或线上电子签名等方式提交采集同意之确认的界面上,既应全面地显示将要采集信息的类别、用途、采集方式等要点信息,又应在该界面上提供显著的链接,以便用户查看完整的隐私协议内容。① 同时,考虑到相关告知内容、隐私条款等现实原因,其内容无法通过简短的篇幅完整地概括出来,并且单纯地摘取关键性信息会造成新的"理解困局",信息处理者有义务在原本公开的详细之文本内容上对用户可能或必然关注的内容条款进行"标红、加粗"或采取其他有别于一般性文本文字的格式进行标注,以便于用户捕捉关键信息,从而达成真正之告知义务。信息处理者除在客观上更正不适当行为以外,应摒弃无所顾忌的商业逐利观念,主观上应当树立高度的行业自觉与社会责任意识,将保障国家、社会、公民之权益作为其主流价值观念。

最后,个人信息监督管理部门——网信部门作为国家法定监督管理部门也应充分发挥其监督管理作用。《互联网信息服务算法推荐管理规定》第27~29条,《个人信息保护法》第66~71条等相关规范都赋予了其可以对相关违法行为进行行政处罚的权力。对不合理行为不仅应当做到主动监督、警示、警告,进行动态监管,并且应当对严重行为予以处罚,从外部破除"告而不知"问题。此外,虽然《个人信息保护法》是信息处理者的规制法、个人权益的保障法。但为了最终达成立法者之根本意图,真正实现信息流通之顺畅,个人也应当主动、积极地行使权利,维护自己的信息权益,避免充当权利的沉睡者。在面对信息处理者不合理的告知"内容"及"形式"时,应当运用多种方式及时维护个人权益。

五、公开透明原则落实中"算法黑箱"的困境及应对

(一)"算法黑箱"模糊了对"透明度"的追求

美国学者科尔曼将算法定义为:"算法(algorithm)就是任何定义的计算过程,该过程取某个值或值的集合作为输入,并产生某个值或值的集合作为输出。这样算法就是把输入转换成输出的计算步骤的一个序列。"②简而言之,算法就是"计算机完成一个任

---

① See Patrick Myers, *Protecting Persona Information: Achieving a Balance Between User Privacy and Behavioral Targeting*, University of Michigan Journal of Law Reform, Vol. 49, p. 717, 742 - 743 (2016).

② [美]托马斯 H. 科尔曼等:《算法导论》(原书第3版),殷建平等译,机械工业出版社2013年版,第5页。

务所需的一系列步骤”。[①] 在大数据环境下，输入一个或者多个信息或指令，有效运行的算法就能够得到确定的结果。

在如今算法普及的个人信息爆炸时代，算法自然而然会与个人信息相关联。比如在滴滴、曹操出行等网约车 App 中，通过算法计算用户的需求信息，为乘客派送合适的服务对象，以满足用户的服务要求；在电商购物等场景下，算法通过读取用户的搜索、浏览、购买等信息记录，综合计算出该用户的兴趣趋向进而推荐符合其偏好的商品……然而，在享受高效率智能化服务的同时，令人担忧的是：在社会运作高度公开化的趋势下，数字空间的运作逻辑——算法却是不透明的。算法运行过程中在同“人”的要素结合后难免会产生模糊透明的问题，“算法黑箱”便是关于“不透明”的一个比喻，即人们把影响自身权利义务的决策交给了算法，却又由于不公开或不理解等主客观性原因等无法明晰算法的内部逻辑或决策机制，从而导致人们根本无法知悉自己被怎样做出了应用与选择。

在信息处理场景讨论算法技术，“黑箱现象”具有普遍性。由于被处理客体——“信息”的价值早已不仅是通过单一数量或数目的静态“展示”或“列明”而发挥出来的（如简单的仅某地区人群学历信息情况的罗列）。当下社会各层面对“信息”的需要也不再是满足于收集后的静态罗列，而是通过对多数甚至是海量信息进行“特殊性、专门化”处理而得出被掩藏于信息背后的，能够反映社会运行或揭示某一现象的深层次逻辑及规律。在数智化时代，承接“特殊性、专门化处理”已鲜少以人工手段进行，而是采用算法等技术性手段替代，信息的准确性及效率问题得到极大提升，但由于算法在运行过程中与个人信息的关联性、依赖性极强，这种“不透明”势必会对个人信息权益进行反向侵蚀，损害知情权益。

算法的“黑箱”化运作特征及技术层面的应用不当，在实际操作中可能导致算法与资本或权力相连接，成为“损害个人权益和社会福利的工具”，[②]影响社会公众对算法技术价值的认知，削弱政府主体与其他非政府主体运用技术进行治理、处理事务的正当性。[③] 同时，算法因机器、潜入、架构和资本优势，横跨虚拟和现实世界、公权和私权领域，隔绝公众的理解，为算法使用者缔造起“算法霸权王国”，改变了算法使用者与相对人原本存在的平等地位和对等权利状态。进入个人信息保护领域，黑箱现象所削弱的是主要是信息被收集、被处理者的知情、隐私权益，同系统黑箱理论底层逻辑相似——个人无法从外部直接观察内部状态，仅可从信息输入端和结果输出端分析系统规律，从

---

① ［美］托马斯 H. 科尔曼：《算法基础：打开算法之门》，王宏志译，机械工业出版社 2015 年版，第 1 页。

② 杜小奇：《多元协作框架下算法的规制》，载《河北法学》2019 年第 12 期。

③ 参见谭九生、范晓韵：《算法“黑箱”的成因、风险及其治理》，载《湖南科技大学学报（社会科学版）》2020 年第 6 期。

而不清楚自身的信息被何种数学公式所计算、被何种编程所运算，该运行逻辑是否会侵害自身权益？

黑箱本身的不透明性特征与个人信息保护的公开透明原则要求南辕北辙，公开透明原则首要的追求就是保障个人对其信息在处理过程中的知情，而黑箱恰恰弱化了信息主体的知情权。故而，在恶性演变下，不透明性势必会进一步带来算法权力扩张、算法异化、算法歧视等问题，从而危及个人信息主体人格尊严与自由甚至社会公正与平等。算法开发者亦可能会利用数据主体的弱点进行“大数据杀熟或者根据敏感信息等对特定群体进行结果操纵”。如果不进行必要的规制，将产生一系列危害后果。算法偏见可能会放大已有的人类偏见，严重影响不同群体平等权利的实现与维护。算法权力的技术性、单方性和隐蔽性特征，加剧了不平等性、阻碍了自由选择、增加了不安全性。因此，为了规制算法使用行为，避免算法权力成为法外之权，对算法透明的要求实属应当。不论在何种场景下，算法的透明性要求不仅是法治政府和公平社会的本质需要，也是保障公民权益的必然规范。正因如此，达成算法的相对透明度一直是算法规制治理领域的重点。

（二）算法不透明的两大表现形式

从黑箱现象产生之成因角度切入对算法黑箱现象的理解，有学者认为，算法“黑箱”指的是算法运行的某个阶段“所涉及的技术繁杂”且部分人“无法了解或得到解释”，从而导致部分人之权益受到侵害；[①]而切入个人信息处理领域，这里的“无法了解或得到解释”的主要原因可归咎于人工智能算法的不透明，其中的“不透明”问题可从个人信息处理者以维护其商业秘密、国家秘密等不被泄露或其他不愿公布角度理解、可从算法自身的高难度可被公众理解性及技术应用者未能采用能够被大众“认知水平”可接受的语言进行阐述角度理解。根据伯勒尔对阻碍算法参与决策公开透明实现的形式分类，“不透明”的主要表现形式主要有二：一是“故意保密不公开”；二是“技术理解文盲”。

1. 形式之一：“故意保密不公开”

分析“故意保密不公开”问题可以从个人信息处理者主观的善恶意角度分类讨论：一方面，个人信息处理者主观恶意选择不公开，信息处理者强势拒绝公开，由于掌握算法技术的主体从源头强势地切断信息的主动流出，那么无论怎样努力，其本身都不可能被公众知晓，更不可能再谈论透明的实现。另一方面，归因于算法自身的特殊性，其本身在创设之初便具备可能会涉及商业秘密、国家秘密、知识产权等因素应当被保护，因算法是个人信息处理者自行耗费巨大成本研发而成或花费巨额金钱购买而来，通常会

---

① 参见仇筠茜、陈昌凤：《基于人工智能与算法新闻透明度的“黑箱”打开方式选择》，载《郑州大学学报（哲学社会科学版）》2018年第5期。

被冠以商业秘密、知识产权名号或额外施加保密措施精心呵护或是参与信息处理的算法系统、软件包含着某种或多种不应当被公开的秘密类型。例如，支付宝软件中的芝麻个人信用评分系统，用户根本不清楚自身的评分分数是如何被计算出来的。除去为维护国家、社会利益等强制性因素不能对外公开算法运行细节，相比于不公开的故意隐瞒，以保护竞争优势为名的商业秘密或其他保密性制度将为信息处理者故意隐藏规则、操纵消费者和制造歧视创造更多的灰色空间，[①]从而导致算法一直披着“技术”的外衣并持着保密性保护伞未能向社会公众进行全面性解释。个人信息处理者可能因无法平衡商业秘密或知识产权带给其的商业价值利益与保障公众知情权的权益，而最终选择维护其商业利益选择不愿公开。

2. 形式之二：“技术理解文盲”

一般情况下，《个人信息保护法》要求个人信息处理者在处理个人信息前需要在个人充分知情的前提下获取其同意。因此真实、准确、完整的告知是获取有效同意的前提。个人信息处理者即便是基于法律、行政法规规定的情形处理个人信息，在此情况下虽然不需要取得个人的同意，但是仍然要履行告知义务。[②] 在“不透明”的问题上，“透明”要求投掷在有算法技术参与处理之领域下，其原则性内涵与“无算法技术参与处理之领域”有所不同。在内涵宽度上，两者除对一般性的目的、方式、范围等须做到全面公开外，有算法参与之处理行为则会涉及对专业技术的解释，即对算法内在逻辑、运行机理、处理方式等进行披露，而无算法参与之处理行为则不会面临对“专业技术”的解释。即便个人信息处理者对涉及专业技术方面作出了解释，若其仅是对编码、数字逻辑罗列而未能采取可被社会公众普遍知悉之方式解释，即会出现“告而不知”的“技术理解文盲”现象，看似“公开”，实则加剧了不透明性的可能性。这里的“技术理解文盲”是指当构成一个算法的内在逻辑被完成公开时，承载其公开的载体很大程度上只能是一大堆专业性极强的编程语言、数字与公式，这种公开或许在专业领域的专家眼里是有用的，是公开透明的；但是对社会普通大众而言，这些专业化“语言”对了解其信息将被如何自动化处理毫无作用，看似“算法”近在眼前，实际上在理解上却远在天边。在“信息处理行为”两方主体——信息处理者、信息主体——的地位本身就不对等的境遇下，不能苛求社会公众具备理解算法的全部能力，不能要求普通人在其有限的精力内花费大量的时间与金钱成本增强对算法的理解能力，这也与个人信息处理保护法律规范中“保护”个人的法律倾向相违背。在个人信息保护领域，是否“知”不能根据“处理者”设定标准，而应当立足于不特定多数人的“可接受程度”来设置标准。

---

① See Frank Pasquale, *The Black Box Society: The Secret Algorithms that Control Money and Information*, Harvard University Press, 2015, p. 2 – 5.

② 参见万方：《算法告知义务在知情权体系中的适用》，载《政法论坛》2021 年第 6 期。

（三）破除“算法黑箱”的路径

1. 揭开算法“黑纱”：消解“故意保密不公开”现象

当前，无论是政府机关还是非政府主体运用企业或自身研发的算法开展信息处理活动，都会不可避免地面临公开透明与算法商业秘密保护之间的矛盾问题。这一问题若进一步推进至信息处理领域，则可归于信息处理者所公开的对象范围是否会涉及商业秘密、是否都可归属于商业秘密范畴？在此，必须要纠正和明确的是：公开透明原则要求公开的相关法定内容并非个人信息处理者所掌握的源代码与底层设计、框架逻辑，而是以用户的知情、理解为取向，公开与被处理者自身权益密切相关的，同具体算法决策相关的数据类型、权重、数据处理规则等内容。① 也即个人信息处理者仅需提供便于用户知情的关键性内容，无须一篮式地提供构成算法的复杂数学公式和技术细节，披露以上信息，对个人来说非但不可行，也没必要，反而更加不利于用户对自动化决策系统的理解。②

从实现个人知情权益并保障“告知”的效率来看，对实现“知情”所要求的个人信息处理者公开告知范围并不是对某一处理活动任何细节、任何环节“事无巨细”地全部告知，所需要达到的公开程度则是对可能或必然涉及个人信息主体信息权益的核心事项、环节、说明做到公开即可。在我国的司法实践中，算法作为商业秘密的性质虽得到法院的认可，但若过度强调对商业秘密的保护而拒绝公开和解释自动化决策的运行逻辑，忽略个人权利和正当利益，无疑会产生一定的消极负面效应，这显然与《个人信息保护法》的立法初衷相悖。故而，某些个人信息处理者若以维护商业秘密为由不公开应告知内容于法无据，商业秘密不能成为某些算法黑箱现象滋生的保护伞，对商业秘密保护不能成为个人信息处理者拒绝履行算法解释义务的借口。

2. 算法主体义务强化：履行算法说明、披露义务

“技术理解文盲”问题集中表现为：归因于算法独特之专业技术性特征，个人信息处理者的解释无法到达可被知悉的“有效”程度。为了有效地解决“理解”问题，个人信息处理者在有算法参与的自动化信息处理活动中，应当特别履行对“算法的特别说明解释”义务以达到对“一般告知义务”的更深一步践行。2022 年发布的《互联网信息服务算法推荐管理规定》要求算法服务提供者履行特殊的告知义务，以显著方式告知用户其提供算法推荐服务的情况，并以适当方式公示算法推荐服务的基本原理、目的意图、运行机制等。针对算法的特别说明解释，其实在本质上追求的是对算法的“简要有效说明”，具体内容包括算法的假设和限制、算法的逻辑、算法的种类、算法的功能、算法的设

① 参见何新新：《算法解释权的证成与限定》，载《大连理工大学学报（社会科学版）》2023 年第 3 期。

② 参见何新新、徐澜波：《个人信息处理者的自动化决策解释义务研究》，载《学习与实践》2022 年第 8 期。

计者、算法的风险、算法的重大变化等同信息主体知情权益、决策权益相关联的方面。[①]在对算法的特别解释中，信息处理者不能因算法本身之高度专业化、难以被解释以及解释后意义不大等为由仅做到对“一味之无意义公开”，而忽略采用清晰、明了、易懂之语言、逻辑等以信息主体可理解之方式告知。

一般性说明义务能够促使个人知悉算法的存在，而赋予算法主体以披露义务能够进一步增强个人对算法的动态理解、便于监管机构的穿透式监督。现如今，由于算法设计者具备缔造算法运行的能力从而便于其在算法王国内随意地制造规则。如果制造者在缔造之初便已经有了“不想透明”的意图，那么无论在算法应用的后续任何环节内要求其进行说明、保障透明状态的平衡都显得苍白无力。由于这种在算法本身诞生之初便可能具备的霸权不透明风险，应当进一步要求算法设计和管理者在算法投入应用之前进行算法影响评估，面向社会公众主体、监管部门主动公布算法透明度监测、说明报告并配备专业人员解释。在算法投入应用阶段，针对重大涉透明问题及时公布、改正、跟踪并出具书面说明，实时防控算法黑箱问题。

3. 私权利制度设计：构建算法解释权制度

算法解释权的建构逻辑在于算法由于决策的黑箱效应导致责任规制的缺失，算法可责性的重构需要通过立法确定算法解释权来提升算法决策的透明性。[②] 面对信息不对称问题，仅仅依靠信息主体的义务自觉履行对于实现相对透明的作用有限，个人的积极主张同样是重中之重。在理论界，国内有部分学者认为保障信息处理领域的“算法”透明，可以参考欧盟 GDPR 中的“算法解释权”规定，赋予被处理者一定的解释权。2021年，我国《个人信息保护法》第 24 条第 3 款规定：通过自动化决策方式作出对个人权益有重大影响的决定，个人有权要求个人信息处理者予以说明，并有权拒绝个人信息处理者仅通过自动化决策的方式作出决定。此项内容中的“个人有权要求个人信息处理者予以说明”某种程度上可以说是在法律层面上正式规定了个人享有“算法解释权益”，对于直面应对“算法黑箱”问题、实现透明具有深远的意义。但是具体制度设计上仍然较为“模糊”，且并未将算法解释确立为一项法律权利，算法解释应用尚未明确。

应对算法黑箱问题，从权利行使的时间角度可以将赋予“要求解释权利”分为“事先解释权”与“事后解释权。所谓事先解释，是指信息处理者在进行信息处理活动之前将参与处理、决策的算法本身的运行机理、处理逻辑以及使用算法进行处理可能会预期产生的后果等事项提前公开说明。事先解释的对象不仅包括可能涉及算法运行机理，更包括可能产生的后果。公开透明原则的内涵价值与《个人信息保护法》对告知义务

---

① 参见徐凤：《人工智能算法黑箱的法律规制——以智能投顾为例展开》，载《东方法学》2019 年第 6 期。

② 参见张恩典：《大数据时代的算法解释权：背景、逻辑与构造》，载《法学论坛》2019 年第 4 期。

的规定是赋予个人事先解释权的规范理论依据,在某种程度上此也不失为对算法透明的实现。事先解释权具有强烈的预防主义色彩,但当损害结果因为种种不确定性因素依旧不可避免地发生时,事后救济制度建构的地位则不可忽视。因此,对于发生个人不满具体决策结果的算法参与信息处理行为,赋予事后解释权则十分之必要。事后解释权是个人有权要求算法使用者就个案中的具体决策运行的逻辑、理由和依据作出解释说明,解释的对象不同于事先解释权,只需要对事后自动化决策结果的基本逻辑、主要参数和大致权重予以解释,无须提供特定决策的算法本身的运算方法和技术细节,《个人信息保护法》第 24 条第 3 款则是侧面简单赋予了个人要求事后解释权益。

在当下信息处理领域的立法规范内,虽言一项新兴权利的制度化构建会因为过于抽象、笼统、原则性而无助于帮助信息主体消解自主化危机,导致行权不能,但上述消极影响并不能因此阻碍新兴权利立法化的步伐。《个人信息保护法》第 24 条第 3 款规定颇具算法的事后解释倾向,《互联网信息服务算法推荐管理规定》中的规定则偏向于事先解释角度,但两者的规定分散于不同的法律规范之中且并未形成系统化、体系化权利内容框架,此种现象在某种程度上会弱化在落地层面上的有效应用。故而,针对算法解释的相关内容,首先应当在法律层面上确立个人充分享有“算法解释权”,或许在短时间内还不能对该权利的行使时限、可要求解释范围等全部内容作详尽规定,但确权本身即是对个人信息权益的保障;在渐进式推进下,逐步完善权利内容也不失为对信息权益的保障。赋予个人以完整的算法解释权益不仅有助于消弭个人与个人信息处理者之间的原本就不对等的数字鸿沟,弥补个人的弱势地位,更对破除“算法黑箱”意义非凡。

4. 公权力制度设计:完善算法备案、影响评估制度

在当前算法权力越发扩张、信息处理两大主体地位差距越发悬殊、数字弱势群体权利无法得到有效保障的背景下,算法透明的实现除依靠“要求解释”与“解释”两大动作行为之外,更加不能忽视“公权力监管”的有效作用。在解释权利“渐进式完整”的必然趋势下,从外部削弱算法不透明因素同样也是重中之重。

算法备案审查制度是目前普遍采取的针对算法的具体规制制度。算法备案旨在通过立此存照、存档备查,获取具有潜在危害的算法系统资讯等方式,以固定问责点,从而平衡政府监管与行业自律、信息披露与商业秘密、源头治理与事后追责的多重诉求。①《互联网信息服务算法推荐管理规定》具体规定了算法备案审查制度,但目前实行的备案制度仅对部分可能会对社会舆论及社会动员能力产生影响的算法提出了备案要求,并且备案内容局限于服务方式、应用领域等对破除、阻断算法黑箱问题意义不大的方面。在黑箱现象频发的今天,扩大算法备案类型与备案范围已成为必然趋势,应当对“算法的决策结果可能会对个人产生重大影响的算法”都课加备案义务。新备案类型

① 参见张凌寒:《网络平台监管的算法问责制构建》,载《东方法学》2021 年第 3 期。

与原先的对“社会舆论及社会动员能力产生影响”是包含与被包含关系,能够造成对“社会舆论及社会动员能力产生影响”的算法必然也会对个人产生重大影响。同样,在备案范围方面应破除原有局限,应要求算法主体将可能会对个人权益造成重大影响从而影响透明度实现的运行原理环节内容进行备案,以便于监管机关通过在源头审查备案其是否存在安全性隐患及其他歧视性因素。针对应用于不同领域的算法应结合特定的行业特性提出分类要求,例如,对于适用于医疗、金融领域等涉及大多数公众利益的算法,其备案的范围应当进一步扩大,将算法的运行机制、基本原理等内容进行备案。

算法影响评估制度源自美国纽约的《算法问责法案》,该制度设计之初就旨在建构一套完善的、具备标准化的评估标准。通过对即将投入使用的算法进行“源头”审查、评估,事先明晰该算法决策机制是否存在歧视、偏见、不公正等会侵害社会公众利益的可能,从而在客观上最大限度地维护公众之权益。算法评估的主要内容包括:(1)检测算法决策系统是否存在正义、偏见以及歧视的潜在影响;(2)通过特定程序对自动化的决策进行持续跟踪、评估;(3)将自动化决策的运行逻辑和评估依据向公众公开。① 我国《个人信息保护法》第55条要求个人信息处理者利用个人信息进行自动化决策时进行风险评估,此条款可以说在法律层面肯定了算法影响评估制度的正当合理性。但是,该条文规定的“评估”内容还不具体,对具体由谁担任算法评估主体、以何种标准进行算法评估等内容未作详尽规定。网信部门作为个人信息处理领域的权威性公权力机关,不仅首先应当确定算法影响评估机构主体,积极协调各方专家出台、完善算法影响评估框架,填充制度框架下的必要空白内容,并且应当综合考虑算法的性质、运行机理、应用场景,针对性地制定评估标准与评估方法。

小　结

公开透明原则作为《个人信息保护法》的重要原则之一,既是个人权益的保护原则,也是对个人信息处理者的规制原则。公开透明并不是要求信息处理者对其处理信息的全部内容予以公开,而是对部分关涉信息主体知情权益的关键性信息予以公开。告知义务作为公开透明原则的落地手段,不仅需要满足“事先”之时间规范,更要求个人信息处理者做到对实质公开内容的“清晰易懂、真实准确”。面对公开透明原则落地过程出现的种种问题,义务主体应对法定内容予以公开,公开的文字和言语应最大限度地避免晦涩艰深的行业专业术语。在关涉自动化决策算法参与的信息处理活动中,应着力解决公开透明原则落实中的“告而不知”和“算法黑箱”两大问题,化解公开透明原则与商业秘密之间的冲突,以算法解释、算法备案和算法评估为机制,助推个人信息的公开与透明,实现个人信息的保护与利用之平衡。

---

① 参见刘云:《论可解释的人工智能之制度构建》,载《江汉论坛》2020年第12期。

第六章　个人信息处理的质量原则

个人信息处理质量原则概念的法律化在数字信息时代具有里程碑式的意义。个人信息处理质量原则并非一个不言自明的概念,信息时代下个人信息质量原则已经从纯粹的技术概念转变为法律概念。个人信息处理的质量作为一个法律概念,应当被扩大解释为包括原始个人信息、处理模型(算法)以及由此得出的评价结果三部分在内的质量框架。在信息生命周期理论视角下,可以发现个人信息处理收集聚合、识别分析以及迁移运用三阶段质量原则的缺位将会引起侵权损害、个人自决空间的侵蚀、算法的合法性控制缺失以及人类自主权旁落等一系列问题。科技发展的目的是造福于人,维护人的自由和尊严,便利人的生活。网络信息时代,在法律层面对个人信息质量原则的概念及其构造逻辑和衡量标准进行研究和分析对个人信息保护制度的构建具有重要意义。

一、个人信息处理质量原则的概念厘清

数智化生活已然成为现实生活,数智化世界本身就是我们赖以存续和发展的客观世界。① 在此背景下,大数据、云计算等技术的指数级发展使人与信息深刻联系,信息深度挖掘和画像技术使信息主体被表征成为互联网上的一串符号。个人信息的可识别性使之能够重建自然人的某种状态或某种特性,基于此种状态或特性的重建会产生相应的法律效果。个人信息的质量与信息主体的人格权益以及其信息、数据维度的财产利益直接挂钩,同时也是促进数据开发利用构建数字社会、数字政

---

① 参见齐延平:《数智化社会的法律调控》,载《中国法学》2022 年第 1 期。

府的重要依托，所以信息数据必须完整、准确。不完整、不准确的个人信息会直接影响信息价值，使得个人信息处理活动产生谬误，影响数智化社会的生态秩序。因此个人信息处理质量原则，又称质量原则、准确原则或正确性原则，成为各国和地区个人信息公平实践和个人数据保护的基本原则之一，与合法、正当、必要、诚信、目的限制、公开透明与安全原则构成了个人信息保护的“共同内核”。

（一）信息质量的基本内涵

信息质量原则是国际上普遍认可的原则，反映了信息数据处理的治理理念与价值导向。为了明晰信息质量的基本内涵，有必要对“信息质量”这一复合型概念的词源进行拆解分析，从理论层面回应信息化社会对信息质量的真实期许。

1. 信息质量中“信息”的基本内涵

目前各国和地区立法和理论中都出现了“个人数据”与“数据”相互使用且无分界，以“个人数据”指代具有可识别性的个人信息的现象。本书所讨论的“个人信息”与欧美语境下的“个人数据”属于异词同义。正如有学者指出，学理上之所以出现“个人数据”一词，主要是因为翻译问题，不少学者将经合组织、欧盟、英国、新加坡等国家和地区立法中的“personal data”直译为“个人数据”。① 但是仔细观察其法律规定，个人数据与我国法律中使用的个人信息所表示的意涵一致。追溯欧盟数据立法的三个时期，有关定义都明确了个人数据必须与已识别或可识别的个人或自然人相关，该种识别可以是直接或间接的识别。② 我国《民法典》对个人信息的解释采识别说，《个人信息保护法》采识别说、关联说的结合。《民法典》第1034条将个人信息界定为“单独识别＋结合识别”的特定自然人信息；《个人信息保护法》第4条将个人信息界定为“已识别＋可识别”的自然人信息。二者均以“识别”为核心概念。从欧盟个人数据立法中对个人数据的概念界定来看，其内涵和外延与我国立法中使用的“个人信息”一词含义相同，其实质要素都是“可识别性”，而非主体个人与自然科学意义上的数据的简单结合，更不能等同于大数据时代的数据概念。

无论是从国内法还是比较法的角度来看，虽然各国和地区对个人信息界定的叙述上存在些微差异，但是个人信息的内核始终是“识别性”。“识别”是一种已然发生的事实，或可能发生的行为及结果。因此，可以说“可识别性”是个人信息的衡量维度。围绕“识别”所产生的解释空间，使个人信息的范畴与边界存在不确定性。③ 这种不确定

---

① 参见彭诚信、向秦：《“信息”与“数据”的私法界定》，载《河南社会科学》2019年第11期。

② 欧盟在1981年《有关个人数据自动化处理的个人保护协定》中规定，个人数据指已识别或可识别的个人（数据主体）有关的任何信息；1995年制定的《95指令》中将个人数据界定为任何有关已识别或可识别的自然人（数据主体）信息。在2018年实施的GDPR中将个人数据定义为任何指向一个已识别或可识别的自然人的信息，该识别的自然人能够被直接或间接地识别。

③ 参见曹博：《个人信息可识别性解释路径的反思与重构》，载《行政法学研究》2022年第4期。

性会使个人信息保护和合理利用的规范价值极有可能落空。识别分为直接识别和间接识别。直接识别信息指能单独识别特定自然人的信息；间接识别信息是指能与其他信息结合从而能够识别特定自然人的信息。直接识别和间接识别之间并非一成不变的关系。随着科学技术的发展，二者会互相转换。在技术加持下，间接识别也可能变成直接识别；当对直接识别存在疑问时，直接识别也可能降格为间接识别。①

就信息与数据的关系而言，信息是拥有内容含义的知识，而数据是信息的体现形式。根据国际标准化组织（International Organization for Standardization，ISO）的定义，数据是信息的一种形式化呈现，展示信息的含义；信息则是在特定语境下拥有特定含义的客体——知识。信息不等同于数据，数据是事实的简单体现，信息是数据传递的内容。"数据 + 背景 = 信息"，背景是接收者针对特定数据的特定准备，即当接收者了解数据符号序列的含义或指向性目标时，便可获取一组数据载荷的信息，即将数据转化为信息。② 由于信息不同于数据，因此信息质量与数据质量也不尽相同。

综上所述，信息处理质量原则中的信息是指在数字环境下，个人信息具有可识别性与可关联性的特征，其身份标识分化为实体身份与数字身份双重向度，能够直接或间接地识别自然人身份，描摹出自然人在物理空间和数字空间的社会关系脉络，即"与自然人有关的各种信息"。信息的质量是信息主体各项权益得以保障的直接表现，也是促进信息共享利用的重要依托，个人信息处理质量原则的价值与意义由此彰显。

2. 信息质量中"质量"的基本内涵

个人信息处理的质量原则关键在于确保"信息质量"，明确"信息质量"的衡量标准是研究该项基本原则的首要问题。质量是一个含义丰富的概念。从文义层面进行解释，作为语词的"质量"通常被解释为"事物的优劣程度"。英文语境中质量原则中的"质量"早期被广泛表述为"quality"，当前相关法律条文和标准之中"质量"被具象化为"accuracy"，以避免与"quality"和"quantity"之混淆。未直接规定质量原则的美国，则将信息质量纳入"information management"范畴。如今，国外有学者创新性提出质量的核心在于"适合于使用"（fitness for use），即信息在使用中的相关性，也是信息质量的主要方面，突破了传统上认为信息质量即为信息准确性这一理解的局限性。③

何谓信息质量？在早期"信息质量"研究综述性文章中，相关研究主要集中在信息质量的基本概念界定、信息质量评估、信息质量管理、信息质量与数据质量关系之间。④国内学者张辑哲（2006 年）、曹瑞昌（2002 年）、高智勇（2006 年）分别基于不同角度对信

---

① 参见晋涛：《刑法中个人信息"识别性"的取舍》，载《中国刑事法杂志》2019 年第 5 期。

② 参见马费成等：《信息管理学基础》，武汉大学出版社 2002 年版，第 63 页。

③ See J. M. Juran, *Juran on Planning for Quality*, Free Press Collier Macmillan, 1988, p. 341.

④ 参见莫祖英：《国内外信息质量研究述评》，载《情报资料工作》2015 年第 2 期。

息质量进行了定义，分别提出了“信息的质与量”、[①]“信息质量的三元构造”、[②]“信息产品结构要素”。[③] 上述定义回归质量的本质，对其进行了深入探讨，对于个人信息质量的界定有较大借鉴意义。国外学者对“质量”进行了全新的定义，质量管理专家朱兰(Juran)将“质量”定义为“适合于使用”(fitness for use)。[④] 这是一个广泛被接受的定义方式，在各个领域都有应用，诸如制造业、服务业等领域。其意义和优势在于，此种定义将质量的重心从物品本身的属性转向了使用者的需求和期望，只有符合使用者需求和期望的物品才能被称为具有高质量。在信息领域，该种定义也有重要的意义和优势，能够提高信息的可靠性和有效性，推动信息的持续改进和升级，促进信息规制的协调和合作，从而更好地服务于社会和用户的需求。在金融财会领域，多以会计信息质量的评估研究为重心，具体研究了会计信息内容质量与形式质量，会计信息质量的评价对象、宏观会计信息质量综合评价体系等，主要成果有“中国宏观会计信息质量综合指数”。[⑤] 会计信息质量要求有八大原则，会计信息与个人信息虽在来源、属性上有所差异，但二者均注重信息质量的可靠性、及时性、统一性等方面，且实务当中针对会计信息已经形成了一套较为完整的覆盖其信息生命全周期的评估体系，有助于拓展对个人信息质量原则研究的研究角度。

“信息质量”一词实际上是一个组合范畴，“信息”是对“质量”的界定。信息(information)和法律之间存在密切联系。法律本身就是规则，而规则背后所蕴含的根本因素就是信息。信息质量不同于数据质量，数据质量的提出源于信息系统领域，将数据范围限制为数据库等存储实体中存储的结构化或半结构化数据，通常是信息系统生成信息的原材料，数据质量可从存储格式、来源描述、数据编码等外在表现形式上进行考察；而信息质量的界定多从用户角度考虑，将信息界定为由信息系统输出，被用户获取，可用于决策或满足用户需求。[⑥] 综上，信息质量主要指信息的内容质量及其满足用户需求的程度，是一个复合全面的概念，应当打破将信息质量完全等同于信息准确的逻辑误区，个人信息处理质量原则的内涵应结合个人信息生命全周期、个人信息处理者的使用目的以及信息主体的个人权益进行详细论述。

---

① 参见张辑哲：《论信息形态与信息质量(下)——论信息的质与量及其意义》，载《档案学通讯》2006 年第 3 期。

② 参见曹瑞昌、吴建明：《信息质量及其评价指标体系》，载《情报探索》2002 年第 4 期。

③ 参见高智勇等：《基于信息结构要素的信息质量定义与内涵分析》，载《计算机集成制造系统》2006 年第 10 期。

④ See J. M. Juran, *Juran on Planning for Quality*, Free Press Collier Macmillan, 1988, p. 341.

⑤ 参见王竹泉、江玮滢等：《高质量发展与中国宏观会计信息质量综合评价》，载《会计研究》2021 年第 4 期。

⑥ 参见王晰巍、杨梦晴等：《新媒体环境下网络社群情境信息共享影响因素实证研究——基于信息生态群落视角》，载《情报学报》2017 年第 10 期。

3. 个人信息质量的双重价值面向

个人信息具有可识别性特征，承载了人的尊严与人格利益。信息处理者利用所采集的个人信息识别特定个人的过程就是针对该特定个人构建其信息化形象的过程。首先，识别的对象指向自然人。人的尊严被视为最基本的人权，世界上主要国家和地区立法和权威的国际立法文件均将个人信息保护定位于对人的尊严的保护。《欧盟基本人权宪章》第 8 条规定："人人有权保护涉及自身的个人数据。"①其将个人数据保护上升到人权法或宪法意义上的个人基本权利和自由。其次，进一步梳理个人信息可识别性解释路径的演进，受一般人格权与具体人格权建构模式的影响，可识别解释路径分别形成了"人格形象说"与"个人身份说"两类。"人格形象说"下，个人信息是指可以勾勒出作为信息主体外在标志的人格形象。②"个人身份说"下，个人信息可以与能够识别自然人的具体人格要素等量齐观。两种学说实质上都是立足于信息主体的身份（识别）利益。个人应有能力与自由创设并控制其人格形象的价值预设，③有学者指出，保护信息主体的实质就是保护特定个体的身份利益，④这种利益使个人有权使用标识自己身份的符号开展社会活动并将其活动结果归属于其本人。大部分针对特定信息主体的信息处理活动对信息质量有着较为严格的要求，若信息处理者在处理个人信息时所依据的个人信息不准确、不完整或不具有时效性，则个人人格外在标识的信息化形象可能与个人的客观真实情况不相符，由此损害信息时代下个人"自知"与"他知"的一致性，进而有损于信息主体的个人信息权益甚至于人的尊严。保证质量原则从源头上对信息品质进行了总体把握，是落实《个人信息保护法》保护个人信息权益的具体体现。

目前，学界普遍达成的共识是个人信息兼具人格利益和财产利益。个人信息作为一种新型客体，具有无形性和非独占性，但是这并不意味着它不具备民事法律体系中民事权利客体的特征。⑤保护个人信息的财产性和独立性确有必要。个人信息具有不同的权益，其中包括信息主体的人格权益和财产权益，同时还兼具数据经营权和数据资产权等信息处理者的经营权益。因此，对个人信息的保护需要综合考虑这些权益，并在相应的法律框架下进行合理的权利配置。⑥肯定个人信息的人格属性是对人在数字社会存在样态的尊重，而作为数字经济的一项重要资源，个人信息不仅可以为企业带来商业

---

① Tridimas, T., *Fundamental Rights, General Principles of EU Law, and the Charter*, Cambridge Yearbook of European Legal Studies, Vol. 16, p. 361 – 392 (2014).

② 参见张新宝：《从隐私到个人信息：利益再衡量的理论与制度安排》，载《中国法学》2015 年第 3 期。

③ See Post R. C., *Three Concepts of Privacy*, The Georgetown Law Journal, Vol. 89:6, p. 2000 – 2087 (2001).

④ 参见高富平：《论个人信息保护的目的——以个人信息保护法益区分为核心》，载《法商研究》2019 年第 1 期。

⑤ 参见程啸：《论大数据时代的个人数据权利》，载《中国社会科学》2018 年第 3 期。

⑥ 参见龙卫球：《数据新型财产权构建及其体系研究》，载《政法论坛》2017 年第 4 期。

利润，还可以促进数字经济的发展和创新，提高社会经济效益。个人信息商业化利用不仅是为了发挥其财产利益，更是为了整个数字社会尤其是其中人工智能的发展奠定基础。[①]

个人信息质量则是个人信息权益双重属性的彰显与保障。法律是一种“社会想象力”，社会对个人信息的想象是：一方面作为数据经济的重要组成部分需要流通与共享，另一方面个人信息的识别性使其涉及人格尊严的保护。因此，需要建立一种既能够保护个人人格利益又能够实现个人信息财产属性高效流转的模型。这种模型需要考虑个人信息权利人的权利保护，以及数据经营者的商业化利用需求，旨在构建一个既能够满足经济发展需要，又能够保护个人信息权益的法律框架。正如《个人信息保护法》第 1 条所言，制定该法所秉持的“保护 + 利用”的双重价值理念。对个人信息质量的强调不仅有利于信息主体对个人信息进行自主维护和控制，与信息主体的一系列积极权利——查阅权、复制权、更正权、删除权进行绑定，还兼顾着促进信息流通的功能，与信息处理者的合法商业利益相勾连。

（二）个人信息处理质量原则“过程 + 结果”的构造逻辑

《个人信息保护法》第 8 条不仅对个人信息处理者的质量保证义务进行了规定，还强调了该条最终指向的是信息主体的个人权益，其深层意旨是为了避免个人信息合法权益受到侵害，是对信息主体人格权益的尊重与保护，扣合了《个人信息保护法》第 1 条“保护个人信息权益”的立法宗旨。为了全面阐释质量原则，有必要结合《个人信息保护法》文本第 8 条的构造逻辑进行理解。该条前述“处理个人信息应当保证个人信息的质量”属于对过程的一般原则性要求；后述“避免因个人信息不准确、不完整对个人权益造成不利影响”则是对其结果的规定。亦即个人信息质量存在瑕疵，并不必然不符合质量原则。[②] 只有在相关信息质量问题会对信息主体的权益造成不利影响时，才属于违反该项原则。过程性规定是从动态视角要求信息处理者应当积极采取各种技术、组织措施对信息处理的全流程加以质量检查和把控，以确保信息的准确和完整。结果性规定是从静态视角对个人信息处理质量加以审视与检验，以保障个人权益。

个人信息保护司法实务对个人信息质量的认定与论证亦遵循“过程 + 结果”的构造逻辑。2019 年，蚂蚁微贷诉苏州朗动网络科技有限公司（以下简称朗动公司）不正当竞争纠纷案[③]即是由信息质量引发的不正当竞争第一案，法院裁判迈出了实务界对质

---

① 参见高富平：《论个人信息保护的目的——以个人信息保护法益区分为核心》，载《法商研究》2019 年第 1 期。

② 参见江必新、郭峰主编：《〈中华人民共和国个人信息保护法〉条文理解与适用》，人民法院出版社 2021 年版，第 76 页。

③ 蚂蚁微贷诉苏州朗动网络科技有限公司案，杭州铁路运输法院（2019）浙 8601 民初字第 1594 号民事判决书。

量原则进行探索的第一步。法院查明案件事实并认定：朗动公司旗下的企查查平台推送的有关蚂蚁微贷公司清算信息引发了大量媒体报道，给公众造成了蚂蚁微贷公司面临清算的误导，朗动公司的行为造成了市场参与者和关联方的信息误导，损害了蚂蚁金服的商业声誉，可能损害各方参与者的合法利益。此案判决书指出："互联网征信企业在享有征信信息带来的经济利益的同时，还应当对信息质量负有一定的注意义务，征信信息的质量不但影响着互联网征信机构自身的竞争能力，还因为数据本身对数据主体的商誉影响而影响数据主体的竞争优势。"此案运用个人信息处理质量原则对朗动公司的不正当竞争行为、损害后果以及主观过错进行了论证。在论证朗动公司存在主观过错的论述中，法院指出："互联网征信企业对于收集、发布的数据信息应当确保其质量。信息质量应当包括推送信息的真实、准确和完整；注重信息变动的时效性，时效性主要体现在信息更新的及时性和信息变动时间的准确性。"从上述论述可以抽象提炼出法院对个人信息质量原则的主要逻辑：从过程上来看，信息的真实、准确、完整和时效性问题贯穿于信息处理的全生命周期；从结果上来看，应当确保信息的呈现不会导致对信息主体的错误认知，进而影响信息主体的合法权益。

（三）个人信息处理质量原则的三大衡量维度

从价值目标上来看，质量原则既是保护个人信息权益不受侵害的必然要求，同时也是促进作为生产要素的数据开发利用的关键保障。从其内容上来看，质量原则兼具实体性原则与程序性原则的基本特征。实体性原则要求个人信息准确、完整兼具时效，程序性原则要求信息管理者建立信息质量保障的程序和机制。个人信息质量原则产生已久，相关立法都指向个人信息质量存在"准确性""完整性"与"时效性"三个衡量维度（见表6－1）。

表6－1　个人信息质量相关立法

适用场景	效力层级	名称	相关规定内容	主要特征词
综合立法	法律	《个人信息保护法》 2021年施行	第8条　处理个人信息应当保证个人信息的质量，避免因个人信息不准确、不完整对个人权益造成不利影响。 第46条　个人发现其个人信息不准确或者不完整的，有权请求个人信息处理者更正、补充。个人请求更正、补充其个人信息的，个人信息处理者应当对其个人信息予以核实，并及时更正、补充	不准确 不完整 更正 补充

续表

适用场景	效力层级	名称	相关规定内容	主要特征词
综合立法	法律	《网络安全法》 2017 年施行	第 10 条:建设、运营网络或者通过网络提供服务,应当依照法律、行政法规的规定和国家标准的强制性要求,采取技术措施和其他必要措施……维护网络数据的完整性、保密性和可用性	完整性 可用性
金融征信	法律	《民法典》 2021 年施行	第 1029 条　民事主体可以依法查询自己的信用评价;发现信用评价不当的,有权提出异议并请求采取更正、删除等必要措施。信用评价人应当及时核查,经核查属实的,应当及时采取必要措施	评价不当 查询 更正 删除
金融征信	行政法规	《中华人民共和国征信业管理条例》 2013 年施行	第 23 条第 1 款　征信机构应当采取合理措施,保障其提供信息的准确性	准确性 错误 遗漏 异议 更正
金融征信	行政法规	《中华人民共和国征信业管理条例》 2013 年施行	第 25 条第 1 款　信息主体认为征信机构采集、保存、提供的信息存在错误、遗漏的,有权向征信机构或者信息提供者提出异议,要求更正	
金融征信	部门规章	《征信业务管理办法》 2022 年施行	第 16 条　征信机构整理、保存、加工信用信息,应当遵循客观性原则,不得篡改原始信息	不得篡改 准确性 信息错误 更正 内部处理错误 信息不一致 不良信息 删除
金融征信	部门规章	《征信业务管理办法》 2022 年施行	第 17 条　征信机构应当采取措施,提高征信系统信息的准确性,保障信息质量	
金融征信	部门规章	《征信业务管理办法》 2022 年施行	第 18 条　征信机构在整理、保存、加工信用信息过程中发现信息错误的,如属于信息提供者报送错误的,应当及时通知信息提供者更正;如属于内部处理错误的,应当及时更正,并优化信用信息内部处理流程	
金融征信	部门规章	《征信业务管理办法》 2022 年施行	第 19 条　征信机构应当对来自不同信息提供者的信息进行比对,发现信息不一致的,及时进行核查和处理	

续表

适用场景	效力层级	名称	相关规定内容	主要特征词
金融征信	部门规章	《征信业务管理办法》2022 年施行	第 20 条　征信机构采集的个人不良信息的保存期限，自不良行为或者事件终止之日起为 5 年。个人不良信息保存期限届满，征信机构应当将个人不良信息在对外服务和应用中删除；作为样本数据的，应当进行匿名化处理。	不得篡改 准确性 信息错误 更正 内部处理 错误 信息不一致 不良信息 删除
保险	法律	《保险法》2015 年修正	第 22 条第 2 款　保险人按照合同的约定，认为有关的证明和资料不完整的，应当及时一次性通知投保人、被保险人或者受益人补充提供。 第 32 条第 1 款　投保人申报的被保险人年龄不真实，并且其真实年龄不符合合同约定的年龄限制的，保险人可以解除合同……	不完整 不真实
医疗健康	国家标准	《信息安全技术　健康医疗数据安全指南》（GB/T 39725—2020） 2021 年施行	11.1　医生调阅数据安全 ……当人事状态或诊疗状态发生变更时，角色宜随之更新。 1）通过密码技术等方式实施完整性控制，确保健康医疗数据是准确的、完整的，并为其提供针对非法修改的保护机制； 2）临床试验所有过程宜产生准确和完整的记录，且清晰可读……	准确 完整 清晰可读 更新

续表

适用场景	效力层级	名称	相关规定内容	主要特征词
综合标准	国家标准	《信息安全技术　个人信息安全规范》(GB/T 35273—2020) 2020年施行	4　个人信息安全基本原则 f)确保安全……采取足够的管理措施和技术手段,保护个人信息的保密性、完整性、可用性; 附录C表C.1说明11　数据安全能力指个人信息控制者保护个人信息保密性、完整性和可用性的能力	完整性 可用性
	国家标准	《信息安全技术　信息安全风险评估方法》(GB/T 20984—2022) 2022年施行	5.2.1.3.2　系统资产价值应依据资产的保密性、完整性和可用性赋值……并设定相应的评级方法进行价值等级划分,等级越高表明资产越重要。 表8脆弱性识别内容表　从审计机制、审计存储、访问控制策略、数据完整性……方面进行识别。/从协议安全、交易完整性、数据完整性等方面进行识别。/需要分别采取定性和定量的方法完成。……对典型系统的资产、威胁、脆弱性建立量化或半量化的模型,根据采集信息的输入,得到评价的结果	完整性 数据完整性 关联性 可用性 脆弱性

个人信息处理质量原则相关法律规范及国家标准呈现出以《个人信息保护法》为综合指引,以"信息安全技术"等系列国家标准为合规参照的体系安排,以适应不同场景的信息质量处理需求。综合个人信息处理质量原则相关立法,可以梳理其高频特征词:准确、真实、完整、可用、关联、更新(见表6-2)。结合信息质量概念的分析,可以从逻辑上将上述高频词结合分为两大类,即信息的品质(quality)——准确性和信息的数量(quantity)——完整性,以及为保障准确性和完整性而产生的时效性。

表6-2　质量高频核心词分类

准确性	完整性	时效性
(信息内容必须) 真实、准确 防止信息错误	(信息数量) 必要、关联的信息 不能有遗漏或缺失	及时 更新

1. 个人信息的准确性

个人信息的准确性作为信息质量最重要的衡量标准，决定了信息对其持有者的价值，以及对信息主体潜在影响的规模。纵览《个人信息保护法》的条文，并未有法条直接对信息进行准确定义。针对信息准确性的内涵和外延，国内外立法以及司法实务目前仍在探索过程中。有研究对其从反面进行了文义解释，如英国（Information Commissioner's Office，ICO）机构认为，当信息错误或会产生误导时，该信息就是不准确的。[①] EDPB 尝试从正面定义和解释信息准确性，其认为信息准确就是事实问题的准确。[②] 国内有学者承继此观点，将准确性解释为个人信息处理者应当确保所处理的个人信息与信息主体的事实情况相符。[③] 结合以上两个机构的解释，可得一组不精确或不正确的信息就是不准确的。由此，如图 6－1[④] 所示，信息准确性被细分为两个向度，即精确度和正确性。二者可分离，例如某人的真实信息是"24 岁来自北京"，则针对该主体的上述事实说法一"20～25 岁之间来自北京"，正确但不精确；说法二"24 岁来自上海"，不正确但精确。值得注意的是，准确和不准确的信息之间的区别并非一成不变，而是取决于给定的上下文。在数据信息立法初期，收集个人信息的方式相对有限、可观察且成本高昂，对不精确和不正确信息的处理和纠正亦然。现阶段，基础设施的进步极大提高了收集数据的能力以纠正和完善个人资料。同样如图 6－1 所示，人工处理个人信息存在容易笔误、丢失或误解，以及数据验证和效率低下等问题，当数据由计算机系统处理时，这些问题中的很大一部分将得到克服，因为数据的存储、计算、预测和校正变得更加可靠。我们正在走向一个提高个人信息准确性的效用超过成本的社会，且计算机化的个人详细信息变得更加正确和精确。但是信息的过分高精度和正确性也会导致诸多的不利影响。[⑤]

---

① Information Commissioner's Office, GDPR: *Principle* (*d*): *Accuracy*, ICO (Oct. 14, 2022), https://ico.org.uk/media/for-organisations/guide-to-data-protection/guide-to-the-general-data-protection-regulation-gdpr－1－1.pdf.

② Diana Dimitrova, *The rise of the personal data quality principle*: *Is it legal and does it have an impact on the right to rectification*?, European Journal of Law and Technology, Vol. 12:3, p. 211－230(2021).

③ 参见龙卫球主编：《〈中华人民共和国个人信息保护法〉释义》，中国法制出版社 2021 年版，第 31 页。

④ 图 6－1 的原始来源为 Jiahong Chen. *The Dangers of Accuracy*: *Exploring the Other Side of the Data Quality Principle*. European Data Protection Law Review, Vol. 4, p. 36－52 (2018).

⑤ See Mireille Hildebrand, *Smart Technologies and the End*(*s*) *of Law*: *Novel Entanglements of Law and Technology*, Edward Elgar Publishing, 2016, p. 257－269.

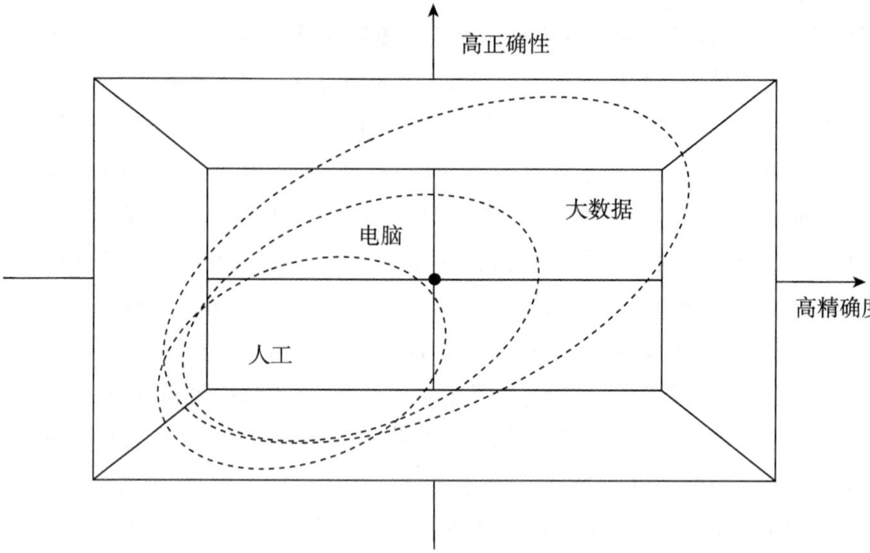

图 6－1　信息准确性的二维向度

2. 个人信息的完整性

信息完整性，是指个人信息应当包括全部必要的信息，并且不应当存在遗漏、缺失等情况。例如，一个人在申请信用卡时需要提供其个人身份证件、工作证明、收入证明等多种信息，如果其中某一项信息没有提供或者不完整，可能会导致申请被拒绝或者审核无法通过。将信息完整性置于特定目的限制之下其实也是基于"成本—效益"的衡量。如若不加以限制，信息存在遗漏亦即意味着信息处理者需无差别地启动补充、更正程序进行增补，实际上增加了个人信息处理者的义务负担与合规成本，不加以区分的制度规定在实践中严格执行将存在极大难度，严苛繁重的合规义务对于中小型个人信息处理者来说难以承担，这对数据产业的发展将会是致命打击。综上，准确性与完整性的判断依赖于处理目的，而处理目的取决于处理的情景。

3. 个人信息的时效性

时效性也称最新性（up-to-dataness）。信息的时效性是藏于准确性与完整性背后的纵向暗流。时间是影响个人信息准确性与完整性的重要因素。随着时间的流逝，旧的个人信息会损害新收集的个人信息的准确性、完整性。[①] 从逻辑上来看，未能及时更新个人信息在实践中存在以下三类情形：第一，未及时更新而导致信息不准确；第二，未及时更新而导致信息不完整；第三，未及时更新而导致信息无用。结合我国《个人信息保

① 参见[英]维克托·迈尔－舍恩伯格、肯尼思·库克耶：《大数据时代：生活、工作与思维的大变革》，盛杨燕、周涛译，浙江人民出版社 2013 年版，第 143 页。

护法》三次审议历程,该条表述的主要变化之一即删除“及时更新”的表述。针对此现象,应当如何划定个人信息时效性要求的边界是目前学界讨论的重点话题。反对者认为,基于个人信息处理活动的多样性,个人信息的时效并非在任何场景下都适用。因而,没有必要在文本中将及时更新作为信息质量原则的基本内容进行确立。信息质量应属于由市场发挥资源配置决定性作用的范畴,不应给予个人信息处理者硬性的法律要求。支持者认为,个人信息的时效性仍属于信息质量原则的基本内容之一。虽然《个人信息保护法》最终删除了“及时更新”的要求,但时效性要求蕴藏于准确性与完整性之中,时效性是信息质量原则的应有之义,也是各国和地区个人信息保护立法较为普遍的做法,对于维护信息主体的合法权益和信息处理者合理利用个人信息的相关活动有积极效应。① 笔者认为信息质量原则是否包含及时更新应当视具体场景而定,如对征信行业等与信息主体权益密切相关的领域,应当重视个人信息的更新。

结合该原则的基本构造,个人信息的准确性与完整性应结合个人信息的处理目的进行动态判断,将可能对个人信息权益产生影响的场景纳入了规制范畴。例如,在广告定向推送的场景之下,一般只涉及个人的浏览、购物等信息,而无须掌握个人敏感信息,且此场景下对个人信息的精准度要求不高,信息的不完整与不准确并不会对个人权益造成实质性损害。相反,过度收集和分析个人信息反而会适得其反导致对个人信息的过度处理,造成质量原则与最小必要原则的冲突。

保证信息质量的三个衡量维度要求个人信息处理者为某个目的采集的个人信息应当准确、完整和适时更新。个人信息的准确性、完整性和时效性作为个人信息保护法中的三项基本质量要求,三者有其独立价值的同时也存在密切的关联。首先,个人信息的准确性和完整性要求个人信息内容必须真实、准确、完整,不得存在错误或者误导,主要是站在维护信息主体的信息权益之上,如果个人信息中存在错误或缺失,可能会影响信息主体的信用评分、金融服务等方面的权益。个人信息的时效性为信息的准确性和完整性提供了保障,时效性要求信息主体提供的个人信息必须及时更新。例如,个人信息主体的联系方式、职业状况、家庭状况、健康状况等信息都会随着时间的变化而变化,如果不及时更新,可能会导致信息不准确或不完整。反之,信息不准确、不完整,也会导致信息的时效性受到影响。因此,在收集、处理和使用个人信息时,必须同时考虑这三项要求,以保障信息主体的合法权益。《个人信息保护法》对个人信息处理者规定了更为明确的义务。如果发现信息不正确或具有误导性,处理者必须采取合理步骤更正或删除不准确的个人信息。同时,信息处理者必须尊重个人的纠正权利。当信息主体对个人信息的准确性、完整性和时效性提出异议时,个人信息主体有权利要求机构或个人更

① 参见周汉华:《〈中华人民共和国个人信息保护法(专家建议稿)〉及立法研究报告》,法律出版社2006年版,第61页。

正其个人信息中的错误或者不完整的部分,处理者应当对此进行记录与衡量,及时回应信息主体的更正、补充诉求。

二、个人信息处理质量原则的域外发展

20 世纪 60 ~ 80 年代,计算机技术的迅猛发展极大地增强了信息处理和传播的效率,同时也带来了个人信息处理的早期运用,如信息的筛选匹配、大规模信息披露和公开。信息的影响力与日俱增,个人信息的价值日益凸显。自 20 世纪 70 年代初欧美率先提出个人信息保护基本原则伊始,①质量原则就位列其中,且其内涵随着“信息化”和“大数据”的时代发展变迁历久弥新。信息化浪潮席卷下,欧美的信息数据立法对其他国家产生了深远影响。随着现实社会生产发展中跨境数据流通的日益频繁,有必要从比较法视野出发比较代表性国家和地区中个人信息处理质量原则的性质和内容,从而深刻理解“信息质量”的规制重心与具体标准,以更好地保护个人信息权益,发掘个人信息的经济价值。

(一)欧洲:从“信息质量原则”到“信息准确性原则”

结合欧洲信息保护立法,从两次委员会草案议会报告到《关于涉及个人数据处理的个人保护以及此类数据自由流通的第 95/46EC/号指令》(以下简称《欧盟指令》),再到 GDPR,信息质量原则一以贯之,在文本中的表述经历了从“质量原则”到“准确性原则”的变迁。应该意识到数据准确性原则与数据质量原则之间的区别,充分理解数据质量的多个方面,并在法律和监管实践中采用更加全面的数据质量概念来保护数据主体的权利。

1. 欧盟框架下质量原则的演变进程

欧洲委员会是最早采取举措解决数据保护问题的国际组织之一。部长委员会的第(73)22 号决议包括一系列旨在规范私营企业使用个人信息的原则中,第一个原则就规定“存储的信息应该是准确的,并且应该保持最新”。经过近 10 年的研究,1980 年 OECD 颁布的《OECD 指南》首次概括性地抽象出个人数据国内适用的八项原则。其中,第 8 条明确规定了“信息质量原则”(Data Quality Principle),并将其解释为:个人信息应该与其使用目的和为达到该目的所需要的程度相关,个人信息应该精确(accurate)、完整(complete),并且保持更新(kept up-to-date)。该决议的解释性备忘录就是否包括相关性要求进行了探讨,但对其他标准“准确性、完整性和最新性”只是粗

---

① 20 世纪 70 年代针对建立的有关公民各种信息的资料库,美国、英国、德国等开展了自动化资料所涉及的个人隐私、安全和自由等个人信息保护问题的研究,因此 20 世纪 70 年代成为欧洲国家个人数据保护立法发展的黄金 10 年。美国个人信息隐私保护的影响深远的里程碑事件《公平信用报告法》的出台以及美国健康教育和福利部发布的“HEW 报告”也发生在这一时期。

略地解释成“信息质量概念的所有重要元素”。虽然《OECD 指南》从效力上来看为国际建议性文件且内容较为笼统,但其对世界的影响远超其作为建议性文件的效力本身,奠定了全球数据保护立法的基本原则和框架。

《OECD 指南》虽在国际协定层面上协调了数据保护原则,但其执行则由各会员国自行决定,在抽象原则的指引下,欧洲各国在个人信息保护上呈现出明显的差异化和碎片化趋势。为了提高法律的统一性,1995 年欧盟委员会出台了《欧盟指令》,该指令旨在协调个人基本隐私权的保护与成员国之间的数据自由流通。指令是对成员国具有约束力的一种立法形式,但其需要转化为国内法之后才能产生相应的法律效力,截至 1998 年大部分成员国均依据该指南颁布了国内数据保护法。《欧盟指令》基本保留了《OECD 指南》所确立的数据处理原则,依旧单列一条“信息质量与比例原则”指涉信息质量:“数据处理应当准确,必要时应当及时更新。对于数据被转移或进一步处理,数据应当及时、相关且不超过一定目的。”①

为了顺应大数据时代的发展,更好地协调法律与技术发展,欧盟自 2012 年启动了新一轮的数据保护立法改革,于 2016 年欧洲议会投票通过了 GDPR,并于 2018 年 5 月正式生效,推动欧洲个人信息保护立法从指令时代进入了条例时代。作为在世界范围内举足轻重的个人信息规制立法,该立法对我国个人信息立法的影响巨大。GDPR 所明确规定的六项原则中与保证质量有关的要求赫然在列,GDPR 第二章第 5(1)(d)条未继续沿用“信息质量”的表述,而是将其进一步提炼为“信息准确原则”(accuracy),将个人信息质量解释为:“个人数据应当是准确的,如有必要,必须及时更新;必须采取一切合理步骤,保证为了实现某项目的而处理的不准确的个人数据被擦除或及时更正。”在 GDPR 的结构中,信息准确原则主要有两个方面的作用:第一,信息准确原则概述了个人数据必须收集和处理的实质性规范“准确并及时更新”。该原则不依赖于信息主体的行为,即使信息控制者、处理者与信息主体没有联系,信息准确原则也应当适用。②在这一层面该原则旨在确保信息主体不会受到虚假信息的影响,这一目标旨在保护信息主体的合法权益。第二,信息准确原则有助于提高其他个人信息处理原则的适用性。该原则是信息主体行使更正权(GDPR 第 16 条)以限制处理可能不准确的个人信息的适用性标准(GDPR 第 18 条)。

2. GDPR 中准确性原则的功能作用

GDPR 的第 5(1)(d)条涵盖了准确性的两个独立概念:事实准确性和时间及时性。

---

① 刘云:《欧洲个人信息保护法的发展历程及其改革创新》,载《暨南学报(哲学社会科学版)》2017 年第 2 期。

② See Lee A. Bygrave, *Date Privacy Law, an International Perspective*, Oxford University Press, 2014, p. 88 – 90.

这两个概念是互相关联的。数据保护机构指出："一般而言，'准确'意味着与事实相符。"①通过这种表述，数据保护机构预见到个人数据需要反映与个人数据相关的数据主体的外部"客观"现实。准确性原则没有规定个人数据在其对数据主体的表达中必须达到的特定精度水平。没有一种"一刀切"的方法。只有收集和处理的目的才能决定应从哪个角度确定相关的精度水平。这一立场在彼得·诺瓦克诉数据保护专员案（Case C－434/16, Peter Nowak v. Data Protection Commissioner）中得到了欧盟法院（Court of Justice of the European Union, CJEU）的确认："应当根据收集该数据的目的来评估个人数据是否完整和准确。"②

从其适用范围上来看，准确性原则适用于在 GDPR 范围内处理的所有个人数据，这将涉及对个人数据处理的几乎所有商业、公共的个人数据处理。根据 GDPR 的规定，准确性原则没有法定的例外适用。CJEU 指出：所有的个人数据的处理必须首先遵守 GDPR 第 5 条（数据处理原则）规定的数据准确性原则。③ 尽管 GDPR 本身并没有规定适用精度原则的任何明确例外情况，但 GDPR 确实赋予欧盟成员国某些权力，以在某些有限情况下从精度原则的普遍适用性中豁免。例如，根据第 85（2）条的规定，成员国可以基于"新闻、学术、艺术或文学表达的目的"降低对准确性等原则的适用要求。

从其作用上来看，在 GDPR 的结构中，准确性原则承担着两个最重要的任务。第一，准确性原则概述了必须收集和处理个人数据的实质性规范："准确且在必要时保持最新。"在此功能中，准确性原则并不取决于数据主体的行为，旨在确保信息主体不会因为个人数据的不准确而被错误对待。早在 2012 年，欧洲人权法院（European Court of Human Rights, ECHR）在 Romet 案的判决中即指出：未能在申请人报失后立即使其驾驶执照无效，从而使其他人可能滥用申请人的身份，构成了对申请人"私生活"权利的"干扰"。④ 第二，准确性原则是其他数据保护规则适用的重要前提。该原则可以作为 GDPR 第 18 条数据主体限制处理潜在不准确个人数据的权利和第 16 条规定的更正不准确个人数据的权利的适用性标准。在根据第 15（3）条提出数据主体访问请求后，应向数据主体提供其个人数据的副本。如果数据主体认为个人数据不准确，那么限制和更正权利将发挥作用。

欧盟 GDPR 并未将"质量"作为独立的原则列入其中，而是使用了"数据准确性"的

---

① Art 29 Working Party, *Guidelines on the Implementation of the Court of Justice of the European Union Judgment on 'Google Spain and inc v. AEPD and Mario Costeja Gonzalez' C－131/12*, European Commission (Nov. 26, 2014), https://ec. europa. eu/justice/article－29/documentation/opinion-recommendation/files/2014/wp225_en. pdf.

② Peter Nowak v Data Protection Commissioner, CJEU, Judgement, para. 35(2017).

③ Google Spain SL and Google Inc. v. Agencia Española de Protección de Datos (AEPD) and Mario Costeja Gonzúlez, CJEU, Judgement, para. 71(2014).

④ Romet v. The Netherlands, ECHR, Judgement, para. 37(2012).

原则,此举主要是出于以下考量。首先,准确性较之于质量含义更为明确,有利于规定个人信息处理者的准确性保护义务。数据质量概念的范围相对更加广泛,包括更多维的处理质量要求,并且缺乏明确的法律定义。因此,GDPR 更加关注数据准确性这一具体问题。但是此种做法有治标不治本之嫌。在监管和学术讨论中,有一种倾向将"数据准确性"替换为"数据质量"。在数据保护法中对法律和信息质量之间的互动关系的研究通常被视为近年来随着海量个人数据被收集和利用而被重新定义的一个概念。"数据质量"这个术语越来越多地与"数据准确性"交替使用,表明两个术语至少有重叠部分,另外在 GDPR 第 47(2)(d)条"有约束力的公司规则"中又提到了数据质量而不是数据准确性。这表明数据质量的概念也可能被视为一种法律和数据保护概念。"数据质量"这一术语不仅仅与数据准确性是同义词,而且可能是一个包含准确性、最新性以及其他要求或概念(例如可靠性)的统称。使用数据准确性原则代替数据质量原则会产生几个潜在的弊端。首先,数据准确性原则过于狭隘,它仅仅关注数据的准确性而忽略了其他重要的数据质量因素,如数据的完整性、及时性和可靠性等。这样就可能导致在数据处理过程中忽视这些其他因素,从而影响数据质量的总体表现。其次,如果只重视数据的准确性,那么数据主体对于数据的更正权利可能会受到限制。但是在处理中丢失了重要的信息或者包含了错误的信息,这些问题不能单纯地用数据准确性原则予以解决。最后,用数据准确性原则代替数据质量原则会导致在法律和监管上的混淆。因为数据质量概念是广义的,包括多种衡量要素。因此,在监管和司法实践中,仅仅依靠数据准确性原则可能会导致对数据保护的不充分理解和实施。

(二)美国:公平信息实践原则下的"信息管理原则"

美国法律普遍遵循的公平信息实践原则是一套指导组织和公司处理个人信息的框架,该原则要求组织应在可能的情况下确保个人可识别信息的准确、相关、及时和完整。

1. 公平信息实践下的质量原则的发展历程

隐私法研究的权威学者保罗·施瓦茨认为公平信息实践原则是现代信息隐私权法的基石。① 1970 年美国《公平信用报告法》规定,信用报告机构应当遵守合理程序以确保报告涉及的个人信息最大限度的准确性:在制作用于就业用途的信用报告时,信用报告机构还必须采取严格的程序确保可能对个人获得聘用产生不良影响的信息是完整的、最新的;消费者如果认为自己信用报告中的信息是不完整或不准确的,有权向信用报告机构提出异议,信用报告机构必须对此进行调查;确属不完整、不准确的信息,个人有权要求信用报告机构删除或修改,信用报告机构应在 30 天内予以删除或修改。②

---

① See Paul M. Schwartz., *Privacy and Democracy in Cyberspace*, Vanderbilt Law Review, Vol. 52, p. 1607 - 1670(1999).

② 参见杨合庆主编:《〈中华人民共和国个人信息保护法〉释义》,法律出版社 2022 年版,第 47 页。

公平信息实践由联邦贸易委员会于1973年首次发布,美国政府为了回应政府计算机数据库处理个人信息的伴生问题,在医疗、教育与福利部成立了一个调查小组,该小组发布了一份"公平信息实践准则报告",从而确立了美国处理个人信息的基本原则。上述原则并没有法律强制力,但被广泛视为行业自律的基础,对美国多个州的数据保护法律和隐私政策产生了深远影响。该报告指出:"必须确保任何组织在计划使用数据时,其创建、维护、使用或传播可识别个人信息的档案中的信息都必须是可靠的,并且必须采取预防措施防止信息的滥用。"①上述叙述体现为在管理个人信息的收集与使用的同时,需要注重隐私权及信息的准确性。上述公平信息实践原则在1977年美国政府设立的"隐私保护学习委员会"报告中有所发展。该报告为公平信息实践设定了数据保护系统的三大目标,即最小化干涉性、最大化公平性、合法且可执行的保密预期,并将公平信息实践的原则进行了拓展,由美国联邦贸易委员会牵头在欧洲"安全港"框架下确立了"信息管理原则"(The Information Management Principle)。该原则从信息收集者或处理者的角度对其信息处理过程中信息的质量进行了规定,指出有关信息保存机构应当制定政策,以保证收集、维护、使用、传播有关个人的信息是必要的、合法的,而且信息本身是最新和准确的。②

2. 信息管理原则的功能作用

信息管理原则作为美国隐私保护领域的一项准则,被美国许多公司作为隐私保护模型使用。首先,在适用信息管理原则的过程中,产生了一系列关于个人信息收集、使用、存储和处理的最佳实践。这些最佳实践包括:限制信息的收集和保留时间,确保数据的准确性和安全性,以及对敏感信息采取额外的保护措施等。③ 这些原则并非法律规定,但它们帮助组织保持符合隐私保护标准的良好行为。其次,该原则注重数据准确性和数据安全。数据准确性要求个人数据必须准确、完整和与收集目的相符,以保证数据使用的准确性和有效性。最后,该原则强化了对数据保护的监督和追责机制。信息处理者必须建立和维护数据保护机制。同时,信息处理者必须及时发现和纠正违反信息管理原则的行为,对受影响的个人进行赔偿,以保障个人权益。作为一套较为全面的数据隐私保护框架,该原则提高了信息处理者对数据的管理和保护水平,增强了处理者与信息主体之间的信任和合作。

虽然信息管理原则为隐私保护提供了一个可行的框架,但仍存在一些弊病。第一,

---

① U. S. Department of Health, Education & Welfare, *Records, Computers and the Rights of Citizens Report of the Secretary's Advisory Committee on Automated Personal Data Systems*, Electronic Privacy Information Center (Jun. 30,1973), https://epic.org/documents/hew1973report/.

② The Privacy Protection Study Commission, *Personal Privacy in an Information Society*, Electronic Privacy Information Center(Jul, 1977), https://archive.epic.org/privacy/ppsc1977report/.

③ 参见杨合庆主编:《〈中华人民共和国个人信息保护法〉释义》,法律出版社2022年版,第46~47页。

效力问题。信息管理原则不具备法律约束力,企业可以自行决定是否遵循这些原则。由于缺乏强制执行机制,企业可能无法充分进行自我监管,从而导致隐私数据被不当地使用或泄露。第二,安全性问题。信息管理原则要求企业采取合理措施保护隐私数据安全,但并未规定企业应当采取哪些措施。由于技术水平和投入成本的差异,企业的安全措施可能存在差异,有些企业可能只采取最低限度的安全保障措施,从而导致隐私数据泄露和其他安全问题。第三,认可性问题。信息管理原则并非国际通用标准,因此可能无法被其他国家或地区认可。

综上,随着信息数据保护法的演变,该原则的核心内涵几乎没有任何变化,该原则漫长且不间断的发展史表明该原则对信息保护大厦的重要性。① 目前,该原则的重点仍然是提高个人信息的准确性,但是随着更高准确度的个人信息更易取得,信息质量原则也需要及时迭代。在过去50余年的数据保护立法进程中,面对社会技术的变革,信息质量原则的重要地位从未受到挑战。这一原则一方面体现了社会对维护高质量个人信息的共识,即保护个人免受使用不准确、过时的个人信息造成的不利影响;但是另一方面旨在实现这些目标的措施没有得到审查和更新。今天保持信息准确和最新的成本要低得多,对数据控制者来说这意味着他们有充分的动机"帮助"个人更新他们的个人资料,从而极易忽视个人的信息自决。

三、个人信息处理质量原则的体系定位

个人信息处理的各项原则在价值上有一定的位阶关系,内容上各有侧重,但并非孤立存在,而是相互作用、相互依托,在实践中可能存在多项基本原则的综合适用问题。在信息规制领域,从规则中心主义到原则中心主义的演进是法的模式理论不断深化演进的结果。各种规则和法律原则的适用往往需要在实践中进行权衡和协调。如果只是简单地套用规则,就可能会导致不公平或不合理的结果。通过原则中心主义的方法,可以在权衡各种原则的基础上,制定出更加合理、适用的规则,从而提高法律的适用性和可预见性。将原则中心主义的解释方法融入信息规制领域,有助于提高个人信息的保护水平,促进规则的协调和一致性,提高法律的适用性和可预见性,从而对个人信息的保护和利用产生积极的影响。法律原则具有独立性,是法的重要组成部分,是比规则更重要的一种法律要素。在原则中心主义的指引下,研究质量原则的体系定位,有助于厘清保证质量原则在法律上的地位以及明确其在个人信息处理、保护中应当发挥的功能,进一步指引实践中相关法律规则的制定,最终促进个人基本权利保护和人的全面发展。

---

① See Jiahong Chen, *The Dangers of Accuracy*: *Exploring the Other Side of the Data Quality Principle*, European Data Protection Law Review, Vol. 4, p. 36 – 52 (2018).

(一)质量原则与合法、必要、诚信原则

在个人信息处理活动中,合法、必要和诚信原则是总体原则,是衡量个人信息保护领域信息安全和开发利用的出发点,蕴含的制度价值具有更高位阶,统领其他个人信息处理的原则。合法、必要和诚信之外的其他原则均为具体原则,是合法、必要和诚信原则的具体化。在质量原则的适用过程中,应当基于合法、必要和诚信原则寻求适当的解释路径,维护法律制度价值的系统性和整体性。

质量原则作为一种衡量的准则,有"准确性""完整性""时效性"三大衡量维度,是一个相对客观性原则。"合法""必要"和"诚信"等概念本身都是抽象的,并没有准确的界定,如果直接运用到个人信息领域,实质上是在用一个不确定的法律概念进行治理。以"必要"原则为例,各国和地区立法和司法实践都尽可能避免正面阐述"必要"的含义和要求,而习惯于采取一种反向思维,即努力找出哪些属于"不必要"的情形,从而总结出一个合理性的最低标准。鉴于"合法""必要""诚信"概念本身的复杂性和抽象性,加之判断的主观性,要想准确把握这一原则确有难度。但是质量原则可以通过定量分析的方式进行比较判断,有助于确定个人信息处理行为适当性和可操作性的具体评价标准,从而在根本上解决"合法""必要""诚信"原则的主观性和模糊性问题。

总体而言,合法、必要、诚信原则偏重于定性原则,质量原则偏重于定量判断,通过利益衡量手段,为评价个人信息处理行为提供可操作性的具体准则。但事实上,合法、必要、诚信原则和质量原则在本质上是相通的,都是建立在对规制行为目的、方法、理由和利益关系的科学理解上,都是对个人信息处理行为进行控制的价值准则,均要求信息处理行为具有内容上的适当性。

(二)质量原则与目的限制、个人参与原则

个人信息处理的原则内部之间亦有"分量"差距。一个原则可能受到另一个更一般原则的支持,两个互相冲突的原则之间需要互相衡量或平衡。① 个人信息处理的目的限制原则为信息质量原则划明了红线。从表面上看,目的特定原则由两个部分组成:其一,目的的规范性。要求处理数据的目的必须具体、明确和合法。其二,进一步使用的兼容性。② 只有在不兼容的情况下,才可能用于新的目的,对错误信息的纠正和对不精确数据的细化都是"进一步使用"。个人信息处理目的限制原则追求信息有限可用性,因此,这一原则通常禁止创建一个通用的"数据仓库"或通过"数据挖掘"来探索用户更多的详细信息,并将过度收集信息定义为违法行为。大数据在很大程度上依赖于

---

① 参见[美]迈克尔·D. 贝勒斯:《法律的原则:一个规范的分析》,张文显等译,中国大百科全书出版社1996年版,第13页。

② 参见梁泽宇:《个人信息保护中目的限制原则的解释与适用》,载《比较法研究》2018年第5期。

数据集的数量。[①] 如果没有从用户端收集到的信息数据作为燃料，大数据引擎将很难达到其理想的性能。[②]

实际上，目的限制原则与质量原则相互支持，为应对过高的数据准确性所带来的潜在风险提供了可能，充当着维护信息主体权益的看门人角色。目的限制原则为信息质量原则划明了红线，不允许进行大量提高准确性的尝试，因为这些尝试并非必要，或与原始目的不相容。但是上述原则同样存在其自身的限制，即作为这些原则的关键要素的必要性和兼容性与数据主体的利益有时并不完全适配，致使风险冲突难以消化，此时就需引入个人参与原则。

信息主体应该有更多的自由衡量他们自己的信息质量程度，信息处理者、控制者应该承担更多的责任为他们提供这些选择。仅凭某一信息对于处理目的是必要的或与之兼容的，并不能单独证明剥夺个人信息自决权是正当的。换言之，即使针对个人信息的某些操作可以通过最低必要性的测试，这通常也只是一个一般客观标准，应当保留并尊重信息主体的个人参与，赋予他们对信息质量程度的最终决定权。早在 2015 年德国数据保护机构（Data Protect Authority）就命令 Facebook 停止将用户的姓名更改为真实姓名或要求用户提供身份证明的做法，其指出应该尊重用户选择使用他们的名字的准确程度，这也直接彰显了对个人信息质量的某些限制是信息自决的自然衍生。因为信息自决的本质是信息主体有权自己决定是否分享、分享什么以及如何准确地与其他人分享他们的数据。

信息处理者与控制者应当让他们的用户首先能够意识到这些选择，并确保他们的做法符合这些选择。毫无疑问，低质量的数据可能会给个人、企业和社会带来高昂的代价。但有意义的信息质量原则不应忽视数据准确性极端化的后果，个人信息的高精度会导致与不准确数据同样严重的危险。任何关于理想的、平衡的信息质量标准的进一步讨论都应该基于我们现在面临的这两种风险。诚然，个人信息保护还有其他原则可以防止信息质量问题的危害，但仍需要对原则进行全新的、批判性的建构，以表明对个人信息质量的上限和下限施加限制的必要性。

四、个人信息处理质量原则的适用困境与挑战

《个人信息保护法》第 4 条第 2 款将个人信息处理活动归纳为个人信息的收集、存储、使用、加工、传输、提供、公开、删除等。该条采用列举式的立法方式，基本上覆盖了个人信息的全生命周期。上述信息处理活动可进一步概括为三个阶段：信息的收集聚

---

① 参见孟小峰、慈祥：《大数据管理：概念、技术与挑战》，载《计算机研究与发展》2013 年第 1 期。

② See Viktor Mayer-Schonberger & Kenneth Cukier, *Big Data: A Revolution That Will Transform How We Live, Work and Think* John Murray, American Journal of Epidemiology, Vol. 179, p. 1143 – 1144 (2013).

合阶段、识别分析阶段以及迁移应用阶段。个人信息处理质量原则作为规范个人信息处理活动的重要原则,理应在上述三个阶段中得以贯彻落实,但是在信息处理实践中仍存在诸多问题。

(一)收集聚合:低正确性信息与高精度信息对信息主体的损害

信息的收集聚合阶段主要对应个人信息处理活动的收集、存储活动。大多数场景下收集信息的主要目的是为信息主体提供恰当的服务并作出恰当的决策。因而,该阶段最重要的质量衡量维度是收集的原始个人信息的准确性和完整性。结合对准确性二维向度的具体划分可知,低正确性信息(错误信息)和高精度信息均会对个人信息权益保护带来挑战,这要求收集聚合的个人信息的准确性维持在一个社会可接受的范围。但是通过规范检索,目前并未有相关法律规范或者国家标准对个人信息的质量,尤其是对准确性维度进行系统性或针对性的规定,相关立法存在较大空缺。

1. 低正确性信息对信息主体权益的侵害

该分析源自信息的正确性向度,个人信息的错误或过时在大数据时代只会变得更加危险。收集阶段低正确性信息(错误信息)的有害性是显而易见的,因为它将使信息主体受到不公正对待。蚂蚁金服诉朗动公司一案①中,深刻体现了收集阶段不准确信息数据所引发的严重后果。企查查平台(朗动公司)作为一家大数据征信平台,属于典型的以信息交互进行营利的互联网平台。企查查的主要经营模式是通过网络爬虫等技术从政府公共网站、互联网数据公开领域中获取企业的相关信息,然后形成信息报告提供给企业和用户。截至2023年企查查数据库积累了超过1.5亿家企业数据,在全国工商企业数据中占比约为99%。2019年企查查通过平台推送、邮件等途径自动向特定的服务用户推送了有关蚂蚁微贷面临清算的"警示信息"。该信息后被证实为蚂蚁微贷2014年的企业年报中出现的过期历史信息,但平台的错误推送导致不实信息被媒体大肆报道和传播,最终导致蚂蚁金服的商誉受到严重损害。无独有偶,在2018年陈某诉中国民生银行股份有限公司(以下简称民生银行)侵权纠纷一案②中,陈某因办理贷款业务时发现自身的征信信息存在错误,要求民生银行予以更正无果,遂起诉要求民生银行更正其错误的征信信息,并承担赔偿损害责任;民生银行及至诉讼期间才予以更正,

① 蚂蚁微贷诉苏州朗动网络科技有限公司案,杭州铁路运输法院(2019)浙8601民初字第1594号民事判决书。法院认定朗动公司在企查查上发布、推送有关蚂蚁微贷清算的误导性信息构成不正当竞争,判令朗动公司赔偿蚂蚁金服、蚂蚁微贷经济损失及合理费用60万元,并为其消除影响。

② 陈某诉中国民生银行股份有限公司案,上海市高级人民法院(2018)沪民再字第13号民事判决书。陈某与民生银行2013年签订借款合同,陈某到期未按时偿还本息,双方于2014年5月就还款费用达成和解协议。至2014年9月陈某尚欠部分逾期利息、律师费,但此家银行告知其可以减免,并于2014年9月30日将账户状态备注为"结清"。但是2015年10月陈某因向乙银行申请贷款业务。乙银行向征信系统查询了陈某的征信信息,结果显示陈某仍有贷款逾期未还,陈某要求民生银行更正其征信信息,但民生银行未及时予以更正。

且辩称该错误信息没有得到广泛传播，并未侵犯其个人名誉，故不构成侵权。

上述两个案例都指涉个人征信信息，错误的征信信息会对信息主体产生负面的社会信用评价。现代经济是信用经济，良好的信用已经成为企业和个人的日常经济生活的通行证，就个人而言，个人征信信息不仅直接影响着其获得贷款、申领信用卡等金融服务，甚至会对其求学、就业、出国等生活学习场域产生深远影响。

2. 高精度信息对个人自决空间的侵蚀

另一种理解围绕着个人信息的准确性的精确向度和完整性维度展开。在数据分析技术的加持下个人信息的精确度是可以调节的。这里需要引入一个重要的概念，即数据粒度（data granularity）。该概念是指数据的"粗细"程度。[①] 数据所包含的信息量在很大程度取决于数据粒度的大小，细节越丰富，则信息的可用性越强。因此，在利益的驱动下，信息处理者对信息收集的态度往往是"能收尽收"，收集的信息精度越高越好，以免落入急需数据而数据不支持的不利境地。但是围绕信息质量原则的学术和监管讨论几乎主要集中于个人信息的低准确性的威胁，而忽视了高准确性信息所带来的潜在风险。早期受限于信息的录入技术和存储形式，力求收集个人信息的高准确性一直是核心目标。在此种目标的驱使下，除了允许数据主体有权访问和纠正他们的数据之外，更有效的方式或许就是尽可能收集更多的个人信息，以便个人信息处理者可以验证或纠正现有的事实数据。但是随着信息数据处理技术水平的跃升，维护个人信息准确性的成本大大降低，准确性从目标转变为问题。正如丹尼尔·索洛夫在反映信息隐私潜在风险时指出的，当今数据库社会的真正问题是信息的无限制使用。[②]

对个人信息收集精度越高越好的批判性观点来源于个人信息自决。早在 1965 年德国宪法法院的一项判决便强调了个人信息自决的重要性，[③]法院认为"确定谁知道他们的信息和什么时候知道的"是必不可少的。信息主体对信息的控制能力构成了外界对个人看法的一部分。在现实生活的人际交往中，行为主体会根据不同的场景调整他们提供的个人信息的情况并不少见。这种做法不能简单地贬损为欺骗或是虚假，因为它是信息主体的公众形象呈现和演变的重要方式。一个人的公众形象可能是多个方面的，因此他们应当被允许在不同的环境中提出不同的人设。[④] 信息主体通过主动选择被收集的信息构筑了建立自我身份的基本要素。

---

① 参见黄向阳：《咬文嚼字之数据粒度》，载《中国统计》2020 年第 8 期。

② See Daniel J. Solove, Privacy and Power: *Computer Databases and Metaphors for Information Privacy*, Stanford Law Review, Vol. 53, p. 1393 – 1461 (2001).

③ See Konrad-Adenauer-Stiftung, *English Translation of essential parts of the German "Volkszählungsurteil" from* 15 *December* 1983, *which established in Germany the Basic Right on Informational Self-Determination*, freiheitsfoo (Oct. 11, 2013), https://freiheitsfoo.de/files/2013/10/Census-Act.pdf.

④ See Frank Pasquale, *The Black Box Society*: *The Secret Algorithms That Control Money and Information*, Harvard University Press, 2015, p. 193 – 197.

个人信息处理者为信息完整性和精确性作出的行为最终可能会剥夺个人自我构建空间。如果信息主体受制于一系列不断纠正任何系统中有意或无意的不准确、不完整的个人信息指令，他们最终将失去偏离"标准模型"的必要空间，日趋同质化。数据经济价值的挖掘，离不开个人信息的喂养，个人信息的收集与利用成为信息技术发展的必然趋势。收集或汇聚的大量信息，不同种类和不同来源的信用信息的融合，最终形成了一种深度的大型的信息数据库。他人能够通过数据分析和数据挖掘技术，对特定主体进行深入了解，同时对某一类群体形成精准的评价，兼具广度和深度。① 信息质量原则指向的绝不仅仅是为了解决原始个人信息不准确的问题，过度精度的个人信息隐藏的风险同样值得审视。尽管当前的个人信息保护框架提出了必要原则和目的限制原则以应对这些新威胁，但是其应对方式仍存在一些缺陷，需要落实质量原则，并对其进行进一步规范。

（二）识别分析：算法技术差异化识别所引发的不确定风险

信息的识别分析阶段主要对应信息的加工活动。尽管大数据、云计算等技术在许多行业释放了个人信息处理运用的巨大价值，但是许多学者和监管机构对个人信息保护面临的巨大挑战表示担忧。信息识别分析阶段的潜在风险源于大数据技术的准确性能否以及能在多大程度上反映现实并预测未来，而信息的错误关联、不准确的或者过度预测则有可能会诱发新型歧视。

1. 信息错误关联放大了负面效果

多重身份验证（multiple identify, MID）的实现需要依靠互操作性，根据验证结果将存储于不同的数据库中的相似数据进行链接，如果在链接数据时出现错误，这将会违背质量原则。因为即使基础数据是正确的，但它们之间的联系是错误的，即将正确的信息与错误的人进行关联，无论是依据可识别说还是关联说下的个人信息定义，上述情形都应当归属于错误的个人信息，违背了质量原则的准确性维度的正确性要求。

人工分析、处理个人信息被认为是效率低下且准确性难以保障的，因为存在诸如笔误、泄露和数据验证以及更正效率低下的问题。在计算机系统处理时，其中大部分问题将被解决，基于技术的数据的存储、识别和分析似乎变得更加可靠。但传统计算机系统的某些弱点，如无法覆盖的非数字化数据和输入数据中存在的错误仍然会存在。广东省高级人民法院审理涉网络个人信息典型案例的相关报道称：广东某公司被告知该公司高管梁某有多条失信信息。经核查，这是某信息查询平台错误关联所致。该信息查询平台辩称，可能是平台算法错误导致其关联了和梁某同名同姓的他人信息，也可能是程序漏洞、数据错误等，平台主观上并不存在过错。本案的一个争议焦点就是信息的不

① See Daniel J. Solove, Privacy and Power: *Computer Databases and Metaphors for Information Privacy*, Stanford Law Review, Vol. 53, p. 1393 – 1461(2001).

准确能否以技术中立作为免责事由。

在我国“技术中立原则”初见于“避风港原则”，初始目的在于保护创新。技术中立原则是指技术或产品的提供者不能预见或控制其被用于合法或非法目的，因此不能因为产品或技术被用于侵权行为而要求提供方承担责任。在权利人发出通知后，网络服务者只要履行了“通知—删除”义务，就无须承担侵权责任。以“信用信息相关案例”为关键词进行索引发现，实际案例中多数信用信息查询平台辩称：数据来源于公共领域；有完善的“通知—修改”机制；信息的抓取、比对和推送更新全流程均未进行人为加工，这一过程属于无差别的技术行为，应当属于“技术中立”的范畴。结合上述案例笔者认为，技术中立原则不能成为信息错误管理的抗辩理由，实务中法院的裁判最终也驳回了被告方的技术中立抗辩。法院认为，第一，信用信息查询平台是技术的提供者和实际使用者，其并未尽到合理的注意义务。案涉征信查询平台未能对同名同姓的不同主体进行区分识别，属于平台的业务基础功能不完善。第二，保证个人信息的完整性和准确性是个人信息权益的体现，错误关联导致梁某的个人信息权益受到侵害。法院判令该信息查询公司赔偿梁某与梁某任职公司的损失，并在网站主页上发布致歉声明。由此可见，关联信息的过程虽然没有经过人工的干预，是完全的技术过程，但是由于平台没有尽到合理的注意义务，未建立相应的纠错机制而导致错误信息的发生，因此判定其主观上有过错。

在互联网和大数据时代的网络爬虫等技术的加持下，技术中立原则抗辩出现泛滥现象，成为平台逃避承担保证信息准确性义务的遮羞布，偏离了信息处理的本身是否正当的核心要义，信息处理者也未树立起保护个人信息权益的法律思维。较之于传统的数据登记，当前个人对自己的信息使用的控制力大大减弱。在计算机网络资源有限的社会里，低质量的信息在一定程度上被低效沟通所抵消，而当数据系统的性能提高时，错误的负面后果则被显著放大。存储于计算机系统的信息可以对海量的信息进行快速关联和使用，信息的错误可能会造成严重损害，如恶意或无意地使用低质量信息会影响个人的就业机会和信贷能力，引发新一轮歧视。

2. 预测算法的合法性控制缺失

算法模型以关联关系取代因果关系，汇聚后的信息数据越来越多，融合后的数据变得越来越不可控，复杂的数据分析系统既可以解决也可以导致信息质量问题，因此应当受到更加认真的对待。[①] 过去人工处理和简单的计算机系统很难达到超高水平的准确性，但是大数据技术尤其是复杂化的预测算法模型将个人信息的准确性提升到超高

① See Supreme Court of United States, *SPOKEO, INC, petitioner v. Thomas ROBINS*, Harvard Law Review, Vol. 130, p. 437 – 446(2016). & Supreme Court of United States, *TransUnion v. Ramirez*, Harvard Law Review, Vol. 135, p. 333 – 342(2021).

水平。

预测算法,是指信息处理者通过与信息主体海量的行为数据进行关联,通过算法分析出信息主体的性格、消费习惯、活动规律、健康状况、财务状况等,然后据此作出针对个人的决策。[①] 本质上,预测算法就是一个"贴标签"的过程。在数智化时代,只要算力够强,那么算法能够处理的信息量几乎没有上限,算法实现了对海量信息价值的重新评估和有效适配,这与当前商业场景中的"规模定制"趋势相契合。预测算法给人所贴的标签不同于传统的分类记号,而是用人口统计、社会经济或者其他行为指标所进行的组合标记,其中蕴藏着较大的风险。第一,预测算法蕴含着歧视风险。计算机并不擅长作出涉及利益衡量的决策,尽管工程师可以通过调整预设的程序和参数改变优先性因素。单独应用时,上述标签并没有明显的歧视性,但是在各个标签组合在一起之后就出现了问题。假设信用评估系统在高风险还款逾期和频繁购买酒精之间构建了强关联性,这对于碰巧只是负责为公司采购酒水的人就可能面临被拒绝贷款或其他不公平待遇,从而将其置于风险群体之中,因为他的行为模式符合上述关联性判断。"高风险"标签作为不准确的预测数据,可能会对一群人造成伤害。第二,预测算法具有不透明性。对于显性的歧视(通常包括性别、种族歧视等),能够很快识别出其违反了平等原则,但在"替代信息"的补充下,如身高体重等,对受保护群体的同等歧视更为隐蔽,有学者将其称为间接歧视。[②] 在不知情的情况下,人们被复杂的、主观恣意的多种考量因素进行分类,最后被区别对待。曾任美国联邦贸易委员会主席的伊迪丝(Edith Ramirez)指出,基于海量数据的预测算法的实施使得评判个人的标准从个人的实际行为转变为他们的行为模式之间的相关性以及特定的信用或保险风险。[③] 第三,预测算法的复杂性使其可解释性大打折扣。算法作为技术性语言,即使予以公开,未经有效解释,公众仍旧难以窥见其中真意。随着自动化系统的迭代,向公众解释数据分析的实际工作原理会变得更具有挑战性。

信息识别分析阶段并不会对信息主体的个人权益造成直接损害,只是存在较大的隐性损害风险,因而该环节极容易被排除在法律约束的框架内。即使法律对其加以规定,但因技术问题的难理解性,执法人员往往也很难进行有效监管。就自动化决策系统而言,该技术系统在分析法律问题时并不是基于因果关系,而是基于关联性。即使算法本身没有偏见,但在信息数据的选择存在偏差时,信息主体得出的结论也可能存在问

---

① 参见杨合庆主编:《〈中华人民共和国个人信息保护法〉释义》,法律出版社2022年版,第46~47页。

② See Persson & Anders, *Implicit Bias in Predictive Data Profiling Within Recruitments*, Privacy and Identity Management: Facing up to Next Steps, Vol. 498, p. 212 - 230(2016).

③ See Edith Ramirez, *The Privacy Challenges of Big Data: A View From the Lifeguard's Chair*, Federal Trade Commission Protecting America's Consumers(Aug. 19, 2013), https://www.ftc.gov/news-events/news/speeches/privacy-challenges-big-data-view-lifeguards-chair.

题。在一个人的身份、行为、看法和机会都或多或少由数据定义的时代，信息主体显然处于弱势地位。

（三）迁移应用：信息处理结果运用范围的辐散

信息的迁移应用环节主要对应算法分析结果的使用与公开活动。脱离场景的算法评价会强化算法的负面效应，加剧歧视风险。用户画像的过度描摹会加速人类决策自主权的旁落。

1. 脱离场景的信息使用强化了算法评价的负面结果

数字社会的信用等同于被信任的能力，其依赖于通过各个来源、维度被抓取、被分析的个人信息所构建起来的相对稳定且精确的“个人身份”。我们正在进入一个人们的机会容易受到各种评分系统影响的“评分社会”。拥有强大数据统计能力和数据处理能力的信息处理者能够从信息中提取出描述性和预测性含义，形成评价结果并据此作出相应的决策。例如，保险公司依据个人的健康情况确定投保人的保费费率，银行根据个人的财务状况决定是否对贷款人进行放贷，用人单位依据个人违法犯罪记录决定对应聘人的录用等。这些建立在个人信息分析基础之上的决策属于信息的跨场景运用，评分技术的滥用会导致存在显性或隐性歧视风险的算法对信息主体作出更具危险性的决策。

数字技术引领下的评分社会最显著的特征就在于评分标准是基于预编程和自学习的算法，评分社会建立在评价型算法广泛嵌入各系统的基础之上。以对信息主体的社会生活影响最为深远的社会信用评价体系为例，算法评估模型嵌入社会信用体系建设，加快了社会信用体系的数字化转向。假如评分系统综合考量信息主体居住的特定区域、经济状况，并根据其居住小区、热衷品牌情况以及是否获得学士学位等因素，而推断其是否有可能拖欠贷款，从而确定其社会信用等级。这在现有的法律框架下看似是完全合法的，因为从个人信息的收集—识别分析程序上看，其符合当前个人信息保护的相关规范，但是对其的运用会造成对信息主体的负面评价甚至是歧视性评价。这些负面评价最终可能在其他社会领域得到强化，最终导致信息主体处于长期的负面体验之中，受到不公正的对待。如 Big Data Scoring 是一家提供信用评分准确度问题解决方案的公司，其声称评分准确度提升了 26%。但它们的网站并未提供任何说明将考虑哪些类型的数据信息，或者解释为什么它们的方法就能合理提升评分准确度。回归社会本质，信息处理结果运用范围不是单纯的技术问题，而是一个需要探讨的法律议题。如果不采取相应的预防措施，新型的不公正歧视将在大数据的黑匣子中愈演愈烈。

2. 用户画像的过度描摹加速了人类决策自主权的旁落

随着网络、智能设备和数据的深度开发应用，人的行为过程、状态均可被记录，形成“用户画像”（profiling）。在进行分析和自动化决策的过程中，除信息收集和初步分析阶段外，还有更为复杂、对信息主体影响更为深远的抽象分析构建阶段和个人信息应用阶段。科技企业根据用户的网络行为轨迹和状态记录，对其身份、特性（包括但不限于个人职业、喜好、性格特征、行为偏好等内容）进行画像描摹并分析，形成对特定用户在经济、社会、文化、生理和心理等全方位的特性描述。① 这一过程往往发生在用户不知情的情形下，甚至完全由计算机系统自动收集并完成分析。个人在未出场的情形下，即被描述、分析，并被贴上各种标签。这种描述的全面与准确度主要取决于企业所掌握的用户信息的多少与信息的质量。如果该自动化分析工具得出的结论不完整、不准确、不具时效性，那么企业不仅会产生身份认知上的错误，还有可能损害相应的个人名誉，对信息主体产生负面影响。

另外，过度准确的画像结果会导致被评价主体对算法评价标准的迎合，进而导致社会通过先进技术塑造个人行为的界限，削弱人类决策的自主性。一般而言，人类决策的自主性来源有三：人类的独立性、理性以及足够的选择性。② 但是，在数智化社会，信息主体往往会尝试强化算法所标注的具有积极意义的行为或压制那些算法所认定的消极行为。在此过程之中，人类实际上是在服从机器的"偏好"，这是对人类尊严的严重侵蚀。人类不再是福祉得到尊重和促进的主体，而是退化成为决策系统（或算法设计者/使用者）实现特定目标的手段。如果被评价主体难以了解评价的算法标准，那么算法评价结果的肆虐会导致被评价主体将自己的行为限制在最低限度之内，以保护自己免受任何未知的负面后果的影响，这种变相压迫被称为"寒蝉效应"。在个人行为被社会塑造的背景之下，应当思考的一个重要问题就是个人信息的合理治理和不公正的操纵之间的区别。结合用户画像对个体的影响，无论是在主动的评估标准的设定之上，还是被动地远离某些活动，都可以看作社会行为趋同，加速人类决策自主权的旁落。

五、个人信息处理质量原则的落实路径

个人信息处理质量原则应当以信息生命周期理论为个人信息时效性保障的立足基点，明确个人信息质量原则的适用范围；以保护信息主体的个人信息权益为基本手段，链接至信息主体的更正权和拒绝权，落实个人信息之准确性；以应用场景的公私区分进行风险防范，明确高精度算法分析嵌入应用的信息处理者的准入条件以及责任义务，实现个人信息的完整性要求。

（一）立法理念：信息质量的全生命周期控制

个人信息保护规范将保障个人信息质量作为一项基本原则纳入其中，意味着信息

---

① 参见高富平：《论个人信息保护的目的——以个人信息保护法益区分为核心》，载《法商研究》2019 年第 1 期。

② 参见［英］凯伦·杨、马丁·洛奇编：《驯服算法：数字歧视与算法规制》，林少伟、唐林垚译，上海人民出版社 2020 年版，第 104 页。

质量从技术层面向法律层面的延展。保持个人信息的准确、完整,应结合个人信息的各个处理环节的目的和对个人权益的影响等因素作具体判断。因此,单一静态地定义个人信息并不能适应大数据时代的现实需求。认清信息生命质量周期的阶段划分对避免个人信息概念的僵化有重要意义。美国信息资源管理专家霍顿于1985年首次提出"信息生命周期管理"的概念,信息生命周期管理分为信息创建、信息采集、信息组织、信息开发、信息利用、信息清理6个阶段。[①] 上述定义基本概括了信息生命周期的核心内涵,但是在生命周期所包含的具体环节上目前学界仍莫衷一是。本书的讨论主要建立于刘利平和劳伦斯·伯恩斯坦·迟(Laurence Bernstein Chi)的信息生命周期理论之上。[②]两位学者将其概括为以下4个阶段:(1)信息收集,即基于反映特定问题的特定模型,通过特定技术获取信息;(2)信息组织,即信息进入模型;(3)信息呈现,即个人信息的表示或格式;(4)应用程序,包括所依据的分析算法模型等。[③] 笔者将上述环节嵌入第三部分个人信息处理环节的三大环节之间,绘制了图6-2。该流程图较为直观地表明,在个人信息处理的任何一个环节出现问题都有可能引发整体的结构性风险,同时也将隐藏于处理之中的算法框架在其中的作用以及其对决策的影响挖掘了出来。

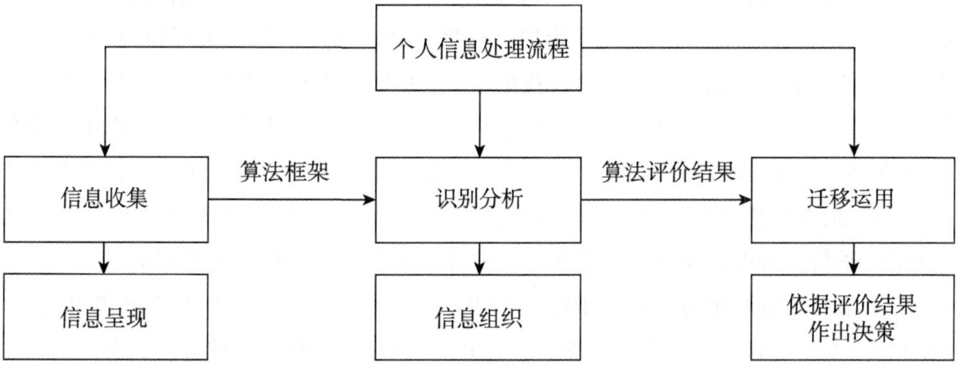

图6-2　个人信息处理流程图

个人信息质量不是一个静态的概念,而是一个"进化结构"。个人信息在不同阶段的形态转化,产生了一种"化学反应",进而引起了个人信息相应的变化。个人信息在经历了从个体信息到信息集合的转化之后,再形成信息产品。这一转化过程意味着,个人信息从具有强人格属性的信息变为具有强财产属性的信息。因为个人信息的质量会

---

① See Daniel J Solove, Privacy and Power: Computer Databases and Metaphors for Information Privacy, Stanford Law Review, Vol. 53, p. 1393-1461(2001).

② See Liu, Liping & Laurence Bernstein Chi, *Evolutional Data Quality: A Theory-Specific View*, MIT International Conference on Information Quality, 2002, p. 292-304.

③ See Liu, Liping & Laurence Bernstein Chi, *Evolutional Data Quality: A Theory-Specific View*, MIT International Conference on Information Quality, 2002, p. 292-304.

随着信息处理的不同阶段发生不同的变化。正如有学者所观察到的,信息质量在生命演化周期(信息处理)的过程中不仅对单个信息或者数据片段提出要求,而且对不同类型的信息处理操作发挥作用。

质量原则应当对个人信息处理技术的挑战予以回应。就研究范围而言,法律与信息质量之间的相互作用往往被视为一种相对较新的发展。基于前文所述,预测算法对信息主体作出的评价结果对信息主体的人格权益和财产权益产生了深远的影响。对信息质量的理解具有目的依赖性,信息质量是信息的各种特征或属性,这些特征或属性与价值有关。价值就是信息满足不同主体需求的程度。正如欧盟数据保护委员会(EDPB)提供的关于信息准确性维度概念的解释性法律指南中所描述的那样,数据"准确性"为"就事实而言的准确"。个人信息的准确性的判定标准并非绝对客观,而是应当联系信息处理的目的进行综合性考量,且不能超出处理的目的。

《个人信息保护法》第8条对质量原则的表述为"应当保证个人信息的质量",从文义解释来看,该条似乎只指向了输入阶段原始个人信息的准确性。因为输入的个人信息是信息处理者进行个人信息处理活动的前提。但是结合《个人信息保护法》的立法目的来看,其旨在保护与个人信息处理相关的个人权益。结合《个人信息保护法》第8条所蕴含的"过程+结果"的构造逻辑以及信息生命周期理论的分析可知,个人信息处理的各个环节都与信息主体的人格权益相勾连。侵害个人权益的风险很大程度上源于处理过程,应当将上述个人信息处理者的处理过程也纳入质量原则的规范之中。例如GDPR明确要求成员国主管信息的部门在将数据传输给其他部门之前,需要提供关于"个人数据的准确性、完整性和可靠性的程度",以及数据的更新程度的必要信息,来验证数据的质量。该做法说明个人信息的传输环节仍然受到质量原则的约束。

个人信息质量原则应当进一步锚定识别分析阶段的"算法框架"和由此得出的"评价结果"。与单纯存储进数据库的个人信息相比,经过复杂算法分析得出的有关信息主体的评价结果往往是作出决策的重要依据。如图6-2所展示的信息生命处理的流程来看,这些依据表现为:(1)原始信息或替代信息的输入;(2)通过预测算法框架进行信息的识别分析;(3)依据分析得出对信息主体的评价结果。算法的嵌入极大可能导致居于强势地位的个人信息处理者侵害处于弱势地位的信息主体的人格权益,侵蚀个人信息自决权,限缩个人选择空间。

我们还可以通过对适用算法分析框架的审查明确其中所蕴含的不准确或过度准确的风险。值得一提的是,欧盟《人工智能法案》中明确将"质量"作为高风险人工智能系统的要求。在提案中有关质量的要求主要针对人工智能技术的训练、验证和测试数据集方面,要求相关设计、使用主体必须对算法技术的未来使用情况保持敏感,并且不带任何偏见等。理论与实践需要产生共鸣,应当将预测算法以及经过其分析产生的评价结果纳入个人信息处理质量原则的约束范围之中。对上述算法工具施以既定的明确的技术加工标准的限制和指引。

输入、输出信息以及处理框架中的预测分析算法应当构成个人信息质量原则约束的客体。信息处理者有义务设计与之匹配的动态质量管理流程,政府也应当积极联合行业协会依照信息处理的生命周期分环节引导制定相关的国家标准,加强个人信息质量标准化的顶层设计、践行标准化理念、强化标准的实施和应用,规范收集阶段个人信息的质量、信息存储关联的质量以及用于处理的算法模型的质量水平。

在今后相关标准和立法的制定中,需要进一步完善算法的透明度和正确性验证机制,并确保此类算法的整体问责性和合法性。个人信息处理者可以考虑对算法进行质量保证检查,以确保算法决策的公平性、非歧视性。检查内容包括但不限于分析标准、最终结果以及信息数据之间的相关性。尽管我国《互联网信息服务算法推荐管理规定》有与自动化决策无偏见和非歧视的相关要求,但相关约束多为结果导向,容易忽视技术手段的可操作性和实现成本,因此有必要完善相关算法技术标准体系,可通过对各使用场景的分类制定逐步实现,如医疗健康、金融征信、教育教学等。通过对算法的先行约束,确保分析标准和模型具体且可靠,以保证评价结果对现实反映的准确性。

(二)权利保障:信息主体的更正权和拒绝权

对个人信息处理质量原则的探索,将对更正权的行权范围产生深远的影响。法律赋予个人信息主体针对信息处理者可行使的系列权利,是为了确保个人对信息处理者控制之下的自身个人信息的控制,以抵抗由于不当收集、不当使用、信息瑕疵或错误以及影响信息自主决定等而造成的负面评价或侵害。《个人信息保护法》第四章规定了信息主体的权利,第45、46、47条之中就分别规定了知情同意权、访问权、可携带权、更正权、拒绝权、删除权(被遗忘权)。其中,信息主体的更正权和拒绝权是与个人信息质量原则连接最为紧密的两项权能,是个人信息出现错误与不完整时的主要保障途径。

1. 个人信息处理质量原则与更正权的连接

更正权常与删除权并列,但是较之于删除权,更正权往往容易被忽视,我国相关法条和标准都只单独定义了删除权而没有规定更正权的任何具体含义。在实践中,更正权运用的场景较之于删除权更加普遍。因此有必要明确更正权的实现路径。《个人信息保护法》第46条第1款规定:"个人发现其个人信息不准确或者不完整的,有权请求个人信息处理者更正、补充。"从文义解释严格来说,该款指的是信息主体对不准确的个人信息的更正和对不完整个人信息的补全。从行权的程序上来看,行使更正权的前提是信息主体能够发现其个人信息的不准确性和不完整。这其中即蕴含了三个方面的法律问题。

第一,更正权的行使是否仅能依靠信息主体主动发出,个人信息处理者是否能主动要求信息主体修改?如若最先发现错误的是个人信息处理者,那么信息处理者是否有权自行识别纠正或经同意修改错误个人信息以达到维护个人信息准确性的目的。针对该问题,笔者认为信息处理者通过内部检验系统自行检测到信息的错误以及一些显著的原始个人信息收集输入错误时,信息处理者应当立即告知有关信息主体并予以更正。理由如下,首先,信息主体自主发现信息错误存在困难。例如,在数据库中信息主体的身份信息如身份证号、姓名、性别等信息出现错误,在庞大的信息海洋中很难正确识别或是查询到特定的人,信息主体在访问和查询自己的相关信息时就会被阻滞。其次,上述情况的出现有可能是因为个人信息处理者信息数据管理不善。当处于信息生命周期前端的低质量信息,未被信息处理者检测出来而直接作用于信息主体时,信息主体对上述错误信息是一无所知的。最后,从风险控制的角度来看,待到低质量信息的侵害已经显现的时候再行使更正权,不利于保护信息主体的人身或财产利益。例如实践中,信息主体经常在借贷被拒时,才会发现自身征信信息存在错误,且向信息处理者提出相关更正请求时,往往不能立即得到回复,从而影响自身的交易机会。信息主体的权利和信息处理者的义务是一体两面的。为了改变这种更正权被迫后置的情况,有必要要求前置信息处理者维护信息准确性的义务。《个人信息保护法》第 57 条规定的信息处理者的义务实际上并未涉及个人信息处理的质量要求。但是信息系统内部的管理和质量标准的设定同样非常重要。信息处理者作为技术的掌控者,对低质量信息的识别能力强于信息主体,其有责任也有能力通过内部的数据信息检验机制在信息生命早期就发现问题并及时通知信息主体予以修正,这将降低由低质量信息引发的不确定风险。

第二,更正的范围是否仅限于个人信息?该问题涉及对发现质量问题根源和结果的实际整改,更正权在多大程度上可以解决已确定的问题。换言之,是否应当扩大解释为个人信息处理的全流程,亦即将经过预测算法识别分析的不准确评价结果也纳入更正权行使的范围之内。区分原始个人信息和评价结果确有必要,但是信息主体是否可以根据更正权要求个人信息处理者重新评估准确性程度并对其进行不同标记,目前无法律明文规定。笔者认为,目前不应将评价结果及算法框架的审查发动权交由信息主体手中,最主要的原因是更正权并非唯一的纠正措施,此类侵权行为还可通过拒绝权予以解决。

第三,如何实现更正的法律效果?按照一般的语义解释,更正的技术路径有三种:第一种是通过发布新信息替换原有信息;第二种是直接删除原有信息并发布正确信息;第三种是对原有信息进行标注说明,同时发布新的正确信息。① 这三种技术路径都可以用于更正个人信息,但需要根据具体情况选择最合适的方式进行更正。无论何种技术手段都旨在保护个人信息的准确性,指向个人信息权益的完满状态,而不在于信息本身呈现的具体形式。由此可以将个人信息的错误分为形式错误和实质错误两类予以处

---

① 参见李有星:《区块链应用中的个人信息删除权与更正权问题研究》,载《浙江树人大学学报》2022 年第 2 期。

理。形式错误指原始个人信息存在轻微的笔误、格式错误等问题，此类瑕疵通过内部纠正即可，采取程序简单的发布更正通知即可。而对于实质错误，则需要删除原有错误信息或者移除对信息主体的错误对待，从而消除对个人信息权益的持续妨害。

2. 个人信息处理质量原则与拒绝权的连接

《个人信息保护法》第44条规定个人享有限制或者拒绝他人对其个人信息进行处理的权利。该规定将拒绝权置于知情权、决定权之后，该项权利并非事后救济权，而应当贯穿于信息主体在决策的事前、事中以及事后的参与之中。① 在个人信息质量原则的指引下，拒绝权应进一步强化信息主体对自动化算法分析决策环节的影响力，基于自身利益需求请求信息处理者暂停或停止处理其个人信息。

第一，廓清信息主体对算法分析框架以及评价结果的拒绝权行使条件。结合《个人信息保护法》第24条进行分析，信息主体拒绝自动化决策的行使需要满足两项行为要件。一方面，必须是仅通过自动化决策的方式作出决定，该要件强调作出决策的动态环节。这种方式意味着处理者并未对其中的内容进行过相应评估，即决策过程完全属于机器环路而非“人在环路”。另一方面，该决定需对个人权益有重大影响。拒绝权的行使是权利保护与产业发展间的精细平衡，重大是对价值衡量的体现，需要分情形予以衡量。参考欧盟对“重要影响”的解释，对重大影响的判定应当结合场景进行分析，并综合考虑个人信息保护影响评估，考虑信息主体身份、信息处理者的权威、信息的性质和类别等。② 例如，贷款人向银行申请贷款，经过完全自动化分析之后作出的准予或驳回决策会对个人造成重大影响，那么信息主体对此自动化方式作出的决定就可以拒绝。

第二，个人信息处理全流程贯彻拒绝权，提升拒绝权的行权效果。拒绝权并非针对算法分析决策的反射机制，仅限于行为发生之后，而应当贯彻个人信息处理全流程。在收集阶段，信息主体了解到自动化决策处理个人信息的方式之时，拒绝即意味着处理行为不得发生；在识别分析阶段，信息主体了解到潜在风险（不信任预测算法的标注方法）而行使拒绝权，拒绝即意味着处理必须暂停；在作出决策后，个人有权拒绝完全排除人工审查的个人信息处理决定，从而导致该法律后果不对申请人产生法律效力。

（三）场景区分：高精度算法的审慎嵌入

在当前大数据时代背景下，个人信息瞬息万变，不同的处理场景之中个人信息的价值存在巨大的差异。面对复杂的个人信息处理活动，信息主体行权面临着巨大的困难，更遑论算法时代，数据失控更是常态。基于“场景”的个人信息应用是恢复信任的重要措施。在公私场景中，算法在用户画像的描摹、风险预测与监管等方面都有广阔的运用

---

① 参见王苑：《完全自动化决策拒绝权之正当性及其实现路径——以〈个人信息保护法〉第24条第3款为中心》，载《法学家》2022年第5期。

② 参见张新宝主编：《〈中华人民共和国个人信息保护法〉释义》，人民出版社2021年版，第198页。

前景和发展潜力。但是如前所述,算法的跨场景运用容易引发监管偏差和监管失控,算法合法性控制的缺失会导致过度损权的风险,过度准确的算法分析工具甚至会导致人类自主权的旁落。基于上述考量,应当更加审慎选择应用高精度算法。明确算法在信息处理中的辅助地位,可以凸显公私信息处理者的保障义务与主体责任。

1. 商业应用场景下高精度算法的审慎使用

商业应用场景中,相关算法主要是以营销为目的向个人推送定向广告,一般只需收集个人的浏览、购买等记录,而无须掌握精确的个人身份信息,即使收集的个人信息不准确、不完整,也只会影响广告的精准度,不会对个人权益造成实质不利影响。此时需要警惕的是过于追求个人信息的准确性、完整性导致的个人信息的过度收集、处理。

信息处理者需要对其设计或者运用技术的功能和结果进行批判性思考,意识到信息处理潜在的局限性。算法并非百分之百正确,承载于网络空间中的信息亦无法准确反映物理世界的客观事实。有学者指出,"与人类认知相关"的一系列因素在决定个人信息质量方面发挥着巨大作用。① 如果信息处理者意识淡薄,利用高精度信息对个人信息进行过度描摹达到商业利益的最大化,商业平台则拥有了定义一个人发展空间的权力。

有学者提出在商业应用场景下高精度算法的嵌入使用需要遵循四项基本原则:一是评估嵌入算法的实际需求。二是如果确有必要运用算法进行分析,则应当建立相应的算法审查机制,尽量不要使用无法保护个人信息的技术应用。三是需要充分利用数据混淆、加密和聚合技术对涉及的个人信息进行匿名化处理。笔者认为,可以从信息收集阶段入手以达到这种匿名化目的,应当尽量保障信息主体有更多的自由来提供不准确(不精确或不正确的)关于自身的信息,信息处理者应该承担更多的责任以提供选择并让他们的用户知道信息处理的方式选择,并保证他们的做法符合信息主体的合理预期。四是出于商业目的处理个人信息的处理者应当对用户尽可能清晰、透明、灵活地采取措施保障信息主体更正权和拒绝权的实现。

2. 公共应用场景下高精度算法的审慎使用

公共应用场景主要是指个人信息的处理主要是基于公共服务之必要或者是社会治安之需要。此时,个人信息处理者主要为国家行政机关,相较于其他信息处理者,行政机关应承担更大的责任,确保用户的选择得到充分尊重和落实。

公共应用场景中,高精度算法分析所形成的个人画像被运用于信用风险智能预测与信用监管之中。信用监管是从粗放式管理向精细化管理升级的产物。借助构建自动

---

① 参见蔡曙山、薛小迪:《人工智能与人类智能——从认知科学五个层级的理论看人机大战》,载《北京大学学报(哲学社会科学版)》2016 年第 4 期。

化、智能化的风险预测和预警管理系统,相关部门可以实现对监管数据的智能比对。① 这种方式能够帮助行政机关提高监管效率和准确性,动态掌握信用主体活动的特征规律。当算法嵌入信用风险评价体系之时,信息主体不可避免地就被区分为高、低信用风险主体,高精度的算法会强化执法主体对算法工具的依赖,公权力会高度依赖算法进行认定和裁决,使得传统的行为责任逻辑链条被算法切断,②还可能衍生出区别于人类的机器监管主体。

不可否认,将高精度算法技术嵌入社会监管活动是充分发挥新型监管模式的有利选择,但也同样需要承认嵌入后监管可能衍生的法律风险。需要适当控制高精度算法嵌入社会公共监管的场景与限度。首先,需要重视高精度算法嵌入的技术评估,对形成的个人智能风险预测过程的科学性、合理性以及结果的客观性、准确性作出评估。其次,谨慎应用算法对数据信息进行过度推演,原则上应当禁止涉及人格特征的全自动算法,适度保留人工介入算法的情况。利用技术手段对信息主体的描摹精度需要受到限制,以避免相关推演结论使用的泛滥。最后,针对算法分析的精度还可以建立某种社会化的评议机制,通过听证程序对运用算法的后果进行评价,以促进技术服务与公共价值落实的优化,避免算法与监管权力合谋产生权力滥用的风险。

一旦对个人信息准确性的合理预期被打破,民主社会将因每个人的社会存在和未来机会的不确定性而步入恐惧的阴影。③ 高精度算法的应用中场景风险的控制,实质上反映出法律是随着科学技术发展而不断调整的。商业应用场景中对此类技术的嵌入应当有严格的使用准入条件以及完善的配套个人信息权益保障措施;公共应用场景应审慎控制算法介入信用监管的场景与限度。法律与科技的协调发展,是上层建筑适应生产力发展这一经济基础客观规律的必然要求。④ 信息处理技术的发展催生了个人信息保护规制,人工智能和大数据的迭代又在不断打破个人信息保护规范所维持的利益平衡,对个人信息处理基本原则的理解也应当因时因势而不断发展变革。

小 结

个人信息处理的质量原则是个人信息保护法律框架下的一项重要原则,与合法、正当、必要等基础性原则共同构成我国个人信息保护法治的梯级化原则体系。个人信息处理的质量原则是一项兼具理论价值和实践价值的研究论题。学术界对个人信息处理

---

① 参见贺译葶:《人工智能在信用监管中应用的法律风险及其应对》,载《甘肃社会科学》2022 年第 4 期。

② 参见张凌寒:《算法权力的兴起、异化及法律规制》,载《法商研究》2019 年第 4 期。

③ 参见[美]劳伦斯·莱斯格:《代码 2.0:网络空间中的法律》(修订版),李旭、沈伟伟译,清华大学出版社 2018 年版,第 89 页。

④ 参见郭锋:《论我国法律与科学技术的协调发展》,载《现代法学》1985 年第 1 期。

的质量问题的研究主要集中于个人信息准确性低等威胁之上,而忽视了准确性以外的其他质量维度。质量原则包括信息性质和信息数量两方面,以准确性、完整性和时效性为具体衡量标准,遵循《个人信息保护法》第 8 条“过程 + 结果”的构造逻辑,兼顾保护和流动价值目标。合法、必要与诚信原则是质量原则的基础和前提,质量原则在适用过程中出现问题,应当回溯该总体原则进行解释,从而维护法律制度价值的系统性。质量原则与目的限制和个人参与原则密切相关,均在合法必要诚信原则的统率之下,在适用中需要动态协调。从个人信息处理流程的动态性视角考察其中蕴含的质量风险。个人信息的质量应当结合个人信息处理的收集聚合、识别分析以及迁移运用环节进行具体分析。输入信息的质量、高精度算法的嵌入以及算法评价结果过度追求高质量的描摹将引发诸多不确定的法律风险、对信息主体产生损害,进而加速人类决策自主权的旁落。针对上述各个环节的质量风险,应从技术与法律规制、权利保障以及场景区分三个方面予以回应。个人信息质量原则的落实首先需要扭转先前对质量原则仅包括准确性衡量维度的错误认识,将算法模型和依据算法模型产生的评价结果纳入质量原则的规制范围之中。其次将个人信息处理质量原则的要求连接到信息主体更正权、拒绝权,廓清上述权能的行使条件及行权效果。最后需要审慎将高精度算法嵌入商业应用场景和公共应用场景之中,嵌入之前需要进行明确的准用评估,明确信息处理者对信息主体拒绝权的保障以及不过度描摹的责任。

第七章　个人信息处理的安全保障原则

数智化时代,传统的“人—人”关系模式为“人—技术—人”关系模式所替代。① 个人信息作为新型模式的重要一环,对其处理的安全与否影响着经济社会运行效果和社会运行效率。现阶段,个人信息安全问题频发,例如“滴滴出行”侵害权利人信息安全案的行业整顿并未达到预期效果,信息安全仍存在诸多困境。个人信息保护法的基本原则是个人信息处理活动的基本遵循,也是解释、补充以及发展个人信息保护法律制度的基本支撑。《个人信息保护法》在《民法典》《网络安全法》规定的个人信息处理安全保障义务的基础上,将保障个人信息处理安全理念作为一项基本原则规定于总则部分。保障个人信息安全,是信息处理者实现处理目的的关键一环,也是维护信息主体与信息处理者之间信任机制的重要屏障。为了明晰个人信息处理安全原则的发展脉络及应用现状,探寻减少信息安全危机事件中的有效机制,有必要进一步对个人信息处理安全保障原则进行研究。

一、个人信息处理安全保障原则的内涵

《个人信息保护法》编纂完成前,诸多学者就安全保障应否视为一项原则进行讨论。陈长明即提出应将信息品质与安全原则纳入法律保护范畴,个人信息始终应该受到合理的、严密的安全保护;②高志明、张亚明认为,个人信息保护以合法合理

---

① 参见齐延平:《论人工智能时代法律场景的变迁》,载《法律科学(西北政法大学学报)》2018 年第 4 期。

② 参见陈长明:《个人信息法几个问题分析》,载《云南大学学报(法学版)》2010 年第 3 期。

原则为基本,一般原则包括安全保障原则,即信息处理者为保障个人信息安全负有的采取合理、适当安全措施的作为义务。① 《个人信息保护法》正式发布之后,时任全国人大常委会法工委经济法室副主任杨合庆在解读《个人信息保护法》十大亮点时将安全原则与目的原则、质量原则等置于相同地位。诸多学者也将《个人信息保护法》第9条视为对个人信息安全保障原则的明确规定。程啸将国内外多部法律对安全保障作为原则入法进行论证,认为其与合法、正当、必要、诚信、目的限制、公开透明、质量共八项原则共同构成我国《个人信息保护法》的基本原则。② 故在研究个人信息处理的安全保障原则时,应对信息安全保障之发展和本质内涵进行剖析,探析其从一项基本义务到原则的演变过程。

(一)安全保障原则的立法演变

个人信息权的本质是将个人信息保护私权化,实现自然人对个人信息对世性的、绝对的支配和控制。③ 但实际上,这种绝对控制权是无法实现的,信息作为形成公共领域的基本素材,这就意味着个人不可以对公共领域中的个人信息恣意删除或私有化。④ 个人信息保护与利用的客体对象是个体作为"社会人"在社会关系中的身份符号,而保护与利用是一对矛盾体,需要寻求二者的平衡。⑤ 为实现个人信息的有效利用与保护,应当落实个人信息处理安全保障原则。

1. 以信息安全义务彰显安全保障理念

个人信息的显著识别性和内生财产价值等特性,决定了信息安全保障与处理行为存在密切关系。数据作为个人信息的主要载体,相关的安全风险主要来自两个方面:一是滥用数据,如未经授权等非法数据处理行为导致的个人信息风险;二是各种原因如内部人员违背安全规定、黑客入侵等行为导致的数据泄露、损坏风险。对此,在数据自动处理早期应用阶段,美国部分机构提出的"公平信息实践原则"中就指出应对个人信息处理安全问题,创建、维护、使用或传播可识别个人数据记录的任何组织都必须采取合理的预防措施,防止数据滥用。州立法层面,加州率先对个人信息义务进行立法,通过《加州隐私权法案》规定企业处理个人信息需践行安全保障义务,形成对企业处理行为较严格的法律规定;联邦立法层面,美国并未形成个人信息保护法,而是于1974年颁布《隐私法案》对联邦、部门层面处理个人信息保障安全作出规定。除美国外,日本于

---

① 参见高志明、张亚明:《论个人信息法的基本原则》,载《华东理工大学学报(社会科学版)》2013年第5期。

② 参见程啸:《论我国个人信息保护法的基本原则》,载《国家检察官学院学报》2021年第5期。

③ 参见高富平:《个人信息保护:从个人控制到社会控制》,载《法学研究》2018年第3期。

④ 参见张珺:《个人信息保护:超越个体权利思维的局限》,载《大连理工大学学报(社会科学版)》2021年第1期。

⑤ 参见陆青:《数字时代的身份构建及其法律保障:以个人信息保护为中心的思考》,载《法学研究》2021年第5期。

2015年通过《个人信息保护法》，其第22条明确了个人信息安全保障义务，并规定了处理者的报告义务和通知义务，以规则形式完善安全保障义务规定。

2. 以安全保护适当性明确安全保障内涵

数据作为个人信息最主要的流通形式，广泛规定于欧洲法律中，关于个人信息安全的规范多体现于个人数据保护的相关条款中。1980年，《OECD指南》第11条规定了安全保护原则，"个人数据应当得到适当的安全保护，防止丢失或未经授权的访问、毁坏、使用、修改或泄露"。该指南表明了个人信息处理者应采取合理的安全措施防止发生安全风险之初衷，对安全保障理念之适当性予以明确。但是，因美国对信息自由流通的坚决捍卫，OECD成员国难以在隐私保护与促进跨境数据流通方面达成协定，该指南最终没有以条约形式呈现。1981年颁布的第108号《关于自动化处理的个人数据保护公约》第7条对数据安全(data security)问题进行规定，体现出立法对个人信息数据安全的关注。此外，欧盟法院在废除欧洲《数据保留指令》的判决书中采取"数据保留指令未按照《宪章》第8条的要求包含足够的保障措施，以有效保护所保留的数据免受滥用的风险，禁止对这些数据的任何非法访问和使用"及"要以清晰、严格的方式管理相关数据的保护和安全，以确保其完整性和机密性"等表述，在司法层面明确对数据的安全保护管理要清晰、严格，体现出对安全措施的尺度要求。

之后欧洲的立法趋势也凸显对安全措施的"适当性"规制，欧盟《警察与刑事司法数据保护指令》第4(1)(f)条规定，数据处理要以适当的技术或组织措施确保个人数据安全。欧盟GDPR作为现行全球最为通行的个人信息保护范本，第5(1)(f)条确立了安全保障原则，即处理个人数据应"以确保个人数据安全的方式进行处理，包括采取适当的技术或组织措施，防止未经授权的访问或非法处理，以及防止个人数据的意外丢失、破坏或损坏"，在第5(2)条规定数据控制者对个人数据处理活动负责，并承担履行上述责任的证明责任。GDPR采用了"应为义务+预防危害后果"的形式明确个人信息处理安全保障原则，并需要保证处理措施的适当性。GDPR第32条结合安全保障原则和比例原则，规定应采取适当的技术和组织措施，以确保有适宜的数据安全水平以应对主要安全风险。从立法逻辑看，GDPR通过"原则总体保障+规则明确"的方式，对安全保障措施进行适当化限制，对个人信息安全予以保障。作为成员国的德国将《联邦数据保护法》第47条"直接规定数据保护措施应与目标保护水平成合理比例"改为"以适当的技术或组织措施确保个人数据处理安全"，更为凸显安全措施之适当性要求。

(二)安全保障原则的立法进路

学界对保障个人信息安全理念实现路径的讨论围绕着安全义务规则与原则展开，实则是我国立法进路的体现。个人信息专项立法，将信息安全保障作为一项法律原则，提升了保障个人信息安全理念的价值位阶，体现出信息处理安全保障之必要性和紧迫性。《个人信息保护法》颁布前，诸多规范就个人信息处理的安全保障义务予以明确：

2012年颁布的《全国人民代表大会常务委员会关于加强网络信息保护的决定》第4条规定"网络服务提供者和其他企业事业单位应当采取技术措施和其他必要措施，确保信息安全"；《民法典》《消费者权益保护法》《电子商务法》等民商事领域立法亦规定了个人信息安全保障义务；2017年颁布的国家标准《信息安全技术 个人信息安全规范》(GB/T 35273—2017)则将"确保信息安全"上升为一项基本原则，即"确保安全原则"；《个人信息保护法》沿袭了这一进路，将安全保障义务确立为一项基本原则，体现出安全保障原则的入法进路，也将信息安全置于突出地位。

《民法典》颁布前，《消费者权益保护法》对弱势、缺乏主动权的消费者群体赋予权利，于第29条以"不能为+应为"义务的表述方式，规范经营者收集、使用消费者个人信息的行为，以保障个人信息安全。《电子商务法》扩大了处理个人信息保障安全之行为范畴，其第24、27条对个人信息所涉主体"进入电商平台销售、经营者"的提供行为需满足安全保障义务进行规定。此外，第79条明确规定，对违反保障个人信息安全的行为可依照《网络安全法》《个人信息保护法》进行处理。

根据德沃金的观点，规则与原则存在逻辑差异，规则以一种所谓"全有或全无"的方式应用于个案，而原则应用于个案时不会产生如适用规则般确定性的结果。[①] 原则是基于法律和事实的可能性要求尽最大可能实现其内容的规范，为"最佳化的命令"，后阿列克西称"初显特征性"，指明将法律原则规范化是更好应用法律原则的方式。个人信息安全保障原则，实现从义务性、规范性规定到成为《个人信息保护法》中"最佳化命令"规定的变化，反映了我国个人信息处理原则的立法进路。结合《个人信息保护法》的体例安排，第五章为个人信息处理者的义务规定，论述了安全措施实施条件、实施方式等；第七章则表明需要承担的安全责任。实际上，第五章和第七章系对总则安全保障原则的详细说明，也指出安全保障原则的践行路径，即以"必要安全措施+承担安全责任"为总述，对具体规则形成较为明确的安全理念指导，体现出"原则+规则"的立法模式，明确个人信息安全保障原则的内涵。

(三)安全保障原则的基本内涵

1.信息处理者安全保障责任的理论基础

为了通过信息处理活动实现预设目的，促进信息利用与保护的平衡，个人信息处理者在信息处理活动中应负有一定的安全注意义务，承担相应的安全责任。个人信息权利主体因处于技术劣势地位，难以知晓算法运行规则、安全事故发生的内在机理，故信息处理者应对信息处理安全问题予以更大程度的关注。在信息处理者义务与责任承担的范围、程度方面，应从危险预防可能性、成本收益平衡及维持活动链条稳定等角度综

---

① 参见[美]罗纳德·德沃金：《认真对待权利》，信春鹰、吴玉章译，中国大百科全书出版社2002年版，第43~44页。

合分析考量。

危险控制理论为信息安全规制提供了理论支撑。一般的不法侵害指他人危险活动所创设的安全风险,且无法通过法律规定杜绝危险的产生。危险控制理论认为,危险活动实行人虽然不具有法律可谴责性,但由于危险活动的行为人最易控制风险的产生也最了解涉及风险产生的处理活动,其理应承担行为义务和相应责任。从该理论出发,个人信息处理者具有可规制性的原因在于:第一,个人信息处理者可能创设危险;第二,个人信息处理者通过处理活动可以实现目标或获得相应利润;第三,个人信息处理者在知识储备、处理能力、安全保障能力等方面均处于较为优势的地位,在一定程度上具有风险预见能力以及风险控制、处理能力,理应负有安全保障义务,承担安全责任。但因危险控制理论在《民法典》侵权责任编属于无过错责任,故承担的义务与责任较重,在一定程度上会造成成本与效益的冲突。若从经济学上的"帕累托"最优效应分析,其满足了对社会秩序的维护,实现了社会效益,但尚未在公平与效益间达到良好平衡,是否达到责任承担的最优分配仍存在一定争议。

基于成本收益平衡的法经济学考量,信息处理者作为安全损失成本减损最低的一方,应履行安全保障义务,对信息处理安全负责。法经济学的成本收益平衡理论认为,一个损失可能发生,承担避免安全风险损失发生义务的一方应为负最低成本的一方,该方对其未履行保障个人信息安全义务的行为应当承担相应的安全保障责任。在个人信息处理的行为关系中,信息处理者若从源头发现或较早发现安全风险,通过技术、管理等安全措施,减少危害所涉范围,能有效节约社会总成本。从此理论出发,信息处理者作为能直接处理安全问题,可从源头以较低成本实现信息安全的一方,理应承担安全保障义务与责任,减少风险的发生,从而避免为可预见或可尽早处理的安全危险付出高额的成本。此理论不仅可达到节约社会成本的现实效果,还可以为有效地防范危险发生提供指导。但从社会成本利益分析的角度看,过于强调对受害人的救济将会增加不必要的社会成本风险,如何平衡两者之间的矛盾以实现个人信息保护与利用的发展,存在讨论空间。毋庸置疑的是,根据此理论,信息处理者应承担个人信息安全保障义务,负有安全责任,但在实际应用时,应当增加对成本与利益的权衡。

信赖利益保护理论为落实安全保障原则提供了价值论据。信赖利益对于经济社会而言具有无法衡量的价值,保障信息安全有助于实现信赖利益,实现更大的经济价值,从而有效落实安全保障原则。个人信息安全保障义务产生在特定的、存在委托授权的当事人之间,基于此种联系,双方当事人实现信息处理安全保障是建立信赖的过程。信息处理者需要营造较为安全的处理环境,加深双方当事人之间的信赖,从而实现处理目的。基于彼此间的信任关系,个人信息处理者在危害个人信息安全,带来较大安全风险时,需要在承担相应安全责任之余,对信赖关系进行修复,其难度要远大于设置必要的安全保障措施。故个人信息处理者负有安全保障义务是信任维系的良好方式,在践行安全保障原则的前提下,信息处理者能在发生危险时尽量减少对信赖关系的破坏,维护个人信息处理链条的稳定,维护社会整体秩序的稳定。信赖作为较难量化的利益,带来的信息处理安全义务与责任难以衡量,为了避免不可逆的信赖损坏,应采取适当的安全保障措施。

2. 必要性是安全保障措施的基本准则

在规制个人信息处理行为时,各国和地区已经形成“应当采取安全措施”之共识,但通过比较分析可以发现,各国和地区在表述上存在一定的差异。我国《民法典》和《个人信息保护法》并未明确规定需要以合适的方式进行处理,而是表述为“采取必要措施”。德国《联邦数据保护法》第 47 条规定“以确保个人数据适当安全的方式进行处理,包括采取适当的技术或组织措施来防止未经授权或非法处理以及防止意外丢失,破坏或损坏”。因此,有必要基于《个人信息保护法》的立法原意和体例安排明确“必要措施”的含义和限度。

根据《辞海》解释可知,“必要”意为“不可缺少、非这样不行”;“合适”意为“符合实际情况或客观要求,适当”,二者在语义上具有一定的区别。《个人信息保护法》中使用“必要”一词去除了主观判断的程度,对实施安全措施的条件设定了较为严格的标准。结合文本的体例结构可知,“必要”映射了第 6 条目的正当原则比例要求之宗旨,从客观角度衡量安全措施的应为性,体现出信息安全保障原则不追求绝对安全之立法原意;“合适”若理解为采取符合实际情况的安全措施,则需要融入主观衡量,否则便缺乏较为统一的标准。故从语义分析可知,“必要措施”更为客观、具体,“合适”考虑主客观因素,更为抽象。

《信息安全技术　个人信息安全规范》(GB/T 35273—2017)即明确规定了“确保安全原则”,通过“具备与所面临的安全风险相匹配的安全能力,并采取足够的管理措施和技术手段,保护个人信息的保密性、完整性和可用性”的表述,体现信息安全保障不追求绝对安全,通过匹配安全风险与保护能力明确对安全措施限度之要求。《信息安全技术　个人信息安全规范》(GB/T 35273—2020)则延续了《信息安全技术　个人信息安全规范》(GB/T 35273—2017)的规定,体现对“合适”之追求而《个人信息保护法》中安全保障原则规定的措施则以必要为衡量要素,需结合文本体例进行综合分析。《个人信息保护法》的体例采取总则规定安全原则及分则明确具体安全义务的形式,总则第 9 条规定了安全保障原则的义务即需要采取必要安全措施,分则第 51 条第 3 项“采取相应的加密、去标识化等安全技术措施”和第 4 项“合理确定个人信息处理的操作权限”通过使用相应、合理等词对必要措施进行具体解释,形成以“必要”安全措施为基本准则,以“合理”的安全保障行为为基本构成的安全保障措施体系。相较于《信息安全技术　个人信息安全规范》(GB/T 35273—2020),《个人信息保护法》的逻辑更为严密规范,诠释了个人信息安全保障原则的基本内涵。

3. 信息安全是网络法律体系的核心价值

数智化时代的飞跃式发展,使个人信息的收集方式广泛应用于互联网、人工智能和大数据算法中,数据处理当然包括对其重要组成部分个人信息的使用。有学者认为,我国形成了以《网络安全法》《数据安全法》和《个人信息保护法》为核心的网络法律体系。[①] 其中,《数据安全法》明确了"规范数据处理活动,保障数据安全"的立法目的,体现了安全保障的宗旨,该法第 2 条关于法律适用范围的规定,再次重申应落实安全监督,将安全保障理念置于突出地位。《网络安全法》强调网络使用安全之重要性,对个人信息范畴进一步界定并聚焦个人信息泄露问题,明确网络产品服务提供者、运营者的安全保障义务,并对企业安全技术能力提出具体要求,在内容规定中体现此法对保障安全原则的遵循与贯彻。《个人信息保护法》则将个人信息处理安全保障原则规定于总则,彰显了对信息安全的强调。其一,《个人信息保护法》第 9 条在多次审议中均未作修改,坚定遵循安全保障立法原意。其二,根据《个人信息保护法》的体例设置,个人信息的安全保障要求规定于《个人信息保护法》的总则部分,主要内容是对具有显著识别性、敏感性、不可回溯性的个人信息进行安全保障,约束个人信息收集、处理、使用的行为。[②] 其三,明确了个人信息安全行为边界。对主体而言,约束信息处理者和相关当事人,避免通过授权行为,逃避法律安全责任;对行为而言,虽未表明禁止行为,但通过对信息处理行为的列举,正面规范信息处理行为,对第五章个人信息处理者的义务和第七章法律责任承担具有突出的指导意义。

《网络安全法》《数据安全法》《个人信息保护法》构成的网络法律体系,在立法宗旨和理念上均显现出数智化时代个人信息乃至数据领域个人信息安全保障的重要意义和突出地位,均强调在安全的环境下使用个人信息,维持信息生态平衡,服务社会发展。立足时代背景,个人信息处理安全保障原则对个人信息安全保障提出相较民商法、刑法更为明确的要求,契合了时代需求。

二、个人信息处理安全保障原则的规范构成

(一)个人信息处理安全保障原则的构造逻辑

个人信息处理安全保障,更多的是强调通过法律手段保障相对安全,而不是以实现绝对安全为最终目的。纵观《个人信息保护法》全文,安全保障原则的规制逻辑为:于第 9 条对信息处理者这一主要行为主体的义务进行规制,即信息处理活动应采取必要措施,承担安全责任后果,以个人信息处理者的应为义务形式进行统筹规定。安全保障

---

① 参见戴瑶:《公民个人信息保护在侦查程序中的困境和破解》,载《新闻前哨》2022 年第 8 期。

② 参见郭亮、王晨曦:《个人信息保护的立法逻辑、权利实质与发展路径》,载《重庆行政》2022 年第 2 期。

原则作为一项总体规定贯穿《个人信息保护法》，形成总体“认知”，项下“行为”以明确处理者的安全保障义务和安全责任规则展开，呈现“原则 + 规则”的逻辑。

《个人信息保护法》关于个人信息安全保障原则的规定，以合法、目的、诚信原则为基础，并对其予以必要延伸，环环相扣，形成对第五章和第七章的指导。具体而言，个人信息处理安全相关规定及内在逻辑如下：第 9 条所规定的个人信息安全保障原则需满足第 1 条规定的个人信息处理目的，信息处理具体行为需明确对应第 4 条第 2 款规定的处理过程。第 10 条、第 26 条强调保障个人信息安全与公共利益的密切关系。对于具体安全保障行为的规定，第 51 条列举安全保障措施的应为义务，提示安全风险后果；第 52 条表明信息保护负责人的具体设立情形；第 55 条、第 56 条落实安全影响评估制度，贯彻事前预防的安全理念；第 57 条对个人信息处理者的事后补救措施即通知义务予以明确。对处理者外其他相关主体的信息处理行为安全保障及相应的安全责任承担问题，于第 21 条、第 59 条明确委托处理行为，第 20 条规范共同处理者行为；第 60 条、第 61 条规定监管主体的职责内容和责任承担；第 64 条对行政主体处理相关安全风险、安全事件予以赋权；于第七章规定安全责任承担问题，第 66 条规定处理者不履行安全义务或行为不当的行政责任，第 69 条规定过错推定原则的承担方式，第 70 条引入公益诉讼制度。

从原则内容角度分析，相比《民法典》1038 条义务性规定，《个人信息保护法》第 9 条规定的安全保障原则更为精简，保留“应为”义务规制模式，删除关于安全技术、管理措施的要求和破坏个人信息处理安全规定所带来的危害后果；增加对安全责任承担的要求，表明安全保障原则的规制重点需明确未采取安全措施的后果，形成威慑。从个人信息安全保障规定的篇章逻辑看，总则明确信息处理安全原则的规制要点，与诚实信用原则，知情同意原则、质量原则相互呼应；分则以义务性形式分别明确安全措施实施主体、行为方式、后果及责任承担，从而形成安全保障原则规制逻辑的完整闭环。总体而言，安全保障原则的内容集中在信息处理者义务及其安全责任方面，通过“原则 + 规则”的规范构造模式，将安全保障原则贯穿《个人信息保护法》全文，形成了个人信息安全保障链条。

（二）个人信息处理安全保障原则的关键要素

2002 年美国颁布的《联邦信息安全管理法案》对“信息安全”作出法律界定，明确指出防范个信息安全风险需保障处理信息的保密性、完整性和可用性。《信息安全技术 个人信息安全规范》（GB/T 35273—2020）第 4 条将安全保障原则规定为“确保安全——具备与所面临的安全风险相匹配的安全能力，并采取足够的管理措施和技术手段，保护个人信息的保密性、完整性、可用性”，明确将“三性”作为个人信息安全保障原则实现的衡量标准。因此，研究安全保障原则的内在衡量要素，需要对“三性”展开具体分析。

1. 保障个人信息的保密性

个人信息的保密性，是指只有授权用户可以访问个人信息数据，限制其他用户、实体对信息数据的访问，在处理阶段保障信息不被非法使用和泄露。信息泄露作为安全风险的显著性结果之一，通过人为破坏和算法损害的方式发生，而“保密”则是避免泄露发生的有效路径。从信息处理过程分析，实现个人信息安全需着重保障网络传输的保密性和数据存储的保密性，设置必要访问、转授权限制等安全措施。

首先，实现个人信息保密性是权利人维护人格尊严的需要。学界对《个人信息保护法》的性质一直存在不同的理论主张。有观点认为，信息主体对抗多主体信息处理行为的权利为新型公法权利；[①]但也有学者根据《民法典》的私法属性，认为个人信息权利属人格权范畴，与隐私权并列。事实上，《民法典》第1038条规定的个人信息处理安全保障义务位于人格权编，必然内含人格尊严价值的保护，可解释为将宪法人权保障原则具体化。[②] 其次，保证处理信息之保密性，是维系信赖的需要。由于信息权利人对所面临的风险与挑战无法准确判断，个人信息处理者在未与权利人建立稳定联系、无信任基础的情况下获得共享个人信息授权的根源，是权利人在享受现代生活便利、实现社会融入之需求驱使下建立的“信赖”。在此授权关系中，只有保障信息处理的保密性，在安全的环境下满足权利人的基本需求，建立的双方法律关系才更具稳定性。[③] 实现保密性是保障信息处理安全的基本要求，个人信息一经破坏并公之于众，人格尊严必将遭受极大挑战，破坏信赖利益。信赖的高成本性和不可逆性，将造成处理者处理目的实现困难，难以维持信息处理关系的稳定。

安全风险在人工智能时代的影响更加广泛，实现个人信息保密具有更加鲜明的价值属性。《个人信息保护法》中的保密性并非要求绝对消除风险，而是要求在结合数字经济发展实际、信赖关系维系和人格尊严保护需要的基础上，科学管控风险，确保信息安全。《个人信息保护法》亦以较为周延的逻辑将保密性转为现实的要求。首先，第55条、第56条提示事前进行安全影响评估，形成安全预设。其次，第57条与《网络安全法》第42条第2款、《数据安全法》第29条均以规定履行“通知义务”的形式应对安全风险，即“个人信息处理者应当……通知履行个人信息保护职责的部门和个人”。为了实现个人信息的保密性，信息处理者应在增强安全保障意识和履行安全影响评估、通知义务之余，积极进行传输、存储过程的安全技术加密，分流程把控信息处理安全问题，分类分环节设定安全保障措施，对敏感个人信息实施更为严格的安全保障，从而在利用个

---

① 参见周汉华：《个人信息保护的法律定位》，载《社会科学文摘》2020年第8期。

② 参见王利明：《论〈个人信息保护法〉与〈民法典〉的适用关系》，载《湖湘法学评论》2021年第1期。

③ See Austin Sarat, *A World without Privacy: What Law Can and Should Do?*, Cambridge University Press, 2015, p. 33.

人信息、助力社会科技稳步发展的同时,推动权利人更好地享受智能化生活。

2. 保障个人信息的完整性

信息的完整性内涵即为信息能够保持原有的内容、形式和来源,不被非法篡改,保持原有状态,满足《个人信息保护法》第57条"不篡改个人信息"以保障安全之要求。除篡改行为外,笔者认为删除、修改、伪造、更新也属于破坏个人信息完整性的行为,构成个人信息完整性保护之外延。基于实现信息安全之目的,信息处理者获取个人信息要合法、正当,收集信息要满足必要性要求,因此即使获得合理使用授权,对个人信息修改、删除、更新也应限制在合理限度内,个人信息在处理、使用中才能发挥应有价值。而保障个人信息完整是保障个人信息安全最基础的层面,此阶段既关乎处理安全,也关乎个人权益保障。若此阶段出现篡改、删除等破坏信息完整性的行为,保密性的实现既无依据也无从谈起,个人信息处理活动将面临背离处理目的之风险。此外,一旦破坏个人信息的完整性,个人信息权利人可能会面临权益履行困难,个人出行、身份验证等服务受阻,影响正常生活。对消费者而言,存在举证困难,通过事后补救难以挽回安全损害。故从个人信息处理和使用的角度分析,更需保障信息的完整性。

针对个人信息完整性保护,首先,需要进行"成本—收益"考量。信息处理成本体现在:信息处理者在信息处理过程中需不断进行算法更新,对于不正当、不适宜的修改行为,需重置算法及不断更新算法以进行修正;而收益表现在保障权利人的信息权益及实现人格尊严。完整性一经破坏,会直接损害基础数据,增加算法歧视风险,影响数据处理效率和处理目的的实现,损害权利人的人格尊严。其次,针对不同信息类型、信息处理目的要求,实现信息完整性的标准不同。应根据处理个人信息的不同类型,设置不同的安全保障标准。个人信息完整性作为基础保障要素,应实现全面保障。在信息处理前,应当进行安全影响评估,对算法进行安全验证,减少歧视风险;在信息处理过程中,信息处理者和行政主体需落实监管责任,采取适宜的安全保障措施。明确信息处理行为的履行主体,在委托第三方机构处理个人信息前,对受托方和先前信息处理行为再次进行安全综合评估,确保信息处理目的和处理方式符合安全要求。

3. 保障个人信息的可用性

可用性是个人信息可以进行有效应用,通过在信息处理过程落实安全措施,实现个人信息处理的终极目标和授权价值。从信息处理流程分析,实现信用的可用性需要贯穿信息安全保障措施,这也是信息安全最终实现的外观表现。保证了信息可用,个人信息未必安全;但实现了个人信息安全,信息一定可用,信息的可用性是保障信息安全的必要条件,而非充分必要条件。就"三性"之间的关系而言,保障信息完整、处理过程保密,才能谈及信息可用性;没有可用性,完整性、保密性的实现也将失去意义,故可用性为保障信息处理安全实现的最终环节。

信息处理是对个人信息的有效开发、利用,在信息授权的合理范围和有限时间内完成信息处理，是保障信息可用的前提条件。自信息收集、存储时起，个人就失去对信息的即时控制，而处理者在此过程中进行信息积累，进而进入处理核心流程。对收集、存储的信息需进行适当的加工、传输，加工、传输阶段是安全风险的高发阶段，需保证安全措施之有效性，避免信息本身因系统不当筛选、算法歧视以及处理者操作不合法、不合规而被不当取舍。保证信息可用性，实现信息使用、公开，是“收益”实现的必备要素。只有实现信息处理目的，才能获取信息处理利益，故在“成本—收益”的视角下，可用性的实现能够在一定程度上平衡处理成本和使用收益。

为了保障信息可用性的实现，第一，需采取必要安全技术和管理措施，选用适宜的检验系统并及时检验系统算法，保障信息处理环境安全，保证信息处理活动的连贯性，减少算法歧视导致的信息意外删除而不可用。第二，信息可用性的实现需于信息处理前强化采取必要安全技术措施和事故预警机制等要求。此外，为了保障国家安全、社会公共安全、紧急事件应急应变和个人生活便利性的实现，应当按照《个人信息保护法》第 13 条对个人信息处理者进行责任豁免，实现特殊情形下信息的可用。

三、个人信息处理安全保障原则的困境及成因

确立个人信息处理安全保障原则，是顺应数智化时代发展的现实需求。当前，对信息安全问题的处理多趋于事后查处，对信息的保密性、完整性认识不足，保密性和完整性的实现面临现实风险，安全保障原则的落实面临履行困境。为了更好地落实个人信息处理安全保障原则，有必要深入探究个人信息安全实现的现实困境，进而寻找针对性的解决对策。

（一）个人信息处理安全保障原则的困境

1. 信息处理技术衍生的安全风险

数智化时代，算法广泛应用，在帮助个人信息处理者实现处理目的之余，极大地便利和丰富了信息权利主体的生活，但算法技术的应用也带来了一定的信息安全风险和挑战。基于个人信息安全保障与算法黑箱之不透明性分析，算法歧视、大数据杀熟广泛存在于个人信息处理的过程中，致使算法评价所使用的基础数据不完整、不可用，且因为算法自身的技术特性成为处理者规避安全责任之理由，个人信息权益受损，信息安全存在现实困境。算法黑箱，简而言之是“输入”数据通过不可预测的内部结构和运行原理导致的信息安全风险。信息处理者通过获取算法描绘数字画像的现象屡见不鲜，通过获取相关权利人的支付意愿、支付能力、浏览记录，可以更加准确地定位信息权利人的“消费”特征，能够实现一定的收益目标。数字画像描绘本可通过获得权利人的授权作为正常的商业运营手段，平衡信息使用与收益，但如携程等多次引发争议的大数据杀熟现象或利用算法存在技术困境之理由规避安全责任，就违背了信息处理的安全保障原则和违背权利人授权的初衷。故对算法问题，确实存在算法黑箱带来的认知困难和

解决困难,但是它产生的机器自动学习问题,不应成为信息处理者规避安全保障义务的手段。

从个人信息安全保障之三要素分析,算法黑箱会损害个人信息的完整性,其导致的算法歧视最终可能直接致使个人信息不可用,危害个人信息安全。对于算法的"模型解释"和"结果解释"要求,存在技术人员难以解释算法运行逻辑之困境。机器算法的自我学习路径难以知晓,也会导致算法黑箱的非可视化。对此,《个人信息保护法》规定了算法解释权,但是并未限制算法歧视的发生,还引发了与商业秘密保护优先级之争议。曾有学者认为,商业秘密受到应然保护,无端的算法解释权之行使,不能破坏商业秘密保护现状,损害商业利益。也有学者主张,算法解释权事关公共利益,应当予以优先考虑。还有学者力求通过比例原则寻求二者之平衡。从我国的判决中可以看出,法官对商业秘密和算法解释权冲突、取舍问题的认定并未形成统一标准。"阿里巴巴侵权案"中明示商业秘密不能成为信息处理者拒绝解释算法的理由,却未明确应该如何对算法进行解释才是对算法解释权之履行。初步的权利赋予表明立法界已经认识到算法黑箱的安全责任问题,司法解释或法院判决也需紧跟立法步伐,逐步明确观点,进行细化,让算法黑箱不再成为解释权正常行使之阻碍。

综上,现存技术带来的安全困境主要是算法使用所导致的,因算法黑箱的存在,算法歧视和数据完整性必然遭受破坏,带来安全风险。我国虽从立法角度设置了算法解释权,但学界和司法实践均存在商业秘密保护和算法解释权有效行使之平衡矛盾,导致相关规定难以发挥应有的效力,落实安全保障原则应对二者予以协调。

2. 安全保障原则项下义务的履行困境

《个人信息保护法》第 51 条规定了安全保障义务的实施依据,包括信息处理目的、处理方式、个人信息的种类及对个人权益的影响、可能存在的安全风险等。上述执行依据具有一定程度的内在关联。首先,处理目的决定所需处理流程和安全措施的设置,而处理目的必然包含对个人权益以及所存在的安全风险考量,故信息处理目的可以作为安全义务执行的最根本依据。此外,个人信息的分类依据包括个人信息的敏感程度、安全损害可能性及危害等安全风险,进而直接影响具体处理方式和个人权益的实现,与信息处理安全保障原则之践行效果密切关联。在明晰关联后,可发现对处理目的之明确、信息种类之准确划分是实现处理安全的基础,也是走出现存困境的主要方面。

其一,分级分类标准存在划分界限困难。应如何衡量所处理信息本身面临的安全风险及对个人权益的影响等因素并进行个人信息种类划分,进而明确信息处理方式,是现存困境的主要方面之一。在《个人信息保护法》强调保护和使用平衡的立法目的下,衡量个人信息权利人权益及安全风险,也有利于对处理者的行为进行规制,故需以分级分类为基础,进而明确信息处理目的,对应适当的处理方式,全面保障个人信息安全。《个人信息保护法》第 51 条第 2 项安全保障措施所规定的分类标准是否包含信息"分级”不够明确。在《个人信息保护法(草案)》的推进过程中,此问题一直存在争议,最终删除了分级管理标准,只保留了分类管理要求。但《个人信息保护法》根据个人信息的不同敏感程度将其区分为一般个人信息和敏感个人信息,删除分级标准是否与《个人信息保护法》体例设置存在矛盾不甚明确。其次,若进行分级,依照敏感个人信息和一般个人信息所明确列举的类型进行分级还是需在此融入场景化考量未知,分级分类的具体依据有待讨论。分级分类不清会引发安全责任承担难题,若是对危害结果执行最高责任标准,势必会极大地提高信息处理安全保障成本和维权成本,既不满足法经济学效益考量,也不满足安全保障措施必要性之要求。

其二,个人信息处理目的认定困难。评价安全保障措施的适当性,需以明确个人信息处理目的为基础。处理目的应贯穿信息处理的全过程,指导信息处理安全的具体落实,成为实施处理行为、考量安全措施必要性之基础。依据《个人信息保护法》总则第1条规定信息处理应满足“保护个人信息权益,规范个人信息处理活动”,在信息处理过程中应明确具体处理行为之目的,及时调整相关措施,防止未经授权访问及信息泄露、篡改、丢失。实践中,信息处理目的包含较多主观因素,当然包含处理者通过信息处理行为获得相应收益,但若因此形成一定的安全风险,则无法衡量安全保障措施是否满足必要性要求。在衡量安全保障措施的合宜性时,若于处理个人信息前明确处理目的,则可形成安全预期,在后续过程中解决安全警示风险、引入必要监管,在保障信息安全时更具必要性即主动性;而《个人信息保护法》虽引入安全影响评估制度,但规制范围有限、落实路径不明,依旧难以落实、难以全面认定信息处理目的。若仅依靠信息处理者的自觉,依赖处理者现有信息安全保障能力,将会加大发生安全事故后难以或怠于采取补救措施风险的可能性,对信息权利人的安全造成较大风险。而相应的责任承担,也只能是“事后诸葛亮”,根据安全后果和信息处理者的举证进行推断,无法形成必要的安全保障,违反了比例原则。现阶段,安全影响评估机制入法,但信息处理安全规制不够成熟且只规范了4种信息处理行为,仍需保证相关措施的有效落实并鼓励于信息处理前进行安全影响评估,减少安全补救支出,解决处理目的认定困难问题。

其三,个人信息保护负责人制度不健全。个人信息处理者处理个人信息数量在达到网信部门规定后应指定个人信息保护负责人,此规定类似于GDPR的DPO,那么个人信息保护负责人的范围是否包含《信息安全技术　个人信息安全规范》(GB/T 35273—2020)第11.1条规定的个人信息保护负责人或设立个人信息保护工作机构呢?若以该规范为参考,个人信息保护责任人应具备一定的经验、素质等任职资格,履行重要决策直接上报权力和监督职责,但其监管不力安全责任承担的依据未知,个人信息保护负责人是否应为外部、专职人员也未予明确。若作为处理者的雇员,首先需要对处理者负责,这样会面临极大的利益冲突,从行政处罚的现状看,现多将负责人归为直接负责的主管人员或其他直接责任人员承担责任。在此情况下,不保证负责人的独立性且承担直接责任,会形成此职业履行义务的瓶颈,更无从提起对信息安全负责的义务履行,无法达到设立初衷。

其四,安全责任承担标准未明确划分。根据《个人信息保护法》的体例设置,第9条规定了个人信息处理安全保障原则,第51条为相应的安全保障义务,根据“原则+规则”的逻辑,应设置明确的安全责任予以对应。《个人信息保护法》规定,未履行安全保障义务应视为第66条规定的“处理个人信息未履行本法规定的个人信息保护义务”,承担相应的安全责任;对于其他行为,根据第69条规定的过错推定原则,承担安全保障义务、履行安全保障原则的信息处理者负有举证责任。第66条采取并列规定,首先,若想实施对个人信息安全较为周延的保护,不仅需要求已落实的违法处理个人信息行为承担行政责任,更应对信息处理前存在违法可能性的行为和未落实“必要”安全措施的主体进行规制、警告其承担相应的安全责任,但或因缺乏责任构成要件的违法结果而难以承担民事责任、刑事责任等,是否只能依第66条承担行政责任,存在法律应用的困境。其次,若需应用信用惩戒规定进行辅助、说理,需要信用社会体系建设同步推进,也需加强社会公众对信用惩戒的认知、了解,具有足够的影响力和威慑力,现仍存在较大差距,难以运用。且因信息安全侵权过程较为复杂、安全损害短期内难以发觉,在信息遭受安全风险时进行委托,存在委托关系的安全责任承担问题,其安全责任不同于表见代理的承担范围,是否应依《民法典》规定进行规范,仍是一大问题;若不进行安全影响评估,则侵权行为难以被发现,个人信息安全将面临更为严重的损害,故委托人和受托者应承担的安全责任亟须明确。

(二)个人信息处理安全保障原则的困境成因

现阶段信息处理安全问题频发,成因多元。2021年,国家网信办依据《数据安全法》《个人信息保护法》《行政处罚法》等法律法规,对“滴滴”公司违法、过度收集多种敏感个人信息及与提供服务无关的个人信息,未履行告知义务却准确获取位置信息等8个方面16项违法事实,处以80.26亿元的罚款。可见,信息安全问题不仅涉及信息权利人的安全,更关乎社会稳定和国家安全,影响巨大,需深入分析其成因并进行源头治理。结合《个人信息保护法》现有内容和个人信息安全侵权典型案例可知,个人信息处理安全保障原则困境形成的主要原因在于:权利主体信息处理安全意识不足、信息处理者未恪守信息处理安全要求、国家机关信息处理安全保障监管不力。

1. 权利主体信息处理安全意识不足

信息主体对个人信息安全的重视“言行不一”。据统计,为了追求便利,有62%的受访者愿意承担一定隐私泄露的风险,50%的受访者愿意向企业出售或免费提供一些特定的个人信息。[①] 在街头,价值 15 元的礼品就足以吸引部分行人停下脚步,填完两张包括他们姓名、联系方式、职业以及年收入区间信息的选择题。当礼品价值提升至 50 元左右时,行人甚至愿意跟随调查者到一个固定地点,花更长的时间泄露更多的个人信息。信息安全意识薄弱问题,并不只发生在对个人信息处理者的授权上,自然人随意处理其个人信息载体的情况也很普遍,如"有高达 55% 的自然人信息主体将证件复印给相关机构时,从不注明用途;47% 的人经常将写有个人信息的快递单直接扔掉而不加处理;超过 27% 的人在停用、注销手机号码的时候,从不去银行、网站、支付宝等变更绑定的手机号码……"[②]简而言之,信息主体对其个人信息安全的重视并未落实到行动上,对个人信息泄露等安全风险意识不足且存在侥幸心理。

此现象的成因是多元的,首先,《个人信息保护法》普及程度有限且个人信息安全乃至安全问题都较为宏观,《个人信息保护法》的颁布在法律界产生较大轰动,对于普通群众而言,了解程度有限,司法判决未形成基本遵循,缺乏威慑力,媒体亦缺乏对相关问题的报道。对于非专业人士而言,其较难认识到信息安全事件后果的严重性。其次,信息安全风险后果具有模糊性。司法判决缺乏普遍性且缺少对相关问题的汇总,宣传力度不够。最后,信息安全意识存在技术壁垒。因信息处理涉及多种算法,需要极强的专业性,且多数企业将其作为商业竞争的核心一环,并未进行处理披露;况且算法黑箱的困境一直存在,导致侵害发生的风险常常是累积的。索洛夫教授曾将个人信息侵权的这种特征概括为"聚合效应"(aggregation effect),无论是个人信息的识别还是个人信息泄露所导致的各类侵害,常常都由信息的汇聚与相关风险累积而成。[③] 故个人信息的安全保障需要多方发力,久久为功,提升信息权利人的安全处理意识是维护信息产业健康发展的重要一环。

2. 信息处理者未恪守信息处理安全要求

个人信息安全事关个人安全、公共安全和国家安全,"滴滴"一夜间从出行行业巨头到 App 下线、纽约证券交易所退市,源于其公关团队对其违法违规行为的遮掩,以及仅对其正面安全价值进行维护。现在有很多处理者过分追求收益,落实安全保障不力,规避安全责任。从安全保障原则的"三性"角度考虑,"滴滴"公司违反了保密性原则。其收集与司机载客、平台监管无关的学历信息、截图信息以及精准定位信息等,超出信息处理必要性限制;同时,对获得授权收集的信息处理超出约定的使用范围,刻画用户

---

① 参见张妮娜:《诺顿 LifeLock 最新网络安全报告显示:中国消费者隐私意识居全球前列》,载 DOIT - 数据智能产业媒体与服务平台 2019 年 4 月 9 日,https://www.doit.com.cn/p/328875.html。

② 《商业价值:隐私经济:个人信息价值的黑灰白》,载互联网数据资讯网 2012 年 10 月 26 日,https://www.199it.com/archives/75015.html。

③ See Daniel Solove, *The Digital Person: Technology and Privacy in the Information Age*, New York University Press, 2004, p. 44 - 47.

数字画像,极大地破坏了个人信息的保密性。而乘客难以察觉,并在使用 App 过程中无法知悉个人信息遭受破坏的程度。故对于极具隐秘、具有一定专业性的破坏个人信息安全的行为,存在难以发觉、影响严重、维权困难等诸多问题。

其次,过度收集个人信息带来算法歧视风险。例如,处理者对用户家庭、公司位置等信息的收集,不仅用于提供服务,更多超出必要范围;权利人在未授权的情况下勾勒用户画像,使信息权利人面临大数据杀熟的风险。同时,信息处理目的不够明确,缺少事前安全评估机制,在处理行为中难以识别是否存在算法歧视。此外,信息处理者对信息处理各阶段设置安全保障措施的程度不明,如对存储环节进行必要删除和存储时间的限制,对访问权限等设置安全限制的具体措施不明。

最后,信息处理者安全责任不重,间接弱化了其安全保障意识。根据《个人信息保护法》的规定,信息处理者依据过错推定原则,承担相应的责任。但对于责任类型,未严格区分委托责任和共同责任,法条之间的责任衔接不够明确。对信息处理者而言,其责任多为事后性的行政责任。安全保障责任较轻间接导致信息处理者未恪守信息安全处理安全要求。

3. 国家机关信息处理安全保障监管需加强

当前,诸多公司将信息处理理念和信息处理方式当作商业秘密进行保护,政府等公权力机关很难发现问题,介入机会有限,多为形式审查。在数据处理阶段,信息处理者大多在获得授权后自行处理信息或委托第三方机构进行处理,委托者将处理权利移交受托者前是否履行安全评估义务缺乏监督,对委托者行为的处理目的和处理方式监督不够,公权力对企业监管难以真正落实,因此我国学界产生了设置独立的信息处理监管中心之讨论。

首先,从《个人信息保护法》规定的网信办监管制度而言,第 60 条总体表明网信办的保护、监督工作目标,第 61、63、64、66、67 条规定指导、监督及执法权一并归属于国家网信部门,但并未独立设置监察机构,属于"监察与被监察"归属于同一机关的设置模式。但是,此模式缺乏必要的事前监管,在重大问题发生、公主体介入时,多已产生严重后果,此种安全保障模式会极大地破坏信息处理关系的信任机制。其次,因监管与执行主体归于同一机构,全流程监管理念难以真正落实,无法保证执行和监管的有效性。就现存监管困境而言,应进一步思考独立监管机构设置的必要性及相关职责划分等问题。

综上,个人信息安全困境呈现成因多元、安全事件不绝的现状。首先,信息权利主体安全意识薄弱,安全风险难以觉察,对个人信息分类认知模糊。其次,信息处理者并未将安全保障原则落到实处,相关收集活动超出处理目的,处理过程未明确划分,难以保证全流程信息安全;况且,信息处理者主要承担事后安全责任,不利于实现事前—事中—事后的全流程监管。国家机关在信息处理中的监管力度、实质监管、执行与监管部门的归属等问题亦需着重解决。

四、个人信息处理安全保障原则的落实机制

个人信息安全保障原则的落实与否，不仅事关个人信息处理安全，也关乎公共利益和国家安全。根据《个人信息保护法》的体例设置，安全保障原则的规制逻辑为“原则＋规则”形式，在原则规定上明确了应为义务即采取必要安全措施，保证处理安全，并在第五章具体介绍安全保障措施类型，第七章规定责任承担要求，形成“原则＋规则＋责任”的总体规范路径。若按此立法体例，个人信息处理安全问题形成严密的规制闭环。事实上，上述规定较为宏观、笼统，需进一步思考其落实机制完善问题并形成明确的践行路径。

（一）践行安全保障原则应基于类型化

落实个人信息安全保障原则需以个人信息的分类为基础，再结合安全风险及对相关权益人的影响程度，依照具体的分级标准，明确信息处理方式和相应的安全措施设定，尤其是敏感个人信息落实安全保障原则之路径，实现个人信息保护和利用的平衡。

1. 对个人信息进行分类标准的考量

我国《数据安全法》《个人信息保护法》均规定个人信息处理应遵循分类标准，明确划分信息类别，但均未明确规定个人信息分类的内涵和外延。分类，是指对个人信息基于不同属性或特征，按照一定的原则和方法进行区分和归类，进而减少数据交叉的信息划分方式，便于信息管理及实现信息处理目的。[①]《个人信息保护法》本身已经对个人信息进行了一定的分类，如第 28 条规定敏感个人信息包括生物识别、宗教信仰、特定身份、医疗健康、金融账户、行踪轨迹等信息，不满 14 周岁未成年人的个人信息共 7 类，对一般个人信息并未进行明确分类。

首先，由于一般个人信息具备较低敏感性的内生特点，可将安全保障原则落实所要求的“必要”安全措施归为一类，即一般敏感个人信息。对其安全保障，可在归为一般个人信息后，明确识别信息处理目的，根据所需处理过程对应设置安全措施以满足必要性要求。其次，因分类的重要依据是个人信息所保护的法益，因此对具体敏感个人信息的类别归属划分，可按照其内在的法益保护特性进行归类。生物识别信息理应包括基因、指纹、虹膜、面部识别信息，因指向具体保护的法益为权利人身体权故具备可识别特性。家庭住址个人信息可归于通信信息项下。身份证件号码、犯罪记录虽具有一定的敏感性，但不能归属于特定身份信息，因通过身份证号码仅可定位个人的部分特征，需要政府系统或其他信息辅助，才能准确定位特殊身份；犯罪记录指向曾经具有的身份特征，现已不存在，无法对个人的特殊身份进行明确定位，此不同于私主体获取授权无关

---

① 参见何维群：《基于分类分级的个人信息保护》，载《信息安全与通信保密》2021 年第 10 期。

的夫妻关系、从事国家公务人员信息等属于具备高度敏感性的个人信息内容,①极易发生信息安全风险。对个人信息类别的判断,首先需要根据自身保护法益的特性进行定位,通过信息是否具备高度关联的可识别性进行具体划分,排除不能独立识别及现已过时效信息,即通过“保护法益特性+信息高度关联的可识别性”标准进行分类。此外,需逐步在法律规范或司法解释中明确划分标准,在司法实践中达成共识。在列举敏感个人信息种类的最后,用“等”字表示列举未尽,为敏感个人信息安全技术发展及场景化的讨论留出余地,为新型敏感个人信息特殊保护留有空间。

2. 对个人信息进行分级标准的考量

对个人敏感信息进行分级,是在对个人信息分类后进行的步骤,分级情况直接决定了安全保障原则落实所需的具体安全措施。《个人信息保护法》规定了 7 种敏感个人信息,包括生物识别、宗教信仰、特定身份、医疗健康、金融账户、行踪轨迹以及不满 14 周岁未成年人的个人信息。据此,本书认为可以根据个人信息的紧急程度、危害后果划分为极敏感个人信息(本书界定为 M1 类别)、敏感个人信息(本书界定为 M2 类别)和一般个人信息(本书界定为 M3 类别)三级,个人信息分级情况可参见表 7－1。极敏感信息包括行踪轨迹信息、通信信息、征信信息、财产信息(包含金融账户信息)事关权利人人身和财产安全的 4 种信息;敏感信息有生物识别、宗教信仰、特定身份、医疗健康、不满 14 周岁未成年人的个人信息等。

表 7－1 个人信息分级表

个人信息级别		定位	具体类别
M1	极敏感个人信息	《关于办理侵犯公民个人信息刑事案件适用法律若干问题的解释》确立的 4 类极易导致承担刑事责任的个人信息	行踪轨迹信息、通信信息、征信信息、财产信息
M2	敏感个人信息	指向人格尊严和具有重大社会影响,除上述 4 种信息外的其他敏感信息	生物识别、宗教信仰、特定身份、医疗健康、不满 14 周岁未成年人的个人信息
M3	一般个人信息	一些与人格尊严,个人和财产安全联系不够紧密的信息	个人姓名、职业、教育背景

3. 对敏感个人信息安全保障之考量

因个人信息分级的根本依据为信息敏感程度,敏感体现为法律规制的高反应度特

① 参见张贵湘:《侵犯公民个人信息罪司法解释中信息敏感层级划分的调整》,载《行政与法》2022 年第 6 期。

性，根源于信息本身的内在特点。敏感信息往往指向人格尊严、关乎人的价值需求，而且一经破坏即会产生严重的社会影响。个人信息之所以敏感，是因为其面临远高于一般个人信息的安全风险，一旦泄露或者非法使用，容易导致自然人的人格尊严受到侵害或者人身、财产安全受到威胁。敏感个人信息（M1、M2 类别）的安全保障与诸多影响要素相关，《个人信息保护法》第 28 条规定，只有在具有特定的目的和充分的必要性，并采取严格保护措施的情形下方可处理敏感个人信息。对于敏感个人信息的保护很难通过一种措施实现，需要多举措共同发力。

首先，应对敏感个人信息进行处理前评估。对敏感个人信息的处理需满足“必要”性要求，在处理过程中保障安全。收集个人信息应限于实现目的所需最少信息，产生对主体最低影响。现在有一些教育机构，过度收集个人信息，其中还包括未成年人的个人信息，并进行倒卖，发生信息泄露事件，违背信息处理目的。GDPR 禁止特殊类型个人数据处理活动，与我国敏感个人信息的规定具有较高重合度。所以，在处理敏感个人信息前需要通过适当的评估程序确定其信息处理目的和方式。《个人信息保护法》规定了敏感个人信息处理安全保障事前规制方案，即安全影响评估，设置必要的安全保障措施。敏感个人信息的高反应性，决定了其损害后果之严重性，故对敏感个人信息进行事前规制尤为必要。

其次，敏感个人信息需要严格履行知情同意原则，取得个人单独、书面同意并明确告知处理方式和处理目的，若进行变更需再次告知。故基于必要目的，如保险机构收集个人医疗健康信息，征信机构获取信任评估所需消费记录、缴纳费用情况等获取个人信息情形，需在保证获取必要、最小信息的基础上，配备更为周密、严格的技术、管理、应急措施，如在明确处理用途、保证最小存储期限等处理行为下获取处理权利。在处理敏感个人信息的过程中，要保证按照信息处理目的和获得授权范围处理个人信息，不过度进行信息收集，信息不另作他用，设置必要安全措施，落实安全影响评估报告机制，并在一定的前提条件下引入适当监管，设置独立的监管机构并指定信息处理负责人，减少安全事故的发生概率。

（二）践行安全保障原则应基于过程化

个人信息安全是贯穿信息处理全过程的重要问题，安全措施种类繁多，在不同阶段，应设置针对性的安全措施以平衡处理过程中的成本与收益。信息处理阶段包含处理前准备阶段、正式处理过程和处理后的提供、公开阶段。在信息处理前，需基于信息分级分类，明确信息处理目的。在信息正式处理阶段，需保证信息收集范围、方式合法合规，存储环境安全、存储时间有限、合理，通过设置加密措施、匿名化等实现信息的保密性；加工、传输、使用等具体处理环节属于处理核心阶段，需保证信息的完整性和保密性，其间的存储需要履行必要的删除义务以减少对处理过的信息滥用、泄露风险。在信息提供、公开等信息处理后期，在处理目的实现即数据可用性实现后，在处理者的安全责任承担和相应的安全救济措施履行方面,需加强处理者信息处理意识,明确相关责任承担的依据,重视践行必要删除行为,防止在非处理阶段发生安全困难。为了实现全过程信息处理安全,需对信息处理步骤进行细化,基于过程化的理念处理个人信息。

1. 明确处理目的,落实安全影响评估规则

保障个人信息处理安全之实现,是保障权利人享有信息权利的基础。信息处理不追求绝对安全,处理目的是信息处理行为的根本遵循,形成于信息处理前且影响信息处理的始终,决定了信息处理安全措施选择和应急措施预案。故应于信息处理准备期准确获悉信息处理目的,以便指导后续的信息处理过程。信息处理目的原则上应恒定,若出现变化,需再次明确告知权利人的相关权益和处理者的法定义务,再次征得同意后方可行使信息处理权,并设置必要的安全措施以实现信息处理目的。从成本—利益的角度考量,于信息处理前明确信息处理目的,在保证其实现的过程中可以降低安全成本,减少承受安全事故带来的严重利益损害风险。

保障处理目的安全,需以《个人信息保护法》第 1 条为根本宗旨,以第 6 条目的明确和最小化处理为基本遵循,以第 9 条规定的安全保障原则为活动规范。首先,应确定信息处理类型和处理目的。《个人信息保护法》第 55、56 条规定,信息处理前应对敏感个人信息、全自动化决策处理的个人信息、委托处理的个人信息和向境外提供个人信息进行安全评估,明确处理安全情况。对于其他的信息处理行为,同样应提高安全重视程度,鼓励进行安全评估,在信息处理前明确安全措施的必要性及合理性。在践行安全保障原则时,应注重事前风险预防。我国现有规定强制 4 类信息处理行为必须进行事前安全影响评估,以便在信息处理活动进行前有效发现潜在风险,也可以较好地弥补我国信息处理重事后规制的不足。

2. 信息处理过程需遵守安全规则,落实监管责任

信息处理活动可以概括为收集、存储等前端处理环节,加工、传输、使用等中期处理环节和处理后的提供、公开环节。就收集、存储阶段,也是信息处理的前期而言,首先,需要获得权利人的授权许可,按照处理目的进行信息收集,保证拒绝权、可携带权等信息权益的正常行使。此阶段只靠处理者的自律是无法保障信息处理安全的,应当设置独立的信息监管机构或要求指定信息保护负责人,通过独立、适当、有效的监管,保障收集阶段的信息安全。在信息收集后需保证信息存储环境安全,存储时间最短且必要。在事前安全评估中,需对存储环境进行检测,检验存储阶段的安全措施是否符合安全保障要求。此外,需落实定期监管,监督个人信息安全评估相关措施的改进情况,对处理情况记录的留存需满足规定年限。

在个人信息的具体处理环节即信息处理中期,信息处理者在加工、传输、使用信息过程中需保障其完整性和保密性,实现个人信息的使用、提供和公开。首先应保障个人信息的完整性,此过程应明确去标识化和匿名化处理对信息完整性是否有影响:去标识

化信息可以通过技术手段恢复原信息，而匿名化处理通过相应技术识别手段使其不具有恢复个人原始信息的可能性，被处理后的信息不属于个人信息、不具备可识别性。我国《个人信息保护法》明确匿名化处理的信息不属于个人信息，故匿名信息不属于对个人信息完整性的破坏；《个人信息保护法》规定了去标识化的安全措施，故隐去的信息与个人有密切关联性和显著识别性，此外，对于委托第三方机构处理的个人信息，应注意数据传输阶段的安全维护以及信息加工的安全保障，数据处理者从提取信息到数据使用阶段传输信息也需要设置具体的安全措施，确保信息保密，保障个人信息安全。

对于用户数量巨大、业务类型复杂的个人信息处理者而言，要履行更具针对性的安全义务。需按照国家规定建立健全个人信息保护合规制度体系，明确平台内产品或者服务提供者处理个人信息的安全规范和保护个人信息的安全义务，主动履行自我监督义务，同时接受社会监督。其中，对于信息处理内部安全监督，不仅要成立相关安全监督部门，还要接受由外部成员组成的独立机构进行的安全行为监管，定期发布个人信息保护的社会责任报告，接受社会监督。因《个人信息保护法》对信息用户数量和处理类型复杂的互联网公司提出的安全保障要求更高，但对互联网公司的具体分类不够明确，从而导致一些处理信息量巨大但用户数量及知名度有限的公司逃避法律规制，因此，应根据信息处理类型、信息处理规模、信息处理方式等对信息处理者进行更为具体、准确的划分。

已公开的个人信息，也是安全保障原则实现的关键，需要在信息处理的前期、中期保证信息完整性和保密性的基础上进行构造。对处理者的安全措施与商业秘密保护利益冲突问题，需要引入独立监管机构进行实质监督。如日本设置个人信息保护委员会，对第三方权威机构的信息公开、保密予以监管，享有入内检查、劝诫的权力。[①] 我国网信部门不同于此机构，我国网信部门的工作重心更偏向于对国家网络安全治理和互联网内容进行审查，其在个人信息安全保护方面的专业性和独立性尚待加强。基于我国的现实国情和信息产业的发展现状，设置独立的个人信息保护机构可以较好地平衡个人信息保护与使用平衡，保障实现个人信息安全。

3. 明确安全责任，加强法律规范间的衔接

安全责任的承担归属于个人信息处理后期，在明确信息处理目的、设置必要安全保障措施、引入适当监管的前提下，明确划分安全责任，以更好地实现法律的威慑作用。《个人信息保护法》第20～23条对多方处理行为进行了明确划分，分为共同处理、委托处理、转移处理和提供处理4种类型。但在第七章责任承担部分，并未明确多方处理行为的责任承担，且对共同处理和委托处理未进行明确界分，安全责任并不明晰。因此，

---

① 参见余婷：《日本〈个人信息保护法〉下的个人信息保护委员会》，载《黑龙江人力资源和社会保障》2022年第15期。

应当明确信息处理安全责任,加强法律规范间的衔接。

其一,明确共同处理安全责任。对于共同处理者之共同行为及共同目的的认定标准,需依照《民法典》进行判断。首先,对共同目的的认定,主要存在“意思表示一致”和“存在意思联络”两种理论。持“存在意思联络”的观点认为除意思表示一致外,还可以达成“相互补充,对处理过程有必要、对确定处理的目的和方法有影响的决策”。① 本书认为相互补充表明了处理目的的聚合,为信息处理基于共同处理目的的一种。因其在共同的处理目的下实施信息处理行为,故关于“共同处理行为的认定”可以是处理全过程之共同,也可以在共同处理目的、方式下,处理者针对不同处理阶段进行具体的处理活动。因处理目的决定处理方式的选择,处理方式直接关系到处理目的的实现,共同处理中的“共同”是指在目的和处理方式上的一致,基于意思联络的目的从事信息处理活动的处理者属于“共同处理行为”的讨论范畴。

就共同处理信息安全责任的承担而言,根据《民法典》第 178 条和第 1195 条的规定,共同处理者都可以作为承担全部侵权责任的对象,双方应承担连带责任,赔偿后有向其他共同处理者追偿的权利。该条款对共同侵权行为进行规定,任何基于共同处理目的和处理行为,经过共同确定或者互补确定过程,更改处理事宜的行为,均可视为共同处理,并承担连带责任和义务。《个人信息保护法》第 20 条规定“个人信息处理者共同处理个人信息,侵害个人信息权益造成损害的,应当依法承担连带责任”,更加突出了对信息处理安全的事后保护。《个人信息保护法》第 70 条规定了民事公益诉讼,减轻了个人的维权成本,有利于更好地倒逼个人信息安全保障原则的落实。

其二,明确委托处理行为之安全责任。从行为本质的角度看,委托处理行为有利于实现“让专业的人做自己最擅长的事”,提高信息处理效率,更好地实现信息经济价值。但在实践中,受托人在营利目的驱使下,难以按照约定的处理目的、方式、期限、信息种类及安全措施等处理信息。在此关系中,受托人受到的限制比其他民事领域的委托行为更多,不仅局限于合同关系而是近似于从属关系。② 故不能仅依靠委托人承担监督义务落实安全保障原则,只有明确委托双方的责任,才能维持良好、安全的信息处理生态。根据《个人信息保护法》第 59 条的规定,个人信息受托人有保障个人信息安全的协助义务,包括安全通知义务、合规审查、安全影响评估等,且委托人与受托人约定的规避法律适用条款无效,但对应的责任承担不够明确,相关规定不够细致,而委托处理行为本身不局限于合同关系,委托关系的责任承担不能完全等同于《民法典》之规定,须予

① See Christopher Kuner, Lee A. Bygrave & Christopher Docksey, *The EU General Data Protection Regulation:A Commentary Update of Selected Articles*, Oxford University Press, 2021, p. 123.

② 参见曹明德、赵峰:《委托处理个人信息的私法规制》,载《重庆大学学报(社会科学版)》2022 年第 4 期。

以明确。

对于委托关系的安全保障责任承担，存在以下观点：第一种观点认为，无论违反个人信息安全保障原则的主体是委托人还是受托人，委托人都应承担信息主体安全损害责任。因委托人决定处理目的和处理方式，受托人仅是执行主体，如果全部由委托人承担安全责任，受托人可能更加不注重信息处理安全措施的保障和贯彻，会存在违反安全保障原则之行为或违背处理目的的要求、造成损害后果、构成侵权责任而不受处罚的结果，不尽合理。第二种观点认为，受托人只要在信息处理的过程中造成主体安全利益受损，就要承担责任，具体依照《民法典》第1193条判定。委托关系并不同于承揽关系，受托人缺少行为选择的独立性，此观点也存在一定的不合理之处。第三种观点认为，受托人的角色在处理活动中不恒定，处于动态变化之中，应依据不同场景从事的实际行为承担责任。本书较为认同：若受托人的行为明显违背安全保障义务等规则，但并未改变委托目的和处理方式，那么受托人应承担如《民法典》规定的替代责任，且保留追偿的权利；但若变更委托目的和处理方式造成侵权损害后果，则类比于多人侵权，在变更部分并不存在意思联络，委托人只负有监管责任。若进行定期的安全评估，可适当减轻相应的安全责任，双方承担按份责任；若委托事项违法且双方明知，存在意思联络和共同故意时，应承担连带责任。第四种观点认为，应类推适用《民法典》第1170条的规定，若不能证明损害由他方引起，则双方承担连带责任，而已承担责任的一方享有追偿权，以实现公平。[①] 基于共同关系和委托关系双方在处理活动中的决定权不同，相比共同处理的主体地位，委托行为更类似于从属关系，需按照规定进行。虽《个人信息保护法》规定对个人信息处理行为的侵权责任依据过错进行承担，但并没有明确规定委托责任也应按此归责原则承担。

（三）践行安全保障原则应基于分工化

1. 明确网信部门的职责

现阶段，国家网信部门负责统筹协调个人信息保护和监督工作，负有保护、监督职能。具体而言，相关保护职能包括制定个人信息保护的具体规则、标准，开展个人信息保护的宣传教育，接受、处理投诉举报，推进新服务技术建设，享有调查询问权、查阅权、现场调查、检查权、查封扣押权以及调查、处理违法个人信息处理活动等权力。从中可见，保护权与监管权未予以明确划分。监管职责表现为指导、监督个人信息处理者开展个人信息保护工作，组织对保护情况的测评并公布测评结果；要求信息处理者进行合规审计以及犯罪移交等，明显缺乏对信息处理的实质安全监管规定，容易流于形式审查和事后查处。网信部门作为政府机构，未来应加快相关规范的适用解释，推动《个人信息保护法》的进一步落实。网信部门作为个人信息宣传部门，应积极开展个人信息保护宣

① 参见阮神裕：《个人信息委托处理中受托人的地位、义务与责任》，载《当代法学》2022年第5期。

传教育，通过与公安机关、法院等进行联络，共同开展普法宣传，以案释法，加深公民对《个人信息保护法》的了解程度。保证行政监管权、行政审核权的正常行使，落实清单制度，提供审查、报备服务，保证个人信息算法的安全、运行合规。

2. 设置独立信息处理监管机构

个人信息自身所具有的功能性和工具性，决定了个人信息不能只掌握在权利人手中，需要通过信息处理实现其附加价值。我国《个人信息保护法》并未规定设立专门的监督机构履行监管责任，而是沿袭了“国家网信部门统筹协调 + 行业主管部门分工监管”机制，现存在监管职权不明确，执法权、规则制定权和监察权归属于同一主体的情形，监管无法深入信息处理者的内部进行实质监管。故设置独立的个人信息监管部门可将执法权与监管权进行分离，更好地进行信息处理安全监管。第一，独立的信息监管机构，应具有专业性人才，如通晓算法的计算机技术人才、了解法律的信息处理安全设置要求人才、技术人员、管理人员、行政执法人员等，满足个人信息保护的人才需求。第二，应对安全评估履行情况进行监督，履行信息安全保护相关监管职责。监督信息处理者应在信息处理前进行安全评估，并在后续信息处理中，定时抽查其是否按照信息安全评估报告设定了安全保障措施，监督信息处理目的、流程下的安全保障措施是否必要、适当。第三，可以对安全事件进行调查，明确安全责任。由独立的监督机构接受、处理投诉举报的职责，行使调查询问、查阅、调查、查封扣押等权力，对举报的违法个人信息处理活动，应测评安全保障措施并公布测评结果，明确安全责任，帮助信息权利人减少安全损失等。

3. 发挥行业自治效力

个人信息的安全保障亦需要发挥行业自治的作用，要通过行业自律、监管，实现规范信息处理行为，保障信息处理安全。我国正在逐步加强行业自律，如我国互联网协会制定的《中国互联网行业自律公约》，2013 年出台的《个人信息保护国家标准指南》，通过赋予协会一定的撤销权，明确其内部职权，对行业内部进行总体监管，形成规制效力。个人信息处理领域具有较强的行业专业性，若其内部形成一定的规则和标准，可以较好地指导、规范信息处理行为。若设置个人信息行业协会或个人信息监管委员会，可以通过制定行业标准和行业规范，促进信息处理安全，保障信息处理者权益。

4. 检察院履行公益诉讼的职权

《个人信息保护法》第 70 条规定，检察院、消费者组织及国家网信部门确定的组织可依法提起公益诉讼。检察院作为最主要的公益诉讼提起者，对侵害个人信息权益的行为提起公益诉讼，已成为保障个人信息安全的重要力量。据统计，仅 2022 年检察机关提起的个人信息保护公益诉讼案件就有 6000 余件。[①] 虽然《个人信息保护法》规定

① 参见闫晶晶、宁中平：《深化个人信息保护检察公益诉讼》，载《检察日报》2023 年 3 月 31 日，第 1 版。

了其他组织和网信部门享有提起公益诉讼的权利，但鉴于网信部门作为行政主体，存在职权庞杂及监管履行困难、证据获取不便等问题；行业协会及相关组织则尚未成立或未形成完整的组织体系，均存在提起公益诉讼困难的问题。检察院的专业性、公共性决定了其在个人信息保护公益诉讼中占有重要地位，同时因个人信息侵权案件往往涉及人格尊严、生命安全等，由检察院提起公益诉讼可以便于信息权利人维权，减少维权成本，提升维权效率。

五、个人信息处理安全保障原则的落实路径

个人信息处理安全保障原则的落实应立足于类型化、过程化和分工化的基本理念，实行"事前规制""过程合规""事后救济"的全流程控制。明确信息处理者各阶段的法律责任和法定义务，全过程全环节全链条落实安全保障措施，充分发挥"原则 + 规则"的规制设定目的，保障信息处理安全。以信息分级分类和安全影响评估落实事前规制；以信息安全保障和适当监管落实过程规制；以明确安全事件"通知义务"和安全责任承担方式落实事后救济。

（一）个人信息处理安全保障原则的事前规制

在《个人信息保护法》颁布前，《民法典》《网络安全法》均对个人信息处理安全保障义务进行规定，表明设置必要安全举措之重要性，并配置了安全保障义务的事后责任承担，但个人信息安全的事前规制基本空缺，只存在诸如"明确处理目的"的表述。总体而言，缺乏事前规制的相关设定，导致安全成本的急剧增加，安全信赖难以维系。从信息安全风险防范和保障信息安全有效性的角度上分析，事前规制可以明确处理目的和处理信息的类别，提前检验预设处理方式下的安全保障措施是否合规，相关处理环节的操作权限是否适当，从而更好地平衡信息处理和利用。

1. 对个人信息进行分级分类

在个人信息处理前，首先需对个人信息进行类别划分，即先分类后分级，在信息处理前予以明确，保障个人信息安全。首先，对信息应根据其"保护法益特性 + 信息高度关联的可识别性"进行明确分类；其次，根据个人信息的敏感程度，将信息分为极敏感个人信息、敏感个人信息、一般个人信息。极敏感个人信息由于其高度敏感性和与犯罪的密切关联性，使行踪轨迹信息、通信信息、征信信息、财产信息具有最高敏感性；敏感个人信息与权利人的人身和财产权益密切关联，关乎人格尊严，从风险角度，具有"一般权益侵害程度 + 更高风险兑现概率"，理应设置严于一般个人信息的安全保障措施。在处理敏感个人信息时，需基于充分必要，获得明确许可。故在个人信息处理前，应对信息先分类后分级，根据敏感程度，设置对应的安全保障措施，进行安全影响评估后调整信息保护方式，落实安全保障原则。

2. 落实安全影响评估机制

个人信息处理需满足信息权利人的主观需求、信息处理者的商业运行需要和公共事件的应急处理要求。信息处理者基于不同的处理目的、处理需要,对处理行为中的安全保障措施设置差异化标准,有助于合理控制相关成本和收益,规范个人信息处理者的处理方式和保障个人信息权利人的信息安全。处理信息前履行安全影响评估义务,能够较为准确定位处理活动的核心目的,在此基础上设定的信息处理方式往往更为准确、合宜。落实安全影响评估机制,需逐步扩大安全影响评估的范围、明确评估内容和程序、保证评估的后续监管。

第一,扩大安全影响评估的范围。《个人信息保护法》对安全影响评估的规定较少,且多从价值、宏观角度进行说明。从事前注意、减少安全风险角度而言,进行安全评估可以减少安全事故发生风险,降低相应的安全损失,维持信息安全生态平衡。推进安全保障原则的落实契合了时代发展需要,将一些信息处理数量巨大的互联网公司等纳入安全影响评估范畴并鼓励具有信息处理业务的企业主动进行安全影响评估,带动向事前规制风险、妥善防范安全风险的思路转变。

第二,明确评估内容。首先应根据企业的信息处理目的和相应算法设置情况等进行综合评估,明确企业的信息处理目的,进而衡量处理方式,记录信息分级分类情况,对相关处理方式所设置的安全措施、安全意外出现的应急预案、信息处理环境等进行事前预判。对敏感个人信息的安全影响评估机制,应更加具体、细致,明确辨识其处理目的及相关存储是否进行必要的删除和去标识化等。

第三,明确评估程序,对于需进行个人信息处理系统等核查的情况,可采取"自评+他评"相结合的方式。对于符合法律规定的信息处理数量巨大的处理者,需保证评估程序规范并保护其商业秘密。在安全影响评估报告中,应包含信息处理整体安全规划、信息处理过程安全风险分析和具体安全措施的调整方案。评估流程可分为起草报告、审批、报告和持续监督几个阶段。

第四,保证评估的后续监管。安全影响评估需提供准确的信息处理安全措施,相关立法应进一步明确安全影响建议在个人信息处理中的效力,推进评估后相关建议、事项的落实,以避免事前安全影响评估流于形式。在引入政府监管的同时,应明确相应的责任机制,即信息处理者若未根据评估建议及时整改,造成安全损害后果,应承担何种安全责任。对提出整改建议并未采纳的处理者,评估机构可申请行政主体对处理者进行处罚。同时,落实安全影响评估制度也可作为处理者履行安全措施之证明,避免信息处理者在出现安全事故时承担过重责任。

(二)个人信息处理安全保障原则的过程合规

1. 个人信息处理的全流程安全保障

信息处理过程包括收集、存储等前期环节,加工、传输等中期处理环节以及信息使用、信息处理等后期环节。首先，在收集前端阶段，需要获得权利人的许可，按照处理目的收集信息，对于敏感个人信息，应明确告知处理目的、处理内容和处理方式，获得权利人的书面同意，保证收集合规、安全；对于信息存储环境和存储时间，需要采取去标识化、匿名化，履行最短期限删除等安全措施，限制信息处理者的权限，保证相关阶段信息处理人员仅获得必要权限，并通过处理期间的定期监管，保证按照信息安全评估报告的要求进行，对突发性事件进行适时调整，保证处理前期个人信息的保密性和完整性。

在信息处理中期，信息处理者加工、传输个人信息时，需要通过算法进行部分处理，此阶段的算法完整性和保密性保障是实现信息处理安全的关键。由独立机构对处理行为进行安全监管，定期发布个人信息保护社会责任报告，接受社会监督，是实现信息可用的重要环节。对敏感个人信息的加工进行去标识化以及在信息委托处理前进行安全影响评估，在信息处理过程中至关重要。对于使用、提供、公开阶段的个人信息，实现信息处理的安全保障原则的关键是保证信息的有用性，对安全措施与商业秘密保护利益冲突问题，可以通过设置独立监管机构或是信息保护负责人进行沟通。在信息处理过程中，监管机构需监督相关处理者按照安全评估进行整改并践行，对事前评估的有效性予以明确，但对独立的信息处理监管机构，不应赋予过大的职权，其职权限于信息处理环节的监督，不能过多介入、参与信息处理活动，同时也需要履行保密义务，对处理者的商业秘密和相关算法保密，对权利人的个人信息保密，尊重信息处理秩序。

2. 个人信息处理应引入适当监管

一方面，引入行业自律监管。根据我国信息监管现状和对有限政府之原则的遵守，发挥行业自律的作用可在一定程度上弥补监管匮乏的现状，在现阶段缺乏独立的信息监管机构的情况下，可对网安部门履行监督职责进行一定的监管补充，规范信息处理行为，保障信息处理安全。首先，个人信息处理领域，专业性较强，应设置行业内部信息处理安全指引，可以帮助企业了解安全保障措施之必要性和落实方式；通过具有专业知识的协会人员进行保密检测，可以缓解算法黑箱带来的算法解释权的落实困难。其次，设置必要的行业协会及监管委员会，形成行业内部良性竞争机制，对安全保障义务落实良好的企业，提供信息处理必要支持和信息处理机会，提升行业内部的积极性与主动性，提升信息处理者的自律积极性。

另一方面，设置独立的信息处理监管机构。因现有诸多部门负责监管个人信息处理安全问题，造成监管职责界限不清，监管落实程度有限的状况。在安全事故发生后，若未能适时采取适宜的补救措施，就会造成严重的后果，带来难以弥补之损害。现阶段，应明确网信办等专有部门的职权，形成对信息处理安全的统一监管，为日后设置独立的监管机构留存空间、积累经验。对监管机构的建设，首先应保证其人员的专业性和独立性，明确其与个人信息保护负责人之间的关系，保障对安全影响评估报告履行情况的监管，在信息处理后确定安全责任，查清安全事故原因，杜绝监管流于形式。

(三)个人信息处理安全保障原则的事后救济

1. 落实安全事件的“通知义务”

我国《个人信息保护法》《网络安全法》《民法典》等法律均对个人信息泄露后的通知义务进行规定,但是可操作性不强,安全保障原则制度落实尚存在困境。部分学者认为通知义务实际上是对数据控制主体附加的一项单独义务,菲利普·霍华德(Philip Howard)和克里斯·埃里克森(Kris Erickson)认为数据泄露通知制度是一种次生效应。① 个人信息泄露本身具有危害预期性和不确定性,通过履行通知义务,个人信息权利人可以采取或要求处理者采取措施降低损失,也能促使信息处理者投入更多精力如引入监管、设定安全保障措施以保障数据安全,与事前评估、事中监管相辅相成,共同发挥减少信息安全风险的效力。

践行安全保障原则需要履行个人信息安全通知义务,而履行信息通知义务并不等于践行安全保障原则,而是对实施安全保障义务的证明。因为即使履行了安全保障原则项下的安全保障义务,仍有可能造成个人信息风险,通过履行相应的通知义务,证明自身对安全保障原则的践行与遵守。② 安全通知义务的履行有赖于信息处理者安全意识的提升和相关监督机关的督促,如因未采取相应的安全措施及通知义务造成安全事故扩大,那么相关处理者需承担加重责任。同时,个人信息泄露或者非法使用造成安全事件的隐蔽性较强,往往不能立即且直接地造成个人信息权利人的损失,从目前的监管侧和信息权利人侧发现个人信息泄露事实的概率较低,故现在舆论监管反而成为个人信息权利人知晓信息处理风险的手段之一。个人信息处理者履行通知义务,有利于构建处理者和权利人之间的信任桥梁,保证社会机制的正常运行。

2. 承担安全责任,准确划分责任类别

根据《个人信息保护法》第 66 条的规定,违法处理个人信息或未履行法律规定的个人信息安全保障义务,需承担相应的行政责任。但目前相关规定比较笼统,需进一步明确未履行安全义务应当承担的责任。未履行安全保障原则,采取安全措施不符合法律要求的,若暂未造成危害结果,应如何承担安全责任,仍存在争议。根据《个人信息保护法》第 66 条的规定,不履行安全保障义务的个人信息处理者,应承担行政责任,承担责令改正、警告、责令暂停或者终止提供服务等法律后果,若拒不履行还应受到相应罚款的处罚,此条款是监督信息处理者依法履行信息安全保护义务的有力举措。那么,对于未履行安全影响评估报告要求的安全保障义务,是否可依照第 66 条处罚,仍有待进一

---

① See Philip Howard & Kris Erickson, *Data Collection and Leakage*, Chicago-Kent Law Review, Vol. 84, p. 737 - 745(2009).

② 参见方禹:《个人信息保护中数据泄露通知制度的规范逻辑及其证成》,载《经贸法律评论》2022 年第 5 期。

步厘清。安全影响评估分为两种,对《个人信息保护法》明确列举的 3 种情形,需要进行安全影响评估。对于明确列举的 3 种情形,应视为合同成就,未履行相应责任的可以视为对合同约定的违反,应当承担民事责任。对于自愿于事前进行安全影响评估的处理者,应在监管中予以提醒改正,若未改正产生安全事故,仍应承担侵权责任;此外,已改正但仍出现安全事故的,应适当减轻安全责任。其余情况,为了鼓励进行安全影响评估等事前规制,应以提醒为主,减少处罚或不予处罚。若因未履行安全保障义务造成安全事故等严重后果的,应考虑按照《个人信息保护法》第 71 条进行刑事处罚。

其次,明确共同处理行为和委托处理行为应承担的安全责任。共同处理行为基于意思表示一致或存在意思联络而达成的共同处理目的和处理方式,那么此前行为项下损害个人信息安全责任的承担问题理应进行单独讨论。委托处理行为的委托人将信息处理权力授予受托人,在委托之初,需进行安全影响评估,对委托人安全处理情况进行评估,并指引受托人按照约定的处理目的、方式、期限、信息种类及安全措施等予以处理,委托人负有监督义务。对于共同处理关系的责任承担而言,可以依照《民法典》的规定进行,即共同处理者都可以作为主张承担全部侵权责任的对象,双方应承担连带责任,赔偿后有向其他共同处理者追偿的权利。在委托关系中,委托人虽将处理权限转移,但仍应承担安全通知、合规审查、安全影响评估等安全保障义务,无法完全适用《民法典》之规定。笔者认为,首先委托人的义务规定决定了其需要承担一定的安全责任,而受托人的角色在处理活动中存在讨论的空间,若受托人但并未改变委托目的和处理方式,履行安全评估中要求的安全保障义务而造成安全损害后果,应承担《民法典》规定的替代责任,且保有追偿的权利;若变更委托目的和处理方式造成侵权损害后果,则相当于多人侵权,对变更部分并不存在意思联络,委托人只承担监管责任,若进行定期安全评估,可适当减轻责任,故双方承担按份责任。若委托事项违法且双方明知,存在意思联络和共同故意的,应承担连带责任。对相关责任的承担,应在《个人信息保护法》实施细则中予以明确,减少相关争议,保障处理者公平承担相应的安全责任。

最后,完善涉及信息处理安全的公益诉讼规定。此类公益诉讼,涉及行政、民事、刑事等诸多领域,在行政领域应明确划分行政监管与行政公益诉讼。对于行政机关监管并责令改正,给予警告,没收违法所得的情形,不宜将公益诉讼前置;对于造成严重损害后果的情形,行政公益诉讼在监督涉个人信息行政执法上具有适用空间。依据《行政诉讼法》第 25 条第 4 款的规定,检察机关提起行政公益诉讼的前置程序是行政机关在收到检察建议后仍未依法履行职责,在实践中,约 98% 的行政公益诉讼检察建议在诉前都得到了有效整改。对于民事公益诉讼,体现为刑事附带民事和单独民事公益诉讼两种形式,因信息处理者很少为与权利人处于平等地位的相对人,其多为有一定处理数量和处理能力的公司,其侵害的往往不是单一个体的利益,而是社会公众的普遍性利益。对民事公益诉讼和刑事公益诉讼,应根据侵犯法益的性质进行衡量,无法明显区分的,可以提起刑事附带民事公益诉讼,保障个人信息安全原则的落实。

小 结

个人信息处理安全保障原则,是顺应数智化时代发展和保障个人信息安全的现实需求。安全事故频发,权利人安全保障意识淡薄,处理者安全责任承担不力,造成了安全保障原则的适用困境。践行安全保障原则应进行全过程、全方位、多角度分析,立足于类型化、过程化和分工化的基本理念,实行“事前规制”“过程合规”“事后救济”的全流程控制。在信息处理前,应明确信息分级分类标准,确定信息类型,设定相应的安全保障措施,并进行安全影响评估。信息处理数量达到网信部门要求的,设定信息保护负责人,减少算法黑箱之弊端,完善信息监管。在信息处理过程中,应按流程进行分类讨论,在不追求绝对安全的前提下,根据具体的信息处理流程进行必要的安全维护,在处理过程中发挥行业自治效力,设置独立的信息监管机构,监督信息处理过程。在事后救济层面,根据信息处理安全事故划分安全责任,监督处理者履行安全通知义务,完善救济方式,构造全景化信息保障安全图景。

第八章　个人信息处理的个人参与原则

在众多个人信息保护原则中，“个人参与原则”始终直接或间接体现在各国的个人信息保护立法中。传统“个人赋权”模式一度进入个人信息绝对控制的漩涡中，不符合数字经济蓬勃发展时代背景下多方利益平衡的价值要求。个人参与原则作为信息处理领域的重要原则之一，是连接信息主体与信息处理过程的“纽带”，强调“个体参与”而非“个人控制”。基于此，有必要梳理个人参与原则的发展历程、明确个人参与原则的内涵、阐明个人参与原则的价值以及与其他个人信息保护原则的关系，关注数字时代背景下个人参与原则的实践情况，进而探索个人参与原则的实施保障路径，以期更好地保障个人信息权益，实现个人信息保护与利用的平衡。

一、个人参与原则的内涵阐释

“个人参与”概念“脱胎”于政治与民主话语体系下的“公民参与”“公众参与”，分散体现于传统法律领域的立法、司法和执法等过程中。在个人信息保护规范兴起后，“个人参与”才真正以法律原则的角色直接或间接地出现在各国和地区信息保护规范的条文里。当下变幻莫测的信息革命与狂热的信息利用浪潮，使个人处于诸多难以预料的风险之中，个人与信息处理者处于极大的“不对称权力”关系中，作为连接个人与信息处理者“纽带”的个人参与原则的重要性不言而喻。鉴于此，有必要深入探析个人参与原则的基本内涵，以便进一步透视个人参与原则的“全貌”。

（一）个人参与原则的基本内涵

“个人参与”在不同领域呈现出不同的内涵意旨，从政治领域到法律领域,“个人参与”的内涵日渐丰富,逐步从体现“参与”意味的概念,发展为个人信息保护领域中一项明确的法律原则。个人参与原则在信息保护领域的内涵,由“封闭有穷列举式”变为如今较为普遍的“开放间接体现式”。具体而言,“个人参与原则”是指个人有权依法参与相关信息处理活动,享有对其信息处理全过程的知情权、同意权、查阅权、复制权、更正权、拒绝权、撤回同意权、删除权等参与性权利。

1. 民主与政治话语体系中的“个人参与”

“参与”作为一个动态概念,无论是早期的中国社会还是西方社会,都更多与民主、政治相关,在民主与政治的话语体系下,公民参与是公民行使民主权利并参与政治生活的集中体现。著名的政治理论家卡罗尔·佩特曼(Carole Paterman)在《参与和民主理论》(*Participation and Democratic Theory*)一书中提到,真正的民主参与方式是要让每个人直接参与到决策中,从政策的前期讨论、中期制定到后期执行的每个环节都要参与进来,而不是仅限于参与选举这一单一方式,“只有当个人在当前的社会中有机会直接参与决策和选举代表,他才有希望控制自己的生活前景以及周围环境的发展”。① 参与式民主理论主张建立参与型社会是民主政府的必要条件,②公民与民主政治共存共生。因此“公民参与”主要是政治学意义上的概念,意指民主政治决策过程中公民个体的参与,参与的主体是作为个体的“公民”,参与权本身即为公民权的一部分,“公民参与”的目的指向为赋予政治过程以正当性。③ 与之类似的概念为“公众参与”,然而“公众参与”的着重点并非在于诉求政治统治的正当性,其更多强调的是事务的“公共性”,并且通过此种政府行政公共性特征实现“无政府主义”和“利维坦”两极之间的合理平衡。④ 在政治领域,“公众参与”主要体现为公众在政治决策中的角色扮演,其依托的内在价值系人民主权的民主逻辑以及社会公众之于政治治理的意义。

值得注意的是,无论是“公民参与”还是“公众参与”,“个人”或者“个体”作为其中的组成元素,均发挥着至关重要的作用。从某种程度上而言,“个人参与”或“个体参与”更像是“公民参与”或“公众参与”的微观“子集”,蕴含着“参与”行为本身为个人所衍生的附属价值,其根源在于保障个人所享有的基本人权之参与权。根据格奥尔格·耶利内克(Georg Jellinek)的观点,“参与权”(Droits-participation)是基本权利五种分类

---

① [美]卡罗尔·佩特曼:《参与和民主理论》,陈尧译,上海世纪出版集团2012年版,第103页。

② See Benjamin R. Barber, *Strong Democracy: Participatory Politics for a New Age*, CA: University of California Press, 1984, p. 262.

③ 参见王锡锌:《利益组织化、公众参与和个体权利保障》,载《东方法学》2008年第4期。

④ 参见张凤阳等:《政治哲学关键词》,凤凰出版传媒集团、江苏人民出版社2006年版,第312页。

中“积极状态”的权利,体现了个人参与国家的运作过程。① 在民主与政治话语体系下,保障个人参与权的行使,既体现了人民主权的民主思想,也是实现个人平等、自由等价值需求的重要途径,同时还为个人的监督与管理权利提供了行使窗口,有助于民主政治的发展。

2. 传统法律领域中的“个人参与”

传统的民法、刑法、行政法等法律领域并没有相关法律条文对“个人参与原则”的内涵和外延进行准确界定。“个人参与”理念更多以一种较为隐晦的形式分散体现在立法、司法、执法的相关制度和规范中,或以“公民参与”或“公众参与”来体现“个人参与”的内核意旨。

首先,在立法层面,《立法法》规定应当保障人民通过多种途径参与立法活动(第 6 条第 2 款),并为此规定了相应的座谈会、听证会、论证会等各种听取意见的形式(第 39 条)。此外,我国个人可向立法机关提出审查建议,就特定法律法规草案提出意见。其次,在司法层面,诉讼参与人、纠纷解决者、司法监督者均有司法参与权。第一,我国三大诉讼法赋予了当事人、诉讼代理人、辩护人、其他诉讼参与人相应的诉讼权利,当事人具有起诉、提出管辖权异议、应诉、申请回避、请求调解、申请证据保全、申请财产保全、申请执行、放弃或变更诉讼请求、提起反诉等权利,当事人通过行使上述一系列诉讼权利的方式参与诉讼过程,以达到维护自身合法权益的目的;诉讼代理人、辩护人具有查阅、复制、与当事人会见、通信、参加庭审、调查取证、展开法庭辩论等权利;其他诉讼参与人如证人、翻译人员、鉴定人也具有参加庭审的权利。第二,以审判员、人民陪审员为代表的纠纷解决者扮演了参与纠纷解决的重要角色。第三,人民监督员可以对检察院办理职务犯罪工作中出现的违法违纪提出处理意见和建议,个人可作为旁听者参加庭审。② 最后,在执法层面,个人可以通过座谈会、听证会、论证会等形式参与行政决策过程。在行政处罚领域,当事人具有陈述、申辩的权利,对行政机关拟作出的部分行政处罚决定,当事人有要求听证的权利。

概言之,传统法律领域中的“个人参与”理念并未摆脱“公民参与”或“公众参与”的缩影,但参与形式更加多元,场景更为丰富,不仅具有促进民主政治与行政管理的作用,还可以促进司法公正,保障个人权益。这也表明“个人参与”概念的内涵会随着时代的变化与新领域的萌发而催生出不同的表现形式,其背后所承载的价值属性也会更为多

---

① 奥尔格·耶利内克(Georg Jellinek)根据公民的基本权利与国家的关系,将基本权利分为 5 种类型,即“消极状态”的权利之“自由权”(droits-libertés),“积极状态”的权利之“参与权”(droits-participation),“肯定状态的权利”之“权利债券”(droits-créances),“担保权利”之“权利保障权”(droits garanties),“保证人人平等的权利”之“平等权”(droit à l’galité)。See Louis Favoreu et al., *Droit Constitutionnel*, Paris: Dalloz, p. 814 (1998).

② 参见胡弘弘、邓晓静:《公民的司法参与权研究》,载《现代法学》2007 年第 6 期。

元且丰富。

3. 信息保护领域中的“个人参与原则”

跳出传统有形化生产的桎梏，当下社会已然从物理工业时代向数字经济时代转变，随着社会生产范式的变革与生产要素的更新，越来越多的物理资源被数字化，数据成为社会生产要素并进入数字经济的社会大生产熔炉中。[①] 而承载于数据之上的个人信息，成为数字生产与数字加工、处理的重要资源，基于此，个人信息利用与保护成为新时代的重要课题。原因在于，首先，个人是信息获取的主体，个人信息不仅代表着经济利益，还承载着个人作为信息主体的尊严、自由、隐私和自治等人权意义上的利益，个人信息背负着复杂的个人利益群；其次，个人作为一种社会存在，具有群体性和社会性，个人行为与他人时刻捆绑在一起，与个人相关联的信息可能与他人也存在关联，使得个人利益在很多时候与他人利益不可避免地也存在直接或间接的相关性；再次，个人信息在数智化社会的应用还关系着社会整体利益，具有巨大的社会利益属性；最后，大数据已然成为国家战略性资源，与国家利益密切相关，数据资源的争夺也成为国际政治的重要课题。[②] 从此角度而言，承载个人信息的数据亦关乎国家安全。因此，个人信息保护必须平衡各方主体的权利配置，从而形成稳定的法秩序格局。

“个人参与原则”进入个人信息保护领域时，其重点关注的是作为信息主体的个人。因为与个人相对的是信息操控能力更为强大的信息控制者、信息处理者，在这些主体面前，个体在多数情形下是单薄且无力的。为了规制信息处理行为，各国和地区的个人信息保护法从宏观原则规定到具体规则设计都日益详尽，力图实现个人信息之上的个人保护与社会利用的利益协同目标，形成个人—社会—国家各方利益平衡的数据治理范式，而“个人参与原则”便是实现这一目的的基本原则之一。同时，当下变幻莫测的信息革命本身，也为个人信息保护带来了更多的不确定性。正如费里德曼所言，“科学革命，连同其他一些变化，已经严重地导致了某种类型的生活不确定性。科学和技术带来了新的问题，并且暗中破坏了旧有的前提预设”。[③] 与相对稳定的传统社会相比，科学革命推动了信息时代的到来并使其以加速度方式日益发生巨变，信息时代的波诡云谲使得个体处于一个无法预测的危险境地，此种“风险社会”[④]使得个人很难掌控自己的命运，哪怕作为信息主体，其个人信息权益也很难得到有效保障。因此，“个人参与原则”在个人信息保护领域的重申有其应然性与必要性。

---

① 参见张凌寒：《数据生产论下的平台数据安全保障义务》，载《法学论坛》2021 年第 2 期。

② 参见高富平、尹腊梅：《数据上个人信息权益：从保护到治理的范式转变》，载《浙江社会科学》2022 年第 1 期。

③ [美]弗里德曼：《选择的共和国——法律、权威与文化》，高鸿钧等译，清华大学出版社 2005 年版，第 113 页。

④ 参见[德]乌尔里希·贝克：《风险社会》，何博闻译，译林出版社 2004 年版，第 17 页。

(二)个人参与原则的规范化历程

“个人参与原则”起源于美国“公平信息实践准则”,最初的内涵为个人有权更正或修改由信息保存机构存储的有关其个人信息的实质内容。OECD 于 1980 年颁布的《OECD 指南》明文规定了个人参与原则,并对其内涵进行了扩充,指出个人参与原则为个人针对相对人(信息控制者或信息处理者)所享有的参与性权利,包括查询权、知情权、异议权和更正权。此后“个人参与原则”多以间接赋权的形式相继出现在国内外个人信息保护相关的法律规范中,其内涵日渐丰富,体现为个人在信息处理过程中享有的权利,包括但不限于知情权、同意权、查阅权、复制权、更正权、拒绝权、撤回同意权、删除权等参与性权利。

1. 个人参与原则的规范化发展

个人信息保护领域的个人参与原则的雏形起源于 20 世纪 70 年代美国发布的“公平信息实践准则”报告,该报告确立了个人信息处理的五项原则,其中一项原则为确保个人能够更正或者修改与其个人有关的可识别信息的档案。此后,美国隐私保护学习委员会(Privacy Protection Study Commission)进一步发展了“公平信息实践准则”中的原则,从五项扩至八项,其中第三项为个人访问原则(个人有权查看和复制由信息保存机构以可识别的形式存储的个人信息),第四项为个人参与原则(个人有权更正或修改由信息保存机构存储的有关其个人信息的实质内容)。公平信息实践理论奠定了此后美国、国际组织、欧洲等各国和地区的个人信息保护原则的基础。

首次对个人参与原则作出明文规定的是 OECD 于 1980 年 9 月颁布的《OECD 指南》,体现为作为信息主体的个人对相对人(信息控制者或信息处理者)享有的权利。[①]具体包括:第一,查询权,即个人有权向信息控制者确认控制者是否保有与其有关的数据;第二,知情权,个人有权在合理期间内,以合理且易理解的方式以及不过分的费用(如果有费用)知悉与其有关的数据;第三,异议权,若上述请求被拒绝,个人作为信息主体有权提出异议;第四,更正权,当个人信息主体提出异议并认为合理时,个人有权要求信息控制者删除、修改、补正或完善。

由于该指南并不具有法律约束力,为了进一步加强个人信息保护,欧洲理事会成员国于 1981 年签署了首部具有法律约束力的文件——《关于个人数据自动化处理的个人保护公约》(以下简称《108 号公约》)。该公约的原始版本中第二章对个人信息的处理原则进行了相应的规定,但未使用“个人参与原则”这一术语,而是在第 8 条赋予信息主体相关权利。具体包括:第一,查询与知悉权——信息主体有权确认数据文件控制者是否保有其自动化个人数据文件,有权知悉数据文件控制者的身份以及经常居住或主要

---

① 参见高志明、张亚明:《论个人信息法的基本原则》,载《华东理工大学学报(社会科学版)》2013 年第 5 期。

办公地；第二，知情权——信息主体有权在合理的时间间隔内，在没有过多的时间延误或费用的情况下，确认与其有关的个人数据资料是否存储在自动化数据文件中，并有权要求数据文件控制者以可理解的形式（将此类数据的存储情况）予以告知；第三，更正权与删除权——对违反国内为执行公约第 5 条与第 6 条的基本原则制定的款项进行处理的数据有权请求更正或者删除；第四，救济权——若上述确认以及特定情形下告知、更正或删除的请求未得到满足时，信息主体有权获得救济。

此后，“个人参与原则”均沿袭《108 号公约》中赋权的表现形式相继出现在个人信息保护法律中，如 1995 年欧盟颁布的《95 指令》规定了信息主体获取数据的权利（第 12 条）、访问数据的权利（第 12 条）、更正、删除数据的权利（第 12 条）、反对处理数据的权利（第 14 条）。2016 年著名的欧盟 GDPR 通过，该条例亦未将“个人参与原则”直接规定于第 5 条中（与个人信息处理有关的原则），而是在第三章通过专章赋权的方式间接体现了“个人参与原则”。[①]

“个人参与原则”在各国家或地区的个人信息保护相关法律中多有体现。比如，美国《隐私法案》（Privacy Act of 1974）规定，个人对档案记录的权利主张包括查阅权、复制权、更正权等权利。德国《联邦数据保护法》（Bundes Daten Schutz Gesetz，BDSG）第 34、35、36 条规定了信息主体的访问权、删除权、反对权。与欧盟的 GDPR 类似，我国《个人信息保护法》并未直接规定“个人参与原则”，而是通过赋予信息主体在信息处理活动中一系列相关权利[②]的形式，间接体现“个人参与原则”。我国《信息安全技术　个人信息安全规范》（GB/T 35273—2020）直接规定了“主体参与原则”。[③] 总体而言，各国和国际组织关于个人信息处理的个人参与原则规定可以概括为表 8－1 中的相关内容。

---

① 欧盟 GDPR 第三章第 12～23 条规定了数据主体的权利，其中，第 12～15 条规定了数据主体的知情权体系，第 16～20 条规定了数据主体的更正权和删除权体系，第 21、22 条规定了数据主体的反对权和自动化决策相关权利。See General Data Protection Regulation, at https://gdpr-info.eu/.

② 《个人信息保护法》第四章第 44～50 条规定了个人在个人信息处理活动中的权利，具体包括知情权、决定权、限制或拒绝的权利（第 44 条），查阅复制权（第 45 条），更正补充权（第 46 条），删除权（第 47 条），救济权（第 50 条）。

③ 参见《信息安全技术　个人信息安全规范》（GB/T 35273—2020）第 4 条第（g）款规定：“主体参与——向个人信息主体提供能够查询、更正、删除其个人信息，以及撤回授权同意、注销账户、投诉等方法。”

表 8－1　部分国际组织、国家和地区个人信息法律中关于个人参与原则的规定

发布主体	个人信息法律名称	是否直接规定	直接规定或间接体现个人参与原则的具体内容
经济合作与发展组织	《关于保护隐私和个人数据跨境流动指南》(《OECD 指南》)(1980 年)	是	个人参与原则具体包括:(1)查询权;(2)知情权;(3)异议权;(4)更正权(有权要求信息控制者删除、修改、补正或完善)
联合国	《计算机处理的个人数据资料管理准则》(1990 年)	是	第 4 条:利害关系人访问原则,具体包括:(1)查询权;(2)知情权;(3)更正权;(4)删除权;(5)救济权
中国	《个人信息保护法》	否	个人在信息处理活动中的权利有:(1)知情权;(2)决定权;(3)限制或拒绝权;(4)查阅复制权;(5)更正权;(6)删除权;(7)救济权
中国	《信息安全技术　个人信息安全规范》	是	主体参与原则包括:(1)查询;(2)更正;(3)撤回同意;(4)删除;(5)注销账户;(6)投诉等
中国香港特别行政区	《个人资料条例》	否	当事人的权利有:(1)查阅权;(2)更正权
欧洲理事会	《关于个人数据自动化处理的个人保护公约》、(《108 号公约》)(1981 年)后经过四次修改	否	原始版本在第 8 条赋予信息主体相关权利,具体包括:(1)查询与知悉权;(2)知情权;(3)更正权与删除权;(4)救济权。修订后的版本增加了特定处境下的拒绝权
欧盟	《关于个人数据处理保护及个人数据自由传输的指令》(《95 指令》)(1995 年)	否	第 12 条规定:(1)访问权;(2)更正权;(3)删除权,第 14 条规定:(4)反对权
欧盟	《通用数据保护条例》(GDPR)(2016 年)	否	第 12～15 条规定了数据主体的知情权体系(包括访问权),第 16～20 条规定了数据主体的更正权和删除权体系(包括更正权、被遗忘权、限制处理权、数据携带权),第 21、22 条规定了数据主体的反对权(包括反对完全自动化处理权)

续表

发布主体	个人信息法律名称	是否直接规定	直接规定或间接体现个人参与原则的具体内容
美国	《隐私法案》(Privacy Act of 1974)	否	信息主体的权利有:(1)请求查阅权;(2)复制权;(3)更正权
德国	《联邦数据保护法》	否	数据主体的权利有:(1)更正权;(2)访问权;(3)删除权;(4)反对权

2. 个人参与原则的基本内涵

结合“个人参与原则”的发展脉络及各国、各地区个人信息保护的相关规定可以看出,“个人参与原则”在个人信息保护法律领域有直接与间接两种表现形式。其一,在个人信息处理原则中直接予以阐明;其二,通过赋予信息主体相关权利的方式予以间接体现。但无论何种方式,其本质均为赋予信息主体在个人信息处理全生命周期中相应的参与性权利,此种个人所享有的一系列权利便形成了个人信息保护领域“权利束”。[①]在传统法律领域,“个人参与”主要以一种理念与精神散落于相关制度中。同时,“个人参与”往往伴随着“公民参与”或“公众参与”的身影,虽然其中包含实现基本人权之参与权的目的,但是在多数情况下,“个人”或“个体”只是作为公众一员的角色出演。“个人参与”不仅是为了个人利益甚至更多是为了公共利益,为了实现宏观上的社会治理目的而存在,如此便导致“个人参与”内涵的边缘化与模糊性。然而,进入个人信息保护领域,“个人参与”的着重点回归于作为信息主体的个体,其利益支撑点亦落脚于个体。如此一来,“个人参与原则”的内涵才能揭开覆盖于其上的“公民参与”或“公众参与”的“面纱”,并得以清晰显现。

张新宝教授在《个人信息保护法》专家意见稿中,明确列出了个人参与原则,指出信息主体可依法参与其信息处理活动,享有知情权、同意权、查询权、更正权、拒绝权、删除权。[②] 因此,结合“个人参与原则”在各国和地区的立法例和适用实践,笔者认为,个人参与原则是指个人有权依法参与其信息处理活动,享有对其信息处理全过程的知情权、同意权、查阅权、复制权、更正权、拒绝权、撤回同意权、删除权等参与性权利。“个人参与原则”的内涵应限定于个人信息处理的场景之中,个人作为信息主体在面对相对

① “权利束”理论来源于霍菲尔德(Wesley Hohfeld)对权利的分析。早在20世纪20年代,美国著名法学家霍菲尔德就提出了“权利束”的初步构想,他认为,财产权的本质并不是人对物的关系,而是人与人之间的法律关系,而且是由一系列复杂权利,即请求权(claim)、特权(privilege)、权力(power)和豁免(immunity)构成的关系集合。根据霍菲尔德的观点,任何物权都应被视为无数的个人之间的个人权利。See Hanoch Dagan, *The Craft of Property*, California Law Review, Vol. 91:6, p. 1517 – 1572(2003).

② 参见张新宝、葛鑫:《〈个人信息保护法〉(专家建议稿)》,载周汉华主编:《网络信息法学研究》2019年第2期,中国社会科学出版社2019年版。

方——信息处理相关主体(包括信息控制者、信息处理者、信息接收者等)——的信息处理行为时所享有的权利需体现信息处理过程中个体参与意旨。

具体而言,个人参与原则的内涵应包括但不限于:第一,知情权——信息主体有权自信息被收集后知悉对方的身份,有权在合理时间内对信息处理过程中信息存储期限、使用情况、信息处理预期后果等知情,相对方有义务以可理解的形式予以告知并作出解释和说明;第二,同意与撤回同意权——信息主体针对信息处理行为有选择是否同意的权利,并在同意后有权行使撤回同意权;第三,查阅与复制权——从信息主体的个人信息被收集的那一刻开始,信息主体即有权对对方收集的有关自己的个人信息的存储情况进行查询,有权复制其个人信息;第四,更正权——当信息主体认为对方处理的与其有关的个人信息有误或违反相关法律规定时,有权要求对方进行修改、补正、完善;第五,拒绝权——信息主体有权拒绝对方处理其个人信息;第六,删除权——信息主体有权请求信息处理者删除其个人信息。其中,知情权是实现个体参与的前提,贯穿信息处理过程的始终。查阅与复制权是个体对信息处理者信息处理活动享有知情权的具体体现,有利于落实公开透明原则,进而实现个人参与。[①] 更正权的行使有助于保证个人信息的准确性,拒绝权体现为信息主体拒绝信息处理者处理其信息,尤其针对自动化决策行为。同意与撤回同意权表明个体作为信息来源有权选择是否同意对方处理其个人信息,在同意后亦有权撤回同意。删除权是信息处理者以及信息主体主动终止信息处理行为的重要权利。这些权利针对的是个人信息处理行为,体现为个体有权参与信息处理的全生命周期,形成对个体信息权益的全流程保障。

二、个人参与原则的法理基础

作为个人信息保护法理论基础的个人信息自决权理论起源于德国,[②]并在发展过程中日益被解读为一种绝对控制权。然而,规制个人信息处理行为在于表明“个人信息应当被保护”而非在于维护信息主体的“个人信息控制权”抑或“排他性的支配权”,此种理念催生了“个人信息受保护权”论。“个人参与原则”之“参与”表明个体有权参与信息处理的过程,与“个人信息受保护权”的程序属性相呼应。“个人信息自决权”由德国《基本法》中“个人价值与尊严”以及“一般人格权”条款推导而出,其价值依归为人格尊严,“个人信息受保护权”则从宪法上基本权利的角度强调国家保护义务。因此,“个人信息自决权”抑或“个人信息受保护权”的底层的法理基础均奠基于人格尊严,此亦为“个人参与原则”的法理基础。“个人信息受保护权”虽然从国家保护义务角度,强调

---

① 参见程啸、王苑:《论我国个人信息保护法中的查阅复制权》,载《法律适用》2021年第12期。

② 参见杨芳:《德国一般人格权中的隐私保护——信息自由原则下对“自决”观念的限制》,载《东方法学》2016年第6期。

个人信息应当受保护而非个人对信息的绝对控制,但无力解释我国个人信息保护法何以能够规定作为私主体的信息处理者承担公法义务。① 为了在保障个体尊严与自由的前提下实现信息利用与保护的平衡,应当"中和"上述两种理论,建构"弱自决—强保护"理论,弱化权利的自决属性,强化个人信息受保护的责任属性。

(一)"个人信息自决权"论之不足

"信息自决权"(Informationelle Selbstbestimmung)的概念肇始于德国,意为公民"有权自己决定何时在何种范围内将有关其个人生活的信息传达给他人"。② 其初步概念源自德国学者斯泰姆勒(Steinmüller),③而后被德国联邦宪法法院于 1983 年的"人口普查案"的判决中从宪法一般人格权的角度对其予以确认。德国联邦宪法法院在该案中通过《德国基本法》中第 1 条之"个人价值与尊严"以及第 2 条之"一般人格权"条款推导出"信息自决权"这一概念,其认为《基本法》中的"个人价值和尊严"体现为"自由的自主决定"(Freiwillige Selbstbestimmung)。在信息时代,基于自决理念的个性自由包含了个人具备自行决定何时在何种限度内披露其个人生活的权利,此种权利即为"个人信息自决权"。④ "信息自决权"对"自决"的宣示强调宪法上的人性尊严视角,表明人非客体,任何个体的个人信息都不能被随意收集处理,而应尊重其主体性的自决之本质,⑤即人性尊严为"个人信息自决权"的宪法基础。"个人信息自决权"这一理论诞生后,多国开始追随,如日本的"自我信息控制权理论"成为宪法隐私权的主流学说,为日本的个人信息保护法奠定了理论基础。我国也有学者尝试从我国宪法文本中通过解释论的方法证成"个人信息自决权"之缘由,指出在我国要从规范上证明个人信息自决权的存在,应从《宪法》中涉及公民权利的有关条款入手,在既有条款中通过学理解释的方法进行合理的解读。⑥ 有观点认为,如果不承认"个人信息自决权",个人尊严就有被降低之虞,个人的自治机会也有丧失之虞。⑦ 然而,随着该理念的发展,"个人信息自决权"的概念日益被解读为近乎所有权形式的支配权,并主张个体对其所有的个人信息均享有控制权,个人有权自由决定其个人信息之上承载何种价值,任何违反信息主体意志收

---

① 参见李海平:《个人信息国家保护义务理论的反思与重塑》,载《法学研究》2023 年第 1 期。

② See Christian Bumke & Andreas Vokuhle, *German Constitutional Law: Introduction, Cases and Principles*, Oxford University Press, 2019, p. 110 – 111.

③ 1971 年斯泰姆勒接受德国内政部的委托提出《联邦个人信息保护法草案》,在对草案的说明中,他提出了"信息人格自决权"和"个人信息自决权"的概念,表明人们有权自由决定周遭的世界在何种程度上获知自己的所思所想以及行动。Steinmller, u. a., Grundfragen des Datenschutzes, Gutachten im Auftrag des Bundesministeri-ums des Inneren, BT-Drucksache VI 3826, 1. Aufl., 1972, S. 87.

④ 参见赵宏:《信息自决权在我国的保护现状及其立法趋势前瞻》,载《中国法律评论》2017 年第 1 期。

⑤ 参见张娟:《德国信息自决权与宪法人性尊严关系述评——德国个人信息保护的法律基础解读》,载《安徽农业大学学报(社会科学版)》2013 年第 6 期。

⑥ 参见姚岳绒:《论信息自决权作为一项基本权利在我国的证成》,载《政治与法律》2012 年第 4 期。

⑦ 参见王郁琦:《资讯、电信与法律》,北京大学出版社 2006 年版,第 17 页。

集其个人信息或者处理、利用等行为都是侵犯其自决权的表现，进而侵犯了该个人信息之上所承载的个人的人格利益。[①] 此种观点值得商榷，因为部分个人信息与人格权的关系微弱甚至无关，而人本身具有社会性，作为社会群体中的一分子，如果对社会交往之必需的个人信息，仍采取绝对化的保护方式，反而会适得其反，无法达到预期所想，与个人信息保护的目的有所差池。

事实上，德国联邦宪法法院在上述提到的人口普查案的判决要旨中也表明，并非所有收集个人生活信息的行为都会侵害个人尊严或者干涉私领域的自决权，个人作为社会中的一员，必须忍受一定程度的个人信息收集和处理行为，这也是国家履行义务的必要前提。[②] 基于此，"个人信息自决权"概念受到一些学者的诟病。欧洲学者指出，在占有性个人主义盛行的背景下，私有财产和市场法则被认为是最有效的权利分配方式，"信息自决权"日益被解读为暗示个体对其个人信息具有财产权，可对其个人信息进行转让。然而，信息无法先于"表达"或"披露"而存在，更多是以某种方式被建构出来。因此，从逻辑上而言，个人对与其有关的信息并不拥有某种"自然"的"原始权利"。[③] 还有学者指出，个人信息保护并非为了保护信息主体对其信息的控制权，而是一种针对自动化处理个人信息行为可能带来的财产或人格侵害风险的事先预防机制。[④] 我国已有众多学者阐明，个体对个人信息处理行为没有事先控制权，不具有绝对的排他性，[⑤]但对其个人信息如何被处理应有权干预，以避免个人信息处理行为侵害其个人权利。[⑥]我国著名民法学者王泽鉴指出，尽管德国宪法法院承认了个体对其信息享有个人自治和自决的法益，然而并非认可个体对其信息享有绝对的排他性支配权，个人信息保护仍然需受到比例原则等的限制。[⑦]

概言之，"个人信息自决权"与"个人参与原则"之"参与"意旨不符，规制个人信息处理行为的目的并非在于维护信息主体的"个人信息控制权"抑或"排他性的支配权"，

---

① 参见杨芳：《个人信息自决权理论及其检讨——兼论个人信息保护法之保护客体》，载《比较法研究》2015 年第 6 期。

② 参见杨芳：《个人信息自决权理论及其检讨——兼论个人信息保护法之保护客体》，载《比较法研究》2015 年第 6 期。

③ Serge Gutwirth et al. eds. , *Reinventing Data Protection*?, Springer, Dordrecht, p. 51(2009). 转引自王锡锌、彭錞：《个人信息保护法律体系的宪法基础》，载《清华法学》2021 年第 3 期。

④ Regina Aebi-Müller, *Personenbezogene Informationen im System des zivilrechtlichen Personlichkeitsschutzes, unter besonderer Berücksichtigung der Rechtslage in der Schweiz und in Deutschland*, Bern: Stämpfli Verlag, 2005, p. 295.

⑤ 参见丁晓东：《个人信息私法保护的困境与出路》，载《法学研究》2018 年第 6 期；梅夏英：《在分享和控制之间：数据保护的私法局限和公共秩序构建》，载《中外法学》2019 年第 4 期；吴伟光：《大数据技术下个人数据信息私权保护论批判》，载《政治与法律》2016 年第 7 期。

⑥ 参见高富平：《论个人信息处理中的个人权益保护——"个保法"立法定位》，载《学术月刊》2021 年第 2 期。

⑦ 参见王泽鉴：《人格权法：法释义学、比较法、案例研究》，北京大学出版社 2013 年版，第 200 页。

而在于表明“个人信息应当被保护”,不应被信息处理者随意收集处理。基于此,“个人信息受保护权”理论应运而生。

(二)“个人信息受保护权”论之兴起

“信息保护”(Datenschutz)这一概念源于德国黑塞州于1970年颁布的《信息保护法》,后经欧洲理事会于1981年通过的《108号公约》正式转译为data protection,从此进入国际法律文本,并且对欧洲各国后续立法产生了深远的影响。如上述提到的《95指令》、英国《数据保护法》(Data Protection Act)、德国《联邦数据保护法》(Bundes Daten Schutz Gesetz, BDSG)均遵循了这一思想,且其命名即体现了“信息保护”的意旨。《108号公约》作为全球范围内第一份具有法律约束力的有关个人信息保护的国际性文件,其目的为使个体的个人信息在被处理时得到保护,尊重个人的权利和基本自由。《欧盟基本权利宪章》(The European Union Charter of Fundamental Rights)第8条规定了“个人信息受保护权”,①如此“个人信息受保护权”便具有了宪法上基本权利的地位。正如GDPR序言第1条所言,在个人信息处理过程中保护自然人是一项基本权利。此外,众多国内法亦在宪法层面明确表示“个人信息受法律保护”。如《希腊宪法》规定,任何人就其个人信息的收集、处理、使用(尤其通过电子方式)享有受到法律保护的权利。西班牙、葡萄牙、奥地利等欧盟成员国亦在宪法上确立个人信息受保护权为基本权利。② 除在宪法上直接确立个人信息受保护权为基本权利外,还有一些国家通过其他法律强调个人信息应当受保护。例如,我国虽未在宪法上直接规定个人信息受保护权,但我国的《个人信息保护法》《民法典》《消费者权益保护法》③等法律均规定,自然人的个人信息受法律保护。

有学者认为,个人信息之上黏附着实质性的人格利益,个人信息处理行为是一种过程性行为,“个人信息受保护权”是对个人信息处理这一过程性行为的规范,从而为个体提供程序保护。④ 换言之,“个人信息受保护权”的作用在于确保信息处理过程的公平性与正当性,其目的不是使信息主体对其个人信息享有绝对控制权,而是表明信息主体在信息处理过程中享有个人信息受保护的权利。从基本权利角度而言,“个人信息受保护权”调整的是个人与国家之间的法权关系,与基本权利对应的是国家作为基本义务

---

① 《欧盟基本权利宪章》第8条规定:“就有关本人的个人信息,个人有获得保护的权利。此类信息必须在有具体的目的、获得相关人员同意或者在法律规定的其他合法事由的基础上公正处理。个人有权访问被收集的关于其本人的信息,并有修正的权利。应由独立机构来监管这些规定被遵守的情况。”

② See Gloria González Fuster, *The Emergence of Personal Data Protection as a Fundamental Right of the EU*, Springer International Publishing, 2014, p. 203 – 206.

③ 《消费者权益保护法》第14条规定:“消费者在购买、使用商品和接受服务时,享有人格尊严、民族风俗习惯得到尊重的权利,享有个人信息依法得到保护的权利。”

④ 参见蔡培如:《欧盟法上的个人数据受保护权研究——兼议对我国个人信息权利构建的启示》,载《法学家》2021年第5期。

主体的保护义务，是对国家提出的规范要求而非构建个人针对其个体信息的“个人信息权”。[①] 基于此，信息主体对其个人信息享有绝对控制权意味的“个人信息自决权”理念，便转向国家应如何保护信息主体在个人信息处理过程中的作为宪法基本权利的“个人信息受保护权”。

与“个人信息自决权”相比，“个人信息受保护权”的概念弱化了个人对其信息的绝对控制，而是更加强调从国家义务的角度实现对个人信息权益的保护。结合“个人信息受保护权”的本质属性，不难看出，赋予个人“知情权”“同意权”“更正权”等权利实际上与个人信息处理全流程相对应，体现的是个人参与其中的过程性权利。正如周汉华教授所言，“国际上讲个人信息保护法只是一般的简化提法，严格的表述其实是‘个人信息处理保护法’，必须要有‘处理’才涉及保护”。[②] 简言之，“个人信息受保护权”论反映了“个人参与原则”的内涵，其程序属性与“个人参与原则”之“参与”相呼应。“参与”一词意味着个人只是作为某一角色加入数据处理过程之中，对该过程不具有绝对的、主导性的控制力。[③]

（三）“个人参与”之“人格尊严”论

前文提到，信息自决权由德国联邦宪法法院于《德国基本法》中第 1 条之“个人价值与尊严”以及第 2 条之“一般人格权”条款推导而来，其价值依归为人格尊严。“个人信息受保护权”从宪法基本权利视角出发，指向个人的人格尊严。古希腊哲学家柏拉图认为事物分为“永远存在、永不改变”（“what always is and never becomes”）的“形”（form）与“永不存在、永远改变”（“what becomes and never is”）的“物”（matter），“形”为事物的实质（substance）、本质（nature），“物”为事物的影子（shadows）、现象（phenomena）。[④] 事物的底层价值即为事物的“形”。在当下的信息社会，保护个人信息具有双重价值，一为保护信息主体的人格尊严，二为实现个人信息的合理利用。前者注重个人信息的保护，防止个人信息被他人不当获取利用；后者则是在自我实现的界标内主张对个人信息的合理使用，此两种价值观念存在一定的冲突。[⑤] 根据哈耶克的观点，法律价值具有目的价值与工具价值之分，目的价值为根本，应优先于工具价值得到实现。[⑥] 显然，人格尊严是人之为人的根本，属目的价值；信息利用更多是为了实现社会

---

① 参见王锡锌：《个人信息国家保护义务及展开》，载《中国法学》2021 年第 1 期。

② 周汉华：《个人信息保护的法律定位》，载《法商研究》2020 年第 3 期。

③ 参见蔡培如：《欧盟法上的个人数据受保护权研究——兼议对我国个人信息权利构建的启示》，载《法学家》2021 年第 5 期。

④ 参见梁鹤年：《旧概念与新环境（一）：柏拉图的“恒”》，载《城市规划》2012 年第 6 期。

⑤ 参见李仪：《个人信息保护的价值困境与应对——以调和人格尊严与信息自由冲突为视角》，载《河北法学》2013 年第 2 期。

⑥ 参见[英]弗里德利希·冯·哈耶克：《法律、立法与自由》，邓正来等译，中国大百科全书出版社 2000 年版，第 8～9 页。

效益,属工具价值。人格尊严的价值位阶高于信息利用,因此,保护个人信息的根本之“形”为维护信息主体的人格尊严。

从《108 号公约》到《95 指令》,再到《欧盟基本人权宪章》,个人信息受保护权最终被明确规定为一项基本权利。在国家层面上,个人信息保护源自宪法,宪法上人的尊严被视为个人信息保护的价值根基,个人信息保护的目的在于实现信息主体的基本权利与自由,此种人格利益最终根源于对个体人格尊严的保护。① 在欧洲,人的尊严不仅仅是一项基本权利,甚至可以说是所有基本权利的基石,个人信息受保护权便是“人的尊严”这一基石下的子权利。② 从信息处理角度而言,若信息处理过程仅仅基于系统自动运行而无个体参与其中,忽略信息主体的意志,是对信息主体的不尊重。③ 正如前文所述,我国个人信息保护遵循的是“个人信息受保护权”体系,其程序属性与“个人参与”有异曲同工之妙。正所谓“权利源于人的固有尊严”,因此,欲探索我国“个人参与原则”之本源,应追溯至《宪法》。

个人信息保护进入《宪法》一般有两种途径:一是宪法肯认(constitutional entertainment),即直接将个人信息保护列为宪法的基本权利;二是宪法解释(constitutional interpretation),即通过宪法解释的方式将个人信息保护纳入基本权利范围。如美国的“信息隐私权”,④德国的“信息自决权”。⑤ 就我国而言,有学者主张应从《宪法》第 33 条规定的“国家尊重和保障人权”以及第 38 条规定的“中华人民共和国公民的人格尊严不受侵犯”来诠释个人信息保护的基本权利地位。⑥ 还有观点认为我国《宪法》第 38 条规定的“人格尊严”更倾向于一般人格权,与《德国基本法》中“人的尊严”不能等同,原因在于人具有主体性,尊严具有普遍性,“尊严”来自“人”而非“人格”,如此才能避免人格缺失者被否定尊严。⑦ 然而,亦有学者指出,个人尊严具有不可度量的最高价值,虽有“人格尊严”“人性尊严”“人的尊严”等不同表述,但其表达的重点都是“尊严”,背后承载的是基于不同历史文化、政治结构以及法律传统中不同的宪法文

---

① 参见张新宝:《从隐私到个人信息:利益再衡量的理论与制度安排》,载《中国法学》2015 年第 3 期。

② 参见高富平:《论个人信息保护的目的——以个人信息保护法益区分为核心》,载《法商研究》2019 年第 1 期。

③ 参见高富平:《个人信息保护:从个人控制到社会控制》,载《法学研究》2018 年第 3 期。

④ 美国联邦最高法院在 1977 年的“华伦诉罗伊案”(Whalen v. Roe)中,基于宪法第四修正案首次确立了“信息隐私权”。

⑤ 德国联邦宪法法院在 1983 年的“第二人口普查案”中根据《德国基本法》中第 1 条之“个人价值与尊严”以及第 2 条之“一般人格权”条款推导出了“信息自决权”。

⑥ 有学者认为无论我国《宪法》第 38 条的人格尊严条款是概括性权利还是具体权利,都不失为信息自决权作为一项基本权利提供了解释空间,而《宪法》第 33 条人权条款为概括性条款,可以通过宪法解释的形式论证信息自决权为宪法上的基本权利,且此两大条款缺一不可。参见姚岳绒:《论信息自决权作为一项基本权利在我国的证成》,载《政治与法律》2012 年第 4 期。

⑦ 参见王锴:《论宪法上的一般人格权及其对民法的影响》,载《中国法学》2017 年第 3 期。

本所体现出来的对人的尊严的认知上的差异，并无本质上的区别。[①]

康德有言，无等价物可替代的超越一切价值之上的东西即为尊严。[②] "尊严"是固有的，是生而为人者必然拥有的，"尊严"具有内在性，其源于人本身而非他人定义或国家法律所赋予，[③]"人性尊严"是作为独立个体之人全部权利的核心，也是构成一国宪法秩序的价值基础。[④] 因此，不同表述可以有相同的价值依归，我国人格尊严条款的核心价值与他国人的尊严无本质差异。"尊严之人"既非古典自由主义意义上的独立自主之人，也非全体国家主义意义上的客观存在之人，而是处于社会关系中具有人格自主性与责任自我承担性并能够在道德上自治之人，其摆脱了"孤立、绝对化、仅仅生物学意义上"的人的狭隘定义。[⑤] 质言之，信息保护领域中的尊严之人亦为社会之人，个人信息具有交互性和公共属性，具有经济价值与社会价值，这是个人信息的使用不能由个人完全决定的深层理由。[⑥]

综上，无论是"个人信息自决权"的话语体系，还是"个人信息受保护权"的话语体系，均绕不开信息主体"人格尊严"的保护。人格尊严构成了"个人参与原则"的法理基础，旨在保障个体尊严与自由的基础上实现信息利用与个体权益保护的平衡。但德国法上的"个人信息自决权"在权利定性和理论内涵上存在利益失衡的根本缺陷，即"个人信息自决权"演化为个体的信息绝对控制而忽视了与他人利益、社会公共利益的平衡。[⑦] 因此，有必要矫正"个人信息自决权"的利益失衡属性，以"弱自决—强保护"为基础理念，为"个人参与原则"的落实提供理论支撑。

（四）"弱自决—强保护"论

"个人信息自决权"的不足之处在于过分强调"个人信息控制权抑或支配权"。"个人信息受保护权"虽从国家义务角度强调个人信息应当受保护，但是有学者认为，该理论难以解释我国《个人信息保护法》何以能够规定作为私主体的信息处理者承担公法义务。[⑧] 原因在于，我国《个人信息保护法》采用的是信息处理者与国家机关一体规范的模式，作为私主体的信息处理者也应当遵循比例原则、平等原则、正当程序原则等这些公法原则并承担由其所衍生的公法义务。然而，"个人信息受保护权"的国家保护义

---

① 参见齐延平：《"人的尊严"是〈世界人权宣言〉的基础规范》，载《现代法学》2018年第5期。

② 参见[德]康德：《道德形而上学原理》，苗力田译，上海人民出版社1986年版，第87页。

③ 参见胡玉鸿：《习近平人的尊严重要论述的法理解读》，载《学术交流》2022年第4期。

④ 参见戴激涛：《作为宪法权利的个人数据受保护权》，载《人权》2021年第5期。

⑤ 参见齐延平：《"人的尊严"是〈世界人权宣言〉的基础规范》，载《现代法学》2018年第5期。

⑥ 参见高富平：《个人信息保护：从个人控制到社会控制》，载《法学研究》2018年第3期。

⑦ 参见刘金瑞：《个人信息与权利配置：个人信息自决权的反思和出路》，法律出版社2017年版，第126页。

⑧ 参见李海平：《个人信息国家保护义务理论的反思与重塑》，载《法学研究》2023年第1期。

务所坚持的间接效力说[1]无力解释这一现象。因此,本书认为,应“中和”上述两种理念,建构“弱自决—强保护”理论,弱化个人信息自决属性,强化个人信息受保护的责任属性。

从信息处理技术发展的角度而言,之所以强调个人“参与”信息处理过程而非绝对全面控制信息处理和利用,是因为在技术以“指数型”速度迭代更新的过程中,原本偶然或零散的个人信息处理过程将日益规模化、隐秘化,信息主体不仅无法实现对其个人信息的控制权,可能还会置于前所未有的被侵扰或被操控的境地,从而被动地“客体化”,面临巨大的人格尊严贬损风险。[2] 在当下的信息爆炸时代,信息主体对其个人信息的全面绝对控制不必要也不可能实现,不应一味地强调绝对支配性的“个人信息自决权”。因为保护个人信息的根本目的并非保护个人信息本身,而在于保护深藏于个人信息之内的“形”——人格尊严。主张个人参与信息处理过程的根本目的亦非保护个体信息本身,而是在保障个体尊严与自由的基础上实现信息利用与个体权益保护的平衡,形成个人、信息处理者、社会、国家等多方利益平衡的法秩序格局。基于此,弱化权利的自决属性,强化个人信息受保护的责任属性,进而从信息主体权利救济视角转向保护性规则规制个人信息处理视角,不失为平衡个人信息利用与保护所引发的多方主体利益矛盾的可行路径。

之所以提出“弱自决—强保护”的理念构想,原因在于:第一,个人信息作为“大数据池”中的重要内容,在商业领域、行政管理领域、医疗等领域均体现出巨大的利用价值,具有社会利益属性而非仅为个人利益,过多地强化个人信息自决与数据社会价值日益增长的趋势相背离;第二,当下社会数据利用价值日益凸显已然成为不容忽视的事实,个体对其信息的完全控制几乎不可能实现,即使在制度层面强调信息主体的控制权也可能沦为实践中的“空权”,而弱化个人信息自决权强化个人信息受保护权,实际上是从个人权利救济视角转向国家义务视角,通过国家的力量进一步将义务分担于真正控制、处理信息的信息处理者身上,使其在合法合规的前提之下处理个人信息;第三,个人信息的定义与范围并非“有穷限”列举,并非所有个人信息都与个人尊严直接相关,也并非所有信息处理行为都会损害信息主体的人格尊严,因此,由人性尊严与一般人格权推导而来的“个人信息自决”理念难以实现逻辑自洽,而个人信息受保护权可以根据信息敏感程度高低采取不同程度的保护,从而促进各方利益与价值的平衡。

---

① 间接效力学说认为,信息主体对信息处理者不享有宪法层面的权利,信息处理者对信息主体也不承担宪法上的义务,国家是唯一的义务承担者,须通过立法权、行政权和司法权的行使落实对个人信息的保护。详见汪庆华:《个人信息权的体系化解释——兼论〈个人信息保护法〉的公法属性》,载《环球法律评论》2022年第1期;付新华:《个人信息权的权利证成》,载《法制与社会发展》2021年第5期。

② See David E. Prozen. *The Mosic Theory*, *National Security*, *and the Freedom of Information Act*, Yale Law Journal, Vol. 115:3, p. 630(2005).

从“个人参与原则”的角度而言,一味地强调信息自决与信息控制并不能真正保障个体能够在实践中实现参与的权利,而强化个人信息受保护的理论,可以从信息处理的全生命周期对信息处理者提出针对不同信息类型,采取不同严格程度的保护要求。基于个人参与原则构建“弱自决—强保护”的个人信息保护规则框架,可以弱化权利的自决属性,强化个人信息受保护的责任属性。一方面赋予信息主体参与性权利,使其能够参与信息处理活动;另一方面强化处理者的保护义务,为信息主体提供权利响应渠道,保证信息主体个人能够按需参与,增强信息主体参与的可及性与便捷性,此乃“弱自决—强保护”的真实意义所在。

三、个人参与原则与其他原则的关系

“个人参与原则”与个人信息处理的其他原则之间存在密切关系。个人参与原则中的知情权与同意权与知情同意原则同根同源,知情同意原则是个人参与原则实现的前提,个人参与原则亦能缓解知情同意原则的形式困境。信息主体的知情权有赖于信息处理者履行相应的告知义务,贯彻落实公开透明原则,因此,公开透明原则亦为个人参与信息处理过程的必要条件。个人参与信息处理过程对信息处理者起到监督作用,有利于确保信息处理者处理信息的准确性、完整性与时效性,促进个人信息处理质量原则的实现。

(一)知情同意原则与个人参与原则相辅相成

1. 知情同意原则为“个人参与”之前提

知情同意原则的理论来源,有学者认为发源于美国的医疗实践,建立在普通法侵权理论基础之上,并由一系列司法判例所确立,[①]这些案例经历了保护患者的“同意权”到患者的“知情权”最后演变为“知情同意权”的发展历程。[②] 所谓知情同意原则,是指医方应当就自己具有的、可能影响患方作出是否同意医方实施医疗行为决定的重要事项,向患方进行充分的说明,患方在完全理解医方的说明之后,自由地作出接受或者拒绝医方实施医疗行为的决定。[③] 该原则是通过告知患者诊疗风险来保证诊疗风险的客观性与透明性,从而将非由医方故意或过失可能造成的损害结果的医疗固有风险转移至患

---

① 比较典型的有“莫尔诉威廉姆斯案”(Mohr v. Williams)(1905 年)、“施伦多夫诉纽约医院协会案”(Schloendorff v. Society of New York Hospitals)(1914 年)、“萨尔戈诉小利兰·斯坦福大学董事会案”(Salgo v. Leland Stanford Jr. University Board of Trusteers)(1957 年)、“纳坦松诉克兰案”(Natanson v. Kline)(1960 年)、“坎特伯雷诉思朋斯案”(Canterbury v. Spence)(1972 年),在“莫尔诉威廉姆斯案”与“施伦多夫诉纽约医院协会案”中,法院都肯定了患者的“同意权”,认为医生未经患者同意的诊断和治疗措施是对患者身体的“不法接触”和“身体完整性”的侵犯,直到“萨尔戈诉小利兰·斯坦福大学董事会案”的关注点由之前的“同意权”到患者的“知情权”,并创设了“知情同意”一词。

② 参见刘月树:《知情同意原则的起源与发展》,载《医学与哲学(A)》2012 年第 5 期。

③ 参见冯军:《病患的知情同意与违法——兼与梁根林教授商榷》,载《法学》2015 年第 8 期。

者承担,本质上是一种医疗风险的分配机制。[①] 在医疗领域,知情同意原则要求医方履行告知义务,应当披露对患者决定是否同意治疗行为具有"实质性"影响的信息,即使是对患者有益的治疗也不能阻却医方未履行告知义务而承担相应的损害赔偿责任,原因在于该原则的法理基础是患者的自我决定(self-determination)权和自主(autonomy)权而非健康利益。[②]

在数据保护领域,知情同意理念最早体现于德国黑森州1970年颁布的《数据保护法》(Hessisches Datenschutzgesetz),[③]1973年美国发布的"公平信息实践准则"报告中也包含知情同意原则。与此同时,"知情同意原则"(或称为"告知同意原则")也被数据保护领域国际性文件普遍采纳,如《OECD指南》《108号公约》《95指令》均要求处理数据应取得数据主体的同意。我国《个人信息保护法》中,信息主体的知情同意是处理个人信息核心的合法性基础,同意是实现个人的决定权和选择权的基础,决定权和选择权是保护信息主体人格自由与人格尊严的核心。[④] 而能够体现"个人参与原则"的权利之一的知情权也是其他后续性权利得以行使的前提,只有个人充分"知情"且"同意",信息处理者才能进行信息的收集、使用等信息处理行为,个人得以进一步基于该处理行为行使查阅权、复制权、更正权、撤回同意权、删除权等一系列参与性权利。因此,从某种程度上而言,知情同意原则是个人参与原则得以实施之前提。

2. 个人参与原则缓解"知情同意"的形式困境

在当下"数据聚合型"社会,知情同意原则的适用陷入诸多困境。有学者指出,该原则的实施面临客观上的结构性问题、主观上的认知性问题以及该规则本身的内在悖论等困境,导致"形式知情"与"实质知情"相分离。[⑤] 亦有学者表示,目前的知情同意原则绕开了对知情权的要求,使得告知义务成为该制度的核心,进而导致信息主体的同意面临被架空的危险。此外,网络经营者采取全有或者全无的经营架构,导致知情同意原则在实际适用过程中的高成本与低效率。[⑥] 还有观点认为,该原则中同意的基础理论根基不牢固、不符合经济考量、缺乏真实性与必要性,不能作为信息处理的正当性基

---

① 参见姚佳:《知情同意原则抑或信赖授权原则——兼论数字时代的信用重建》,载《暨南学报(哲学社会科学版)》2020年第2期。

② 参见赵西巨:《医事法研究》,法律出版社2008年版,第108页。

③ 德国《数据保护法》(Hessisches Datenschutzgesetz)第3条规定:"禁止受委托进行(信息)收集、传输、存储或处理信息的信息处理者交换信息,与其他主体分享资料、信息和结果,或鼓励其他主体获取相关信息,除非(按照)立法或者有权处理资料、信息和结果的主体同意。"

④ 参见杨合庆主编:《〈中华人民共和国个人信息保护法〉释义》,法律出版社2022年版,第45页。

⑤ 参见吕炳斌:《个人信息保护的"同意"困境及其出路》,载《法商研究》2021年第2期。

⑥ 参见万方:《隐私政策中的告知同意原则及其异化》,载《法律科学(西北政法大学学报)》2019年第2期。

础。[1] 虽然该原则的适用目前存在诸多问题,但其依旧具有存在的必要性。诚如有学者言,知情同意原则犹如个人信息"全生命周期中的"一道"闸口",无论是个人信息的收集、利用,还是个人信息的转移、转换,均绕不开"知情同意"。[2] 与医疗领域不同的是,个人信息保护领域的个体处于几何式激增的风险场景中,此类风险大多无从预知,不确定性程度更高,信息主体往往难以"实质知情",其作出的"同意"不免流于形式。鉴于此,强调个人参与原则,保障信息主体对信息处理"全生命周期"的参与性权利,可以在一定程度上弥补已有的因知情不足导致的形式化同意的固有缺陷,达到及时止损的效果。

在个人信息保护领域,"个人参与原则"的内涵限定在个人信息处理场景之中,具体包括知情权、同意权、查询与复制权、更正权、拒绝权、撤回同意权、删除权等参与性权利。其中,知情权与同意权具有基础性地位。在个人信息"全生命周期"伊始,个人信息处理者履行告知义务,获取同意后即进入信息处理的正式阶段,此后便需要信息主体个人积极主动地行权以保障知情权的实现,信息主体通过访问被处理的个人信息可以行使查阅、复制等权利。查阅复制权有助于信息主体对其信息处理情况进一步充分了解,如此才能进一步判断对方的信息处理活动是否符合先前预期,从而进一步决定是否需要提出异议、更正、撤回同意以及删除等请求。[3] 通过个体积极主动行权的方式,可以在很大程度上降低先前因不够"知情"作出形式化"同意"可能带来的信息处理风险,信息主体可以通过行使更正权、拒绝权、撤回同意权、删除权等权利及时弥补因"无知性同意"而导致的"知情不足"缺陷,进而降低信息处理过程中因最初的形式化同意可能造成的潜在风险。

(二)公开透明原则为个人参与原则之必要条件

第二次世界大战后,社会民主思想浪潮愈发澎湃,公民参与国家治理的诉求也越发迫切,为了满足公民的知情权与参与权,政府信息公开制度成为行政权力运行的基础。公开透明原则最初体现于政治权力运行场景中,公权力运行过程中的信息公开与透明既是对权力主体合法性的巩固,也是对社会民主的回应。在政府与公民的关系中,政府信息"公开"才能达至"透明","透明"不仅要求信息可见,还与民主参与紧密相连:权力运行的透明促进民众对政府活动的知情,民众得以参与并监督决策过程,增加了权力行为的可接受性。[4]

---

① 参见任龙龙:《论同意不是个人信息处理的正当性基础》,载《政治与法律》2016 年第 1 期。

② 参见姚佳:《知情同意原则抑或信赖授权原则——兼论数字时代的信用重建》,载《暨南学报(哲学社会科学版)》2020 年第 2 期。

③ 参见申卫星:《论个人信息权的构建及其体系化》,载《比较法研究》2021 年第 5 期。

④ 参见王娅:《政府信息公开视阈下的"透明"论析》,载《华中科技大学学报(社会科学版)》2018 年第 4 期。

从欧洲来看,最早建立政府信息公开制度的是瑞典。其于1766年颁布的《出版自由法》(Freedom of Press)赋予公民为出版目的而阅览公文书的权利。此后,欧盟各成员国大部分在信息公开层面陆续进行相应的立法。美国自1966年制定了《信息自由法》(Freedom of Information Act),要求行政机关履行向公众公开法律所规定的政府信息的义务。我国政府信息公开制度起始于2002年出台的地方政府信息公开规定——《广州市政府信息公开规定》,该规定系我国第一次以立法的形式对政府提出信息公开义务,对我国其他的地方性法规以及中央层面的政府信息公开制度的确立具有重要意义。公民参与国家治理是民主政治的直接体现,政府信息的公开与透明则是保障公民能够参与国家治理的重要前提,也是制约行政权力的制度安排和民主政治的发展基础。参与式民主要求满足参与人的知情权,罗伯特·达尔有言,"使公民有机会对政治事务获得充分的知情,既是民主定义本身的一部分内容,又是民主的一个前提条件"。[①] 因此,公开和透明是行政法领域的基本原则,既是对公权力的约束,也是对公民知情权的重要保障。

"公开透明"与"知情"犹如相互吻合的"齿轮",不仅行走在行政领域,也在其他领域里留下深刻的轨迹,如当下热议的个人信息保护领域。在个人信息保护领域,信息公开从公权力主体延伸至私主体,公开透明原则成为世界各国信息保护的基本原则。无论是欧盟的GDPR,还是美国的《加州消费者隐私法案》(California Consumer Privacy Act,CCPA),均要求处理信息过程需遵循公开透明的原则,具体包括处理目的、处理方式、处理范围等的公开透明。我国《个人信息保护法》要求信息处理者公开个人信息处理规则,便于查阅和保存。个人信息保护领域的公开透明原则与政务公开透明的本质均与相对方的知情权有关,公开透明原则的核心是对信息处理方提出了一系列的告知义务,信息处理者履行这些义务是信息主体对信息处理活动知情的基本前提,只有个人信息的处理目的、处理方式、处理范围等公开且透明,信息主体才有可能知情,进而作出同意的意思表示。在此种前提下,个人才有可能通过行使查阅权、复制权等权利及时了解信息处理的进展情况,如若发现处理的信息有误或者处理的目的已经达到,信息主体可以据此行使更正权、删除权等参与性权利。

值得说明的是,个人信息保护领域公开透明原则的"透明度"标准取决于信息主体对信息处理情况的知悉程度,而信息主体对信息处理情况的知悉程度有赖于信息处理者告知义务的履行,如此便要求个人信息处理者以显著的方式以及清晰易懂的语言,"真实、准确、完整"地向信息主体告知个人信息处理的相关事项。此种"显著方式以及清晰易懂"的形式标准为"社会不特定多数人"所能"理解并知晓"。信息处理者对信息处理相关情况的"告知"应达到"充分""明示"的程度要求。"明"意为明白、清楚,"示"

---

① [美]罗伯特·达尔:《论民主》,李柏光、林猛译,商务印书馆1999年版,第86页。

意为表明。[①] “明示”意为清楚地表明个人信息处理情况的相关内容，使他人知晓。告知的充分性带有说明的成分，告知义务本身蕴含着说明义务。诚然，无论是告知义务还是说明义务，其所谓的“充分性”“合理性”的判断标准应为通常理性人标准。[②] 对于以人工智能与算法技术为核心的个人信息处理行为以及自动化算法决策行为而言，信息处理者的告知义务的履行尤为重要。我国《个人信息保护法》第24条对信息处理者提出了信息处理透明度的要求，也明确了信息处理者算法决策的说明义务。说明义务的存在，在很大程度上可以缩小从信息处理者的“告知”到信息主体的“知情”之间的间距，避免“告而不知”，突破“算法迷雾”，从而真正实现“告且知”。[③]

此外，由于个人信息处理活动是一个动态的变化过程，为了确保个人能够有效参与个人信息处理的各个环节，信息处理者的告知义务应当实时更新，根据活动的进展情况、履行告知义务的成本、社会公共利益等各方面的综合因素，确定告知义务的具体内容以及履行方式，实现个人信息处理全过程的公开透明。[④] 只有信息处理者贯彻落实信息处理过程的公开透明要求，信息主体的知情权才能实现，进而根据信息处理实情行使相应的参与性权利。因此，公开透明原则是个人作为信息主体行使其权利的必要保障，个人在信息处理过程中所享有的知情、查阅、复制、更正、删除等参与性权利的行使都有赖于信息处理者对公开透明原则的践行，有赖于个人对信息处理活动相关事项的知情。[⑤] 概言之，信息主体履行告知义务是落实公开透明原则的手段，公开透明原则是个人参与信息处理过程的基本前提。

（三）个人参与原则促进质量原则的实现

在数据保护领域，首次明确规定“信息质量原则”（data quality principle）的是《OECD指南》，其内容为：个人信息应与其使用目的相关，并且在实现目的所必需的范围内应保持准确（accurate）、完整（complete）并及时更新（kept up to date）。该指南虽为国际建议性文件，不具有强制效力，但其对后续数据保护领域的国际及各国内部立法均具有深远的影响。就信息质量原则而言，《OECD指南》阐明了该原则的三大核心要素——准确性、完整性、时效性，该三大核心要素成为后续国际及国内数据保护立法中关于信息质量原则的内容基础。《108号公约》第二章有关个人信息保护的基本原则中，对信息处理的合法性及其质量的阐释，有一项为“正在处理中的个人信息应当准确，如有必要，应保持最新”。欧盟GDPR第5条关于数据处理原则中规定，个人信息应当准确，如有必要，应当保持最新，考虑到信息处理的目的，应采取任何合理的途径保证不

① 参见新华辞书社：《新华字典》，商务印书馆1971年版，第301～393页。
② 参见吕炳斌：《个人信息保护的“同意”困境及其出路》，载《法商研究》2021年第2期。
③ 参见吕炳斌：《论个人信息处理者的算法说明义务》，载《现代法学》2021年第4期。
④ 参见张新宝：《个人信息处理的基本原则》，载《中国法律评论》2021年第5期。
⑤ 参见叶名怡：《论个人信息权的基本范畴》，载《清华法学》2018年第5期。

精确的个人信息得以删除或者修正。英国《数据保护法》(2018)第38条,[①]澳大利亚《隐私权法》(2020)第四章第10条,[②]我国《个人信息保护法》第8条[③]等亦对个人信息保护的质量原则进行了阐释,且其内涵基本囊括了“准确性、完整性与时效性”的核心要素。

对于何种程度属于满足个人信息保护的质量原则要求,各国对此并未确立统一标准。我国《个人信息保护法》以个人信息权益为衡量标准。在某些于个人权益而言极其重要的场景中,个人信息不准确或不完整可能会直接对个人权益造成重大影响,如征信领域,因此征信机构对收集的个人信息的准确性、完整性、及时性要求较高。为了满足质量原则的三要素标准,法律不仅从处理者的义务视角予以保障,还从信息主体的权利视角推动该原则的实现。通过赋予信息主体更正权、补充权确保个人信息的完整性、准确性是国际上的通行做法。如欧盟GDPR第16条,[④]美国加利福尼亚州《隐私权法》(CPRA)第6条[⑤]等。具体而言,信息处理者应保障个人的更正、补充、删除等权利,避免因信息不准确、不完整损害信息主体权益。信息主体发现其个人信息不准确或不完整的,有权请求信息处理者进行补充、更正。

事实上,在《个人信息保护法》颁布之前,我国部分立法已有关于信息主体更正权的相关规定,如《网络安全法》第43条,其规定信息主体发现网络运营者收集、存储其信息有错误时有权要求网络运营者予以更正;《民法典》第1037条第1款亦规定,信息主体若发现信息处理者处理的其个人信息有错误时,有异议权并可请求对方采取更正等必要措施。与上述两部法律不同的是,《个人信息保护法》将信息主体适用更正权的情形由处理的个人信息“错误”变为“不准确”,并增加了关于补充权的规定,体现了我国《个人信息保护法》对信息主体权益保护更为完善的立法考量。[⑥] 信息主体作为信息来

---

① 英国《数据保护法》第38条第1款规定:“第四项数据保护原则是:(a)为任何执法目的而处理的个人数据必须准确,并在必要时保持最新状态,以及(b)必须采取一切合理措施,确保在不考虑处理个人数据的执法目的的情况下,立即删除或纠正不准确的个人数据。”

② 澳大利亚《隐私权法》第四章第10条规定:“App实体必须在适当的情况下采取合理的措施确保收集的个人信息准确、最新且完整,确保在使用或者披露的个人信息在考虑使用或披露目的的情况下准确、最新、完整且相关。”

③ 《个人信息保护法》第8条规定:“处理个人信息应当保证个人信息的质量,避免因个人信息不准确、不完整对个人权益造成不利影响。”

④ GDPR第16条规定:“信息主体有权从控制者处得知与其相关的不准确信息,信息主体有权在考虑处理目的的前提下请求更正不充分的信息,可以使用额外声明的方式履行。”参见龙卫球主编:《〈中华人民共和国个人信息保护法〉释义》,中国法制出版社2021年版,第208页。

⑤ 美国2020年《隐私权法》第6条规定:“消费者有权根据个人信息的性质和处理信息的目的,要求保存消费者不准确信息的企业更正该不准确的信息。”丁道勤、姜文等编译:《国外数据保护法律选编》,中国法制出版社2021年版,第6页。

⑥ 参见江必新、郭锋主编:《〈中华人民共和国个人信息保护法〉条文理解与适用》,人民法院出版社2021年版,第426~427页。

源方，对信息的准确性、完整性具有最大的发言权。虽然条文明确规定信息主体的更正权、补充权但实际上适用情形包含了不准确、不完整、更新不及时。简言之，个人参与性权利的行使能够对信息处理者起到监督作用，促进信息处理者处理个人信息全过程中全面贯彻落实质量原则，确保信息处理活动的完整性、准确性与时效性。

四、个人参与原则落实上的现实困境

个人参与原则的落实有赖于信息处理的"透明度"，然而，当下的信息处理多数通过算法等技术手段进行。随着算法技术的不断更迭，算法逐渐具有"黑箱"效应，算法透明效能有限，弱化了信息主体的知情权。与此同时，算法在法律规定层面与法律适用层面的解释性困境使个人难以参与信息处理过程。从实践层面而言，个人参与性权利的行使程序尚存争议，查阅复制权、删除权等参与性权利的适用存在障碍，这一系列难题均使得个人参与原则难以落实。

（一）算法黑箱弱化了"个人参与"的效果

1. 算法透明度的有限效能弱化了个人知情权

智能算法发展至今，早已不是纯粹的工具化算法，算法的不透明性使其在技术上摆脱了纯粹的"工具人"角色，衍生出算法黑箱的概念。算法黑箱本质上是一种技术黑箱，其概念来源于系统黑箱理论——无法从外部直接观察内部状态，仅从输入端和输出端分析系统规律。如今，算法黑箱已经逐渐形成初级、中级和高级三种常见情形。初级情形对应的是监督式机器学习，此种情形的特点为输入端和输出端均为已知信息，算法在预先确定的结构化数据和规则的基础上运行；中级情形对应的是半监督式机器学习，输入端预先确定，输出前存在未知的算法流程，使得一部分人了解输出端的信息，另一部分人不一定了解；高级情形对应的是无监督式机器学习，算法在基础训练数据上构建程序模型，模拟人类智能活动，并不断完善已有模型、改善自身的性能。此种情形的算法在输入端和输出端形成了全流程闭环，没有人工干预，只有机器了解算法，人并不了解。[①] 由此可看出，算法黑箱进入高级阶段，算法透明度大大降低，人们在很多时候无从知晓算法决策的具体过程，由此产生了技术上的不可控性。

由于现有法律制度对算法权力缺乏规制，算法权力在商业领域和公权力领域均存在异化风险。[②] 在商业领域，消费者信息是企业获取大量商业利润的源泉。企业利用收集到的海量数据通过算法对消费者进行用户画像，实现精准投放广告的目的，同时还会出现价格歧视、大数据杀熟等问题。在公权力领域中，算法自动化决策的不透明性遮

---

① 参见谭九生、范晓韵：《算法"黑箱"的成因、风险及其治理》，载《湖南科技大学学报（社会科学版）》2020年第6期。

② 参见张凌寒：《算法权力的兴起、异化及法律规制》，载《法商研究》2019年第4期。

蔽了行政公开原则，算法黑箱形成的决策无法为相对人提供说明理由，公众参与原则被架空，个人作为行政相对人无从知情，作为公众一员难以参与。① 正因为如此，算法透明度一直是算法治理的重点。欧盟 GDPR 要求在处理个人信息或者进行自动化决策时，应保证信息主体对收集、处理、使用等过程中涉及的个人信息进行访问，并且应当使用清晰明了的语言确保信息主体能够理解。② 我国《个人信息保护法》第 24 条对利用个人信息进行自动化决策的个人信息处理者规定了算法决策的透明度原则、保证算法结果的公平、公正义务以及对个人权益有重大影响的算法决策的说明义务；《互联网信息服务算法推荐管理规定》第 12 条对算法推荐服务提供者提出了增强算法透明度和可解释性的要求。

虽然有相关规定助推算法透明度的实现，但学界仍然存在支持与反对两种声音。算法透明支持者认为，公开算法代码等数据信息，能够让社会公众和算法监管机构了解算法如何运作，拨开"算法未知"的迷雾，减少算法妨害的发生。有观点认为，公开原始代码可带来双重效果，一方面可供中立第三方检验是否与使用的算法相同，另一方面可以核对输出的结果是否与使用者公布的结果一致，如此便可成为审查使用的算法是否存在妨害的重要手段。③ 算法透明反对者认为，公开算法代码是对商业秘密制度的损害，可能会助长行业竞争者利用他人算法攻击他人或模拟效仿以提高自我竞争优势，如此一来，不仅会挫伤算法原所有者的积极性，还有可能会扰乱市场正常的竞争秩序。④

在算法透明度的支持与反对博弈中，有学者指出算法透明的功能定位应当是有限效能，其认为一方面应当认识到算法透明有助于检验算法是否存在妨碍，为算法审查奠定了基础，是算法治理的重要步骤，同时也是对算法治理本身的总体要求，算法运行过程与算法决策都应透明化；另一方面应当理性看待算法透明的有限效能，算法透明本身涉及复杂的机器学习技术问题，技术自身的复杂性再加上算法决策者的技术能力都会影响算法透明度效果的实现，克减算法透明的效能。⑤ 从技术上看，算法完全透明难以理想化实现，公开算法代码虽然能够起到一定的审核监督作用，但公开算法代码并不等于信息主体知情。算法透明度的完全实现从实践角度而言是理想化的，算法透明的效能是有限的，算法透明的实现也是有限的，算法透明度的有限效能属性事实上弱化了个人知情权的实现。

---

① 参见张凌寒：《算法自动化决策与行政正当程序制度的冲突与调和》，载《东方法学》2020 年第 6 期。

② See Merle Temme, *Algorithms and Transparency in View of the New General Data Protection Regulation*, European Data Protection Law review, Vol. 3:4, p. 481(2017).

③ See Nizan Geslevich Packin, Yafit Lev-Aretz, *On Social Credit and the Right to Be Unnetworked*, Columbia Business Law Review, Vol. 2016:2, p. 346(2016).

④ See Joshua A., Kroll et al., *Accountable Algorithms*, University of Pennsylvania Law Review, Vol. 165:3, p. 705(2017).

⑤ 参见沈伟伟：《算法透明原则的迷思——算法规制理论的批判》，载《环球法律评论》2019 年第 6 期。

2. 算法解释困境致使“个人参与”困难

如果说算法难以“完全透明”是算法黑箱本身的属性，那么算法解释困境便是算法黑箱带来的结果难题，算法解释困境是多方面原因综合的结果。首先，算法解释是否为一项独立的权利尚存争议。支持论者认为将算法解释理解为一项独立的权利，可以对算法权力的滥用进行适度制约，为信息主体的个人信息提供更为有力的保护。且算法解释权为个人信息“权利束”之一，内含于“个人信息保护权”。[①] 否定论者认为，我国《个人信息保护法》保护个人信息的模式为“权益模式”而非“权利模式”，算法解释的功能能够被现有的法律规范所涵盖，将算法解释理解为一项独立的权利不可行且不必要，容易产生保护堆叠。[②] 由于算法黑箱的不确定性以及个体与算法决策者的“信息控制权力不对等”，将算法解释理解为算法解释权对个人而言更为有利，个体亦可据此行使更多的参与权。

其次，即使算法解释独立为“算法解释权”，在法律规定层面，有学者认为，算法解释权的权利内容、解释程度、解释时间、解释方式均存在争议。第一，根据我国《个人信息保护法》第 7 条、第 24 条、第 44 条的规定，[③]可以将算法解释权的权利内容理解为一般性主张也可以理解为限定性主张。原因在于《个人信息保护法》的第 7 条、第 24 条第 1 款、第 44 条从表述上看赋予了信息主体一般性地要求信息处理者透明化的权利，第 24 条第 2 款、第 3 款却对信息处理者的说明义务的适用场景和适用前提进行了限定，即将信息主体拒绝算法决策的权利限定在信息推送、商业营销的场景，并规定前提为个人权益受到重大影响。第二，从解释程度上而言，算法解释既可以理解为系统解释，也可以理解为个案解释。系统解释是对算法的系统功能进行解释，而个案解释是针对自动化决策的个案进行解释。第三，算法解释权既可以理解为算法自动化决策前的解释，也可以理解为算法自动化决策后的解释。我国《个人信息保护法》并未对算法解释时间予以明确说明，不同条款存在不同倾向，有些条款既可以理解为事前解释，也可以理解为事后解释。[④] 第四，算法解释可以理解为由人工解释，也可以理解为机器解释。我国

---

① 参见解正山：《算法决策规制——以算法“解释权”为中心》，载《现代法学》2020 年第 1 期。

② 参见辛巧巧：《算法解释权质疑》，载《求是学刊》2021 年第 3 期。

③ 《个人信息保护法》第 7 条规定：“处理个人信息应当遵循公开、透明原则，公开个人信息处理规则，明示处理的目的、方式和范围。”第 24 条规定：“个人信息处理者利用个人信息进行自动化决策，应当保证决策的透明度和结果公平、公正，不得对个人在交易价格等交易条件上实行不合理的差别待遇。通过自动化决策方式向个人进行信息推送、商业营销，应当同时提供不针对其个人特征的选项，或者向个人提供便捷的拒绝方式。通过自动化决策方式作出对个人权益有重大影响的决定，个人有权要求个人信息处理者予以说明，并有权拒绝个人信息处理者仅通过自动化决策的方式作出决定。”第 44 条规定：“个人对其个人信息的处理享有知情权、决定权，有权限制或者拒绝他人对其个人信息进行处理；法律、行政法规另有规定的除外。”

④ 《个人信息保护法》中第 24 条、第 48 条、第 50 条属于对信息处理者算法透明的一般性要求，没有明确倾向，因此既可以理解为在作出自动化决策之前应进行事前解释，也可以理解为自动化决策结束之后进行事后解释。

《个人信息保护法》并未明确算法解释由机器还是人工进行,某些条款隐含了需要人工介入进行解释的意旨,但全部事项的解释均由人工进行不太现实。①

最后,从法律适用层面而言,无论是一般性解释与限定性解释、系统解释与个案解释、自动化决策前解释还是决策后解释、人工解释与机器解释,均存在不同的适用难题。例如,系统解释与知识产权保护之间存在矛盾,个案解释难以确定针对每个个案具体化的解释程度和解释标准,自动化决策前能够解释的内容很有限,而决策后解释与知情权又存在一定的冲突。有言者论,在自动化决策场景下,个人信息处理者具有相应的"算法说明义务",此种义务应适用于自动化算法决策全过程,既包括事前的说明义务,也包括事后的说明义务,而我国《个人信息保护法》规定的个人面对自动化决策的保障措施条款如第 24 条反映的仅为事后说明义务。② 算法解释或算法解释权在内容、程度、时间、方式等问题上在法律规范层面多重解释引发的问题之一便是信息主体个人在面对算法决策时如何实现个人的参与性权利,显然,不同的解释意味着个体参与的程度不同,个人信息保护的程度亦不同。

此外,算法黑箱会随着机器学习的深入不断进阶,由初级到中级再到高级,一步步变得越发"神秘"。在算法黑箱的中级阶段和高级阶段,即便是作出算法决策的主体也很难解释中间所经历的繁杂算法过程,尤其对高级算法黑箱而言,输入输出均由算法自动形成闭环,算法决策主体几乎无从知晓亦无从解释,作为个人信息处理相对人的个人信息主体何以能够知情?此种矛盾乃由算法技术本身的复杂性所决定,并非法律规定的说明与解释义务能彻底解决。

(二)个人参与性权利行使程序不明晰阻碍"个人参与"

《个人信息保护法》第四章详细规定了信息主体在个人信息处理活动中的权利,由此形成"个人信息权利束",其中的参与性权利既为个人参与原则的间接体现,也是保障个人信息权益的重要途径。个人参与原则的实现有赖于信息主体参与性权利的行使,然而目前对信息主体行使参与性权利的相关程序问题,仍然存在争议。

首先,信息主体行使请求权是否存在前置程序?根据《个人信息保护法》第 50 条第 2 款的规定,信息处理者拒绝信息主体行使查阅、复制、删除等权利时,信息主体可以向人民法院提起诉讼。对于是否应该设定前置程序,理论界与实务界存在两种观点。一种观点认为,信息主体向信息处理者提出行使请求权的诉求且信息处理者拒绝行使权利并非信息主体向法院提起诉讼的前置条件。③ 第 50 条第 2 款是对第 1 款的补充救济

---

① 参见丁晓东:《基于信任的自动化决策:算法解释权的原理反思与制度重构》,载《中国法学》2022 年第 1 期。

② 参见吕炳斌:《论个人信息处理者的算法说明义务》,载《现代法学》2021 年第 4 期。

③ 参见龙卫球主编:《〈中华人民共和国个人信息保护法〉释义》,中国法制出版社 2021 年版,第 226 页。

手段规定,是承接第1款才有的规定,表明在信息处理者拒绝信息主体请求的场景下,信息主体可以通过向人民法院提起诉讼的方式获得救济。诉权是民事主体的基本权利,只有法律才能对其进行限制,依照上述观点,第50条并非对信息主体诉权的限制,因此,信息主体行使请求权不存在前置程序。另一种观点认为,《个人信息保护法》第50条第2款属于对信息主体行使诉权的前置程序规定,若信息主体未向信息处理者提出相应的行使权利的请求,或已经向信息处理者提出请求但未被信息处理者拒绝的,不能向法院起诉。① 还有学者认为,信息主体因为行使复制、查阅、删除等权利被拒绝后直接向法院起诉,会使得本应履行行政监管职责的监管机构角色闲置,应当建立以行政监管为中心、以公共执行机制为主导的个人信息权利束保障机制。② 另有观点则表示考虑到监管天然的弊端,不宜强力推行将监管机构作为信息主体向法院起诉的前置程序,应赋予信息主体行使相应权利的自由。③

其次,信息处理者拒绝信息主体行使权利理由的合法性标准如何确定?根据《个人信息保护法》第50条第1款的规定,信息处理者可以拒绝信息主体提出的查阅、复制、更正、删除等请求,但应当说明理由。此处的理由包含哪些,《个人信息保护法》未进行更为细致的规定。国家标准《信息安全技术　个人信息安全规范》(GB/T 35273—2020)第8.7条有限列举了8种不需要响应信息主体请求的情形。有学者认为,此种列举过于宽泛,应当限于权利主体不适格、权利行使要件欠缺、行使权利不符合法律和行政法规规定这几点,若将信息处理者拒绝信息主体的请求事由规定得过于宽泛,那么信息主体的权益将形同虚设。④ 还有观点认为,《个人信息保护法》第44条表明对信息主体请求权行使予以限制的理由应限定于法律、行政法规,根据国家标准文件作为信息处理者拒绝信息主体所提出的查阅、复制、删除等请求权的理由实际上"拉低了对个人权利进行限制的规范性文件的效力层级"⑤。《信息安全技术　个人信息安全规范》(GB/T 35273—2020)属于推荐性标准,不具有强制执行效力,除被法律引用外,只能通过当事人之间的约定才能进入私法领域。⑥ 实践中,个人信息处理者与信息主体事先就该推荐性标准约定相关内容的情形极少,因此,该标准在司法实践中仅具有参考意义,真正判断信息处理者拒绝信息主体请求权的理由是否具有正当性,仍然需要法院根

---

① 参见江必新、李占国主编:《〈中华人民共和国个人信息保护法〉条文解读与法律适用》,中国法制出版社2021年版,第167页。

② 参见王锡锌:《重思个人信息权利束的保障机制:行政监管还是民事诉讼》,载《法学研究》2022年第5期。

③ 参见姚佳:《个人信息主体的权利体系——基于数字时代个体权利的多维观察》,载《华东政法大学学报》2022年第2期。

④ 参见程啸:《论个人信息权益的行使与救济机制》,载《中国应用法学》2022年第6期。

⑤ 张新宝:《论个人信息保护请求权的行使》,载《政法论坛》2023年第2期。

⑥ 参见柳经纬:《标准的类型划分及其私法效力》,载《现代法学》2020年第2期。

据《个人信息保护法》的规定，结合其他特定领域的单行法律或行政法规的相关规定进行个案判断。

从上述分析可以看出，对于信息主体行使请求权是否应当设置前置程序、信息处理者行使拒绝权的正当理由如何确定、信息处理者拒绝信息主体的请求应否成为信息主体向法院提起诉讼的前置程序等问题，在《个人信息保护法》实施 4 年多后的今天，仍然存在较大争议，增加了信息主体个人信息权益保障的不确定性。行使查阅、复制、更正、删除等权利是个人参与原则的直接体现，也是个人参与原则的落实路径。即使理论上认为前置程序的缺失会导致滥诉，然而实践中对个体而言，在信息权益未受到侵害或不存在侵害风险的情况下，极少有人会选择通过向法院起诉的方式行使查阅、复制、删除等权利。[①] 因此，所谓的滥诉缺乏实证依据。从“理性经济人”的角度而言，若能够以较低的时间成本、精力成本实现个人信息权益保护目的，则无须寻求复杂程序的司法程序救济路径。无论是面对信息处理者还是面对监管机构，信息主体均处于“不对称的权力”关系中，对信息主体行使权利有过多限制程序，不利于信息主体个人信息权益保障，使个人参与原则成为“纸上原则”。因此，为了切实保障个体信息权益，平衡“不对称”关系，不宜设置过多程序阻碍。

（三）信息主体权利的适用障碍

对信息主体而言，个人信息保护权利体系中法定权利的行使是实现个人参与原则的直接方式。依照法定要求，信息处理者应当保证信息主体的各项法定权利，如知情权、同意权、查阅权、复制权、更正权、删除权等。然而实践中仍然存在查阅复制权的客体范围不确定、删除权权益保障实效不佳等问题。

1. 查阅复制权的客体范围不确定

我国《个人信息保护法》第 45 条第 1 款规定了信息主体对其个人信息的查阅复制权，《民法典》第 1037 条第 1 款同样规定了信息主体具有针对信息处理者查阅或复制其个人信息的权利。其他国家和地区也有类似的规定，如欧盟 GDPR、英国等国家的“数据访问权”等。对于可查阅复制的个人信息的内容范围，我国《个人信息保护法》并未作出明确规定，国家标准《信息安全技术　个人信息安全规范》（GB/T 35273—2020）以穷尽的列举方式规定可以查阅的内容为：（1）信息主体的个人信息或信息类型；（2）个人信息的来源、目的；（3）已经获得信息主体信息的第三方的身份或类型。对此，有观点

---

① 本书以“个人信息保护纠纷”为检索关键词在裁判文书网上进行搜索发现，在 2020 年 10 月 14 日至 2023 年 2 月 10 日之间，仅有 372 篇文书，其中，《个人信息保护法》生效后所作文书仅 242 篇，检索时间为 2023 年 3 月 8 日。

认为范围较窄，[①]也有学者指出，可查阅的个人信息应理解为个人信息处理事项即个人信息处理的相关情况而不是理解为狭隘的个人信息本身。[②] 实际上无论从狭义角度还是广义角度，在实践中均会面临个人信息范围不确定的难题。

从狭义的“个人信息”角度而言，目前对个人信息的主流定义主要围绕“可识别性”标准展开。我国《个人信息保护法》对个人信息的定义即“以电子或其他方式记录的已识别或可识别的自然人有关的各种信息”，该定义表明了个人信息应当具有可识别性。在具体案例中，可识别性需根据实际情况具体判断。如在广州唯品会电子商务有限公司与周某聪个人信息保护纠纷案中，法院认为，即使昵称由平台自动生成并非信息主体自行填写，但由于周某聪可被识别为注册用户，其昵称应当属于个人信息范畴。此外，根据法院的观点，查阅复制权的客体不仅包含个人信息本身，还应当包含个人信息的处理情况。因此唯品会公司应当提供相关的个人信息及其处理情况供周某聪查阅复制。[③]

事实上，“可识别性”本身就是一个难以明确的标准，如仅识别出收集设备号码无法通过其他信息关联至相关自然人的，不视为可识别。[④] 以高水平保护与严格惩罚机制著称的 GDPR 表明认定是否为个人信息应考虑“所有合理的可能的方法”（All the Means Likely Reasonably），即只要采取合理的方法能够再次识别个人的，即属于个人信息。此种定义模式在形式上囊括了所有可能受到保护的个人信息，实质上是将个人信息的界定置于动态化与场景化境地，使其自带不确定性属性。[⑤] 为了对用户行为数据进行分析，多数平台不仅会对用户的个人信息进行收集，还会通过技术手段（如通过埋点的方式）同时收集所谓的“非个人信息”，在这些被信息处理者称为“非个人信息”的数据中，会含有类似设备标识符（Device ID）等实际上可以间接识别到用户的相关数据。当埋点分析是用于分析用户行为习惯、建立用户标签从而实现用户画像目的时，收集能够用技术手段识别到用户个人的信息对企业具有重要的经济价值，如此，很难再认

---

① 江必新、郭锋主编的《〈中华人民共和国个人信息保护法〉条文理解与适用》一书指出，我国《信息安全技术　个人信息安全规范》（GB/T 35273—2020）中规定的可查阅的内容范围稍显狭窄，并指出个人查阅、复制其个人信息大致应包括：个人信息是否正在被处理；个人信息处理者的身份和联系方式；个人信息的处理目的、处理方式、处理的个人信息的种类；被处理的全部个人信息（无论是否属于已公开的）；处理已公开的个人信息的则包括个人信息的来源；个人信息的保存期限；个人行使《个人信息保护法》规定权利的方式和程序等。参见江必新、郭锋主编：《〈中华人民共和国个人信息保护法〉条文理解与适用》，人民法院出版社 2021 年版，第 408 ~ 409 页。

② 参见程啸、王苑：《论我国个人信息保护法中的查阅复制权》，载《法律适用》2021 年第 12 期。

③ 参见广东省广州市中级人民法院民事判决书，（2022）粤[01]民终 3937 号。

④ 参见姚佳：《个人信息主体的权利体系——基于数字时代个体权利的多维观察》，载《华东政法大学学报》2022 年第 2 期。

⑤ 参见齐爱民、张哲：《识别与再识别：个人信息的概念界定与立法选择》，载《重庆大学学报（社会科学版）》2018 年第 2 期。

为企业通过此种方式收集的数据中不包含个人信息。

在实践中，平台收集一些数据是为了实现某种市场基础设施的辅助功能，包含身份认证数据、行为分析数据等。这些数据在不同场景下会呈现不同的形态，当身份认证数据被初次收集时，属于个人信息，当其与行为分析数据联合使用时，亦能识别到个人，行为分析数据亦应归属于个人信息范畴；在去掉身份认证数据，对行为数据无差别进行单独收集与使用时，因无法识别到个人，可将其归属于非个人信息范畴。因此，随着收集数据的场景变化，数据的可识别性亦处于动态场景中，需实时判断是否应归为个人信息。值得注意的是，即便认定可查阅的内容不仅包含个人信息本身还应包括个人信息的处理情况，由于个人信息处理情况本身具有概括性，无法一一列举，因此，无论是确定"个人信息"范围还是确定个人信息的处理具体情况均具有一定程度的不确定性，需要结合实际情况予以明确，信息主体亦需结合法律规定和实际情况行使查阅复制权。

2. 删除权的权益保障实效不佳

删除权是数据保护领域的一项重要权利，早在1980年经济合作与发展组织发布的《OECD指南》针对个人信息保护提出的八项原则之一——个人参与原则中即能看到删除权的身影。① 与删除权相关的另一个概念为"被遗忘权"。2014年，欧盟法院在"冈萨雷斯诉谷歌案"(Google-González)作出的判决中表明了信息主体所享有的"被遗忘权"。② 该判决成为"被遗忘权"确立的司法起源。事实上，2012年公布的欧盟《GDPR(草案)》中第17条即规定了"被遗忘和删除权"，随后，在2014年3月经欧洲议会公民自由、司法与内政事务委员会的辩论和欧洲议会的表决，原第17条标题改为"删除权"，直到2015年12月15日，该文本最终确定的第17条标题为"删除权(被遗忘权)"。此后，我国便有学者开启了对被遗忘权与删除权的研究，有学者认为二者为同一权利的不同表达，③

---

① 《OECD指南》第13条(d)项规定："个人有权对与其有关的信息提出异议，如果异议是正确的，个人有权要求信息控制者删除、修改、补正或完善。"

② 欧盟法院在该判决中指出，谷歌公司作为信息控制者，有义务对其处理的第三方发布的带有个人信息的网页予以删除。若信息使用超出收集或处理信息的目的，或信息不完全、不准确、不相关，或超出存储时间，或存在强制性合法理由时，信息主体即享有被遗忘权，且该权利的享有不以信息主体受到伤害为前提。See Case C－131/12，Google Spain SL v. Agencia Espanola de Proteccion de Datos and Mario Costeja Gonzalez. ECLI:EU:C:2014:317，at https://curia.europa.eu/juris/document/document.jsf? docid=163494&doclang=EN.

③ 参见程啸：《论〈个人信息保护法〉中的删除权》，载《社会科学辑刊》2022年第1期(程啸教授认为被遗忘权的实质就是删除权)；刘文杰：《被遗忘权：传统元素、新语境与利益衡量》，载《法学研究》2018年第2期(该文从文义解释的角度指出被遗忘权与删除权在内容上完全重合，"被遗忘权"强调的是"权利行使的目的"，删除表明"实现权利的手段")；万方：《终将被遗忘的权利——我国引入被遗忘权的思考》，载《法学评论》2016年6期(该文认为采用双命名的方式表明了欧盟立法的务实，摒弃对"被遗忘权"效果的纠结，即不再执着于能否被大众彻底遗忘，而是着力于信息主体的救济与保护)。

也有学者认为被遗忘权与删除权存在重大差异。[①] 从立法层面来看,我国目前只明确规定了删除权。

我国《网络安全法》第43条、[②]《民法典》第1037条第2款、[③]《个人信息保护法》第47条[④]均规定了删除权,并阐明了删除权的行使条件。不同之处在于,《个人信息保护法》作为信息保护的专门立法,规定了信息处理者的主动删除义务,而《网络安全法》《民法典》删除权的行使均依赖被动情形,信息收集者、处理者并无主动删除信息的义务。此外,与其他两部法律不同的是,《个人信息保护法》中规定的删除权的适用情形不局限于"违反法律、法规规定或违反双方约定",因此,《个人信息保护法》的出台,从法律层面更为完善地保障了信息主体删除权的实现。

然而,在实践层面,当前作为信息处理者的平台企业仍然存在履行不到位、保存期限不明晰、监管机制不完善、删除实效难验证等弊病。本书综合考虑市场知名度、用户量等因素,对当下一些较为大型的网络平台、移动终端App的个人信息处理规则(行业内多数称之为隐私政策)进行实证研究(见表8-2),进一步证实了上述问题所在,揭示了删除权在规范层面与实践层面仍然存在一定差距的客观事实。

表8-2　网络平台/App个人信息处理规则(隐私政策)分析样本

平台/App个人信息处理规则	关于信息主体主动行使删除权的规定	关于主动履行删除义务的规定	关于保存期限的规定	是否有外部独立机构监管
滴滴出行个人信息处理规则(2023.1.25)	在个人管理中心自主删除相关信息	停止运营:满足最短期限后删除或匿名化	信息主体主动删除、注销账号、撤回同意:继续保存三年,超期删除或匿名化	无相关规定

---

① 参见满洪杰:《被遗忘权的解析与构建:作为网络时代信息价值纠偏机制的研究》,载《法制与社会发展》2018年第2期。该文认为被遗忘权与删除权在权能属性、适用范围、功能区别、受克减性等方面均存在差异。

② 《网络安全法》第43条规定:"个人发现网络运营者违反法律、行政法规的规定或者双方的约定收集、使用其个人信息的,有权要求网络运营者删除其个人信息;发现网络运营者收集、存储的其个人信息有错误的,有权要求网络运营者予以更正。网络运营者应当采取措施予以删除或者更正。"

③ 《民法典》第1037条第2款规定:"自然人发现信息处理者违反法律、行政法规的规定或者双方的约定处理其个人信息的,有权请求信息处理者及时删除。"

④ 《个人信息保护法》第47条规定:"有下列情形之一的,个人信息处理者应当主动删除个人信息;个人信息处理者未删除的,个人有权请求删除:(一)处理目的已实现、无法实现或者为实现处理目的不再必要;(二)个人信息处理者停止提供产品或者服务,或者保存期限已届满;(三)个人撤回同意;(四)个人信息处理者违反法律、行政法规或者违反约定处理个人信息;(五)法律、行政法规规定的其他情形。法律、行政法规规定的保存期限未届满,或者删除个人信息从技术上难以实现的,个人信息处理者应当停止除存储和采取必要的安全保护措施之外的处理。"

续表

平台/App个人信息处理规则	关于信息主体主动行使删除权的规定	关于主动履行删除义务的规定	关于保存期限的规定	是否有外部独立机构监管
华为消费者业务隐私声明（2022.7.20）	信息主体可根据法律要求提出删除请求	无相关规定	无相关规定	无相关规定
OPPO个人信息保护政策（2022.9.22）	有《个人信息保护法》第47条规定的情形，信息主体可提出删除请求	有《个人信息保护法》第47条规定的情形，主动删除个人信息	（1）实现产品或服务目的的最短期限，法律另有规定除外；（2）法律要求存储的，则超期后删除或匿名化	无相关规定
vivo隐私政策（2022.12.25）	删除对具体服务模块相关信息	（1）注销账号：删除或匿名化；（2）完成收集目的：停止收集，保留数据，匿名化、脱敏、去标识化处理	仅在产品或服务所属目的所需最短期限内存储	无相关规定
抖音隐私政策（2023.2.23）	可通过文本中规定的路径删除对应的个人信息	（1）停止运营：删除或匿名化；（2）主动删除、注销账户或信息超出必要保存期限：删除或匿名化	（1）仅在提供产品或服务所必需期间内保留个人信息；（2）例外：第一，遵从法律法规对信息留存的要求；第二，出于财物、审计、争议解决等目的需要合理延长期限	无相关规定
快手隐私权保护政策（2022.12.25）	（1）通过文中规定路径删除部分信息；（2）符合《个人信息保护法》第47条规定的情形时提出删除个人信息的请求	（1）终止服务或运营：合理期限内删除或匿名化；（2）注销账号：匿名化或删除；（3）在技术上难以删除个人信息：存储+采取必要安全保障措施	（1）在实现目的的所必需的时间内保留个人信息；（2）在法律法规所规定的保存期限保留个人信息	无相关规定

续表

平台/App 个人信息处理规则	关于信息主体主动行使删除权的规定	关于主动履行删除义务的规定	关于保存期限的规定	是否有外部独立机构监管
百度隐私政策总则（2022.5.3）	符合《个人信息保护法》第 47 条规定的法定情形提出可删除个人信息的请求	(1)超出保存期限:删除或匿名化处理;(2)停止运营:删除或匿名化处理等	到期后将依法依约或在合理范围内延长:(1)法律法规对保存期限另有规定;(2)信息主体个人同意留存更长期限;(3)保证服务安全与质量;(4)实现争议解决目的;(5)技术上难以实现等	无相关规定
淘宝网隐私政策（2022.12.9）	符合《个人信息保护法》第 47 条规定的法定情形提出删除个人信息的请求	(1)停止运营:删除或匿名化;(2)在响应信息主体的删除请求的同时尽可能通知从此处获得个人信息的主体要求其及时删除;(3)信息主体主动注销账户:删除或匿名化	(1)在达成目的所必需期限内留存,除非需满足法律强制留存要求;(2)超出保存期:删除或匿名化	无相关规定
美团隐私政策（2023.3.8）	依照文本规定的途径主动删除相应个人信息	(1)终止运营:按照法律法规处理;(2)注销账号后:删除或匿名化	(1)在达成目的所必需期限内留存,除非需满足法律强制留存要求;(2)超出保存期:删除或匿名化	无相关规定

续表

平台/App个人信息处理规则	关于信息主体主动行使删除权的规定	关于主动履行删除义务的规定	关于保存期限的规定	是否有外部独立机构监管
京东隐私政策(2022.10.26)	(1)在设置中删除相关个人信息。(2)以下情形可提出删除请求:第一,违反法律法规处理个人信息;第二,未经同意收集、使用个人信息;第三,违反约定处理个人信息;第四,终止服务或运营	(1)信息主体主动注销账户:删除或匿名化;(2)终止服务或运营后:删除或匿名化;(3)在响应信息主体的删除请求的同时尽可能通知从此处获得个人信息的主体要求其及时删除	(1)在达成目的之期限内保存,同时结合法律有强制留存要求的规定确定;(2)在超出保存期后根据法律要求删除或匿名化处理个人信息	无相关规定
拼多多隐私政策(2023.2.3)	符合《个人信息保护法》第47条规定的法定情形提出删除个人信息的请求	(1)信息主体主动注销账户:删除或匿名化处理;(2)终止服务或运营后:删除或匿名化;(3)在响应信息主体的删除请求的同时尽可能通知从此处获得个人信息的主体要求其及时删除	(1)在达成目的所必需期限内留存,除非需满足法律强制留存要求;(2)超出保存期:删除或匿名化	无相关规定

续表

平台/App个人信息处理规则	关于信息主体主动行使删除权的规定	关于主动履行删除义务的规定	关于保存期限的规定	是否有外部独立机构监管
饿了么隐私权政策（2022.11.25）	依照文本规定的途径主动删除相应个人信息	(1)停止运营：删除或匿名化;(2)在响应信息主体的删除请求的同时尽可能通知从此处获得个人信息的主体要求其及时删除;(3)注销后删除,若技术上难以实现,则进行匿名化处理	(1)在达成目的所必需期限内留存,除非需满足法律强制留存要求;(2)超出保存期：删除或匿名化处理	无相关规定
微博个人信息保护政策（2022.3.3）	符合《个人信息保护法》第47条规定的法定情形提出删除个人信息的请求	(1)在响应信息主体的删除请求的同时尽可能通知从此处获得个人信息的主体要求其及时删除;(2)停止运营：删除或者匿名化	(1)仅在实现目的所必需及法律法规、监管要求期限内留存;(2)超期删除或匿名化	无相关规定
微信隐私保护指引（2022.6.27）	依照文本规定的途径主动删除相应个人信息	停止运营：在合理期间内删除或匿名化	为实现目的所必需及法律、行政法规所规定的保存期限内保存	腾讯会设立主要由外部成员组成的独立机构对个人信息保护情况进行监督

注：该表格中涉及的个人信息处理规则（或称隐私政策）的检索时间截至2023年3月5日。

从上述主流网络平台、移动终端App的个人信息处理规则可以看出一些问题，如获取个人信息的第三方应否履行删除义务存疑、信息处理者主动删除个人信息规定不完善、履行删除义务变相与匿名化、脱敏、去标识化处理等同、主要由外部成员组成的独立监督机构缺失等。

第一，获取个人信息的第三方应否履行删除义务存疑。《个人信息保护法》生效后，工信部随即开展了信息通信服务感知提升行动，即“524”行动，要求相关企业建立个人信息收集清单以及与第三方共享个人信息清单。上述所列平台移动终端App中均满足了“双清单”的要求，由此表明，信息主体的个人信息在多数情况下并不仅仅存在于一方信息处理者的掌控中，还涉及诸多的第三方主体。事实上，在实践中，绝大多数企业的产品或服务并非由企业自身独立提供，为了满足产品/服务的功能需要或服务要求，需要将信息主体的相关个人信息共享给第三方。如此，便引发了第三方删除义务的履行问题。上述表格所列平台中，仅有部分平台（淘宝、京东、拼多多、饿了么、微博）表明会尽可能通知获取信息主体个人信息的第三方及时删除个人信息。根据我国《信息安全技术　个人信息安全规范》（GB/T 35273—2020）的规定，在信息控制者违法、违约向第三方共享、转让、公开披露个人信息且信息主体要求删除的前提下，个人信息控制者应立即停止上述行为且通知第三方删除相关信息。在信息共享、信息转让、信息披露现象极为广泛的浪潮之下，该国家标准将信息删除义务限定于“违反法律法规或违反与信息主体的约定”场景，且在“信息主体要求删除”的前提之下个人信息控制者需履行通知第三方及时删除个人信息的义务，难以保障信息主体的删除权。在实践中仍然存在除违反法律法规或违约情形外被共享方是否应履行删除义务、应由何方主体推动第三方删除义务的履行、履行实效如何保证等问题。此外，即便信息处理者“尽可能”履行了通知义务，要求第三方及时删除，仍然无法确保第三方是否真正删除。

第二，信息处理者在何种情形下应主动删除个人信息的义务规定不完善。《个人信息保护法》第 47 条从信息处理目的、保存期限、停止提供产品或服务、撤回同意、违反法律、行政法规或违约处理这几个方面对信息处理者提出了主动履行删除义务的要求。从上述平台的个人信息处理规则来看，仅有少部分平台对此项删除义务进行了完整罗列。此外，部分平台对保存期限的规定模糊，如百度隐私政策总则指出，为“保证服务安全与质量”，在保存期限到期后百度有权依法依约或在合理范围内延长保留期限。然而，服务质量并不能当然地成为留存信息主体个人信息的例外情况，且所谓的“合理范围”如何确定，其主导权完全由平台掌控，即使信息主体依法提出删除请求，某些平台仍然可以以例外事由为由拒绝信息主体的请求。如此，信息主体的删除权益难以真正得到保障。

第三，删除与匿名化、去标识化、脱敏变相等同。所谓“匿名化”（anonymization），是指对个人信息进行技术处理，达到无法识别或关联到个人信息主体并且无法复原程度的过程，匿名化处理后的信息不属于个人信息；①去标识化（de-identification）指的是对个人信息进行技术处理，使其在不借助额外信息的情况下无法识别或关联个人信息主

① 参见《信息安全技术　个人信息安全规范》（GB/T 35273—2020）第 3.14 条规定：“匿名化（anonymization）：通过对个人信息的技术处理，使得个人信息主体无法被识别或者关联，且处理后的信息不能被复原的过程。”

体的过程。[①] 脱敏是一个技术术语,指的是对原始数据的敏感字段进行处理,目的是减少数据的敏感度、降低隐私风险。实际上,匿名化、去标识化都是通过技术手段对数据进行脱敏的方式。上述平台在对删除义务进行规定时,绝大多数都将删除与匿名化处理并列规定,部分平台则混淆了"去标识化""脱敏"等技术类相关概念的内涵(如 vivo 隐私政策)。我国国家标准《信息安全技术　个人信息安全规范》(GB/T 35273—2020)中第 6.1 条、第 6.4 条中亦将删除与匿名化处理并列规定。有学者认为,删除个人信息的根本目的在于"使个人信息不可用",若信息处理者可以轻易再次取得和使用信息主体的个人信息,如果仅仅无法在线访问或删掉回收站,则不构成删除。[②] 实际上,匿名化处理依赖于"可识别性"的判断,实践中,由于难以对匿名化的实效进行有效验证,从而为一些"假借匿名化之名行继续留存个人信息之实"、运用匿名化标准的模糊性逃避信息删除之义务的信息处理者提供了"可乘之机"。因此,删除与匿名化不应变相等同。

第四,缺乏主要由外部成员组成的独立监督机构监管。我国《个人信息保护法》第 58 条第 1 项对用户数量巨大、业务类型复杂、提供重要互联网平台服务的信息处理者提出了建立合规制度体系以及成立主要由外部成员组成的独立监督机构的要求。结合 2022 年 11 月互联网协会发布的《中国互联网企业综合实力指数报告(2022)》可知,绝大部分平台属于《个人信息保护法》第 58 条规制的主体,应当履行该条第 1 款规定的义务,然而实际情况是只有极少数主体(如微信)对此予以了回应。这些平台掌握着海量的个人信息,这些个人信息的"聚沙成塔"效应导向了信息处理者与个体之间高度不对称的权力结构,增加了个人的无力感,甚至引发"寒蝉效应"。[③] 建立主要由外部成员组成的监督机构,事实上是对这种"不对称权力结构"的调和,然而目前该项义务的履行实效堪忧。

五、个人参与原则的保障路径

个人参与原则作为个人信息保护领域的重要原则之一,是连接个人与信息处理者的重要纽带,保障个人参与原则的落实对信息主体而言意义重大。在信息利用成为时代大趋势的背景之下,应当突破传统的"个人控制"理念,立足于利益平衡视角,以"弱自决—强保护"理念为基点,通过强化信息处理者的义务履行以保障信息主体能够有效参与信息处理全流程。对科技问题的规制不能仅仅依靠法律,亦需要发挥技术本身的重要性。为了确保信息处理的前、中、后各阶段实现个人参与,可以基于"隐私设计理

---

① 参见《信息安全技术　个人信息安全规范》(GB/T 35273—2020)第 3.15 条规定:"去标识化(de-identification):通过对个人信息的技术处理,使其在不借助额外信息的情况下,无法识别或者关联个人信息主体的过程。"

② 参见程啸:《〈个人信息保护法〉理解与适用》,中国法制出版社 2021 年版,第 1126 页。

③ 参见王锡锌:《个人信息国家保护义务及展开》,载《中国法学》2021 年第 1 期。

念”将个人参与权嵌入系统设计中,实现信息处理全过程的“个人参与友好”,从源头的技术设计上为个人参与原则预设保障路径。为了弥补法律规范的滞后性等不足,可通过作为软法的标准连接法律与技术,细化信息主体的权利与信息处理者的义务,使得“经设计的个人参与原则保障”的系统内置需求更加明确,形成“硬法”与“软法”刚柔并济的治理范式,实现个人信息保护与利用相平衡的新秩序格局。需要指出的是,新秩序的建构既需要摆脱政治国家中心主义的立场,又需要国家掌握主导权。[①] 法律、技术和标准治理均需在国家主导下进行。

(一)价值依归:信息控制视角转向利益平衡视角

利益平衡理论发端于18世纪末英国的功利主义法学,奠基于德国目的法学派,成长于20世纪初市场经济蓬勃发展时的利益法学。在数据已然成为生产要素的信息时代,算法的不透明性加剧了信息处理的隐秘性,信息主体逐渐丧失对信息的控制能力,“信息控制”落入理想主义的囚笼。一味强调个人对信息的控制并非明智之举,应将信息控制视角转向利益平衡视角,在利益平衡理念的主旋律之中寻求满足各方诉求之道。传统的强调“个人信息绝对控制”理念对规制个人信息处理行为已捉襟见肘,应弱化个人信息的自决属性,强化个人信息受保护权的责任属性,即以“弱自决—强保护”理念为基点,明确赋予信息主体参与信息处理过程的相关权利,强化信息处理者的义务履行,促进信息主体参与权的实现,平衡各方利益。

1. 保障信息主体参与算法决策

个人作为信息主体在面对信息处理者时,其面对的不仅是信息处理者这个主体,更多的是信息处理者背后的“算法权力”。用户画像、个性化推送看似迎合了信息主体“有意识”的自主选择需求,实质上却将信息主体带入由算法精心打造的“信息茧房”,使信息主体掉入“自主性陷阱”,本质上是以形式意义上的意思自治取代了实质意义上的意思自治。[②] 在“人机对峙”的巨大能力差距之下,通过制度手段赋予信息主体参与性权利,是避免信息主体作为弱势群体被算法“玩弄于股掌之中”的重要手段。在这些参与性权利中,知情权为各权利的基础与前提,信息主体基于知情权可以行使更正权、拒绝权、撤回同意权、删除权等其他参与性权利。

通过赋权的形式限制“算法权力”,调动信息主体的积极性,防止数据滥用。赋权是为了防控信息处理过程中可能产生的各种风险,而非强调个人对信息处理行为的控制。尤其是在完全自动化决策(依赖人工智能)的场景中,信息处理行为极易引发系统

① 参见齐延平:《论人工智能时代法律场景的变迁》,载《法律科学(西北政法大学学报)》2018年第4期。

② 参见崔聪聪:《数据限制处理权的法理基础与制度建构》,载《比较法研究》2022年第5期。

性风险。有学者认为，完全自动化决策会强化“监视资本主义”（Surveillance Capitalism），[①]引发人类身份认知危机，当人们进入由算法营造的“信息茧房”时，便会丧失主体性，产生心理异化风险，在长期的监控中逐渐被剥夺自主性与自我意识。因此，数据处理技术应当确保信息主体参与对其重要决策的利益，确保信息主体在形塑自己方面保持主导地位，避免“数据阴影”成为唯一的决策依据，即人类的判断力必须占有一席之地。[②] 我国《个人信息保护法》第 24 条第 3 款即赋予了信息主体基于完全自动化决策的拒绝权。该权利并非仅针对自动化决策行为发生后的一种事后救济，而是在不同阶段、不同场景、不同情况之下进行的主动参与，贯穿决策作出前后的全过程。[③] 除拒绝权以外，欲切实保障信息主体的个人信息权益，还需与其他权利如知情权、更正权、删除权等共同配合，构筑信息处理活动中信息主体的多维权利屏障。

2. 强化信息处理者的个人信息保护义务

权利的实现离不开义务的履行，若信息处理者无视法律对信息主体的赋权，信息主体的信息权益仍旧为幻影。事实上，在实践中，信息主体的权益能否有效保障，绝大多数情况下取决于信息处理者是否依照法律规定处理信息，是否满足信息主体的合法要求。尤其在自动化决策场景中，由于算法本身的不透明性与复杂性，个人难以知晓信息处理过程对自己的影响。在算法决策下，人可能会趋向于被物化，主体性与人格尊严逐渐丧失。因此，我国《个人信息保护法》赋予信息主体以自动化决策拒绝权以及要求信息处理者解释说明权。然而，由于个体对信息处理的风险感知能力有限，信息主体未必能够意识到信息处理者的信息处理行为是否会涉及自身重大权益，未必会主动行使拒绝权或解释说明权，如此信息主体的权益仍然可能会处于难以得到保障的境地。换言之，当信息主体未行使算法决策拒绝权时，信息处理者在符合自动化决策的透明、结果公平、公正、不存在不合理的差别待遇的情况下即可对信息主体作出具有重大影响的全自动化决策。

仅对信息主体进行赋权的模式难以应对当下复杂的多方主体关系，在信息时代，信息处理者往往扮演着“信息中介”的角色，并非简单的“个人—组织”一一对应关系，而存在多方交叠关系。信息处理者之间往往存在共享信息情形，信息主体无法向每个处理其信息的主体主张参与性权利。在此种情况下，应当由信息处理者履行信息主体针

---

① 监视资本主义是一种旨在预测和修改人类行为以此作为产生收入和市场控制手段的新型信息资本主义。See Shoshana Zuboff, *Big Other: Surveillance Capitalism and Prospects of an information Civilization*, Journal of Information Technology, Vol. 30:1, p. 75 – 76(2015).

② 参见王苑：《完全自动化决策拒绝权之正当性及其实现路径——以〈个人信息保护法〉第 24 条第 3 款为中心》，载《法学家》2022 年第 5 期。

③ 参见丁晓东：《基于信任的自动化决策：算法解释权的原理反思与制度重构》，载《中国法学》2022 年第 1 期。

对第三方参与性权利的保障义务。例如,信息主体行使撤回同意权或者删除权时,信息处理者应当就共享给第三方的信息重新征得信息主体的同意,在信息主体拒绝的情形下,应主动要求第三方限期内删除与信息主体相关的个人信息。从自动化决策的设计到信息输入再到算法运行最后形成自动化决策,每一个阶段都有可能发生社会风险,而绝大多数个体对算法风险的感知能力不足,缺乏专业的判断能力,无法敏锐捕捉到权益损害的"蛛丝马迹"。在此种情形下,应提高信息处理透明度要求,增加信息处理者信息处理的合规成本,从权利赋予视角转向信息处理者义务规制视角,即无论信息主体是否行使相应权利,信息处理者都应采取具体的权益保障措施,履行权益保障义务。

因此,赋予信息主体权利并非实现信息主体权益保护"一劳永逸"的万全之策,应当强化信息处理者的义务履行,信息主体可以不行使相关参与性权利,但信息处理者应当主动为信息主体提供行使参与性权利的通道,使信息主体的参与具有便捷性、可及性。"强保护"的重要内涵在于规制信息处理行为。一方面,使信息处理者主动履行与参与性权利保障相对应的义务,如主动提供方便快捷的个人信息查阅、撤回同意等路径,主动履行删除义务等,通过强化信息处理者的义务履行映射信息主体的权利;另一方面,信息处理者未履行相关义务时,则需要公权力机关的介入,发挥国家机关保护的功能。

(二)技术保障:基于"隐私设计理论"的"个人参与"保障

传统的个人控制理论既受到个人有限理性的约束,又受到信息处理的不透明性、多变性的影响。作为信息主体的个人被动地陷入自动化算法分析与技术监控中。在此种趋势下,应立足于利益平衡基调,强化"赋权 + 义务"的法律保护模式。值得注意的是,对科技问题的规制不能仅仅依靠法律,技术也可以成为规制科技的重要手段。从 20 世纪 50 年代开始,"价值敏感设计""代码之法"等理论的出现,推动了隐私设计概念的形成,促进了信息保护领域技术与法律的融合治理。① 通过隐私设计将利益平衡的价值理念嵌入系统中,保障信息主体的各项参与性权利,明确信息处理者在信息处理过程中的各项合规义务,促进信息处理过程中信息保护与利用的平衡。

1."隐私设计理论"之个人参与权嵌入

"隐私设计"(privacy by design)理念源自"价值敏感设计理论"(value sensitive design)与"代码之法理论"(code as law)。其中,"价值敏感设计"是一种以理论为基础的技术设计方法,它在整个设计过程中以原则性和全面性的方式考虑人类的价值,即将

---

① 参见张继红:《经设计的个人信息保护机制研究》,载《法律科学(西北政法大学学报)》2022 年第 3 期。

人类价值融入技术设计的整个过程中。① 而"代码之法"源自劳伦斯·莱斯格教授所提出的科技规制理论,其指出法律、准则、市场以及架构是规制科技的主要形式,代码便是架构中的一种,通过代码规制网络空间中人类的行为,约束网络空间,扮演网络空间中"法律"的角色。② "隐私设计理念"最早由加拿大信息与隐私专员安·卡沃基恩(Ann Cavoukian)博士于20世纪90年代提出。安·卡沃基恩博士认为,该理念有7条原则,③其中核心思想有三点:其一,化主动为被动(proactive not reactive),强调隐私侵犯事件发生之前主动预防代替事后消极救济;其二,将隐私作为系统默认规则(privacy as the default setting),即将隐私保护需求通过设计默认内置于系统中,无须个人主动采取措施其隐私即可获得系统保护;其三,隐私设计强调"正和"(positive-sun)与"共赢"(win-win)而非"零和"(zero-sun),即隐私与其他价值并非不可共存,通过隐私设计可以同时兼顾隐私保护、商业利益等价值。2010年10月第32届数据保护和隐私委员会通过了《隐私设计方案》,明确"通过设计保护隐私"理论为基本隐私保护的重要组成部分。隐私设计理念的本质是将法律规范中的原则与规则融入系统的技术设计中,通过技术设定、代码架构等方式实现法律规范中所蕴含的价值,即将隐私保护的法律需求通过技术手段嵌入系统中从而实现通过代码的规制。④

进入个人信息保护领域,"通过设计保护隐私"为"经设计的个人信息保护"提供了理论支持。"经设计的个人信息保护"并非对法律规则的生硬转译,而是强调法律与技术的融合,侧重于信息保护实效,在产品的设计之初就将信息保护的相关需求内置,提前预防风险而不是等待事后补救。⑤ 为了保障信息主体的个人信息权益,维护个人信息之上承载的人格尊严利益,赋予信息主体参与性权利不是唯一途径却是必不可少的一环。因此,可通过预先设计将个人参与原则以及与个人参与相关的规则内置入系统

---

① See Batya Friedman, Peter H. Kahn & Alan Borning, *Value Sensitive Design: Theory and Methods*, University of Washington, at https://faculty. washington. edu/pkahn/articles/vsd-theory-methods-tr. pdf,最后访问日期:2023年3月15日。

② 参见[美]劳伦斯·莱斯格:《代码2.0:网络空间中的法律》,李旭、沈伟伟译,清华大学出版社2009年版,第137~140页。

③ 这7条原则分别为:(1)主动而非被动,预防而非补救;(2)隐私默认设置;(3)隐私嵌入设计;(4)全功能——正和,而非零和;(5)端到端安全——生命周期保护;(6)可见性和透明度;(7)尊重用户隐私。[(1)Proactive not Reactive; Preventative not Remedial;(2)Privacy as the Default;(3)Privacy Embedded into Design;(4)Full Functionality—Positive-Sum, not Zero-Sum;(5)End-to-End Security—Lifecycle Protection;(6)Visibility and Transparency;(7)Respect for User Privacy.]See Ann Cavoukian, *Privacy by Design: The 7 Foundational Principles*, at datatracker 2023-02-13, https://datatracker. ietf. org/doc/slides-privacyws-privacy-by-design-the-seven-foundational-principles/.

④ 参见郑志峰:《通过设计的个人信息保护》,载《华东政法大学学报》2018年第6期。

⑤ See Methinee Suwannakit, Aurelia Tamò-Larrieux, *Designing for Privacy and its Legal Framework: Data Protection by Design and Default for the Internet of Things*, International Data Privacy Law, Vol. 9:4, p. 302-304(2019).

中,使得信息处理系统或设备具备“个人参与友好”属性。

2. 信息处理全过程之“个人参与友好”属性设计

“个人参与友好”属性应贯穿信息处理全过程,将参与性权利嵌入系统预先设计的各环节中,从信息的收集到信息的存储、加工、使用,再到信息的传输、提供、共享给第三方,最后到信息的删除。

首先,收集信息前处理方应履行告知义务,收集的个人信息类型、目的、使用场景等事项均应告知信息主体,信息主体享有知情权与同意权,对不属于产品或服务的基础性功能不得强制信息主体同意,[①]系统设计应将信息处理者的告知义务“显性化”以确保信息主体充分知情。

其次,信息主体同意后,信息主体对信息的存储情况、使用情况以及是否共享给第三方、具体共享哪些信息等享有知情权,系统设计时应将此类处理行为纳入信息处理者的隐私政策或称个人信息保护规则设计方案中。

再次,信息主体享有查阅复制权,信息主体查阅复制的内容不仅限于个人信息还应当包括信息的处理情况。查阅复制权既是信息主体知情权的体现,也是行使更正权、拒绝权、删除权等其他参与性权利的前提。[②] 根据《个人信息保护法》的规定,信息主体行使查阅复制权的例外情况仅限于“法律、行政法规规定应当保密或者不需要告知”以及“告知将妨碍国家机关履行法定职责”的情形,除此之外,信息处理者均应履行告知义务并及时响应信息主体的诉求。

复次,对仅通过自动化决策方式作出决定且该决定对信息主体权益会有重大影响的,信息处理者有义务提前告知信息主体,信息主体有权拒绝。信息主体在整个自动化决策过程中并非以“全有”或“全无”的形式选择参与,而是分阶段、分情况、分场景主动参与。[③]

最后,系统应当为产品或服务预先设计撤回同意以及删除路径,且应在产品设计中体现撤回同意权与删除权行使的便捷性,保障信息主体能够自主选择是否继续使用产品或服务。对通过信息处理者获取信息主体个人信息的第三方,信息处理者有义务主动要求对方删除相关个人信息,除非第三方获得信息主体的二次单独同意。

简言之,将“个人参与友好”属性嵌入系统中,从源头上为个人参与权的实现预设保障路径,进一步映射至信息处理全流程中,确保每个环节为信息主体行使参与权“敞

---

① 当下市场大部分需要收集用户个人信息的产品或服务具备基础功能与附加功能,对于基础功能,不同意则无法使用,用户若不使用该产品或功能可以选择不同意,但对于附加功能,用户可以自行选择是否同意收集相关个人信息,且不同意不会影响用户使用该产品或服务的基础功能。

② 参见程啸、王苑:《论我国个人信息保护法中的查阅复制权》,载《法律适用》2021 年第 12 期。

③ 参见王苑:《完全自动化决策拒绝权之正当性及其实现路径——以〈个人信息保护法〉第 24 条第 3 款为中心》,载《法学家》2022 年第 5 期。

开大门”。

（三）“软法之治”：标准助推“个人参与原则”的实现

网络空间与现实空间的架构差异使传统“硬法”以“义务—责任—制裁”为基础的立法范式的规制效能减弱，信息领域的技术迭代“日新月异”，个人信息处理已经远远超出普通公民的控制范畴，个人难以预判信息处理风险。[①] 立法固有的稳定性、滞后性、原则性等特征，难以满足对新兴技术的“附带风险”予以有效规制的现实需求。即使通过个人信息保护相关法律赋予信息主体相应权利，仍然难以明确信息主体如何具体参与信息处理全过程。在此种情形下，作为“软法”的标准具有灵活性强、程序简单、规则细化、可操作性强等优点，在一定程度上能够弥补法律的滞后性、模糊性、原则性等不足，更好地将个人参与原则落到实处。

1. 标准是连接法律与技术的重要“桥梁”

作为多方利益主体遵循规定程序协商一致制定的“软法”，标准对“硬法”起到了重要的支撑与补充作用，正如《国家标准化体系建设发展规划（2016—2020）》中所提到的要求——“加强标准与法律法规、政策措施的衔接配套，发挥标准对法律法规的技术支撑和必要补充作用”。在数据领域，国际上国际标准化组织成立了“大数据工作组”（WG 9）、“人工智能分技术委员会”、“信息安全分技术委员会”等，编制大数据相关标准。[②] 我国于2016年成立了大数据特别工作组，推动了《信息安全技术　个人信息安全规范》（GB/T 35273—2020）等标准的制定。

对于《信息安全技术　个人信息安全规范》（GB/T 35273—2020）的效力，有学者认为，其不具有“形式上的拘束力”但具有“事实上的拘束力”。[③] 首先，根据《企业标准化管理办法》的规定，对于推荐性标准，企业一旦通过隐私政策、合同等相关协议采用《信息安全技术　个人信息安全规范》（GB/T 35273—2020），则应当严格执行。其次，考虑到对行政相对人的信赖利益，在作出涉及《信息安全技术　个人信息安全规范》（GB/T 35273—2020）的行政决定时，应参照适用。最后，法院虽然不能直接依据《信息安全技术　个人信息安全规范》（GB/T 35273—2020）作出判决，但是可以援引其中的相关规定作为裁判说理依据。[④] 此外，我国还有《个人信息安全影响评估指南》（GB/T 39335—

---

① See Daniel J. Solove, *Privacy Self-Management and the Consent Dilemma*, Harvard Law Review, Vol. 126:7, p. 1880(2013).

② ISO的信息安全技术委员会对数据安全、个人信息保护相关的标准和研究项目多达20余项。参见刘贤刚、孙彦、胡影等：《数据安全国际标准研究》，载《信息安全与通信保密》2018年第12期。

③ 参见许可：《〈个人信息安全规范〉的效力与功能》，载《中国信息安全》2019年第3期。

④ 《最高人民法院关于裁判文书引用法律、法规等规范性法律文件的规定》第6条规定：“对于本规定第三条、第四条、第五条规定之外的规范性文件，根据审理案件的需要，经审查认定为合法有效的，可以作为裁判说理的依据。”法院根据审理案件的需要，经审查认定《信息安全技术　个人信息安全规范》（GB/T 35273—2020）在相关案件中合法有效，可以将其作为裁判说理的依据。

2020)、《个人信息去标识化指南》(GB/T 37964—2019)、《移动智能终端个人信息保护技术要求》(GB/T 34978—2017)等重要标准,为个人信息保护提供了重要的技术指引与操作指南,成为衔接技术与法律的重要治理工具。

正如劳伦斯·莱斯格教授所言,标准作为“软法”,起到了连接“西海岸代码”(法律)与“东海岸代码”(技术)的“桥梁”作用。① 一方面,标准可以作为“经设计的个人信息保护”的系统内置需求来源,细化信息处理者的信息保护义务内容;另一方面,标准的实施在一定程度上依靠企业自觉内嵌于技术运行与信息处理全过程,成为“规则之治”的前端,促进行业自律,以更低的成本实现规制目的。

2. 标准促进个人参与原则的落实

前文中提到,基于“隐私设计理念”将个人参与原则需求内置于系统中,使系统具备“个人参与友好”属性。个人参与的需求体现主要源自《个人信息保护法》中权利赋予条款以及信息处理者的义务承担条款,然而,部分条款的原则化与模糊性使得个人参与原则在落实过程中仍然存在诸多问题。如查阅复制权的客体范围不确定、删除权在规范层面与实践层面存在差距等。而标准将信息处理者的义务与信息主体的权利细化,使得“经设计的个人信息保护”的系统内置需求更加明确,信息处理过程中的信息主体权益保护更具有可操作性,因此,标准作为“软法”,其重要性程度不亚于信息保护领域的“硬法”。②

在信息保护领域的诸多标准中,与个人参与原则联系最为紧密的标准为《信息安全技术 个人信息安全规范》(GB/T 35273—2020)。第一,我国《信息安全技术 个人信息安全规范》(GB/T 35273—2020)明确将主体参与原则作为个人信息安全的基本原则,规定了个人信息查询的具体方法、删除个人信息的具体情形、撤回同意的要求、注销账户的具体流程与处理时限以及如何响应信息主体的请求(如通过设置便捷的交互式页面为信息主体提供行使访问、更正、撤回同意、删除、注销账户等权利的功能选项)等落实个人参与原则的具体情形。第二,针对第三方接入管理的场景,《信息安全技术 个人信息安全规范》(GB/T 35273—2020)规定个人信息处理者应要求第三方建立响应信息主体行使查询、更正、删除等参与性权利的机制。第三,《信息安全技术 个人信息安全规范》(GB/T 35273—2020)还提供了关于实现个人信息主体自主意愿的具体方法的附录模板,保障信息主体对信息处理者对其信息的收集、使用等享有知情权与同意权。③

---

① 参见[美]劳伦斯·莱斯格:《代码 2.0:网络空间中的法律》(修订版),李旭、沈伟伟译,清华大学出版社 2018 年版,第 79 ~ 81 页。

② 参见关保英:《论行政法中技术标准的运用》,载《中国法学》2017 年第 5 期。

③ 详见《信息安全技术 个人信息安全规范》(GB/T 35273—2020)附录 C:实现个人信息主体自主意愿的方法。

为了更好地保障个人信息权益,《个人信息保护法》对信息处理者提出了特定情形下的个人信息保护影响评估义务。① 与之对应的《个人信息安全影响评估指南》为加强对个人信息权益保护提供了重要指引。个人信息安全影响评估的目的在于持续监控信息处理者处理信息的全过程,识别可能对信息主体权益造成损害的风险,②据此采取相应的安全控制措施。《个人信息安全影响评估指南》明确了评估的基本原理、评估的具体实施流程、评估要点、评估工具、评估参考方法等内容,并要求信息处理者制定评估报告,为信息处理者提供了较为完整的评估体系建设流程与参考依据。其中,评估具体流程中的个人权益影响分析包含“限制个人自主决定权”“人身财产受损”“个人名誉受损或遭受精神压力”“引发差别性待遇”4 个维度。“限制个人自主决定权”即为对信息主体知情权、同意权、更正权等权利的限制,对此维度予以分析并及时修正有助于个人参与原则的落实,切实保障个人信息权益。此外,评估报告能够确保信息主体了解信息处理者如何处理其个人信息、采取何种保护措施,在此基础上判断是否存在剩余风险未妥善处置,据此要求信息处理者予以更正、删除或采取其他补救措施。

综上所述,标准作为连接法律与技术的“桥梁”,既为“经设计的个人信息保护”提供了更为具象的设计指引,提升系统设计的技术水平,也为整个信息处理过程中信息主体的权益保护提供了更为明确的向导,使“个人参与原则”不只是“纸上的原则”,更是实践中信息主体保障自我权益的“现实的规则”。如果说法律是制度因应中的底线机制,那么标准就是制度因应中的转介机制。③ 信息处理者在法律的底线之上,借助标准的具体指引,将法律与标准的信息主体权益保护主旨以及信息利用与保护平衡理念融入技术中,并在信息处理全过程贯彻落实,最终形成“硬法”与“软法”“刚柔并济”的治理范式,真正实现个人信息保护与利用的平衡。

小 结

个人参与原则是个人有权依法参与信息处理活动,享有对其信息处理全过程的知情权、同意权、查阅权、复制权、更正权、拒绝权、撤回同意权、删除权等参与性权利。个人参与原则的落实一方面是尊重个人人格尊严、保障个人信息权益的表现,另一方面能够促进信息的合法合规利用,发挥个人信息的价值。信息主体在信息处理中的权利与

---

① 参见《个人信息保护法》第 55 条的规定,即“有下列情形之一的,个人信息处理者应当事前进行个人信息保护影响评估,并对处理情况进行记录:(一)处理敏感个人信息;(二)利用个人信息进行自动化决策;(三)委托处理个人信息、向其他个人信息处理者提供个人信息、公开个人信息;(四)向境外提供个人信息;(五)其他对个人权益有重大影响的个人信息处理活动”。

② 参见蔡蔚然:《去标识化个人信息分级处理的规则体系》,载《山东社会科学》2023 年第 2 期。

③ 参见许可:《数据交易流通的三元治理:技术、标准与法律》,载《吉首大学学报(社会科学版)》2022 年第 1 期。

信息处理者的义务在内容上同构,二者属于个人信息保护手段的“一体两面”。[①] 因此,本书从利益平衡的视角提出“弱自决—强保护”的理论构想,弱化个人信息自决、强化个人信息受保护的理念。一方面赋予信息主体参与性权利而非绝对控制性权利,另一方面强化个人信息处理者义务履行与责任承担,实现个人信息保护与利用的平衡。为了进一步促进个人参与原则的落实,应当在“隐私设计理念”基础之上,将个人参与保障的法律需求融入系统技术运行中,将以往传统的事后损害救济机制转变为事前风险预防机制,使信息处理全过程自带“个人参与友好”属性。与此同时,突破传统一味强调“硬法之治”,发挥作为“软法”的标准连接技术与法律的“桥梁”作用,从而为信息处理者提供更为具体的合规指引,提升义务履行的精确性。概言之,无论科技的脚步如何驰骋于数据的旷野,数据之上的信息始终与其主体难以完全脱离。法律作为调控社会的手段之一,归根结底是社会中各主体角色背后利益的衡平与价值的依归。于信息主体而言,保障个人参与信息处理全过程既是对其人格尊严的尊重,也是促进信息处理者合法合规利用信息的关键要素,是实现信息利用可持续发展的“一味良方”。

---

① 参见王锡锌:《重思个人信息权利束的保障机制:行政监管还是民事诉讼》,载《法学研究》2022 年第 5 期。

后　记

自2021年度国家社会科学基金重大项目“互联网平台的社会影响及治理路径研究”(项目批准号:21&ZD195)及重点项目“自动化行政中算法决策的法律控制”(项目批准号:21AFX004)获批后,北京理工大学智能科技风险法律防控工信部重点实验室就组建了专题研究课题组,基于个人信息处理领域日益凸显的风险与挑战,以问题为导向,以法理为基础,以实操为目标,以法律规制为聚焦,围绕个人信息处理的一般性原则与规则、典型性场景中以及信息弱势群体的权益保护等基础性和紧迫性问题进行了系统攻关。呈现在读者面前的《个人信息处理原则研究》就是过去几年来课题组的阶段性研究成果。

本书撰写分工如下:导论:齐延平;第一章:李松怡;第二章:刘盈秋;第三章:王文超;第四章:王思;第五章:刘嘉琪;第六章:李之扬;第七章:郝浚廷;第八章:刘继维。在本项目开展过程中,北京理工大学宪法与行政法研究所的韩君玲教授、罗丽教授、于兆波教授、肖君拥教授、刘国福教授、刘毅副教授、陈姿含副教授、张晏副教授、卢永琦讲师、王福亮讲师、张心宇博士、梁栋博士以及应邀参与学位论文评审和学位答辩的中国社科院法学研究所栗燕杰教授等众多同仁对各子课题的选题角度、框架结构、观点凝练乃至研究方法、资料使用、行文逻辑给予了全程多轮指导,特予致谢。本书出版幸得法律出版社陈妮女士的大力支持、鼎力相助,付梓之际,谨致谢意。

个人信息法律保护是数智化时代的法治基础命题,限于学识与精力，本书难免挂一漏万，不妥之处，敬请专家学者和广大读者批评指正，以共同推动个人信息权益法律保护的体系完善和实践进步！

齐延平于良乡大学城

2025 年 1 月 8 日